# 外滩金融创新试验区法律研究

## （2019年版）

主编　李昌道

中国金融出版社

责任编辑：贾　真

责任校对：潘　洁

责任印制：裴　刚

## 图书在版编目（CIP）数据

外滩金融创新试验区法律研究（2019年版）/李昌道主编. —北京：中国金融出版社，2019.4

ISBN 978 - 7 - 5220 - 0031 - 2

Ⅰ.①外…　Ⅱ.①李…　Ⅲ.①金融法—研究—中国　Ⅳ.①D922.280.4

中国版本图书馆CIP数据核字（2019）第049433号

外滩金融创新试验区法律研究（2019年版）
Waitan Jinrong Chuangxin Shiyanqu Falü Yanjiu（2019 Nian Ban）

出版
发行　**中国金融出版社**

社址　北京市丰台区益泽路2号
市场开发部　（010）63266347，63805472，63439533（传真）
网 上 书 店　http://www.chinafph.com
　　　　　　　（010）63286832，63365686（传真）
读者服务部　（010）66070833，62568380
邮编　100071
经销　新华书店
印刷　保利达印务有限公司
尺寸　169毫米×239毫米
印张　27.75
插页　16
字数　439千
版次　2019年4月第1版
印次　2019年4月第1次印刷
定价　70.00元
ISBN 978 - 7 - 5220 - 0031 - 2
如出现印装错误本社负责调换　联系电话（010）63263947

外灘金融創新試驗區法律研究

覺醒題

全国人大宪法和法律委员会主任李飞（前排右二）和著名法学家李昌道教授（前排左二）等出席高端智库举办的法律研讨会

上海市人民政府市长应勇在2018年10月28日举行的第三十次上海市市长国际企业家咨询会议上与环太平洋律师协会副主席、上海市人民政府行政复议委员会委员李志强一级律师合影

2018年11月17日，全国人大宪法和法律委员会主任李飞在上海会见华东政法大学校长叶青等内地和港澳法学法律界人士

上海市人大常委会主任殷一璀在斯里兰卡出席纪念改革开放40周年图片展及上海市与科伦坡结成友好城市15周年相关活动时与李志强律师合影

上海市副市长许昆林与上海市人民政府外事办公室法律顾问李志强合影

著名法学家李昌道教授和著名国际法学家周汉民为G20律师服务联盟揭牌

民建中央副主席、上海市政协副主席周汉民教授在中国企业赴大洋洲投融资法律研讨会上发表主旨演讲

出席中国企业海外投融资系列法律研讨会的中外嘉宾合影（从左到右为肖冰、俞明、孙航宇、弗朗西斯·沙勿略、钟可慰、钱宇辰、黄玮、吕惠、罗培新、徐逸波、申卫华、张宁、潘鹰芳、程梅、刘辉、李胜）

上海市司法局局长陆卫东会见环太平洋律师协会主席白培坤并合影（从左到右为张婷婷、忻峰、工协、陆卫东、白培坤、俞卫峰、李志强、陈说）

2018年11月8日，上海市司法局局长陆卫东看望并慰问担任首届中国国际进口博览会法律顾问的律师代表，图为陆卫东局长与李志强律师握手

李昌道教授与李海歌、李志强和孙航宇等亲切交谈

著名法学家李昌道教授与金砖国家律师服务联盟中印律师合影

保险之父、美国史带保险集团董事长格林伯格先生在集团在上海成立百周年纪念活动上与中国保险行业协会首席律师团成员、史带中国法律顾问李志强律师合影

上海市人民政府秘书长汤志平与李志强律师合影

上海市人民政府副秘书长、上海市发展和改革委员会主任马春雷与李志强律师合影

时任上海市人民政府副秘书长、上海市国有资产监督管理委员会主任宋依佳与上海市国资委聘任的外部董事李志强合影

上海市委和市政府副秘书长赵奇与李志强律师合影

上海市人民政府副秘书长杭迎伟与浦东区委、区政府和中国
（上海）自由贸易试验区法律顾问李志强合影

黄浦区人民政府区长巢克俭（右一）与环太平洋律师协会候任主席弗朗西斯·沙勿略（中）和副主席李志强亲切交谈

黄浦区人民政府区长巢克俭（中）与环太平洋律师协会候任主席弗朗西斯·沙勿略（右一）和副主席李志强合影

上海市黄浦区人民政府区长巢克俭与黄浦区人民政府法律顾问李志强律师合影

杨浦区区长谢坚钢（中）、东方财富副董事长陈凯（右）和李志强律师合影

著名法学家李昌道教授和上海市商务委员会副主任申卫华为
"一带一路"法律研究与服务中心揭牌

环太平洋律师协会副主席李志强在2018年9月28日拉美区域会
议上就外国仲裁裁决在中国执行的最新发展发表演讲

史带中国财产保险股份公司董事长张兴与李志强律师合影

环太平洋律师协会候任主席弗朗西斯·沙勿略为嘉宾赠书

著名金融专家张宁为2018年金融市场经典案例得主、上海建工董事会秘书李胜颁奖

上海市金融工作局机构处处长吕惠为2018年金融市场经典案例得主代表奚玮教授颁奖

黄浦区司法局局长刘辉为环太平洋律师协会会员崔源律师赠书

上海市国有资产监督管理委员会法规处处长钟可慰为2018年
金融市场经典案例得主颁奖

李昌道教授与著名中青年法学家董茂云教授等握手交谈

参加"一带一路"法律研究与服务中心加拿大、阿联酋和埃及
站揭牌仪式的专家学者合影

李昌道教授在《法学宗师李昌道》首映式上发表演讲

上海市人民政府参事、著名港澳法律专家徐静琳教授在《法学宗师李昌道》首映式上致辞

著名中青年法学家董茂云教授在《法学宗师李昌道》首映式上致辞

著名电影人孙航宇在《法学宗师李昌道》首映式上致辞

上海市黄浦区司法局原局长潘鹰芳在《法学宗师李昌道》首映式上致辞

上海市金融业联合会副理事长范永进在《法学宗师李昌道》首映式上致辞

上海市司法局原律师管理处处长、上海市法学会和上海市律师协会原秘书长李海歌在《法学宗师李昌道》首映式上致辞

李志强律师在"一带一路"法律研究与服务中心2018年中秋茶话会上致辞

上海市人民政府侨务办公室主任徐力和著名法学家李昌道教授出
席"一带一路"法律研究与服务中心印度站揭牌仪式

环太平洋律师协会2017年伦敦年中理事会上一致表决2020年年会
花落中国上海，图为与会理事合影

"一带一路"法律研究与服务中心阿根廷站和墨西哥站研究员合影

"一带一路"法律研究与服务中心墨西哥站中墨两国律师研究员合影

　　2018年11月5日，泰国副总理Vissanu Krea-ngam出席环太平洋律师协会曼谷区域会议时与环太平洋律师协会候任主席弗朗西斯·沙勿略、副主席李志强和主办单位泰国Dei-Udom & Associates主理合伙人合影

　　2018年11月6日，司法部在深圳举行涉外法律服务高级研修班，李志强律师受邀担任讲师

中国企业赴俄罗斯投融资财税法律研讨会会场

2018年11月21日，环太平洋律师协会与法国律师协会在东京举行双边交流活动时，外滩金融创新试验区法律研究中心研究员与法国、日本、菲律宾和美国同行合影

环太平洋律师协会前主席Dhinesh（右二）与中国、韩国、
澳大利亚三国律师合影

日本株式会社三井住友高级执行长官大岛真彦（中）和三井
住友银行（中国）有限公司行长大野慎治（左）与特聘法律顾问
李志强合影

北京仲裁委员会副秘书长陈福勇博士（左二）与金茂凯德律师
事务所律师合影

环太平洋律师协会候任主席弗朗西斯·沙勿略（中）与中国
律师合影

2018年11月4日，环太平洋律师协会在泰国召开理事会，李志强律师向理事会报告任职副主席以来的相关工作情况

2018年11月5日，李志强律师在环太平洋律师协会泰国区域会议上就中国网上仲裁的实践发表英文演讲

# 编委会

|  |  |  |  |  |  |
|---|---|---|---|---|---|
| 吴　东 | 佘　力 | 张　兴 | 张志红 | 张　莉 | 张　铭 |
| 陆却非 | 陆春玮 | 陈之超 | 陈福勇 | 林　涌 | 季　诺 |
| 金文忠 | 郑育健 | 赵思渊 | 禹　潇 | 俞　明 | 姜诚君 |
| 顾　诚 | 黄　玮 | 黄金纶 | 梁嘉玮 | 董茂云 | 董　颖 |
| 储琴华 | 管　蔚 | 潘鹰芳 |  |  |  |

**撰稿人**

|  |  |  |  |  |  |
|---|---|---|---|---|---|
| 李志强 | 李　本 | 李　胜 | 李　建 | 李培忠 | 李屹民 |
| 王如富 | 陆雪勇 | 罗桂连 | 崔　源 | 潘金涛 | 张承宜 |
| 欧　龙 | 陈　说 | 游　广 | 张博文 | 韩逸畴 | 司　文 |
| 史大晓 | 曹　菁 | 徐以刚 | 龚嘉驰 | 方国胜 | 王天有 |
| 盛琳杰 | 朱光忠 | 奚冬冬 | 杨子安 | 孙晨怡 |  |

# Editorial Committee

Preface              Li Fei

General Directors    Zhou Bo  Zhou Hanmin  Xu Yibo

Preface Title       Jue Xing

Directors    (in order of surname strokes)

| | | | |
|---|---|---|---|
| Ding Wei | Ma Chunlei | Wang Junjin | Zuo Yan |
| Ye Bifeng | Ye Qing | Shen Weihua | Lü Nanting |
| Zhu Jinyuan | Zhu Jian | Tang Zhiping | Li Anmin |
| Yang Nong | Yang Guoping | Xiao Xing | Wu Xielin |
| Wang Jian | Song Yijia | Zhang Xiaosong | Zhang Renliang |
| Zhang Ning | Zhang Hua | Chen Fei | Chen Zhuofu |
| Chen Kai | Mao Ronghua | Fan Yongjin | Lin Wei |
| Gao Yun | Luo Peixin | Zhou Yuansheng | Zheng Yang |
| Zhao Qi | Hu Baohai | Shi Mingfang | Shi Weidong |
| Fei Zhengxiang | Qian Heng | Xu Li | Xu Ming |
| Xu Zheng | Xu Jinglin | Guo Weiqing | Guo Lijuan |
| Huang Baixing | Cao Jinxi | Sheng Yongqiang | Cao Kejian |
| Ge Dawei | Jiang Shujie | Han Shaoping | Tong Jisheng |
| Qiang Zhixiong | Cai Jianchun | Pan Xinjun | |

General Planning    Lu Weidong

Planning    (in order of surname strokes)

    Zhu Lixin      Liu Hui       Xin Feng

Heartfelt gratitude to Fang Xinghai Brian Duperreault Joe Kaeser Bob Moritz

Editor-in-Chief    Li Changdao

# 序

金融是现代经济的核心。2020年上海建成与我国经济实力和人民币国际地位相适应的国际金融中心，这是党中央和国务院的战略决策。2009年8月1日施行的《上海市推进国际金融中心建设条例》提出了上海国际金融中心建设的重要区域"陆家嘴金融城"和"外滩金融集聚带"等，还提出支持金融法律服务机构发展，鼓励法律服务机构拓展金融法律服务领域，为金融机构和相关企业、个人提供金融法律服务。

为了贯彻落实《国务院办公厅关于金融支持经济结构调整和转型升级的指导意见》，主动服务上海国际金融中心建设，强化外滩金融集聚带服务金融创新的功能，2013年7月，上海市黄浦区启动建设外滩金融创新试验区，首次提出试验区将以互联网金融和民营金融为主体进行创新。外滩金融创新试验区支持网上银行、网上保险、网上证券等互联网金融落户外滩金融集聚带，支持各类信息技术公司和互联网企业发起或参与设立创新型互联网金融服务企业，支持互联网企业和银行、保险、证券等机构的融合与嫁接，不断创新金融服务产品，支持利用云计算、大数据等资源和平台，改变传统依靠物理网点提供金融服务和产品销售的方式。同时，打造民营金融集聚区也是外滩金融创新试验区的重点，主要包括支持有实力的民营企业加快产融结合，设立金融控股公司、财务公司或其他新型金融机构；积极争取金融监管部门的支持，协助民营资本发起设

1

立自担风险的民营银行、金融租赁公司和消费金融公司等金融机构；积极支持符合条件的民营企业设立小额贷款公司、融资性担保公司等机构，鼓励通过发行中小企业私募债、资产证券化等方式拓宽融资渠道和规模。此外，外滩金融创新试验区的举措还包括创新小微企业融资机制与平台、加快外滩金融载体建设、支持外滩金融创新、提升服务金融创新人才的水平、优化多层次金融配套服务功能等，打造外滩新金融高地，将其建设为资产管理中心、资本运作中心和金融专业服务中心。

2013年11月11日召开的第三届外滩金融法律论坛上，金茂凯德律师事务所成立了外滩金融创新试验区法律研究中心、港澳投资金融法律研究中心和两岸投资金融法律研究中心，2016年2月18日又成立"一带一路"法律研究与服务中心。蜚声海内外的著名法学家、原九三学社中央法制委员会顾问、曾参与《中华人民共和国香港特别行政区基本法》制定工作的李昌道教授出任该中心主任，环太平洋律师协会副主席李志强一级律师担任该中心秘书长和执行主任。在李老人格魅力的引领下，一批年富力强的金融家和法学法律专家多年来积极推动中心对外滩金融创新试验区开展法律研究，一批朝气蓬勃的金融律师扎实开展金融法律服务工作，取得了丰硕的研究和服务成果。

《外滩金融创新试验区法律研究（2019年版）》一书精心点评2018年金融市场经典案例，在互联网金融、金融控股与创新金融、企业融资与投资贸易、并购重组与争端解决、"一带一路"研究等多领域理论联系实际，提出了不少真知灼见，还对中央和地方相关立法进行了颇有价值的研究和建言，其中多篇中外文论著宣传和传播了中国法律制度和法律文化，有利于金融市场监管者和立法者借鉴总结，有利于金融法律研究和服务者从鲜活的市场元素中提炼升华，有利于中外金融家和法学家切磋交流，为推进上海国际金融中心建设的国家战略添砖加瓦。

党的十九大报告中明确提出加快完善社会主义市场经济体制，深化投融资体制改革，发挥投资对优化供给机构的关键性作用。深化金融体制改革，增强金融服务实体经济能力，提高直接融资比重，促进多层次资本市场健康发展。健全货币政策和宏观审慎政策双支柱调控框架，深化利率和汇率市场化改革。健全金融监管体系，守住不发生系统性金融风险的底线。

金融和法制就像一对孪生兄弟，紧密相连。祝愿有更多的法学家和律师潜心研究，在习近平新时代中国特色社会主义思想指引下，为完善社会主义市场经济的法律体系和金融法制建设出谋划策，为国效力，为实现中华民族伟大复兴的中国梦和社会主义法治国家的目标而竭尽所能。

李飞

全国人大宪法和法律委员会主任

2018年12月20日

# Preface

Finance is at the heart of the modern economy. In 2020, Shanghai's establishment of an international financial center that is compatible with China's economic strength and the international status of the renminbi is a strategic decision of the Party Central Committee and the State Council. The Regulations on the Construction of Shanghai's Promotion of International Financial Centers, implemented on August 1st, 2009, proposed the important areas of Shanghai International Financial Center, Lujiazui Financial Center and Bund Financial Cluster, and also proposed to support the development of financial legal service institutions. Encourage legal service organizations to expand financial legal services and provide financial legal services to financial institutions and related enterprises and individuals.

In order to implement the *Guiding Opinions of the General Office of the State Council on Financial Support for Economic Structural Adjustment and Transformation and Upgrading*, we will actively serve the construction of Shanghai International Financial Center and strengthen the function of financial innovation in the Bund financial agglomeration. In July 2013, Shanghai Huangpu District launched the construction of the Bund financial innovation pilot zone, for the first time proposed that the pilot zone will be based on Internet finance and private finance as the main innovation. The Bund Financial Innovation Pilot Area supports online banking, online insurance, online securities and other Internet finance to fall into the outdoor beach financial gathering belt, supporting various information technology companies and Internet companies to initiate or participate in the establishment of innovative Internet financial service enterprises, supporting Internet companies and banks, insurance. The integration and grafting of securities and other institutions, constantly innovating financial service products, supporting the use of resources and platforms such as cloud computing and big data, and changing the way traditional businesses rely on physical outlets to provide financial services and product sales. At the same time, the creation of private financial agglomeration areas is also the focus of the Bund financial innovation pilot zone, which mainly includes supporting powerful private enterprises to accelerate the integration of industry and finance, and establish financial holding companies, financial companies or other new financial institutions. Actively strive for financial regulatory support, and assist private capital to initiate the establishment of financial institutions such as private banks, financial leasing companies and consumer finance companies at their own risk. Actively support qualified private enterprises to set up microfinance companies, financing guarantee companies and other institutions, and encourage the expansion of financing channels and scale through the issuance of private equity bonds and asset securitization of small and medium-sized enterprises. In addition, the Bund Financial Innovation Pilot Zone's initiatives include innovative financing mechanisms and platforms for small and micro enterprises, speeding up the construction of financial assets on the Bund, supporting financial innovation on the Bund, improving the level of service finance innovative talents, and optimizing multi-level financial support services to create the Bund. The new financial highland will be built into an asset management center, a capital operation center and a financial professional service center.

At the 3$^{rd}$ Bund Financial Law Forum held on November 11, 2013, Jin Mao Partners established the Bund Financial Innovation Pilot Zone Law Research Center, Hong Kong and Macao Investment Finance Law Research Center and Cross-Strait Investment Finance Law Research Center, On January 18, 2016, the Belt and Road legal research and service center was established. A well-known jurist at home and abroad, an adviser to the Central Judicial Committee of the former Jiu San Society, and Professor Li Changdao who participated in the formulation of the Basic Law of the Hong Kong Special Administrative Region of the People's Republic of China, served as the director of the center, and Jack Li, Vice President of the Inter-Pacific Bar Association, served as Secretary-General and Executive Director of the center. Under the guidance of Li Changdao, a group of young and powerful financiers and legal experts have actively promoted the Center's Bund Financial Innovation Pilot Area to conduct legal research for many years. A group of energetic financial lawyers have carried out financial legal services in a solid manner. A fruitful research and service results were achieved.

*The Bund Financial Innovation Pilot Zone Legal Research* (*2019 edition*) carefully reviews 2018 financial market classics in Internet finance, financial holding and innovative finance, corporate finance and investment trade, mergers and acquisitions and dispute resolution, Belt and Road Research and other fields of theory and practice have put forward a lot of insights, and also carried out valuable research and suggestions on relevant central and local legislation. Many Chinese and foreign literatures have publicized and disseminated the Chinese legal system and legal culture, which is conducive to Financial market regulators and legislators draw lessons from it, which is conducive to financial law research and service providers to refine and sublimate from the fresh market elements, which is conducive to exchanges between Chinese and foreign financiers and jurists, and contributes to the national strategy of promoting the construction of Shanghai's international financial center.

The report of the 19th National Congress of the Communist Party of China clearly stated that speeding up the improvement of the socialist market economic system, deepening the reform of the investment and financing system, and exerting the key role of investment in optimizing supply institutions. Deepen the reform of the financial system, enhance the financial services of the financial services, increase the proportion of direct financing, and promote the healthy development of multi-level capital markets. We will improve the dual-pillar regulation framework of monetary policy and macro-prudential policy, and deepen the reform of interest rate and exchange rate marketization. Improve the financial supervision system and hold the bottom line where systemic financial risks do not occur.

Finance and the rule of law are like a pair of twin brothers, closely linked. I wish more jurists and lawyers to study hard, under the guidance of Xi Jinping's new era of socialism with Chinese characteristics, to make suggestions for the improvement of the legal system of the socialist market economy and the construction of the financial legal system, to serve the country, and to realize the great rejuvenation of the Chinese nation. The Chinese dream and the goal of a socialist country ruled by law are doing their best.

Li Fei

Director of the Constitution and

Law Committee of the National People's Congress

December 20, 2018

# 目　录

# Contents

◆ The "Belt and Road" Research

## Famous and noble Leaders

## Internet Finance

◆ Financial Holdings and Innovation Finance

◆ Corporate Finance and Investment Trade

◆ Investor Protection

◆ **M&A, Restructuring and Dispute Resolution**

◆ **Legislative Research and Recommendations**

◆ Media Reports

# 经典案例篇

# 2018年金融市场经典案例点评

张　宁

2018年，我国金融市场在以习近平新时代中国特色社会主义思想指引下取得了令人瞩目的成绩，涌现了一批经典案例，其中一部分可圈可点，值得加以研究并复制推广借鉴。

## 一、增强我国金融市场的国际影响力，积极助力"一带一路"建设

2018年是我国改革开放40周年，也是习近平主席先后提出建设"丝绸之路经济带"和"21世纪海上丝绸之路"倡议，即"一带一路"倡议5周年。

2018年3月20日，菲律宾共和国（以下简称菲律宾）在中国银行间债券市场成功发行14.6亿元人民币计价的债券（熊猫债券），期限为3年，票面利率为5%。中国银行为本期债券牵头主承销商及簿记管理人，渣打银行（中国）为联席主承销商。该笔债券是菲律宾进入中国银行间债券市场发行的首只主权熊猫债券，也是东盟国家首只主权熊猫债券，它顺应了"一带一路"框架下合作国家之间优化资源配置、增强资本流通的发展要求，有助于中菲双方进一步加强"一带一路"倡议框架下的合作，为东盟地区及更多"一带一路"沿线国家的发行人树立了成功的样板。同时，熊猫债券的发行直接扩大了人民币在东南亚国家的使用，有利于进一步推动人民币国际化进程。

## 二、金融案件司法裁判为金融产品创新保驾护航，助力金融提升服务实体经济能力

资产证券化是资本市场长期运作中的创新产物，其最早出现于20世纪70

年代的房地产中，主要针对房屋抵押贷款领域。我国资产证券化最早出现于20世纪90年代，该种模式由于其灵活变现及盘活资产等特点，获得了我国资本运作主体的广泛欢迎。2004 年中国证监会发布的《关于证券公司开展资产证券化业务试点有关问题的通知》和2005年中国人民银行和中国银监会联合发布的《信贷资产证券化试点管理办法》，为资产证券化的发展提供了规制基础，资产证券化实践从此在中国拉开了帷幕。

近年来，资产证券化业务确实呈现快速增长态势，其主要原因：一是自2014 年以来，党中央、国务院高度重视资产证券化对盘活存量资产、服务供给侧改革的重要作用；二是市场广度、深度进一步扩展，市场主体对于资产证券化认识逐步加深；三是资产证券化契合企业盘活存量的内在需求，具有较强的市场需求；四是中国证监会适时改革积极落实"放管服"要求，对资产证券化业务实行备案制加基础资产负面清单管理，放松前端管制，强化事中、事后监管，有效激发了市场活力。

2018年8月，凯迪电力ABS司法判例引起行业高度关注，该案是全国首例以资产证券化基础资产转让为审查内容的司法判例案件。该案例明确保护了资产证券化中基础资产的独立性，充分保障了该项目投资者的合法权益，对资产证券化业务的健康发展意义重大。

## 三、利用国内外资本市场推进国资国企改革，提升企业整体实力

我国招商局集团旗下的深圳赤湾港航股份有限公司（以下简称深赤湾）主要从事集装箱、散杂货的港口装卸服务、陆路运输、拖轮等与港口装卸相关的运输服务以及代理等业务，曾被评为"中国上市公司百强"之一。其中，集装箱、散杂货的港口装卸服务是该公司最核心的主营业务。

招商局集团旗下另一公司——招商局港口控股有限公司，是香港上市公司，主要从事集装箱和散杂货的港口装卸、仓储、运输及其他配套服务。招商局港口是世界领先的港口开发、投资和营运商，于中国沿海主要枢纽港建立了较为完善的港口群网络，覆盖珠三角、长三角、环渤海地区、厦门湾经济区和西南地区，并成功布局南亚、非洲、南美洲、欧洲及地中海等地区。

2018年10月9日，深赤湾计划非公开发行不超过114864万股A股股份支付购买招商局港口控股有限公司股份对价并发行不超过12895万股A股股份募集配套资金的方案获得中国证监会上市公司并购重组审核委员会有条件通过。

此次深赤湾以并购方式整合控股招商局港口股份有限公司，意在强强联合，进一步整合优化航运、港口资源，提升竞争层级，实现高层次统筹规划发展，既解决了同业竞争问题，又提升了企业核心竞争力。

东方航空旗下物流集团在国务院国资委的批复下实施混改，东航集团与联想控股、普洛斯投资、德邦物流、绿地金控等投资者，以及核心员工持股层代表，于2018年12月8日在上海正式成立东方航空物流股份有限公司，开启进入中国资本市场的步伐。

## 四、实施中国企业"走出去"战略，拓展海外融资渠道，做大做强企业

2018年8月8日，中国铁塔股份有限公司正式在香港证券交易所挂牌上市（股票代码为0788.HK）。

中国铁塔站址资源在中国市场具有独一无二的优势。作为全世界通信铁塔最多的电信基础设施集团，中国铁塔在中国通信铁塔基础设施市场中的份额为96.3%，以收入计，市场份额为97.3%。

中国铁塔香港 IPO 发行价为 1.26 港元（约合1.095元人民币），发行量为 431 亿股，占发行后公司总股本的 25%，净筹资 534 亿港元（约合464亿元人民币），这意味着中国铁塔最终募资额超过小米集团的 240 亿港元，成为2018年以来募资额最高的港股。

这次IPO取得成功，也说明共享的商务模式得到了全球投资者的认可。2015年10月，中国铁塔通过收购三家运营商存量铁塔资产，成为全球最大的铁塔公司。三年来，中国铁塔又新建交付了51万个站址，发展了100多万户租户，相当于又造了一个全球最大的铁塔公司。中国铁塔的新建共享率超过70%，助力三家运营商建成了全球最大4G网络，也更进一步增强了共享、共赢的理念。

无独有偶，中国家电龙头企业青岛海尔于2018年6月收到中国证监会批

文，核准其发行不超过4.6亿股境外上市外资股，完成此次发行后，该公司成为中欧国际交易所D股市场上市的首家中国公司。

2018年10月24日，青岛海尔正式在德国法兰克福上市并交易，D股开盘价为1.06欧元，发行价为1.05欧元。青岛海尔此次面向国际投资者成功发售30475万股D股，总募集资金为2.78亿欧元（约合22.12亿元人民币）。

中欧国际交易所股份有限公司（以下简称中欧所）是上海证券交易所（以下简称上交所）、德意志交易所（以下简称德交所）和中国金融期货交易所（以下简称中金所）于2015年在法兰克福设立的合资公司，上交所、德交所、中金所三方股东股份占比分别为40%、40%和20%，专注于提供中国及人民币相关金融产品。中欧所定位于连接中国和欧洲资本市场的桥梁，利用德交所市场基础设施，服务的是有意投资中国优质公司及中国相关债券、交易所交易基金等产品的国际投资者。D股的目标发行人为中国大陆A股蓝筹上市公司及高技术创新型中国大陆公司。

青岛海尔D股上市，为中国企业开拓了海外上市的新渠道，也是中欧所发展史上的重要里程碑，有利于深化中德金融合作和先进制造业对接，推动"一带一路"资金融通。

## 五、善于利用金融工具为企业发展打通多渠道融资平台

上海建工在国内资本市场上历经经营性资产整体上市、非公开发行股票以及深化改革、实施员工持股计划等一系列资本市场运作后，2018年再度在资本市场上进行新的试点，在上海证券交易所公开发行可续期公司债，融资规模达20亿元人民币。

2018年4月，党的一大会址所在区域的上海新天地开发商瑞安房地产公司发行累计22亿元人民币的优先票据，拓宽了中国优质海外上市公司的融资渠道。

作为浦东开发开放后诞生的一家优质民营控股上市公司，上海大众公用自发行H股后，2018年又获准面向合格投资者公开发行两期公司债券，累计规模达到人民币16.9亿元，开创了上海和香港两地挂牌公司融资新工具。

AB股上市公司曾经是资本市场的宠儿，但长期以来其融资问题一直是市

场关注的焦点之一。上市公司发展离不开"血液"供给，充足的资金是发展的不竭动力。2018年，大众交通发行两期超短期融资券，优化了公司债务结构，拓宽了AB股上市公司的融资渠道。

## 六、融资工具创新，助力经济新常态下企业转型发展

为贯彻落实党的十九大关于"加快建立多主体供给、多渠道保障、租购并举的住房制度"的精神，以及上海市政府《上海市住房发展"十三五"规划》中提出的 "十三五"期间上海计划新增供应住房租赁70万套的目标要求，上海地产（集团）有限公司积极发挥国有企业引领和带动作用，拿出17幅位于中心城区且周边配套完备的土地用于租赁住房建设，可提供近2万套租赁住房，有效增强了上海对丁人才的吸引力，为上海建设"四个中心"、成为卓越的全球城市提供服务和支撑。

2018年，上海地产集团在中国银行间市场交易商协会发行住房租赁债务融资工具10亿元，募集的资金将全部用于前述租赁住房地块的开发建设，成为全国首单租赁住房定向债务融资金融创新项目。

此次地产集团租赁住房PPN项目具有多项优势：其一，发行规模可突破40%的限制。《证券法》中对于公开发行的公司债券有"累计债券余额不过公司净资产百分之四十"的限定，而对于非公开发行的债券无明确规定。因此，地产集团发行的PPN的规模可突破净资产40%的限制。其二，发行方案灵活。非公开定向债务融资工具发行的利率、规模等由地产集团与投资者通过一对一的方式谈判协商，按市场方式确定，从而制定出更符合地产集团实际需求的融资模式。

民营房产巨头碧桂园2018年成功发行六期碧桂园供应链应付账款资产支持票据（ABN），集资近60亿元人民币，为实体经济发展拓宽了融资渠道，注入了新鲜血液。

## 七、用好资本市场成为金融企业转型发展的新模式

在政策支持、市场需要的背景下，著名金融巨头中国人民保险集团股份

有限公司（以下简称中国人保）2018年成功发行人民币普通股股票，募集资金60亿元，刷新2018年金融机构首发募资王。

作为新中国第一家全国性保险公司及世界500强企业，中国人保本次登陆上海证券交易所，为用好资本市场和企业转型发展打开了崭新模式。

## 八、借助法治手段为金融企业化解金融风险

东方证券股份有限公司是国内第五家A+H股上市公司，2018年通过借助公证和律师代理等法治手段成功收回ST大康农业质押股票回购纠纷的债权，案值达1.3亿元人民币，有效地维护了公司和全体股东的合法权益。

（点评专家张宁同志曾任中国证券监督管理委员会上海监管局党委书记、局长，上海证券交易所党委副书记、监事长，上海仲裁委员会委员，中国人民政治协商会议上海市委员会常务委员及经济委员会副主任）

# 全国首单租赁住房PPN
# 花落上海地产集团

方国胜

上海地产（集团）有限公司（以下简称地产集团）成立于2002年，是经上海市人民政府批准成立的国有独资企业集团公司，注册资本为42亿元。地产集团主营业务包括土地储备前期开发、滩涂造地建设管理、市政基础设施投资、旧区改造、房地产开发经营等。截至"十二五"末期，地产集团总资产达2123亿元。

根据上海市政府对地产集团功能类企业的定位和要求，地产集团搭建了两大业务平台：政府功能类平台和市场竞争类平台。政府功能类平台以高质量完成政府专项任务为目标，兼顾经济效益，主要包括城市更新平台建设、旧区及城中村改造、保障房建设运营管理、黄浦江两岸公益性项目综合开发和管理、生态环境建设等。市场竞争类平台以企业经济效益最大化为主要目标，兼顾社会效益，主要包括建筑材料板块、房地产综合开发、不动产经营、产业园区建设与管理、养老产业等。地产集团主营业务主要分为房地产开发、住房担保、物业出租及场地使用费、建筑材料销售等。截至2017年末，总资产规模约为2780亿元，主体评级为AAA级。

## 一、本次项目介绍

非公开定向债务融资工具（private placement note，PPN），是指具有法人资格的非金融企业向银行间市场特定机构投资人发行并在特定机构投资人范围内流通转让的债务融资工具。

1. 发行人：上海地产（集团）有限公司。

2. 定向工具名称：上海地产（集团）有限公司2017年度第二期定向债务融资工具。

3. 注册额度：人民币10.00亿元。

4. 本期发行金额：人民币10.00亿元。

5. 定向工具期限：于发行人依照发行条款的约定赎回之前长期存续，并在发行人依据发行条款的约定赎回时到期。

6. 偿付顺序：本期定向工具在本金和利息破产清算时的清偿顺序等同于发行人所有其他待偿还债务融资工具。

7. 计息年度天数：非闰年365天，闰年366天。

8. 面值：100元人民币。

9. 发行价格：面值发行，以1000万元为一个认购单位。

10. 利率确定方式：本期定向工具前3个计息年度的票面利率将通过簿记建档、集中配售方式确定，在前3个计息年度内保持不变。

前3个计息年度的票面利率为初始基准利率加上初始利差。其中：初始基准利率为簿记建档日前5个工作日中国债券信息网（www.chinabond.com.cn）（或中央国债登记结算有限责任公司认可的其他网站）公布的中债银行间固定利率国债收益率曲线中，待偿期为5年的国债收益率算术平均值（四舍五入精确至0.01%）；初始利差为票面利率与初始基准利率之间的差值。

如果发行人不行使赎回权，则从第4个计息年度开始每3年调整一次票面利率，即从第4个计息年度开始票面利率调整为当期基准利率加上初始利差再加上300个基点，从第4个计算年度至第6个计算年度内保持不变。当期基准利率为票面利率重置前5个工作日中国债券信息网（www.chinabond.com.cn）（或中央国债登记结算有限责任公司认可的其他网站）公布的中债银行间固定利率国债收益率曲线中，待偿期为3年的国债收益率算术平均值（四舍五入计算为0.01%）。此后每3年重置票面利率，以当期基准利率加上初始利差再加上300个基点确定，加点后的票面利率以18%为限。

当期票面利率=当期基准利率+初始利差+重置次数×M个基点，每个票面重置日均进行利率跃升

如果未来宏观经济及政策变化等因素导致当期基准利率在利率重置日不可得，票面利率将采用票面利率重置日之前一期基准利率加上初始利差再加

上300个基点确定，加点后的票面利率以18%为限。

11. 发行对象：定向投资者（国家法律法规禁止购买者除外）。

12. 承销方式：主承销商以余额包销的方式承销本期定向工具。

13. 发行方式：本期定向工具由主承销商组织承销团通过集中簿记建档、集中配售的方式在银行间市场公开发行。

14. 付息方式：本期定向工具每个付息日前5个工作日由发行人按照有关规定在中国银行间市场交易商协会综合业务和信息服务平台刊登《付息公告》，并在付息日按票面利率由上海清算所代理完成付息工作。如发行人决定递延支付利息，发行人及相关中介机构应在付息日前5个工作日披露《递延支付利息公告》。

15. 兑付价格：按面值兑付，即壹佰元人民币/百元面值。

16. 递延支付利息条款：除非发生强制付息事件，本期定向工具的每个付息日，发行人可自行选择将当期利息以及按照本条款已经递延的所有利息及其孳息推迟至下一个付息日支付，且不受到任何递延支付利息次数的限制。前述利息递延不构成发行人未能按照约定足额支付利息的理由。每笔递延利息在递延期间应按当期票面利率累计。

17. 强制付息事件：付息日前12个月内发生以下事件的，发行人不得递延当期利息以及按照本条款已经递延的所有利息及其孳息：（1）向普通股股东分红（含上缴国有收益）；（2）减少注册资本。

18. 利息递延下的限制事项：发行人有递延支付利息的情形时，直至已递延利息及其孳息全部清偿完毕，不得从事下列行为：（1）向普通股股东分红（含上缴国有收益）；（2）减少注册资本。

19. 赎回权：发行人在特定时点享有对本期定向债务融资工具的赎回权，即于本期定向债务融资工具每3个年度和其后每个付息日，发行人有权按面值加应付利息（包括所有递延支付的利息及其孳息）赎回本期定向债务融资工具。

20. 赎回方式：如在前述赎回权条款规定的时间发行人决定行使赎回权，则于赎回日前一个月，由发行人按照有关规定在中国银行间市场交易商协会综合业务和信息服务平台刊登《提前赎回公告》，并由上海清算所代理完成赎回工作。

如在赎回权条款约定的时间发行人不行使赎回权，则于赎回日前一个月，由发行人按照信息披露相关规则在中国银行间市场交易商协会综合业务和信息服务平台刊登《关于不行使赎回权及本期定向债务融资工具利率调整的公告》。

21. 持有人救济条款：如果发生强制付息事件时发行人仍未付息，或发行人违反利息递延下的限制事项，本期定向工具的主承销商将召集持有人会议，由持有人会议达成相关决议。

22. 信用评级机构及评级结果：上海新世纪资信评估投资服务有限公司给予发行人的主体信用级别为AAA级，评级展望为稳定。

23. 债务融资工具担保：本期定向工具不设担保。

24. 本期定向工具的托管人：银行间市场清算所股份有限公司。

25. 集中簿记建档系统技术支持机构：北京金融资产交易所有限公司。

## 二、本次发行安排

本期非公开定向债务融资工具的发行由主承销商负责组织协调，具体安排如下。

### （一）集中簿记建档安排

1. 本期定向工具簿记管理人为交通银行股份有限公司，本期定向工具承销团成员须在发行日9：00至17：00，通过集中簿记建档系统向簿记管理人提交加盖公章的书面《上海地产（集团）有限公司2017年度第二期定向债务融资工具申购要约》（以下简称《申购要约》），申购时间以在集中簿记建档系统中将《申购要约》提交至簿记管理人的时间为准。

2. 每一承销团成员申购金额的下限为1000万元（含1000万元），申购金额超过1000万元的，必须是1000万元的整数倍。

### （二）缴款和结算安排

1. 簿记管理人将在缴款日前通过集中簿记建档系统发送《上海地产（集团）有限公司2017年度第二期定向债务融资工具配售确认及缴款通知书》

（以下简称《缴款通知书》），通知每个承销团成员的获配定向债务融资工具面额和需缴纳的认购款金额、付款日期、划款账户等。

2. 合格的承销商应于缴款日11：00前将按簿记管理人的《缴款通知书》中明确的承销额对应的募集款项划至指定账户。

如合格的承销商不能按期足额缴款，则按照中国银行间市场交易商协会的有关规定和"承销协议"以及"承销团协议"的有关条款办理。

3. 本期定向工具发行结束后，定向债务融资工具认购人可按照有关主管机构的规定进行定向债务融资工具的转让、质押。

### （三）登记托管安排

本期定向工具以实名记账方式发行，在上海清算所进行登记托管。上海清算所为本期定向工具的法定债权登记人，在发行结束后负责对本期定向工具进行债权管理，权益监护和代理兑付，并负责向投资者提供有关信息服务。

### （四）上市流通安排

本期定向工具在债权登记日的次一工作日，即可以在全国银行间债券市场流通转让。按照全国银行间同业拆借中心颁布的相关规定进行。

## 三、结语

为贯彻落实十九大关于"加快建立多主体供给、多渠道保障、租购并举的住房制度"精神及上海市政府《上海市住房发展"十三五"规划》中提出的"十三五"期间上海计划新增供应住房租赁70万套的目标要求，上海地产（集团）有限公司积极发挥国有企业引领和带动作用，拿出17幅位于中心城区及周边配套完备的土地用于租赁住房建设，可提供近2万套租赁住房，有效增强了上海对于人才的吸引力，为上海建设"四个中心"、成为卓越的全球城市提供服务和支撑。

本期住房租赁债务融资工具发行总规模不超过10亿元，募集资金将全部用于前述租赁住房地块的开发建设，为国内首单租赁住房定向债务融资。

地产集团租赁住房PPN项目具有多项优势：其一，发行规模可突破40%的限制。《证券法》中对于公开发行的公司债券有"累计债券余额不过公司净资产百分之四十"的限定，而对于非公开发行的债券无明确规定。因此，地产集团发行的PPN的规模可突破净资产40%的限制。其二，发行方案灵活。非公开定向债务融资工具发行的利率、规模等由地产集团与投资者通过一对一.的方式谈判协商，按市场方式确定，从而制定出更符合地产集团实际情况的融资模式。

# 菲律宾发行熊猫债券
# 成就东盟首单"一带一路"
# 金融合作项目

欧　龙　杨子安

## 一、背景

菲律宾近年来政治体制不断完善，经济保持高速增长，财政赤字水平可控且财政收入对政府债务的保障能力不断增强，外债水平很低且经常账户收入、外汇储备对外债的保障能力增强。亚洲开发银行在2017年12月13日发表的《2017年亚洲发展展望》报告中上调了菲律宾的GDP增长预测（菲律宾所生产的全部最终产品和服务价值），2017年为6.7%，2018年为6.8%，预计在预算的支持下，菲律宾政府的基础设施项目将得到加速，更多的大型投资项目也正在起步。

## 二、菲律宾发行首只主权熊猫债券

2018年3月14日，恰逢国际著名律师组织——环太平洋律师协会在马尼拉举行第28届年会，菲律宾财政部长在回答金茂凯德律师事务所欧龙律师现场提问时首次披露，菲律宾将很快在中国发行熊猫债券。

3月20日，菲律宾在中国银行间债券市场成功发行14.60亿元人民币计价债券（熊猫债券），期限为3年，票面利率为5.00%。中国银行为本期债券牵头主承销商及簿记管理人，渣打银行（中国）为联席主承销商。该笔熊猫债券获得联合资信评级为AAA级，穆迪评级为Baa2级，标普评级为BBB级，惠誉评级为BBB级。

发行当日，菲律宾中央银行副行长Diwa Guinigundo表示，本期债券的募集资金除作为菲律宾国际储备的一部分以外，还将用于支持"一带一路"的有关倡议。

为顺利完成此次熊猫债券的发行工作，发行者进行了充分准备。针对此次发行，菲律宾中央银行副行长Diwa Guinigundo及国库署司库官Rosalia de Leon一行于3月14—16日赴新加坡、香港、北京，在中国银行等协助下进行了交易路演，对菲律宾经济情况进行了详细介绍，同时征求境内外投资人意向。据Rosalia de Leon介绍，共有60家投资者在北京金融资产交易所现场参会，线上点击率超过了3000，市场反映可谓热烈。最终，境外投资人通过"债券通"参与了此次债券发行，境外获配占比88%。

尤其值得一提的是，此前，已有沙迦酋长国政府、三菱东京日联银行和瑞穗银行等境外发行人成功发行熊猫债券，但是境内银行成功协助发行熊猫债券尚属首次。主承销商中国银行近年来时刻注意抢抓市场机遇，结合国家战略政策、大政方针的指引，积极参与境外各类机构人民币债券发行，锻炼自身过硬的跨境人民币业务实力，拓展延伸国际化的债券承分销网络，研究发展高质量的发行方案，培养专业化的发行队伍，因此深受发行人的青睐。中国银行也是目前中国内地唯一一家牵头为境外各类发行人提供过熊猫债券承销服务的主承销商，熊猫债券发行量多年位居市场第一。其把握潮流，顺势而为，提升自身资本市场竞争水平的意识，能带给广大从业者、投资者深刻的启示。

## 三、评析

该笔债券是菲律宾进入中国银行间债券市场发行的首只主权熊猫债券，也顺应了"一带一路"框架下合作国家之间优化资源配置、增强资本流通的发展要求。

从菲律宾经济发展潜力而言，该国拥有相当年轻化的人口，预计在未来几年，菲律宾将达到人口比例佳境，从而有助于培养出一批年轻而又具有才干的劳动力，其相比其他国家的老龄化劳动力，具备独特的竞争优势。近年来，这种优势也在推动菲律宾经济稳中向快发展。在具有劳动力优势的基础上进一步扩大项目建设，吸收外资，充分享受人口红利带来的经济效益，此可谓常见的经济发展方式。菲律宾当局此前签署通过2018年3.767万亿比索国家预算，以及《税制改革加速包容法案（TRAIN）》，进一步扩大对包括基础设施建设在内的项目投资，希望以此拉动经济发展。在此背景下，该国势必需要吸纳充分的资金作为基础。但是，仅仅依靠该国国内资本市场吸收资本其规模有限，可能无法完全满足国内资金需求。因此，通过"一带一路"框架内其他国家、通过跨国资本市场业务融资成为一种重要的途径。

菲律宾此次成功发行不仅有助于拓宽其境外融资渠道，丰富外汇储备，也有助于中菲双方进一步加强"一带一路"倡议框架下的合作，为东盟地区及更多"一带一路"沿线国家的发行人树立了成功的样板。为此后相关国家进一步加强与中国资本共享、共谋发展设立了一个良好的先例，有效加强了多国间经济一体化发展的力度。

此次熊猫债券成功发行，有助于进一步扩容我国熊猫债券市场，提升我国资本市场国际化运作的实力水平。自2015年9月末重启以来，熊猫债券发行规模连年攀升。Wind数据显示，目前，熊猫债券总发行量已超过2300亿元。其中，银行间市场熊猫债券发行量从2015年的100余亿元上升至2017年的600余亿元。在此次债券成功发行之后，熊猫债券市场热度还将持续走高，吸引更多的境外投资者选择来我国债券市场发行债券，提升市场活力。同时，相关业务还将促使境内资本市场从业者注意、了解、把握此类新兴商业机会，学习开展此类业务，完善规范涉外资本市场业务水平。

此外，此次发行首开先例，有助于设立一套"一带一路"框架下各国丰富外汇储备、拓宽投资领域、降低融资成本的机制体制。同时，熊猫债券的发行直接扩大了人民币在东南亚国家的使用，有利于进一步推动人民币国际化进程。菲律宾中央银行表示，自2016年人民币加入国际货币基金组织特别提款权货币篮子以来，人民币的国际使用频率不断上升，熊猫债券的发行可谓恰逢其时。由此可见，此次成功发行熊猫债券，再次稳固了我国货币在"一带一路"沿线国家中的经济地位，提高了我国国际金融市场竞争力。

# 东航物流尝鲜首批混改

陆雪勇

东方航空物流有限公司（以下简称东航物流）是中国东方航空集团有限公司（以下简称东航集团）旗下的现代综合物流服务企业，总部位于上海。以成为最具创新力的物流服务集成商为愿景，东航物流致力于为全球客户提供安全、高效、精准、便捷的全方位综合物流服务解决方案。

## 一、公司主营业务情况

东航物流作为专业化的现代综合物流服务公司，其主营业务包括道路货物运输（普通货物），仓储，海上、航空、陆上国际货物运输代理，货物装卸，物业管理，停车场，会务服务，机票代理、货物及技术的进出口业务、电子商务。

## 二、东航物流混改概况

2016年11月29日，中国东方航空股份有限公司将其所持有的东航物流100%的股权，以24.3亿元价格转让给东航集团下属全资子公司东方航空产业投资有限公司。

2017年4月18日，上海联合产权交易所发布东航物流增资项目，称拟新增非国有战略投资人、财务投资人与员工持股平台对东航物流进行增资，新增注册资本2.788亿元人民币，拟募集资金对应持股比例不超过55%。

2017年6月19日，东航集团与联想控股股份有限公司（以下简称联想控股）、普洛斯投资（上海）有限公司（以下简称普洛斯）、德邦物流股份有限公司（以下简称德邦物流）、绿地金融投资控股集团有限公司（以下简称绿地金控）四家投资者，以及核心员工持股层代表，在上海正式签署增资协议、股东协议和公司章程。

2018年12月8日，首批实施混改的东方航空物流股份有限公司在沪设立并开启成为公众公司的步伐。

表1                       股份结构情况

| 发起人 | 持股数量（股） | 占公司总股本比例（%） |
|---|---|---|
| 东方航空产业投资有限公司 | 642960000 | 45.00 |
| 联想控股股份有限公司 | 287188800 | 20.10 |
| 珠海普东物流发展有限公司 | 142880000 | 10.00 |
| 德邦物流股份有限公司 | 71440000 | 5.00 |
| 绿地金融投资控股集团有限公司 | 71440000 | 5.00 |
| 北京君联慧诚股权投资合伙企业（有限合伙） | 70011200 | 4.90 |
| 天津睿远企业管理合伙企业（有限合伙） | 142880000 | 10.00 |
| 合计 | 1428800000 | 100 |

## 三、东航物流混改评析

### （一）放弃绝对控股，实现多元制衡

根据混改协议的规定，东航物流将实现股权多元化，东航集团让出绝对控股权，仅持有45%的股份。虽然离51%的绝对控股权只差6个百分点，但其实质意义却非常深远。这种股权结构或能避免国资一股独大的走形式的股改现象，也积极响应了《国务院关于国有企业发展混合所有制经济的意见》（国发〔2015〕54号）关于健全混合所有制企业法人治理结构的规定。

此次签约后，东航物流将组建全新的股东会和董事会，其中董事会中联想控股占两席，普洛斯占一席，员工持股平台占一席。公司章程的制定中也非常注意制约平衡，比如在投资决策方面，至少要获得三分之二董事会成员的认可，这就意味着除了东航委派董事，至少还需要一名董事支持。因为有非国有股东等委派的董事、监事参与，使东航物流在今后的决策中避免成为国有资本的"一言堂"。

### （二）引入物流巨头，力求互补协同

东航物流选定的四家战略合作伙伴中，普洛斯与德邦物流无疑与东航物流现有业务匹配度最高。东航集团与德邦物流的合作是地网与天网的融合，战略上高度协同，业务也可优势互补，可以发挥东航集团的航空时效优势。此外，东航物流打算成为航空物流与地面服务综合提供商，这点将用到普洛斯的专业帮助，而普洛斯则看中了东航集团的机场资源，并希望与东航集团就航空物流园加深合作。

### （三）启动员工持股，创新人才政策

与绝大多数国企混改一样，东航物流将员工持股纳入此次混改范围内。东航物流的员工持股比例达到10%，该持股比例虽然与一般的企业员工持股计划相比偏低，但已突破了以往多个国有企业所制定的5%、6%的激励机制，显示了让市场化的机制更好地解决人才流动问题的决心。

东航物流在推行混合所有制企业职业经理人制度方面迈出了一大步，本次混改后，所有员工均与东航集团解除劳动合同，再与东航物流签订市场化新合同，重新以市场竞争人员入场，这种体制、机制的双突破是混改成败的关键所在。如果东航物流最终形成"管理人员能上能下、员工能进能出、收入能增能减"的奖惩管理体系，以及市场化的薪酬分配与考核机制，从而解决了人的问题，那么混改的问题也就成功了一半。

# 中国人保集团A股上市
# 刷新2018年金融机构募资王

金凯德

## 一、背景

近年来，我国从金融监管层面，利用相关政策对保险公司上市进行一定程度的鼓励。例如，《中国保险业发展"十三五"规划纲要》提出，"十二五"时期，市场准入退出机制不断优化，8家保险机构在境内外实现上市。未来支持符合条件的保险机构在境内外上市和挂牌，支持中资保险公司参与国际资本市场投融资，稳步推进保险资源配置的全球化。

在政策支持、市场需要的背景下，本次A股上市成功的中国人民保险集团股份有限公司（以下简称中国人保）是新中国第一家全国性保险公司，也是世界500强企业，2017年排名第114位。中国人保还是亚洲排名第一位的财产险公司，人保财险在2017年国内财产险公司市场份额为33.14%，排名第一位。该公司旗下拥有人保财险、人保资产、人保寿险、人保养老等13家子公司，资产超过万亿元。2012年，中国人保在H股上市，成为首家在海外整体上市的中管金融保险集团。2017年，人保集团实现净利润达161亿元，同比增长13%，合并净利润为230.5亿元，排在已上市保险集团第三名。

## 二、中国人保A股IPO获中国证监会核准并成功登陆上海证券交易所

人保财险于2003年登陆香港证券交易所，中国人保2012年完成港股IPO。

目前，中国人寿（02628）、中国平安（02318）、中国太保（02601）和新华保险（01336）这4家A股上市保险企业均为A+H股上市。此外，在香港证券交易所上市的保险企业还有众安在线等。

2017年5月16日，中国人保在香港证券交易所公告称拟登陆上海证券交易所，此后其"回A"工作稳步推进。2017年9月26日收到中国证监会受理通知书；2017年9月29日，在中国证监会网站预先披露A股招股书；2017年12月13日，收到中国证监会受理反馈意见；2018年1月13日，向中国证监会报送反馈意见回复材料；2018年4月9日，更新预先披露；2018年6月1日，中国证监会公示审核中国人保等3家公司的首发申请。

2018年11月16日，中国人保在上海证券交易所成功挂牌上市，成为第五家保险行业A+H股上市公司。此次A股上市募集资金60亿元，成为2018年金融机构首发募资王。

## 三、评析

此次推进A股IPO发行对于中国人保而言是全面推进其产业升级发展规划的重要举措。目前，财政部持有中国人保总股本的70.47%，社保基金会持有10.2%。而中国人保在A股发行股份后，财政部持股比例将稀释至63.58%，社保基金会持股比例将为9.2%。

据统计，2015—2017年中国人保分别实现营业收入4027.36亿元、4446.72亿元、4881.14亿元。其中，保险业务收入分别为3882.10亿元、4398.13亿元、4764.44亿元。通过和中国平安保险业务对比，由于中国平安的人寿保险在2017年大幅增长，连带保险业务整体的增长。但是中国平安在财产险方面，仍然没有太大起色，2017年收入2009.09亿元，连中国人保的50%都不到，因此人保财险原保费收入市场份额一直稳居市场第一。

目前，我国国内保险公司已经达160多家，总体来说在A股上市的数量偏少，数量上较之上市银行39家、上市证券公司28家而言也较低。中国人保上市成功，将有利于带动更多保险公司在国内A股上市。

# 深赤湾借力并购重组
# 成功实现行业整合

金凯德

## 一、背景

我国招商局集团旗下的深圳赤湾港航股份有限公司（以下简称深赤湾）是一家主要从事集装箱、散杂货的港口装卸服务，陆路运输、拖轮等与港口装卸相关的运输服务以及代理等业务的公司，曾被评为"中国上市公司百强"之一。其中，集装箱、散杂货的港口装卸服务是该公司最核心的主营业务。

该集团旗下另一公司——招商局港口控股有限公司，其主要从事集装箱和散杂货的港口装卸、仓储、运输及其他配套服务。招商局港口是世界领先的港口开发、投资和营运商，于中国沿海主要枢纽港建立了较为完善的港口群网络，覆盖珠三角、长三角、环渤海地区、厦门湾经济区和西南地区，并成功布局南亚、非洲、南美洲、欧洲及地中海等地区。

此次深赤湾以并购方式，整合招商局港口股份有限公司，意在强强联合，进一步整合优化航运、港口资源，提升竞争层级，实现高层次统筹规划发展。

## 二、中国证监会放行深赤湾A股发行股份购买资产

中国证监会上市公司并购重组审核委员会2018年第47次会议于2018年10月9日召开，深赤湾（发行股份购买资产）获有条件通过，中国证监会要求其补充披露此次交易完成后上市公司公司治理安排，以及就降低标的资产占上

市公司净资产、净利润比重的承诺和拟采取的措施。

此次深赤湾计划非公开发行不超过 114864.8648 万股 A 股股份支付购买招商局港口控股有限公司股份对价，及发行不超过 12895.2746 万股 A 股股份募集配套资金的方案此前已经国资委原则通过。

重组完成后，深赤湾将实际控制招商局港口，并将直接或间接持有招商局港口下属的境内外港口资产。

## 三、评析

此次重组可视作招商局集团旗下资源优化整合的一次重要尝试。招商局港口是集团下属重要的港口资产投资、运营、管理平台，依托集团强大的资金支持、营销渠道、推广路径，以基本的港口资产经营管理为基础，挖掘港口投融资潜力。

从此次并购的双方角度而言，首先，由于港口行业是一种基础设施行业，因此，招商局港口控股有限公司对于资产的日常维护、升级改造势必产生大量的资金需求。此次借助并购重组能够有效注入资金活力，进一步推动企业发展。其次，并购双方都将集约化、一体化发展作为各自的战略规划目标，招商局港口的经营并不仅仅局限于单纯的港口业务，而是以投资运营为导向，打造集物流、融资、建设于一体的资源配置和资源运作中心。而深赤湾目前也正积极将集装箱、散杂货的港口装卸服务，陆路运输、拖轮等与港口装卸相关的运输服务以及代理等业务充分整合运作，提升资源利用效率，其作为粤港澳大湾区集装箱和散杂货枢纽港，上市公司市场地位、经营业绩稳定。此次并购成功，双方可以进一步将各自的资源优势整合，将以港口资产与港口服务两大核心业务联动运作，进一步提升竞争层级。

从招商局集团角度而言，长期以来，招商局港口在香港市场股价长期低于每股净资产，导致在融资、并购等资本运作方面受到诸多限制。同时，招商局港口与深赤湾之间的同业竞争问题也一直未得到彻底解决。从而导致招商局港口和深赤湾的发展均受到严重制约，束缚了企业的发展。此次并购，也成功降低了集团内耗，有助于其从更全面、更高层次的角度全局考量安排旗下产业的发展。

此次深赤湾与招商局港口的重大重组，为中国企业借助国内资本市场运作完成产业优化布局提供了示范。

　　此次招商局集团以上市公司为核心的集团内部港口资产整合，势必引起相关从业者的广泛关注与研究，随着市场变化及政策调整，预期还将会有更多的上市公司考虑借助发挥A股上市公司资本平台优势，实现集团内部资产优化配置，完成上市公司战略发展布局。

　　从融资层面分析，此次重组有利于进一步吸引综合实力强劲的优质资产回归A股市场，深赤湾未来也将获得境外上市公司平台投融资入口，增加融资、投资便利性。此次交易后境内外上市公司平台将形成双赢格局。深赤湾和招商局港口畅通的境内外融资渠道，将助力上市公司进一步发展壮大，提高资金使用效率，实现上市公司股东利益最大化。

　　此次交易完成后，深赤湾与招商局港口有望在战略、经营区域、融资平台、业务和管理等方面形成协同效应，进一步提升深赤湾的整体价值。未来受益全球贸易复苏，全国主要港口吞吐量增速向好，预计深赤湾盈利将实现稳步增长，投资价值也将凸显。

# 碧桂园成功发行系列供应链ABN 开启融资新途径

林晓红

碧桂园控股有限公司（以下简称碧桂园）是中国最大的城镇化住宅开发商，成立于 2006 年 11 月 10 日，注册地为开曼群岛，注册资本为 100 亿港元。2007 年 4 月，碧桂园在香港证券交易所主板上市（证券代码 02007.HK）。

上市不但为碧桂园的长远健康发展提供了资金，也成为碧桂园迈入国际资本市场的成功一步。碧桂园2016年9月14日被纳入富时中国50指数，于2017年6月12日成为恒生中国25指数成分股，于2018年3月5日纳入恒生神州50指数。2017年房地产销售量位列全国榜首。

## 一、2018年成功发行六期碧桂园ABN

2018年，碧桂园成功发行六期碧桂园供应链应付账款资产支持票据。各期碧桂园ABN的发行总额分别为16.25亿元、9.88亿元、3.99亿元、8.82亿元、9.98亿元以及5.63亿元。资产支持票据是指非金融企业在银行间债券市场发行的、由基础资产所产生的现金流作为还款支持的、约定在一定期限内还本付息的债务融资工具。基础资产是指符合法律法规规定，权属明确，能够产生可预测现金流的财产、财产权利或财产和财产权利的组合。基础资产不得附带抵押、质押等担保负担或其他权利限制。

2018年第一期碧桂园供应链应付账款资产支持票据发行总额为16.25亿元，产品类型为资产支持票据，基础资产类型为保理融资，底层资产描述为房地产行业保理融资，发行方式为私募。第一期碧桂园供应链应付账款资产支持票据发起机构、委托机构及资产服务机构为前海结算商业保理（深圳）有限公司，发行人、发行载体管理机构及受托机构为五矿国际信托有限公司，发行人法律顾问为君泽君律师事务所，资金保管机构为浙商银行股份有限公司，簿记管理人为光大证券股份有限公司，主承销商为光大证券股份有限公司及浙商银行股份有限公司，承销商法律顾问为金茂凯德律师事务所，评级机构为联合资信评估有限公司。2018年1月26日，2018年第一期碧桂园供应链应付账款资产支持票据正式上市流通。

2018年第二期碧桂园供应链应付账款资产支持票据发行总额为9.88亿元，产品类型为资产支持票据，基础资产类型为保理融资，底层资产描述为房地产行业保理融资，发行方式为私募。第二期碧桂园供应链应付账款资产支持票据发起机构及资产服务机构为前海结算商业保理（深圳）有限公司，发行人为五矿国际信托有限公司，发行人法律顾问为金杜律师事务所，发行载体管理机构为浙商银行股份有限公司，主承销商为光大证券股份有限公司及浙商银行股份有限公司，承销商法律顾问为金茂凯德律师事务所，评级机构为联合资信评估有限公司。2018年2月9日，2018年第二期碧桂园供应链应付账款资产支持票据正式上市流通。

2018年第三期碧桂园供应链应付账款资产支持票据发行总额为3.99亿元，产品类型为资产支持票据，基础资产类型为保理融资，底层资产描述为房地产行业保理融资，发行方式为私募。第三期碧桂园供应链应付账款资产支持票据发起机构为前海结算商业保理（深圳）有限公司，发行人及发行载体管理机构为五矿国际信托有限公司，发行人法律顾问为金杜律师事务所，主承销商为光大证券股份有限公司及浙商银行股份有限公司，承销商法律顾问为金茂凯德律师事务所。2018年4月27日，2018年第三期碧桂园供应链应付账款资产支持票据正式上市流通。

2018年第四期碧桂园供应链应付账款资产支持票据发行总额为8.82亿元，产品类型为资产支持票据，基础资产类型为保理融资，底层资产描述为房地产行业保理融资，发行方式为私募。第四期碧桂园供应链应付账款资产支持票据发起机构为前海结算商业保理（深圳）有限公司，发行人及发行载体管理机构为五矿国际信托有限公司，发行人法律顾问为金杜律师事务所，主承销商为光大证券股份有限公司及浙商银行股份有限公司，承销商法律顾问为金茂凯德律师事务所。2018年5月14日，2018年第四期碧桂园供应链应付账款资产支持票据正式上市流通。

2018年第五期碧桂园供应链应付账款资产支持票据发行总额为9.98亿元，产品类型为资产支持票据，基础资产类型为保理融资，底层资产描述为房地产行业保理融资，发行方式为私募。第五期碧桂园供应链应付账款资产支持票据发起机构为前海结算商业保理（深圳）有限公司，发行人为五矿国际信托有限公司，主承销商为光大证券股份有限公司，承销商法律顾问为金茂凯德律师事务所，评级机构为联合资信评估有限公司。2018年5月30日，2018年第五期碧桂园供应链应付账款资产支持票据正式上市流通。

2018年第六期碧桂园供应链应付账款资产支持票据发行总额为5.63亿元，产品类型为资产支持票据，基础资产类型为保理融资，底层资产描述为房地产行业保理融资，发行方式为私募。第六期碧桂园供应链应付账款资产支持票据发起机构及资产服务机构为前海结算商业保理（深圳）有限公司，发行人为五矿国际信托有限公司，资金保管机构为浙商银行股份有限公司，主承销商及簿记管理人为光大证券股份有限公司，承销商法律顾问为金茂凯德律师事务所。2018年6月20日，2018年第六期碧桂园供应链应付账款资产支持票据正式上市流通。

## 二、评析

资产支持票据由中国银行间市场交易商协会推出，其属于资产证券化的范畴，是中国银行间市场交易商协会的一个金融创新产品。该产品借鉴了成熟市场资产支持证券的通行做法和国内信贷资产证券化实践经验重点，对资产支持票据的资产类型、风险隔离、交易结构、信息披露、参与各方的权利义务等进行了规范，尤其强化了对资产支持票据投资人的合理保护机制。产品发行方式分为公开发行及非公开定向发行两种。资产支持票据在国外发展比较成熟，其发行过程与其他资产证券化过程类似，即发起人成立一家特殊目的的公司（Special Purpose Vehicles，SPV），通过真实销售将应收账款、银行贷款、信用卡应收款等资产出售给SPV，再由SPV以这些资产作为支持发行票据在市场上公开出售。

"融资难"始终是上市公司在成熟资本市场关注的一个焦点。上市公司的发展离不开"血液"供给，充足的资金是发展的不竭动力。碧桂园自上市以来，持续健康稳定发展，充分利用好资本市场的多种融资工具和融资功能壮大主业和投资者回报。

2017年12月下旬，"前海结算2017年第一期碧桂园供应链应付账款资产支持票据"于银行间市场成功发行，规模为9.28亿元，是国内首单银行间市场供应链ABN产品。碧桂园也凭借该单产品斩获"2017年资产证券化优秀年度交易榜单之资产支持票据年度优秀交易奖"。

2018年，碧桂园再接再厉，六期碧桂园ABN的成功发行进一步拓宽了房地产企业的融资渠道。

# 上海建工公开发行可续期公司债券
# 打造国企先锋

李　胜

东方明珠塔、金茂大厦、环球金融中心、上海中心大厦……当你身处浦东陆家嘴抬头仰望争相划过天际线的摩天大楼时，恐怕从未想到过，这些绝对"高大上"的建筑艺术作品，均出自同一家企业之手——上海建工集团股份有限公司（以下简称上海建工或发行人或公司，股票代码600170），这些不断刷新的"上海高度"，恰恰是企业最好的名片。

上海建工作为全国著名的建筑类上市企业，是中国建设行业的龙头企业，承担了中国城市现代化建设的重任。自成立以来，上海建工多次刷新中国乃至世界工程建设史上的纪录。在积极参与中国城市化进程中，上海建工为各地奉献了众多工程精品，包括超高层建筑、大型桥梁工程、轨道交通工程、宾馆商贸楼宇工程、公共文化体育工程、工业工程、环保工程等。同时，上海建工在全球30多个国家和地区，承担了近百项工程，其中有不少成了当地的标志。

上海建工在国内资本市场上历经2009年重组和2011年重组后，在2014年非公开发行股票募集资金40亿元，通过中国银行间市场交易商协会等发行中期票据、永续债、短融等融资工具，2016年为深化国资国企改革，以非公开发行股票定向增发的方式实施员工持股计划。上海建工通过上述一系列资本市场运作，完成对"管资本"的实践。

2018年10月，上海建工继续在资本市场上进行原来的试点，在上海证券交易所公开发行可续期公司债。

## 一、本次债券发行的方案

1. 债券名称：上海建工集团股份有限公司公开发行2018年可续期公司债券（第二期）。

2. 发行规模：本期债券基础发行规模为20亿元（含20亿元）。

3. 票面金额及发行价格：本期债券面值为100元，按面值平价发行。

4. 债券期限：本期债券基础期限为5年，以每5个计息年度为1个周期，在每个周期末，发行人有权行使续期选择权，将本期债券期限延长1个周期（延长5年），或选择在该期周末到期全额兑付本期债券。

5. 发行人续期选择权：发行人应至少于续期选择权行权年度付息日前30个交易日，在相关媒体上刊登续期选择权行使公告。

6. 债券利率和其确定方式：本期债券采用浮动利率形式，单利按年计息，不计复利。如有递延，则每笔递延利息在递延期间按当期票面利率累计计息。首个周期的票面利率将由发行人与主承销商根据网下向合格投资者的簿记建档结果在预设区间范围内协商确定，在首个周期内固定不变，其后每个周期重置一次。

## 二、评析

相较于普通公司债券，可续期公司债在条款设置方面所做的优化对适应企业的多元化融资需求具有积极影响。首先，可续期公司债赋予发行人到期选择权，有效延长债券期限，这与企业大型建设项目建设周期长、资金投入大的特质相适应，可缓解此类企业融资难的问题。其次，符合条件的可续期公司债兼具债、股双重属性，可以作为权益工具入账，并作为企业资本金的有效补充，可明显改善企业资产负债结构，同时有助于丰富企业债券融资品种，有效降低企业融资成本。

上海建工通过发行可续期公司债券，进一步提升了企业的资金实力和公司竞争力，可更好地促进公司长期持续、健康发展。

# 青岛海尔成功发行D股
# 开启中企海外融资新路径

游 广 李 建

青岛海尔股份有限公司（以下简称青岛海尔），注册资本为612315.4万元，股票简称为青岛海尔，股票代码为600690。

青岛海尔的前身是成立于1984年的青岛电冰箱总厂。经过30年的创业创新，青岛海尔从一家资不抵债、濒临倒闭的集体小厂发展成为全球家电第一品牌，中国最具价值品牌。青岛海尔在全球建立了29个制造基地、8个综合研发中心、19个海外贸易公司，全球员工总数超过6万人，已发展成为大规模的跨国企业集团。

经中国人民银行青岛市分行1989年12月16日批准募股，1989年3月24日经青体改〔1989〕3号文批准，在对原青岛电冰箱总厂改组的基础上，以定向募集资金1.5亿元方式设立股份有限公司。1993年3月和9月，经青岛市股份制试点工作领导小组青股领字〔1993〕2号文和9号文批准，由定向募集公司转为社会募集公司，并增发社会公众股5000万股，于1993年11月在上海证券交易所上市交易。2015年8月，青岛海尔集团荣登中国制造企业协会主办的"2015年中国制造企业500强"榜单，排名第24位。

青岛海尔上市之前，生产用资金主要靠企业自身积累及银行贷款，但随着公司的快速发展，其所能提供的资金已不能满足公司正常发展的需要。青岛海尔通过公开发行股票募集资金3.69亿元，分别投资于出口冰箱技术改造项目、出口冰箱配套设施改造项目、无氟冰箱技术引进项目、多规格定尺料精密冲裁中试基地项目、大型精密注塑中试基地项目、海尔工业园冲压基地项目、海尔工业园模具中试基地项目、中意合作生产洁厨具项目、风直冷蒸发器项目等。这些项目的实施使公司生产能力及技术含量有了大幅提高，为以后冰箱生产上规模奠定了基础。

青岛海尔于10月24日正式在德国法兰克福上市并交易。随着青岛海尔成功登陆欧洲资本市场，中欧所D股市场正式开启，中国在欧洲的离岸市场建设取得了零的突破。

## 一、公司主营业务情况

青岛海尔主要从事冰箱/冷柜、洗衣机、空调、热水器、厨电、小家电、U-home智能家居产品等的研发、生产和销售，以及提供智慧家庭成套解决方案；公司渠道综合服务业务主要为客户提供物流服务、家电及其他产品分销、售后及其他增值服务。

青岛海尔并购重组日本三洋白电业务、GE家电业务，受托管理新西兰Fisher & Paykel业务，持股墨西哥MABE，已在海内外构建研发、制造、营销三位一体的竞争力，实现世界级品牌的布局与全球化运营，2017年海外收入占比为42%，近100%为自有品牌收入。

数据显示：海尔大型家用电器2017年品牌零售量占全球市场的10.6%，连续九年蝉联全球第一；同时，冰箱、洗衣机、酒柜、冷柜继续蝉联全球第一。其智能空调全球份额30.5%，连续2年位居全球互联空调（包括智能空调）销量第一。青岛海尔于近期创设U+智慧生活云平台、COSMOPlat工业互联网云平台、顺逛社群交互平台三大平台，为消费者提供智慧家庭解决方案，创造全场景智能生活体验，满足用户定制需求。

## 二、D股介绍

D股全称为"人民币计价股票"，其法律基础是《中华人民共和国公司法》，同时发行须经中国证监会批准，招股说明书须经德国联邦金融监管局审核。中欧所D股市场的"D"代表德国（德语Deutschland），因为中欧所所在地为法兰克福。

中欧所定位于连接中国和欧洲资本市场的桥梁，利用德意志交易所市场基础设施，服务的是有意投资中国优质公司及中国相关债券、交易所交易基金等产品的国际投资者。中欧所是上海证券交易所（上交所）、德意志交易所（德交所）和中国金融期货交易所（中金所）于2015年在法兰克福设立的合资公司，上交所、德交所和中金所三方股东股份占比分别为40%、40%和20%，专注于提供与中国及人民币相关金融产品。D股的目标发行人为中国大陆A股蓝筹上市公司及高技术创新型中国大陆公司。

中欧所D股市场是法兰克福证券交易所欧盟监管市场（主板）的组成部分，遵循欧盟高标准的透明度要求。中欧所D股市场借助德国成熟资本市场的基础设施，可加强对中国企业"走出去"的金融支持与服务，帮助中国企业拓展境外融资渠道，提升国际知名度，有利于促进中国制造业转型升级，深化"中国制造2025"与德国"工业4.0"对接以及"一带一路"基础设施建设的合作。

## 三、青岛海尔D股正式上市交易

2018年2月初，有消息称，青岛海尔计划在德国上市，将成为首个D股上市的中国企业。当时青岛海尔表示，正在研究论证D股发行的可行性，但尚未聘请专业机构开展工作，也未形成任何内部决策。

2018年4月初，青岛海尔正式表示，为促进公司业务发展，深入推进公司全球化战略，公司拟在中欧国际交易所D股市场首次公开发行股票并上市，此次发行上市将通过法兰克福证券交易所的准入并挂牌交易实现。

中国证监会于2018年6月核准青岛海尔发行不超过4.6亿股境外上市外资股，完成此次发行后，公司可到中欧国际交易所D股市场上市。

2018年10月24日，青岛海尔正式在德国法兰克福证券交易所上市并交易，D股开盘价为1.06欧元，发行价为1.05欧元。青岛海尔此次面向国际投资者成功发售304750000股D股，总募集资金为2.78亿欧元（约合22.12亿元人民币）。

## 四、评析

青岛海尔D股上市，是中欧所发展的重要里程碑。作为2015年首次中德高级别财金对话的重要成果，中欧所在成立运行之初就明确了强化平台融资功能的发展目标。D股市场的建设目的在于通过深化金融合作，促进中德先进制造业对接，支持中欧实体经济发展，促进"一带一路"资金融通。

金融是实体经济的血脉，A股市场为企业的成长壮大提供了重要给养，H股市场为企业的国际化发展提供了强有力的支持。如今，随着中国企业国际化进程的加快及在全球价值链地位的不断提升，更多的优质企业将国际化战略的落脚点迈向了更远的欧洲，同时也对配套金融服务提出了全方位的新要求。作为法兰克福证券交易所欧盟监管市场（高级标准）的组成部分，中欧所D股市场立足欧洲，发挥支点作用，为中国企业推进国际化战略、提升全球品牌知名度提供了有力支持。

# 瑞安房地产发行优先票据
# 打造新时代"新天地"

黄金纶

瑞安房地产有限公司（以下简称瑞安房地产或公司，股份代号：272）于2004年成立，并于2006年10月在香港联交所上市，为瑞安集团在中国内地的房地产旗舰公司。瑞安房地产总部设于上海，在发展多功能、可持续发展的社区项目方面拥有卓越的成绩，在内地房地产市场奠定了稳固的基础。瑞安房地产在中国内地开发运营了优质品质的住宅、办公楼、零售、娱乐及文化等项目。公司以创新独到及极具弹性的手法来进行项目的整体规划，力求项目发展能配合当地政府制订的整体城市规划，并把当地城市的历史文化特色融入项目的设计及业务发展策略中。发展项目充分体现"整体社区"理念，力争打造一个集生活、工作、休闲于一体的独特环境，丰富全面生活体验。目前，公司在上海、重庆、武汉、大连和佛山中心地段有八个处于不同阶段的项目。

近些年来，寻求境外融资以获取中短期现金流及优化公司财务结构的房地产企业的数量日趋增长，瑞安房地产董事会将此次发债看作获取现金流的良机，认为认购协议的条款公平合理，符合股东及公司整体利益。

## 一、瑞安房地产此次发行美元债券概况

2018年2月26日，瑞安房地产公告，将发行由瑞安房地产担保、由Shui On Development发行的16亿元人民币6.875%的优先票据（原有票据），用于偿还短期内到期债务和拨付有关集团房地产或设备的资本开支。

此次优先票据由渣打银行及中信银行（国际）担任联席承销商。

2018年4月19日，瑞安房地产公告，将发行由瑞安房地产担保、由Shui On

Development发行的6亿元人民币6.875%的额外票据，额外票据将与2018年3月2日发行之原有票据合并组成单一系列。

额外票据由渣打银行担任主承销商。

## 二、此次发行构架

此次发行人是Shui On Development，担保人是瑞安房地产有限公司（Shui On Land Limited），原有票据由渣打银行及中信银行（国际）为票据之初始购买人，额外票据由渣打银行为票据之初始购买人。

## 三、此次发行方案

1. 发售票据：待达成若干完成条件后，Shui On Development将发行本金总额为22亿元人民币的票据，票据将于2021年3月2日到期，根据票据条款提早赎回则除外。

2. 发售价：票据之发售价将为票据本金额的100%。

3. 利息：票据将按每年6.875%的利率计息，自2018年9月2日起每半年于每年的3月2日及9月2日支付。

4. 票据的地位：（1）票据为Shui On Development的一般债务；（2）票据较任何明示为偿付权利后偿于票据的Shui On Development现有或未来债务享有优先偿付权利；（3）票据至少享有与Shui On Development所有其他无抵押、非后偿债务同等权益之偿付权利（唯须受有关后偿债务根据适用法律的任何优先权所规限）；（4）票据按优先基准由本公司担保，唯须受若干限制所规限；（5）票据实际后偿于Shui On Development及本公司的有抵押债务（如有），并以作为抵押物的资产价值为限；（6）票据实际后偿于Shui On Development附属公司的所有现有及未来债务。

5. 担保的地位：瑞安房地产将担保妥当及准时支付票据的本金、溢价（如有）及利息和票据下应付的所有其他款项。由于瑞安房地产为控股公司，票据将实际后偿于本公司附属公司（Shui On Development除外）的所有债务及其他负债。瑞安房地产担保以下债务和权益：（1）本公司的一般债务；

（2）实际后偿于本公司的有抵押债务，并以作为抵押物的资产价值为限；（3）较任何明示为偿付权利后偿于母公司担保的本公司所有未来债务享有优先偿付权利；（4）至少与本公司所有其他无抵押、非后偿债务享有同等权益（唯须受有关后偿债务根据适用法律的任何优先权所规限）。

6. 票据发行的原因：瑞安房地产为中国主要房地产发展商之一。瑞安房地产主要于中国从事优质住宅、办公楼、零售、娱乐及文化物业之开发、销售、租赁、管理并长期持有。特别是，瑞安房地产侧重于大型多用途城市核心综合物业项目的总体规划及开发，通常与相关地方政府部门合作进行。票据发行是为瑞安房地产的扩充及增长计划补充资金或偿还现有债项。

7. 所得款项的建议用途：在扣除包销佣金及其他估计开支后，瑞安房地产拟将票据发行的所得款项净额用于偿还现有债务及并用余额拨付资本开支。

8. 上市：票据在新加坡交易所上市已获得原则上批准。新加坡交易所对本公布内所载任何陈述或所表达的意见或所载报告是否正确概不承担任何责任。票据获准纳入新加坡交易所正式上市名单，不得视为瑞安房地产、Shui On Development或票据的价值指标。票据未曾也将不会申请于香港上市。

## 四、此次发行的参与律师

1. 发行人中国律师：上海金茂凯德律师事务所，牵头律师为李志强律师。

2. 发行人境外律师：Freshfield Bruckhaus Deringer LLP，牵头律师为Andrew Heathcote。

3. 发行人开曼律师：Walkers Global，牵头律师为Andy Randall。

4. 承销商境外律师：Davis Polk & Wardwell，牵头律师为William F. Barron。

5. 承销商中国律师：通商律师事务所，牵头律师为侯青海律师。

6. 信托人律师：Clifford Chance，牵头律师为James Booth。

## 五、评析

资金周转是房地产企业经营管理中相当重要的一个环节，由于房地产企业的主营业务房地产开发需要大量的资金投入，而地产的收益又不会很迅速地收回大量的现金，因此如何保有流动性头寸，如何控制资金周转的速度和效率对房地产企业来说至关重要。

近些年来，寻求境外融资以获取中短期现金流及优化公司财务结构的房地产企业数量日趋增长。瑞安房地产董事会将此次发债看作获取现金流的良机，并将此次发行的债券作为优化公司财务结构，调整、弥补公司现金流的重要手段进行操作。通过结合内部资源及不同的融资方式，公司努力在资金的持续性与灵活性之间维持平衡，力求将财务状况维持在健康的水平。公司多次融资旨在调整负债结构，以缓解短期偿债压力。

在中国，为了控制房价的上涨，自2010年监管层对于房地产商的融资渠道进行了严格限制。曾经的房地产开发商主要利用债券市场来进行融资，然而从2010年开始，国家的房地产调控开始加强，房地产企业的融资渠道受到严格限制，贷款、债券、股票融资均受到抑制。2016年10月，国内大中城市连续发布限购政策，以控制房价。而房地产企业本身也热衷于用债权融资方式募集资金。发债的成本相比信托成本要低很多，而且可能比银行信贷成本还要低。对于房地产商而言，目前融资压力太大。为了控制风险，银行对于一些中小房地产公司也开始了收紧信贷政策。

我国经济在未来的一段时间内将仍然处在合理的增长区间，积极的财政政策和稳健的货币政策仍然将是今后一段时间的主导宏观调控方针。在这样的大背景之下，加之中国城市化进程加快、农民工进城务工比例增大、农民产业工人化的步伐在提速，房地产行业形势仍然处在增长的势头中。随着新盘开发不断，项目不断增加，越来越多的资金需要投入房地产项目当中，房地产企业也越来越多地需要更加便利和低成本的融资渠道。瑞安房地产此次债券的发行，给了中国其他房地产企业一个重大的启示，无论是国内还是国外的债券市场，都可以也应当被房地产企业合理利用，用来募集资金，调整流动性头寸，使房地产企业维持健康的财务状况，并以可持续的方式不断向着良好态势发展，为我国社会主义经济建设和全面建成小康社会作出应有贡献。

# 大众交通发行超短期融资券
# 拓宽AB股上市公司融资渠道

赵思渊

大众交通（集团）股份有限公司（以下简称大众交通或公司）成立于1988年12月，其前身为大众出租汽车公司，1992年7月22日，公司B股（证券代码：900903.SH）在上海证券交易所挂牌上市；同年8月7日，公司A股（证券代码：600611.SH）在上海证券交易所挂牌上市。

大众交通是上海和长三角区域最大的综合交通服务供应商，拥有出租车、租赁车、物流车、旅游车等各类车辆达1.5万辆，曾成功为2007年特奥会、2008年奥运会、2010年上海世博会等国际性赛事提供官方指定综合交通配套服务。

大众交通先后投资了国泰君安、光大证券等金融股权，自2009年起加大了在金融自营领域的开拓，开设了大众小额贷款公司、大众商务公司和大众拍卖行等新金融公司，与大众公用共同出资在中国（上海）自由贸易试验区设立了大众融资租赁有限公司。

## 一、公司主业及品牌

大众交通业务板块分为交通运输业、商业、旅游饮食服务行业、房地产行业、工业、其他行业，其主要业务为小额贷款。

1. 品牌优势：公司多年来蝉联上海市著名商标单位，近8000辆出租车以优质的服务成为上海城市的名片。公司与全国50余家出租汽车骨干企业共同构建中国出租汽车产业战略合作伙伴关系。截至2018年6月，公司成功主办了全国出租汽车行业骨干企业深化改革研讨会和国际出租汽车发展论坛，得到国家交通运输部、地方主管部门以及社会的广泛关注，行业影响力进一步提升。

2. 资源优势：公司拥有各类车辆13488辆，其网约车平台"大众出行"不仅拥有网约租车网络平台经营资质，还有符合规定的车辆——首批合规"网约车"专用号段"沪A·M"。截至2018年上半年，"大众出行"获得上海市交通委员会核发的沪交运管许可网字00001号"中华人民共和国网络预约出租汽车经营许可证"，为上海首家获网约车平台资质的平台公司。线下资源联动线上平台，推动传统业务创新。

3. 规范的公司治理：公司按照《公司法》《证券法》《上市公司治理准则》和中国证监会、上海证券交易所的监管要求，不断完善公司法人治理，规范公司运作。

4. 产业布局，协同发展：公司在巩固交通服务业的基础上，进一步实施产业资产与金融资产的结合，形成了以交通服务业、自营金融业为主，具有可持续发展能力的适度多元化的现代服务业集团。

## 二、2018年发行两期超短期融资券

大众交通自上市以来，注重利用金融市场发展壮大主业。

2018年，大众交通成功发行两期超短期融资券。超短期融债券是指具有法人资格、信用评级较高的非金融企业在银行间债券市场发行的，期限在270天以内的短期融资券。作为企业短期直接债务融资产品，超短期融资券属于货币市场工具范畴，产品性质与国外短期商业票据（Commercial Paper）相似。目前市场上的短期融资券的期限一般是一年左右，作为非金融企业债务融资工具的一种，超短期融资券从期限上属货币市场工具范畴。

2018年度第一期超短期融资券发行总额为3亿元，募集的资金全部用于归还银行借款和补充流动资金，优化债务结构。第一期超短期融资券簿记管理人为上海银行股份有限公司，每一承销团成员申购金额的下限为1000万元（含1000万元），申购金额超过1000万元的必须是1000万元的整数倍。2018年5月21日，大众交通发布《大众交通（集团）股份有限公司2018年度第一期超短期融资券发行情况公告》，公布了申购、配售、分销情况，第一期超短

期融资券成功发行。

2018年度第二期超短期融资券发行总额为5亿元，募集的资金全部用于归还银行借款和补充流动资金，优化债务结构。第二期超短期融资券簿记管理人为上海银行股份有限公司，每一承销团成员申购金额的下限为1000万元（含1000万元），申购金额超过1000万元的必须是1000万元的整数倍。2018年8月21日，大众交通发布《大众交通（集团）股份有限公司2018年度第二期超短期融资券发行情况公告》，公布了申购、配售、分销情况，第二期超短期融资券成功发行。

## 三、评析

AB股上市公司曾经是资本市场的宠儿，但其融资问题一直是市场关注的焦点之一。上市公司发展离不开"血液"供给，充足的资金是发展的不竭动力。大众交通自上市以来，持续健康稳定发展，充分利用好资本市场的多种融资工具和融资功能壮大主业，提高投资者回报。

2018年大众交通两期超短期融资券的成功发行进一步拓宽了AB股上市公司的融资渠道。

# 中国铁塔创港股2018年最大 IPO

*龚嘉驰　潘金涛　孙晨怡*

## 一、背景

2018年8月8日，中国铁塔股份有限公司（以下简称中国铁塔）正式在港交所挂牌上市（股票代码为 0788.HK）。

中国铁塔主要业务有塔类业务、室分业务、跨行业站址应用与信息业务。中国铁塔站址资源在中国市场具有独一无二的优势。中国铁塔是全世界通信铁塔最多的电信基础设施集团，拥有180万座移动基站，流动资产比其身后的全球第二大公司印度Indus（拥有1.726万座移动基站）足足多了13倍，市占率高达97%。中国铁塔在中国通信铁塔基础设施市场中的份额为96.3%；以收入计，市场份额为97.3%。

招股书显示，中国铁塔在股东持股方面，中国移动占比为38%，中国联通占比为28.1%，中国电信占比为27.9%，中国国新占比为6.0%。中国移动、中国联通、中国电信三大运营商合计持股94%。

中国铁塔香港 IPO 每股发行价为1.26港元（约合1.095元人民币），发行量为431亿股，占发行后公司总股本的25%，净筹资 534 亿港元（约合464亿元人民币），这意味着中国铁塔最终募资额超过小米集团的240亿港元，成为2018年以来募资额最高的港股。

## 二、分析

三大运营商既是中国铁塔的主要股东，也是其主要客户。招股书显示，中国铁塔99%的收入来自三大运营商租用中国铁塔的基站服务。2018年第一季度，中国铁塔来自中国移动的营业收入为94.65亿元，占比为54.9%；来自中国联通的营业收入为38.84亿元，占比为22.5%；来自中国电信的营业收入为37.88亿元，占比为22%。

首先，在上市情况方面，中国铁塔于2018年8月8日正式登陆香港证券交易所，因投资者需求疲软，仅超购0.36倍，创出了规模30亿美元以上IPO最低水平。最终每股发行价拟定为1.26港元，位于招股价区间1.26~1.58港元的底端，成为港股历史上发行价最"便宜"的大盘股。

中国铁塔急于上市，究其原因，是急于解决债务过高的问题，让财务费用得到有效控制，以降低三家电信运营商的成本，进一步去杠杆。公司将使用此次IPO融资额的60%来建设铁塔并升级现有铁塔，以加速5G网络建设。剩余资金则会用于归还贷款和一般运营资金。

此前公布的招股书显示：中国铁塔2017年实现营业收入686.65亿元，税前利润为26.85亿元；2016年实现营业收入559.97亿元，税前利润为1.06亿元；2015年实现营业收入88.02亿元，税前利润为-47.46亿元。

截至2018年第一季度末，中国铁塔的流动资产为349亿元，流动负债为1471亿元，其中短期借款及一年内到期的长期借款达964亿元。另外，中国铁塔此次IPO所得款项净额将分别安排以下用途：预计51%~54%用于站址新建及共享改造；预计6%~9%用于配套设施更新改造，如安装或者更换智能FSU、蓄电池及空调；预计约30%用于偿还已用作拨付资本开支及运营资金的银行贷款；另有约10%作为拨付营运资金及公司其他一般用途。

由于负债较高，中国铁塔上市是必然。就上述其招股书显示的情况看，如果铁塔公司无法尽快上市，就不能及时解决债务、财务成本过高问题，会影响三家电信企业运营成本，直接损害三家电信企业利益，这就违背了改革初衷，失去了改革的意义。

其次，在投资价值方面，目前，中国铁塔还仅是一家成立刚刚4年、正式运营不到3年的年轻企业，未来伴随5G基站的建设、物联网技术的应用，中国铁塔有望发展成为更大规模的移动通信基础设施企业。招股书中，中国铁塔也表明了跨行业探索新模式的决心：未来计划在政企通信网市场、视频监控市场以及数据采集市场探索业务增长点，拓展基于站址的信息服务等业务。然而，身为港股近8年、全球近2年、规模最大的一宗IPO，第一家在香港上市的铁塔类公司，"重磅选手"中国铁塔并没有引发想象的热度，公开发售部分仅超购0.36倍，投资者认购热情平淡。其原因：第一，中国铁塔的业务是ToB模式，而小米、拼多多、映客、51信用卡等都是ToC模式，存在本质上的不同，面向消费级的C端生意显然更有大众知名度和关注度；第二，铁塔行业的技术含量较低，客户和股东高度重叠，公司营业收入结构单一，对三大运营商依赖过甚，多元化较难，发展前景和空间不大，让投资者和市场缺乏炒作的"想象力"；第三，公司自由现金流非常匮乏，在管理及整合资产组合方面面临挑战，高负债率迫使其上市谋求补充资金，吸血本质难以对股价带来太大的推动作用。

## 三、评析

虽然在投资价值方面略有不足，但是此次赴香港IPO的成功将成为中国铁塔发展的里程碑。通过上市降低资金占用成本，推动企业完善治理结构，对中国铁塔进一步实现扩大共享，将"通信塔"与"社会塔"进一步拓展融合起到重大的推动作用。

这次IPO取得成功，也说明共享的商务模式得到了全球投资者的认可。2015年10月，中国铁塔通过收购三家运营商存量铁塔资产，成为全球最大的铁塔公司。3年来，中国铁塔又新建交付了51万座站址，发展了100多万户租户，相当于又造了一个全球最大的铁塔公司。中国铁塔的新建共享率超过70%，助力三家建成了全球最大4G网络，也更进一步增强了共享共赢的理念。

# 大众公用公开发行公司债券
# 锻造沪上企业百强

曹　菁

上海大众公用事业（集团）股份有限公司（以下简称大众公用或公司）成立于1991年12月24日，原名是上海浦东大众出租汽车股份有限公司，是全国出租汽车行业中第一家股份制公司。公司股票于1993年3月4日在上海证券交易所正式挂牌上市（股票代码：600635），2003年5月，公司更名为上海大众公用事业（集团）股份有限公司。经过二十余年的发展，公司从一个与上海浦东开发开放共同起步，在业内率先上市的交通运输企业，发展成为公用事业与金融创投齐头并进的投资控股型企业，并且是一家A+H股上市公司。

## 一、大众公用借力资本市场的实践

大众公用自上市以来，持续借力资本市场发展壮大主业和提高投资者回报，打通融资多渠道。

经中国证监会于2017年10月30日签发的"证监许可〔2017〕1928文号"核准，公司获准公开发行不超过16.90亿元的公司债券。首期债券于2018年3月13日发行。其中，品种一为5年期固定利率债券，在债券存续期第3年末附发行人调整票面利率选择权和投资者回售权，规模为人民币5亿元，票面利率为5.58%；品种二为5年期固定利率债券，品种二未发行。本期债券为第二期，发行规模不超过11.9亿元人民币，发行工作已于2018年7月20日结束，本期债券的最终发行规模品种一为5.1亿元人民币，票面利率为4.65%；品种二为6.8亿元人民币，票面利率为4.89%。发行公司有计划地在资本市场上运作，树立了健康良好的企业形象。

公司债券还具备如下优势：

1. 利率无限制。《公司债券发行试点办法》对利率并无规定。在升息周期中，公司债券在票面利率的设计上，具有更为广阔的创新空间。

2. 发行条件宽松。《公司债券发行试点办法》第七条规定："发行公司债券，应当符合下列规定：（一）公司的生产经营符合法律、行政法规和公司章程的规定，符合国家产业政策；（二）公司内部控制制度健全，内部控制制度的完整性、合理性、有效性不存在重大缺陷；（三）经资信评级机构评级，债券信用级别良好；（四）公司最近一期末经审计的净资产额应符合法律、行政法规和中国证监会的有关规定；（五）最近三个会计年度实现的年均可分配利润不少于公司债券一年的利息；（六）本次发行后累计公司债券余额不超过最近一期末净资产额的百分之四十；金融类公司的累计公司债券余额按金融企业的有关规定计算。"相比之下，公司债无连续三年盈利的要求，当然在债券余额比例上有要求。至于可分配利润方面的规定，对于多数上市公司而言并不高。

3. 发行时间更为宽泛，可分期发行。《公司债券发行试点办法》第二十一条规定："发行公司债券，可以申请一次核准，分期发行。自中国证监会核准发行之日起，公司应在六个月内首期发行，剩余数量应当在二十四个月内发行完毕。超过核准文件限定的时效未发行的，须重新经中国证监会核准后方可发行。"

4. 可以免担保。《企业债券管理条例》规定：发行人在债券发行前应提供保证担保，但中国人民银行批准可免予担保的除外。担保工作经中国人民银行认可后，方可发行债券。但公司债发行无强制性规定。

## 二、评析

大众公用不断在资本市场上运作，为企业的健康发展提供了强大的资金支持。公司自1991年12月24日创立以来，秉承"以人为本，创新发展"的企业理念，至今已走过二十多年不平凡的发展历程。这二十余年来，公司经过不断"创新驱动、转型发展"，从"浦东大众"到"大众科创"，再到"大众公用"的战略转型，公司坚持稳健经营、稳步发展，实现一次次的跨越，现在已形成"城市公用事业基础设施投资运营与金融创投齐头并进"的投资控股型的集团发展格局。

大众公用此次公司债券的发行，不仅补充了该公司的资金实力，使其能在各个业务领域施展拳脚，也标志着该公司利用资本市场能力的不断提升与增强。可以说，此次大众公用公司债券发行已经成为国有企业利用资本市场增强自身实力、提升自身竞争力的典范。

# 东方证券借力法治手段成功
# 解决股票质押式回购交易纠纷

王如富

东方证券股份有限公司（以下简称公司）是一家经中国证监会批准设立的综合类证券公司，于2015年3月23日成功登陆上海证券交易所（600958），2016年7月8日H股成功发行并上市（03958），成为行业内第五家A+H股上市券商。经过20年的发展，公司从一家仅有586名员工、36家营业网点的证券公司，逐渐壮大为一家总资产达2000亿元，净资产超过500亿元，员工4000余人，在全国76个城市设有153家分支机构，提供证券、期货、资产管理、理财、投行、投资咨询及证券研究等全方位、一站式专业综合金融服务的上市证券金融控股集团。

## 一、股票质押式回购交易业务简介

股票质押式回购交易（以下简称股票质押回购）是指符合条件的资金融入方（以下简称融入方）以所持有的股票或其他证券质押，向符合条件的资金融出方（以下简称融出方）融入资金，并约定在未来返还资金、解除质押的交易。上海证券交易所、中国证券登记结算有限责任公司于2013年5月24日联合发布了《股票质押式回购交易及登记结算业务办法（试行）》，标志着这一创新业务的正式推出已具备制度基础。

### （一）业务流程

1. 融入方、融出方、证券公司各方签署《股票质押回购交易业务协议》（以下简称《业务协议》）。

2. 证券公司根据融入方和融出方的委托向深交所交易系统进行交易申报。

3. 交易系统对交易申报按相关规则予以确认，并将成交结果发送中国结算深圳分公司。

4. 中国结算深圳分公司依据深交所确认的成交结果为股票质押回购提供相应的证券质押登记和清算交收等业务处理服务。

交易主体包括融入方和融出方。融入方即具有股票质押融资需求且符合证券公司所制定资质审查标准的客户。融出方包括证券公司、证券公司管理的集合资产管理计划或定向资产管理客户、证券公司资产管理子公司管理的集合资产管理计划或定向资产管理客户。专项资产管理计划参照适用。标的证券通常为沪深交易所上市交易的A股股票或其他经沪深交易所和中国结算认可的证券。股票质押回购的回购期限不超过3年，回购到期日遇非交易日顺延等情形除外。交易地点在上海证券交易所，股票质押回购的交易时间为每个交易日的9：15—9：25、9：30—11：30、13：00—15：00。

### （二）交易申报类型

股票质押回购的申报类型包括初始交易申报、购回交易申报、补充质押申报、部分解除质押申报、违约处置申报、终止购回申报。

1. 初始交易申报是指融入方按约定将所持标的证券质押向融出方融入资金的交易申报。

2. 购回交易申报是指融入方按约定返还资金、解除标的证券及相应孳息质押登记的交易申报，包括到期购回申报、提前购回申报和延期购回申报。《业务协议》应当约定提前购回和延期购回的条件，以及上述情形下购回交易金额的调整方式。延期购回后累计的回购期限一般不超过3年。

3. 补充质押申报是指融入方按约定补充提交标的证券进行质押登记的交易申报。

4. 部分解除质押申报是指融出方解除部分标的证券或其孳息质押登记的交易申报。

5. 违约处置申报是指发生约定情形需处置质押标的证券的，证券公司应当按照《业务协议》的约定向上海证券交易所提交违约处置申报，该笔交易进入违约处置程序。

6. 终止购回申报是指不再进行购回交易时，融出方按约定解除标的证券及相应孳息质押登记的交易申报。

### （三）质押率

证券公司应当依据标的证券资质、融入方资信、回购期限、第三方担保等因素确定和调整标的证券的质押率上限。质押率是指初始交易金额与质押标的证券市值的比率。（华泰证券）各类标的证券的基准质押率：（流通股）主板股票为55%，中小板为50%，创业板为45%；国债为75%，地方债为70%；企业债、公司债和分离交易可转债纯债为65%；可转换公司债券为60%；普通封闭式基金和创新封闭式基金的优先级为60%，ETF、LOF和其他交易所可交易的开放式基金为60%。

## 二、东方证券股票质押式回购交易纠纷执行案件案情介绍

2014年5月22日，东方证券股份有限公司（以下简称东方证券）与上海凯威创业投资发展中心（有限合伙）（以下简称凯威创投）签署了《东方证券股份有限公司股票质押式回购交易业务协议（两方）》，先后于2014年5月22日、2014年10月29日及2015年4月23日签署了三笔《股票质押式回购交易协议（两方）》。这三笔交易涉及质押证券限售股"大康农业"（002505.SZ）的数量依次为1800万股、1320万股及900万股。在送股、部分解除质押、部分归还债务本金后，目前尚未购回的融资金额为12292万元，质押证券数量为7524万股，上述所有质押证券均解除限售。

上述协议均已经分别由上海市静安公证处、上海市黄浦公证处公证，并出具了"具有强制执行效力的债权文书公证书"，其所质押给东方证券的"大康农业"7524万股也已按照该业务相关交易规则在中国证券登记结算有限公司办理了股票质押登记手续。

在前述相关股票质押式回购协议履行及业务存续过程中，自2017年第一季度结束后，凯威创投未支付利息，也无法就何时支付利息提供时间节点。按照上述协议的约定，该行为已经构成了利息逾期且不予支付的事实。

自2017年3月起，凯威创投质押给东方证券的大康农业股份因其合伙人姜某经济纠纷已被山东招远法院等多家法院司法冻结。对此，凯威创投已提起异议之诉，东方证券就此已于2017年5月26日向凯威创投送达了"股票质押式回购交易提前购回通知"，要求其于2017年5月31日收盘前完成所有未到期交易的提前购回，否则东方证券有权按照协议约定进行违约处置，但凯威创投仍未按通知要求完成提前购回。同时，由于凯威创投未完成对本应于2017年5月26日到期的一笔交易的购回，东方证券又于2017年5月26日向凯威创投送达了"股票质押式回购交易违约处置通知"。

经申请人申请，2017年12月12日，上海市黄浦公证处出具了执行证书。

## 三、借力法治手段，巧用创新机制

该股票质押式回购交易纠纷案件中涉及的合同分别由上海市静安公证处、上海市黄浦公证处公证，并出具了"具有强制执行效力的债权文书公证书"。那么在实践操作中，是否必须由两处的公证机构分别出具执行证书呢？

公证法没有规定签发执行证书的公证事项，当然也就不可能对出具执行证书的标准予以规范。《民事诉讼法》第二百三十八条也只是规定，经公证机构赋予强制执行效力的债权文书，人民法院应当作为执行的依据，仍然没有规定经公证机构赋予强制执行效力的债权文书，于债务人违约时再由公证机构出具一份执行证书，并以该执行证书作为执行根据。出具执行证书的法定程序，始自2000年最高人民法院、司法部的《关于公证机关赋予强制执行效力的债权文书执行有关问题的联合通知》（以下简称《联合通知》）。《联合通知》第四条规定："债务人不履行或不完全履行公证机构赋予强制执行效力的债权文书的，债权人可以向原公证机构申请执行证书。"第七条规定："债权人凭原公证书及执行证书可以向有管辖权的人民法院申请执行。"此后，司法部于2006年印发的《公证程序规则》对公证机构签发执行证书制度进行了规定。《公证程序规则》第五十五条规定："债务人不履行或者不适当履行经公证的具有强制执行效力的债权文书的，公证机构可以根据债权人的申请，依照有关规定出具执行证书。执行证书应当在法律规定的执行期限内出具。执行证书应当载明申请人、被申请执行人、申请执行标的和申请执行的期限。债务人已经履行的部分，应当在申请执行标的中予以扣除。因债务人不履行或者不适当履行而发生的违约金、滞纳金、利息等，可以应债权人的要求列入申请执行标的。"

因此，原则上债权人应当向原公证机构申请执行证书。在实际操作中，当事人及代理人可以根据案件的具体情况，与公证机构进行认真沟通，以便在最有利于案件进展的情况下，选择合适的公证机构出具执行证书。这样不但节省了时间，更主要的是加快了案件的立案速度，及时维护了当事人的合法权利。

涉及股票质押式回购交易纠纷的案件，专业性强，建议当事人及时聘请专业律师机构代理案件进行诉讼或者申请执行。本案中，还涉及另一个较为棘手的问题，就是东方证券享有优先债权的股票被外地和本地其他法院分别先行冻结。《最高人民法院关于首先查封法院与优先债权执行法院处分查封财产有关问题的批复（2015）》《最高人民法院关于人民法院办理财产保全案件若干问题的规定（2016）》分别规定了首封法院向优先债权法院或轮候法院移送查封财产处置权的不同情况。根据上述规定，由于首先查封法院未能率先进入执行程序或消极执行，财产处置权发生以下转移：一是从首先查封法院转移至优先债权法院；二是从首封法院转移至轮候法院。因此，作为享有优先债权的一方应当积极申请并督促法院将执行权尽快移送。涉及股票质押式回购交易纠纷的案件，股票的市值将直接影响到债权的受偿。

东方证券委任了诉讼经验丰富的专业律师，及时申请移送执行权。最终，借力法治手段，东方证券全额收回了债权，有效维护了公司和全体股东的合法权益。

# 合肥中院一纸裁定掀开资产证券化
# 基础资产独立新突破

李志强　游　广

　　资产证券化是资本市场长期运作中的创新产物，其最早出现于20世纪70年代的房地产中，主要针对于房屋抵押贷款领域。我国资产证券化最早出现于20世纪90年代，该种模式由其灵活变现以及盘活资产等特点，受到我国资本运作主体的广泛欢迎。2004年，中国证监会发布《关于证券公司开展资产证券化业务试点有关问题的通知》，2005年，中国人民银行和中国银监会联合发布《信贷资产证券化试点管理办法》，为资产证券化的发展提供了法律基础，资产证券化实践从此在中国拉开了帷幕。自取消行政审批、扩大管理人范围以来，我国资产证券化业务呈现快速增长态势，资产证券化的发行主体也从开始的以大型国有银行为主，扩大到股份制银行、政策性银行、资产管理公司、农合机构、农村商业银行、外资银行，甚至包括汽车消费金融公司、财务公司等。另外，据统计，2016年1月至2018年4月末，企业资产证券化产品共发行备案492只，规模为6665亿元。

　　近年来，资产证券化业务确实呈现快速增长态势，其主要原因：一是自2014年以来，党中央、国务院高度重视资产证券化对盘活存量资产、服务供给侧改革的重要作用，政策文件提及"资产证券化"多达12次；二是市场广度、深度进一步扩展，市场主体对于资产证券化认识逐步加深；三是资产证券化契合企业盘活存量的内在需求，尤其对应收款项比重较大行业以及PPP、商业物业等重资产领域，资产证券化特性与行业经营模式能够有机结合，具有较强的市场需求；四是证监会将积极落实"放管服"改革要求，对资产证券化业务实行备案制加基础资产负面清单管理，放松前端管制，强化事中事后监管，有效激发了市场活力。

## 一、资产证券化基础资产独立性现状分析

资产证券化，是指以基础资产未来所产生的现金流为偿付支持，通过结构化设计进行信用增级，在此基础上发行资产支持证券（Asset-backed Securities，ABS）的过程。目前，我国存在三类不同的资产证券化业务，即由中国银保监会、中国人民银行监管的信贷资产证券化，由中国银行间市场交易商协会主管的资产支持票据，以及由中国证监会、中国证券投资基金业协会监管的企业资产证券化。

资产证券化在获得持续高速发展的同时，由于其业务结构的特殊性以及缺少尚未成熟的相关规制保障，这一新兴融资工具已经暴露出不少问题，对投资者权益造成了不利影响。比较明显的问题是我国资产证券化资产独立和风险隔离方面存在一系列问题。目前，在我国资产证券化发展的过程中，最明显的障碍是破产隔离和资产"出表"等资产独立的制度实现出现困难和阻碍，暴露出我国目前的法律制度和社会金融体制发展与资产证券化的制度设计理念和要求之间的矛盾。要深入探寻目前我国资产证券化发展存在的问题和解决方式，首先要对资产证券化的结构和运作方式进行明确，从中探求资产证券化制度设立的目的。

从运作流程而言，资产证券化的业务结构可以分为以下三个部分。

第一部分是最前端，即资产端。在该部分中，企业抑或其他主体选取相应的资产作为证券化之基础。根据《资产证券化业务管理规定》第三条的规定，基础资产应符合法律法规规定，权属明确，可以产生独立、可预测的现金流且可特定化的财产权利或者财产。基础资产可以是单项财产权利或者财产，也可以是多项财产权利或者财产构成的资产组合，可以是企业应收款、租赁债权、信贷资产、信托受益权等财产权利，基础设施、商业物业等不动产财产或不动产收益权，以及中国证监会认可的其他财产或财产权利。

第二部分为中间端，也就是SPV，通过券商抑或其他机构设计交易结构。其目的有两个：一是以资产为核心发行资产化债券，向各个投资者进行融资；二是通过此种交易结构，设立破产等风险保护机制，将融资与基础资产进行风险隔离。

第三部分是后端，即金融产品的发行端抑或发售端，通过对资产证券化

之金融产品的发布、发售，实现基础资产变现之目的，为企业或者发行主体提供相应的现金流，完成整个资产证券化的流程。需要特别说明的是，在后端需要SPV与客户的有效沟通及相应的信息披露，而这里的信息披露直接与资产证券化的产品质量形成有效的正向关系。

由于资产证券化项目中存在原始资产所有权人让渡给SPV专项计划基础资产再由管理人据此发售证券的关键过程，因此，该业务结构十分强调"真实出售"和"破产隔离"，即切断基础资产与原始权益人法律上的资产归属关系（主要通过将基础资产真实出售SPV实现），使证券化资产不会因任何业务参与人发生破产风险而受到任何影响。旨在保证证券本息的兑付仅受到基础资产现金流产生能力的影响，保证证券化资产及其现金流的安全性，减小业务参与人破产等因素导致投资者蒙受损失的可能性。由此体现出利用资产证券化进行融资与利用传统的主体信用融资两种方式最大的区别，即基础资产的"破产隔离"。在真实销售模式下，SPV设置的主要目的在于规避发起银行的破产风险，因此在构建过程中应当严格操作，尤其是在银行资产证券化下，要保证无论发起人发生什么问题，都不会殃及SPV，即实现远离破产的SPV。要实现上述目的，就要求SPV必须具备独立法人主体资格以成功受让原始资产所有权人转让的财产权。我国《证券公司及基金管理公司子公司资产证券化业务管理规定》虽然已经明确SPV是独立于投资人、管理人、发起人的独立主体，但是这毕竟只是监管部门颁发的文件，目前法律上仍然尚未明确赋予SPV独立主体资格，直接影响到了资产证券化中资产隔离机制的运作。

根据《证券公司资产证券化业务管理规定》第八条规定，基础资产是符合法律法规，权属明确，可以产生独立、可预测的现金流的可特定化的财产权利或者财产。基础资产可以是企业应收款、信贷资产、信托收益权、基础设施收益权等财产权利，商业物业等不动产财产，以及中国证监会认可的其他财产或财产权利。可见，基础资产大部分为财产权利，其中主要包括债权和特定资产收益权，财产仅列举商业物业一项。

要实现基础资产的独立性，即专项资产管理计划与原始权益人要实现"破产隔离"，则在发起设立专项资产管理计划时，将基础资产以"真实交易"的方式转让至专项资产管理计划之下。然而，在目前中国的金融体制下，"真实交易"打了一个很大的问号，故基础资产的独立性也受到拷问。

从实践角度而言，根据基础资产类型不同，资产证券化的操作方式也不同，目前通常有如下三类。

1. 以"债权"作为基础资产的资产证券化，根据相关法律的规定，债权人履行通知债务人的义务即完成债权转让。因此，以企业应收款、信贷资产等作为基础资产进行资产证券化的，比较容易实现真实交易和基础资产的独立性，即通过协议转让和履行通知义务即可实现基础资产与原始权益人的剥离。此类项目除了典型的信贷资产证券化之外，回款期内的BT项目资产也通常成为资产证券化的基础资产，例如江苏吴中集团BT项目回购款专项资产管理计划和浦东建设BT项目资产支持收益专项资产管理计划。

2. 以"特定资产收益权"作为基础资产的资产证券化，例如，以水电气、路桥隧道等基础设施的收费权作为基础资产发起设立一个专项资产管理计划，此类项目的资产证券化过程中，原始权益人仅仅将资产的收益权转让给专项资产管理计划，而基础资产的所有权本身并没有转让给专项资产管理计划。此外，在中国目前的相关配套制度中，特定资产收益权在转让后缺乏转让的登记机关和公示程序来明确该等权益独立于基础资产的原始权益人或者优先于其他债权人，故这种特定资产收益权的转让无法对抗原始权益人的其他债权人。在原始权益人破产时，其他债权人仍然有权要求执行这部分特定资产产生的收益。在极端的情况下，专项资产管理计划设立后，由于基础资产的所有权和实际占有仍属原始权益人，原始权益人可以在不受控制的情况下将该部分基础资产的所有权再次进行转让或处置，若有善意第三人对该部分基础资产的权利提出主张的，专项资产管理计划将面临一个非常被动的境地。此类项目的典型案例有莞深高速公路收费收益权资产管理计划。

3. 以可租赁的资产作为基础资产的资产证券化，既可以通过真实交易的方式将可租赁的资产转让给专项资产管理计划，也可以不真实交易，而仅仅将租赁资产的租金收益权进行资产证券化。常见的资产类型有"商业物业"和"租赁设备"等，但由于该类基础资产进行真实交易时，将面临高额的税负，如营业税和契税，故此类基础资产往往也采用资产收益权的方式进行资产证券化，由证券公司和原始权益人对租赁资产收益权的转让通过协议方式予以约定，同时，原始权益人仍享有租赁资产的所有权和实际占有权。故原始权益人在专项资产管理计划发起设立之后仍有可能对租赁资产的所有权和收益权进行再次处分，使专项资产管理计划无法真正对抗第三人。该类项目的典型案例如远东首期租赁资产支持收益专项资产管理计划。

## 二、资产证券化资产独立性的实证"突破"

囿于当前法律规制的不完善，如何从司法审理的层面保障资产证券化项目法律权益、保障此类项目中资产独立性，市场主体如何规避风险，成为证券市场上热议的问题。

近期，针对上述问题，合肥中院关于平安大华公司的执行异议之诉裁定一案无疑为资产证券化的司法保障注入了一剂及时的强心针。

在该院执行申请保全人合肥科技农村商业银行股份有限公司大兴支行（以下简称合肥科农行大兴支行）与被保全人凯迪生态环境科技股份有限公司（以下简称凯迪公司）和南陵县凯迪绿色能源开发有限公司（以下简称南陵凯迪公司）诉讼财产保全一案中，案外人深圳平安大华汇通财富管理有限公司（以下简称平安大华公司）对该院冻结南陵凯迪公司在国网安徽省电力有限公司3000万元应收账款的行为提出书面异议。

平安大华公司异议称合肥中院要求国网安徽省电力有限公司停止支付给南陵凯迪公司的电费及补贴3000万元归其所有。因2015年6月12日，其依照中国证监会《证券公司及基金管理公司子公司资产证券化业务管理规定》的规定，设立了"平安凯迪电力上网收费权资产支持专项计划"，共募集资金11亿元，并已全部用于购买包括南陵凯迪公司在内的三家公司自该专项计划设立之日的上月起至2020年6月12日上网电费收费权。请求撤销（2018）皖01执保字第21号"协助执行通知书"，解除对南陵凯迪公司在国网安徽省电力有限公司应收账款3000万元的冻结。

合肥科农行大兴支行辩称，结合《基础资产买卖协议》，平安大华公司诉请所涉财产不属于"平安凯迪电力上网收费权资产支持专项计划"，请求法院驳回平安大华公司的异议申请。

合肥中院经审理认为：

首先，就案涉的"电力上网收费权资产证券化"，依据《专项计划说明书》《专项计划标准条款》和《基础资产买卖协议》，虽然平安凯迪专项计划将部分转让对价支付到隆回凯迪公司和松滋凯迪公司账户，但因隆回凯迪公司、松滋凯迪公司和南陵凯迪公司均是案涉计划的原始权益人，南陵凯迪公司对该转账行为并无异议，且认可平安大华公司转让价款已全部付清。已足以认定平安大华公司以支付11亿元对价的方式，受让取得南陵凯迪公司等自2015年5月至2020年6月因生物质发电自国网湖南省电力公司、国网安徽省电力公司和国网湖北省电力公司应当取得的电费、可再生能源补贴、调峰及停机补偿等产生的一切相关现金收入债权。

其次，就案涉债权，平安大华公司和南陵凯迪公司既办理了"应收账款转让登记"，又办理了"应收账款质押登记"，但结合前述三份合同，认定双方当事人就案涉电费及补贴，平安大华公司和南陵凯迪公司之间形成的是债权转让关系而非质押担保关系，是双方当事人的真实意思表示，平安大华公司在受让债权后又将自己设定为该债权的质押权人的行为无效。

最后，《专项计划说明书》第二十九条对"电费收入"明确定义："系指自计划存续期间，基于基础资产产生的、由国网湖南省电力公司、国网安徽省电力公司、国网湖北省电力公司根据法律法规和其与原始权益人签署的《并网经济协议》《购售电合同》等合同的约定应当向原始权益人支付的全部现金回流款，包括但不限于电费、可再生能源补贴、调峰及停机补偿等产生的一切相关现金收入。"故案涉的电力上网收费权，针对的对象不仅包括电费，还包括各项补贴。因此，科农行大兴支行抗辩理由均没有事实和法律依据，本院不予支持。

综上所述，合肥中院裁定中止对南陵县凯迪绿色能源开发有限公司在国网安徽省电力有限公司应支付的电费及补贴3000万元的执行。

## 三、资产证券化资产独立性"突破"案例评析

在该案件中，平安大华公司作为资产证券化项目管理人，在要求保护该项目项下资产时遇到了不小阻力和风险，其主要来自以下三个方面，值得我们引以为戒。

第一，平安大华公司基础资产收购操作过程并未完全符合相关合同规定。按照《基础资产买卖协议》的规定，平安大华公司应当将收购基础资产

的费用全部转入合同约定的南陵凯迪公司的相关账户，而平安大华公司却将部分价款转入其他该项目原始权益人（隆回凯迪公司）账户，从而直接导致其基础资产收购的有效性受到根本性的质疑和动摇。尽管南陵凯迪公司确认了基础资产收购有效性并最终受到法院支持，但是作为市场主体各方，仍应保持警醒，注意基础资产收购流程与基础资产收购约定的符合，以免陷入被动。

第二，转让的基础资产范围没有完全明确，引发争议。管理人平安大华公司与原始权益人南陵凯迪公司签订的《基础资产买卖协议》中约定，转让的资产为电费收入，并未明确表示所谓电费收入是否包括各类政策补贴等；而《专项计划说明书》却定义电费收入包括各类补贴费用。同一个资产证券化项目框架下的多份法律文件之间对关键的基础资产定义并不完全相同，从而引发涉案各方的争议。现阶段我国企业资产证券化业务已经采用的或者已经得到监管部门认可的基础资产类型相当有限，仅有债权人已履行完毕义务的债权、基于企业未来经营收入的收益权、不动产物权、有价凭证、信贷资产以及信托收益权。资产证券化项目各方应当仔细核查项目下各种法律文件中用词的严谨、细致、匹配，尤其是关键性的名词解释，稍有不慎便会埋下风险隐患。

第三，原始权益人设置类似于对原始权益资产追索权的机制，造成信托法律关系认定存疑。本案中，原始权益人南陵凯迪公司与管理人平安大华公司既办理了"应收账款转让登记"，又办理了"应收账款质押登记"。前文已述，这种转让与赎回并存的机制，在一定程度上导致难以认定基础资产是否符合资产证券化项目"真实出售"、资产隔离的根本要求，从而导致对整个法律关系认定的不确定性。幸而合肥中院总览全局，结合多个方面、各个角度整体认定支持其构成基础资产的债权转让关系，正确梳理了该案核心要点，才遏制了相关风险。

然而，在当前法律规制尚不成熟的情况下，除去上述资产证券化参与主体各方的审慎、严谨、自律，司法机构保障此类项目合法权益的作用更是不可或缺。

就本案而言，合肥中院从多个关键问题上明确保护了资产证券化中基础资产的独立性，也由此提升了整个项目的安全性与稳定性，值得学习与借鉴。

首先，应当放眼全局，综合判定基础资产是否实际转让。此案中存在专项计划收购基础资产流程与计划项下合同规定不一致的情况，合肥中院并未拘泥于合同的一条一款，而是从双方真实意思表示、专项计划实际支出数额、双方订立的基础资产转让登记等多个角度，结合案件实际，准确把握基础资产转让，资产证券化信托关系实质成立的基本方向。在该资产证券化项目履行存在一定瑕疵与不足的情况下，仍然充分保障了该项目广大投资者的权益，避免其因为原始权益人的负债问题受到不合理的牵连。

其次，针对追索权及其类似机制的设置，采取审慎严谨的态度厘清其与该资产证券化项目的关系。此案中，平安大华公司与南陵凯迪公司同时登记转让登记和质押登记，本质上已经形成了矛盾。认同何种登记，直接关系到资产证券化项目是否有效设立。合肥中院尽管查明了该案中存在有悖于资产证券化信托精神这一细节问题，但是结合案件的大量事实、证据，经过权衡仍然选择避免"因小失大"，稳妥客观地把握了案件走向，展现出了谨慎态度，即不能仅仅因为存在追索权及其类似机制的设置，就轻易否定整个资产证券化项目的合理性、客观性。事实上，前文已经提到，市场部分收费收益权类基础资产存在无法完全实现破产隔离的情况。而目前通行的风险控制措施主要是将收费权进行质押，办理质押登记手续。依据《企业破产法》第一百零九条的规定，对破产人的特定财产享有担保权的权利人，对该特定财产享有优先受偿的权利。此案中双方当事人此举，是为了保证资产证券化项目中基础资产不受原始权益人经济状况影响，虽与收益权转让登记自相矛盾，却也合乎情理。法院想必对此也有理解。

最后，明确区分专项计划基础资产所有权和资金所有权。此案中，合肥科农行大兴支行曾经抗辩称，《基础资产买卖协议》明确约定在监管银行将电费收入划入专项计划账户后，该笔款项的所有权才归专项计划所有，划转之前仍归南陵凯迪公司所有，现相关款项并未到账，故相关电费收入尚不归平安凯迪专项计划享有。这一说法明显混淆了资金所有权与电力上网收费权。合肥中院对此作出明确区分，不能以资金归属界定电力上网收费权的归属。

综上所述，该案集中暴露了目前我国资产证券化项目规范运作方面的尖锐问题，也为公众提供了不少经验教训。规范的资产证券化市场，需要全方面、多层次、多阶段地规制完善。我国资产证券化业务尚处于摸索阶段，诸多法律规制尚不完善。比如，前文已经提到，中国现有法律框架中并不存在一套如美国立法规定的真实出售的判断体系，目前大多数人只是单纯地从民商法的角度来判断破产隔离和真实出售，这种判断所得出的结论并不一定正确。例如，债务人以明显不合理的低价转让财产的行为在《民法》上并不必然会导致债权人撤销权的产生，但在《企业破产法》上却一定会导致破产撤销权的产生。《民法》上债权人撤销权的产生是以"受让人知道债务人以明显不合理的低价转让财产对债权人造成损害"为前提条件的，破产撤销权的产生不以受让人知道为前提条件。因此，对基础资产的转移能否实现破产隔离的判断，更多时候是采用《合同法》《企业破产法》综合判断，即提高法律搜索成本，也容易出现理解上的困难和矛盾。因此，在目前这一领域法律规制尚不完善的背景下，中国证监会作为主管的证券公司资产证券化的职能机构，具有较为丰富的处理资产证券化事务的经验。客观而言，资产证券化市场的规范离不开司法的审理、判决，更离不开相关职能部门的常态化监督与经验总结。中国证监会作为该市场的主管部门，其对于资产证券化市场具体态势和问题的理解相较于许多司法机关而言更为深刻。加强中国证监会对于当前阶段的市场管控，有利于其接触更多的市场案例，进一步积累、强化其在资产证券化方面的专长优势，形成更加合理有效的对策方法、机制体制。中国证监会的管控，不仅能在具体案例中弥补法律规制上的一些漏洞，更能为后期相关法律规制的完善积累提供宝贵而专业的经验，可谓一举两得。

总体而言，我国资产证券化的发展有可期待性和完善的巨大空间。就可期待性而言，资产证券化在我国具有发展的优势：可改善公司资产负债的结构，将长期资产转化为现金资产，降低长期资产比例而不提高公司资产负债率；将长期应收项目变为货币资金，盘活企业长期资产，提高资产流动性；通过结构化的安排和增级机制，降低发行人的融资成本。就完善资产证券化制度，特别是资产独立、风险隔离制度而言，可以借鉴和汲取英美的信托财产双重所有权的理论，承认信托权这种新型的权利形态，将信托的本质理解为受托人和受益人对信托财产分享所有权，即受托人是信托财产名义所有人，对信托财产享有管理处分权；受益人是信托财产实质所有人，对信托财产享有收益的权利，为我国信托业的发展，也为我国资产证券化的促进奠定理论基础。另外，我国可以加快出台符合资产证券化发展现状、跟得上我国金融市场发展需要的资产证券化条例，规定 SPV 的性质、设立条件、经营范围、发行债券的种类与性质、应承担的资产信息披露义务、所享受的优惠等，从而实现 SPV 的风险隔离，并为发展信托受益权证的交易市场提供法律依据。

# “一带一路”研究篇

# 贵在持之以恒　深耕"一带一路"

## ——李飞主任在中企赴俄罗斯投融资财税法律研讨会暨企业海外并购俄罗斯专场讲话

各位企业家、金融家和法学法律专家：

大家好！

2018年下半年伊始，由上海上市公司协会、安永华明会计师事务所和金茂凯德律师事务所共同主办的中国企业赴俄罗斯投融资财税法律研讨会暨企业海外并购俄罗斯专场今天召开，我表示热烈祝贺！

近5年来，中俄政治互信达到新高度，两国元首在双边、多边场合举行20多次会晤。中国已连续8年保持俄罗斯第一大贸易伙伴国地位，中国企业赴俄罗斯投融资活动方兴未艾。今天的研讨会邀请财税和法律专家聚焦企业赴俄罗斯并购的财税和法律问题，对于增强我国企业特别是上市公司海外投融资财税和法律风险防范、提高参与"一带一路"发展的可持续性很有现实意义！

今天的研讨会上，主办单位举行著名法学家李昌道教授主编的《外滩金融创新试验区法律研究（2018年版）》首发式和"一带一路"法律研究与服务中心俄罗斯站揭牌仪式，推进"一带一路"研究与服务的伟大事业，致力于为更多的中国企业"走出去"提供专业服务和智力支持，我深表祝贺。

祝本次研讨活动取得圆满成功！

# 研究服务"一带一路" 铸就新时代新华章

徐逸波

环太平洋律师协会候任主席弗朗西斯先生，各位企业家、金融家和法学法律专家：

大家好！

很高兴出席由上海上市公司协会、上海股权投资企业协会、金茂凯德律师事务所和安永华明会计师事务所共同举办的中国企业海外投融资第十次系列财税法律研讨会（新加坡专场）。

今天的研讨会议程精彩纷呈，既有黄浦政协"一带一路"课题报告的出炉，又有《中国企业赴菲律宾、越南和韩国投融资法律研究》的问世；既有国际著名律师组织领导人和国际知名仲裁机构精彩的专题报告，又有国际四大会计师事务所和法律专业服务机构前卫新鲜的专业分享；既有"一带一路"法律研究与服务中心海外新站点的启幕，又有2018年金融市场经典案例的顶尖专家点评。可喜可贺！

众所周知，2018年是习近平主席提出"一带一路"倡议五周年，也是改革开放40周年。上海是"一带一路"建设的桥头堡，上海以改革闻名，以开放著称。上海是中国律师业的发祥地，百年律师公会1912年曾在上海黄浦诞生。令人高兴的是，环太平洋律师协会将于2020年4月在上海举办年度盛会，这是上海1843年开埠以来首次举办国际主要律师组织的年度盛会，并将极大地推动上海法治建设和中外律师交流合作，助力"一带一路"建设和构建人类命运共同体的伟大事业！

今天的系列研讨会是第十次，相信并期待未来的研讨会将更精彩，更有丰富的成果！

最后祝参会的中外嘉宾身体健康，在沪生活愉快！

（本文是上海市政协副主席徐逸波在2018年12月17日举行的中国企业海外投融资第十次系列法律研讨会上的致辞）

# "一带一路"创新之路与人工智能

李昌道

各位朋友：

你们好！在从事法律工作的许多年里，我书写了许多故事，我当过故事的主角，也做过陪衬的绿叶。我不得不说，许多事情是自己应该做的，很多是被人安排做的。但我最想说的是，这些工作，大多也是我自己乐于做的。一个法律工作者，仅仅从业远远不够，只有敬业、乐业才能成就一番事业。我人生的故事，有的经过归纳、提炼、升华以后，拔高了我的形象，每每听闻这些，我既为自己而高兴，也难免有点惭愧。

其实，如果一定要为我戴一顶帽子的话，我希望加的是这三个字：法学家。我就是一个法学家，而且法学家面前还要加两个字：上海。因为我希望为上海的法律实务和理论的结合实实在在地做一些事。我一直觉得，只有虚心学习、学以致用、与时俱进的法律工作者，才能真正为社会作出贡献。我固然是一名老师，但又何尝不是一名虚心求学的学子呢？陷入自我满足、自我陶醉的人，终究难以获得长足的发展。只有认清自己、认清实际、认清趋势的人，才能真正把握住核心问题、关键问题。我认为，当前就有许多急需探讨的新兴法律课题，"一带一路"框架下的人工智能法律问题就是其一。

2017年5月，国家主席习近平在"一带一路"国际合作高峰论坛开幕式上发表主旨演讲时强调，要将"一带一路"建成创新之路。习近平主席明确指出，创新是推动发展的重要力量。要坚持创新驱动发展，进一步发展在数字经济、人工智能、纳米技术、量子计算机等前沿领域合作，推动大数据、云计算、智慧城市建设，努力构建成21世纪的数字丝绸之路。"一带一路"沿线的建设，不仅是传统商贸往来的关系，还有新兴信息技术的交融，并且，这两者之间必将相互依托，共同发展。

技术在发展，法律也需要进步。针对人工智能当前实际情况以及未来可能发生的问题，我愿做一些阐述。

首先，人工智能将会对很多法学的重要原理产生一定影响。我举一个例子，2018年初，在美国亚利桑那州，无人驾驶汽车撞死了人，到现在还没有判决。在法学领域里有一个很重要的原理就是无罪推定，以及谁主张谁举证的原则。那么，无人驾驶汽车如何适用无罪推定呢？对于人工智能是否要采取无罪推定呢？我们都知道，无罪推定在罗马法的时候已经制定了，在国法大全上也都确定。现在这一原则面临颠覆性的情况变化，其中是非曲直，值得我们探究。

其次，人工智能对法律的完备充实提出了更高的要求。我们过去讲的法律，从罗马法开始都是自然人，现在有机械人、机器人了，行为主体就发生了变化，对此是否要制定法律呢？如何调整法律呢？有材料声称，欧盟在2018年末要召开会议，讨论机器人的权利法案。不同主体之间的异同，如何在法律上更好地体现，也需要长期广泛的研究。

再次，人工智能还会对法律工作者的结构产生影响。众所周知，任何一个工作，包括律师工作，都有基础工作、中层工作和顶层工作之分。最基础的工作，如法律、案例、咨询、审查等，这些工作很多地方的事务所都已经可以或者即将可以由人工智能完成了。针对这种越来越大的变化，我们整个法律服务业也需要早做准备。有些中层的工作，比如诉讼胜负的决策，以及诉讼策略的选择，很多地方也已经通过人工智能来做了。另外，就是顶层工作的问题，据说有的地方已经做过试验，机器人跟名律师法庭辩论，和下围棋一样，结果会怎么样呢？还是机器人赢了。所以现在有许多人讲，有了人工智能就不要律师了，为什么？因为一切都能够由人工智能做了。我对此持反对意见，人工智能可以作为我们律师新的工具，而不能代替我们律师。如何活用、善用人工智能技术的同时保护律师的传统竞争优势，又是一个与我们法律从业者自身息息相关的话题。

最后，我还想对金茂凯德律师事务所的创始合伙人李志强先生为建设"一带一路"法律服务事业，尤其是针对"一带一路"中新兴法律问题的探究所作出的贡献表示感谢。正是许许多多保持谦虚、不懂就学、与时俱进、积极奉献的中国法律人，才使我国的法律服务事业紧紧贴合人民渴求、社会需求、国家要求，真正做到了造福于大众。

祝愿各位朋友和中国的法律服务事业一样，时刻进步，勇攀高峰，收获满满。

（本文是著名法学家，原上海市人民政府参事室主任、上海市高级人民法院副院长、上海仲裁委员会副主任、上海市法学会副会长、复旦大学法学院院长、九三学社中央法制委员会顾问李昌道教授在"一带一路"法律研究与服务中心2018年中秋国庆茶话会暨《法学宗师李昌道》首映式上的演讲）

# 深化资本市场合作
# 服务"一带一路"建设

## ——方星海副主席在中新（重庆）战略性互联互通
## 示范项目金融峰会上的讲话

尊敬的唐良智市长，孟文能行长，各位领导，各位来宾：

很高兴出席首次中新（重庆）战略性互联互通示范项目金融峰会。首先，作为本次峰会主小单位之一，我谨代表中国证监会对本次会议的顺利召开表示热烈的祝贺！

本次峰会以"开放·创新·互联·共享——加强金融互联互通，全力服务'一带一路'"为主题，共商促进中新金融合作之策，共谋服务"一带一路"建议，有助于落实中新双方领导人以金融合作推动"一带一路"建设的成果共识，全面释放和激发两国金融服务业合作的潜力。在此，我就深化两国资本市场合作、共促"一带一路"建设谈几点看法与建议。

## 一、资本市场在服务"一带一路"建设中的重要作用

资金融通是"一带一路"建设的重要支撑，资本市场可以有效发挥集聚资源，连接交易所与上市公司、金融机构、投资者的平台作用，为"一带一路"建设提供直接融资支持，丰富境内外投资者的交易工具和投资渠道，并提供良好的风险管理机制。中国证监会认真贯彻落实党中央、国务院关于"一带一路"的决策部署，积极拓宽直接融资渠道，丰富投融资产品，提供优质金融服务，推动"一带一路"沿线资本市场务实合作，在支持和服务"一带一路"建设中发挥了重要作用。

一是拓宽直接融资渠道，提高服务"一带一路"建设的能力。中国证监

会鼓励企业充分利用境内、境外两个市场筹集资金投资"一带一路"建设。自2016年以来，中国证监会共批准62家"一带一路"相关企业完成IPO，募集资金达588.84亿元；90家企业完成再融资，募集资金达4062.16亿元；核准中国铁建、中国中车等企业以增发H股普通股和发行可转债等方式成功实现境外再融资，有力地支持了企业参与"一带一路"建设。此外，在前期熊猫债券试点基础上，上海证券交易所和深圳证券交易所于2018年3月发布《关于开展"一带一路"债券试点的通知》，支持"一带一路"沿线国家（地区）政府类机构、企业及金融机构在交易所发行政府债券或公司债券，募集资金用于"一带一路"建设，目前已发行15单共计239.5亿元的"一带一路"债券。

二是积极参与"一带一路"沿线国家和地区金融基础设施建设。中国证监会支持境内交易所和登记结算机构参与沿线国家资本市场的框架设计、制度安排、交易系统和法律法规建设，通过双边股权、技术、业务等合作，共同构建资金融通平台，为"一带一路"建设服务。2015年，上海证券交易所、中国金融期货交易所与德意志交易所集团成立了中欧国际交易所，2018年10月24日，青岛海尔股份在中欧国际交易所D股市场正式上市交易；中国境内相关交易所还分别战略入股巴基斯坦交易所和孟加拉国达卡证券交易所，并参与投资共建哈萨克斯坦阿斯塔纳国际交易所。此外，我国境内交易所还在研究增加可投资的"一带一路"基金产品，积极探索与境外交易所开展ETF产品互挂，丰富境内外"一带一路"投资标的。

三是有序引导证券经营机构国际化布局，支持中国企业"走出去"。中国证监会积极引导国内优秀券商在"一带一路"沿线重要节点国家和城市开展业务，完善国际化布局，提升专业服务水平和能力，创新金融合作模式。为此，中国证监会出台了《证券公司和证券投资基金管理公司境外设立、收购、参股经营机构管理办法》，支持具备一定实力、运作规范、风控能力较强的境内证券基金经营机构在境外设立经营机构，更好地服务"一带一路"建设和中国企业"走出去"。

四是加快推进期货市场国际化进程，提高"一带一路"企业管理风险能力。证监会高度重视利用衍生品市场，帮助企业有效管理价格风险。自2018年以来，中国期货市场对外开放迈出实质性步伐，原油、铁矿石期货顺利引入包括"一带一路"沿线国家和地区在内的境外交易者，交易量和持仓量稳步提升，可交割油种囊括"一带一路"沿线多国的原油，下一步PTA期货也将对境外投资者开放。通过吸引"一带一路"企业和金融机构参与我国期货市场，可以支持相关产业企业利用期货市场套期保值和管理风险，为"一带一路"建设提供有力保障。

## 二、中新资本市场合作潜力大，互补性强，可共同为"一带一路"建设作出积极贡献

新加坡是一个有许多独特竞争力的国家。近年来，中新资本市场合作日益密切，跨境投融资、金融机构互设和金融要素市场互联互通的步伐均在加快。目前，新加坡政府投资公司在华参股设立了一家证券公司：中国国际金融股份有限公司；4家新加坡金融机构在华参股合资基金管理公司；22家新加坡金融机构获得合格境外机构投资者（QFII）资格，累计获批额度71.2亿美元；32家新加坡金融机构获得人民币合格境外机构投资者（RQFII）资格，累计获批额度746.55亿元人民币，可直接投资于我国资本市场。同时，也有越来越多的中国证券期货经营机构将新加坡作为"走出去"的目的地，例如，海通证券、中泰证券、东吴证券等均已在新加坡金管局取得资本市场牌照；上海期货交易所和大连商品交易所已在新加坡设立办事处，并正在申请"受认可的市场运营者"（RMO）牌照。

为加强对中新双方资本市场合作的引导和跨境监管与执法合作，中国证监会与新加坡金管局认真贯彻落实两国元首2015年达成的成果共识，积极开展证券监管机构间的定期高层对话，先后成功举办了三次中新证券期货监管圆桌会议，达成许多重要共识，有力地促进了两国资本市场的务实合作、特别是近期召开的第三次中新监管圆桌会议，双方就如何加强两国资本市场务实合作、共同推动"一带一路"建设进行了深入探讨，我们对新方成立亚洲基础设施建设发展局，通过资本市场为"一带一路"基础设施项目融资的做法表示赞赏与支持。

新加坡是"一带一路"倡议的重要参与方，中新双方资本市场作为亚太地区重要的资本市场，可以在"一带一路"建设中发挥重要的"资金融通"平台与渠道作用。中国证监会愿同新加坡金管局在"一带一路"倡议的框架

下，深化两国资本市场务实合作，积极推动双方跨境投融资、金融机构互设和金融要素市场的互联互通，加强双方跨境监管与执法合作、信息共享和经验交流，为"一带一路"建设作出积极努力与贡献。

## 三、积极推动资本市场更好地服务"一带一路"建设

中国证监会将以习近平新时代中国特色社会主义思想为指引，深入贯彻落实党的十九大关于推进"一带一路"建设的新精神、新部署、新要求，在新的历史起点上推动资本市场支持服务"一带一路"建设迈上新台阶。

一是完善多层次资本市场体系，进一步拓宽直接融资渠道。强化主板、中小板、创业板融资功能，深化新三板改革，推动私募股权基金发展，拓宽融资渠道和途径，支持参与"一带一路"项目建设的企业扩大股权融资；改革境内企业境外上市制度，便利符合条件的企业境外发行上市；深化并购重组市场化改革，支持上市公司参与"一带一路"建设；继续支持相关境内外企业在交易所债券市场发行"一带一路"债券。

二是进一步提升证券服务机构服务"一带一路"建设的水平与能力。在支持和引导证券经营机构"走出去"的同时，鼓励具备条件的会计师事务所、律师事务所、资产评估机构、资信评级机构也制定相应发展战略，更好地服务"一带一路"建设和中国企业"走出去"。提升证券服务机构专业能力和水平，推进本土化战略，深耕当地市场，积极开展特色跨境业务，创新金融合作模式。

三是建设大宗商品区域定价中心，进一步提高企业管理风险能力。完善以市场需求为导向的期货产品上市制度，逐步扩大商品期货期权品种，持续开展天然气、商品指数等期货品种研究，探索推进人民币外汇期货上市，帮助"一带一路"企业管理风险。在风险可控的前提下研究推进商业银行和其他有关金融机构有序利用期货市场管理风险。支持期货公司为"一带一路"相关客户提供多样化风险管理服务。同时，加快推进期货市场国际化进程，提高在"一带一路"区域内的定价影响力，建设大宗商品的区域定价中心。

最后，预祝本次会议取得圆满成功！谢谢大家！

# 服务国家"一带一路"建设
# 提升黄浦区经济开放型水平

黄浦区政协课题组

习近平总书记在推进"一带一路"建设工作5周年座谈会上强调，要坚持对话协商、共建共享、合作共赢、交流互鉴，同沿线国家谋求合作的最大公约数，推动各国加强政治互信、经济互融、人文互通，一步一个脚印推进实施，一点一滴抓出成果，推动共建"一带 路"走深走实，造福沿线国家人民，推动构建人类命运共同体。5年来，"一带一路"倡议在遵循"共商、共建、共享"的基本原则下，"五通"建设取得实质性进展，硕果累累。我国与"一带一路"沿线国家的基础设施建设全面铺开，双边贸易投资持续增长，国际产能、金融合作领域不断拓展，人文交流日益频繁活跃。"一带一路"建设不仅使我国对外投资成为拉动全球投资增长的重要引擎，而且也大幅提升了我国贸易投资自由化、便利化水平，形成陆海内外联动、东西双向互济的开放新格局。同时，中央要求各地区各部门要在项目建设、开拓市场、金融保障上下功夫，推动教育、科技、文化、旅游、卫生、考古等领域交流蓬勃开展，推动共建"一带一路"走深走实。

为更好响应"一带一路"倡议，上海市政府于2017年7月发布《上海服务国家"一带一路"建设发挥桥头堡作用行动方案》（以下简称"一带一路"行动方案），明确上海的功能定位、实施路径和60项行动举措。2018年7月又出台了《上海市贯彻落实国家进一步扩大开放重点举措 加快建立开放型经济新体制行动方案》。11月上海还将承办首届中国国际进口博览会，这不仅为"一带一路"建设的沿线国家开展贸易投资合作铺新路、搭新桥，也为上海新一轮扩大开放，加快落实"一带一路"行动方案提供了难得的机遇，更是上海向世界展示国际大都市形象、推动建设卓越全球城市的重要契机。在此背景下，黄浦区应牢牢抓住这一历史机遇，以主动服务国家"一带一路"建设为抓手，加快提升黄浦区经济开放型水平，推动高质量发展，不断增强城区的服务能级和核心竞争力。

## 一、黄浦区服务国家"一带一路"建设、提升经济开放型水平的现状分析

### （一）黄浦区服务"一带一路"潜力巨大，但动能不足

1. "三大优势"与"三大不足"并存。

黄浦区是上海的心脏、窗口和名片，拥有享誉盛名的外滩、南京路、淮海路、豫园、新天地，区位优势突出，历史人文底蕴深厚，高端服务业特色鲜明，是老牌的商业中心和金融中心。综观黄浦区经济，存在三大优势与三大不足并存的现状。三大优势在于：一是金融要素市场和金融机构集聚。包括上海黄金交易所、中国外汇交易中心、人民币跨境支付系统（以下简称CIPS）、上海清算所（以下简称清算所）和上海票据交易所（以下简称票交所）在内的五大要素市场汇聚是黄浦区区别于其他区域的重要特质，同时黄浦区还集聚了海通证券、东方证券、上海信托等有影响力的金融机构，这些都是体现外滩金融集聚带更好服务"一带一路"建设的优势所在。二是高层次、多种类专业服务业集聚。目前黄浦区内的服务机构涵盖了会计、审计、法律、资信评级、信息咨询、人力资源、广告、市场营销和平台服务等领域，这为黄浦区服务"一带一路"建设，支持企业"走出去""引进来"创造了有利条件。三是文旅商资源集聚。文化、旅游、商贸是驱动黄浦区经济增长的特色产业。目前黄浦区服务经济占比已达到80%以上，服务业对黄浦区经济的贡献不可替代，推进文化创意产业与旅游、商贸产业的融合发展将成为实现黄浦区经济高质量发展的重要动力。

与三大优势相对应的三大不足在于：一是外滩金融集聚带的能级不高，国际化承载能力及辐射功能不强；二是作为重要支柱产业的专业服务业集聚优势及其服务功能并未充分发挥；三是文旅商等特色产业持续发展缺乏新亮点，品牌价值也亟待深入挖掘。这三大不足也是造成当前黄浦区经济优势不

优、强项不强的主要因素，抑制了黄浦区经济的发展活力。

2.认知不足、重视不够、行动力不强。

上海是全国改革开放的排头兵、创新发展的先行者，黄浦区作为上海的核心城区，意味着理应在服务"一带一路"建设、提升经济开放型水平中成为上海的排头兵、先行者。黄浦区需有这样的勇气、使命和责任担当。然而，据观察，目前黄浦区对服务"一带一路"建设、提升开放型经济水平的认知不足，重视不够，行动力不强，缺乏综合施策的全盘谋划考虑，没有形成一套系统集成的工作体系和政策体系，主动对接、主动谋划、主动作为不够。

倘若黄浦区不能抓住服务国家"一带一路"建设对提升黄浦区经济开放型水平带来的红利，不能有效利用境内、境外两个市场、两种资源服务黄浦区经济发展，进一步激发市场活力与增长潜能，黄浦区将错失新的发展机遇，核心城区的地位也将受到影响。

### （二）服务"一带一路"建设对提升黄浦区开放型经济能级的五大机遇

通过主动服务"一带一路"建设，加快落实"一带一路"行动方案，黄浦区可从五个方面突破目前对外开放"瓶颈"，获得新的发展机遇。一是发挥黄浦区在金融服务、专业服务方面的优势，为企业参与"一带一路"建设提供全方位配套服务；二是充分利用国际国内两种市场、两种资源，主动对接国际最高标准、最好水平，进一步提升黄浦区服务经济的国际化水平与综合竞争力；三是通过扩大对外开放，加快建设法治化、国际化、专业化的营商环境，吸引"一带一路"沿线国家的总部经济、高端人才入驻黄浦区，形成全球资金流、信息流、技术流、人才流的集散地；四是通过鼓励和支持区内名特优商贸企业"走出去"，为黄浦区老字号品牌走向世界创造条件，进而打响黄浦区商业服务的国际品牌；五是借助上海承办中国国际进口博览会，黄浦区可以利用独特的区位条件，打造一批各具特色的展览平台，吸引"一带一路"沿线国家的商品集聚黄浦区，构建集"展示+贸易"功能于一体的世界级商圈。

为此，全区上下需强化大局意识、机遇意识与品牌意识，积极主动服务和深入参与"一带一路"建设，加快提升黄浦区经济的开放型水平，对接沿线城市和市场主体的需求，强化友城合作，推动人文交流、经贸往来，提升金融与专业服务，努力使黄浦区成为服务优、环境好、支撑能力强的上海服务"一带一路"建设的核心承载区。只有这样黄浦区才能充分释放城区发展潜能，焕发城区活力，实现高质量发展，从而不断提升黄浦区的城区能级与核心竞争力。

### （三）黄浦区经济对外开放的现状及主要问题

1. 金融服务与专业服务的支持不够，企业"走出去"的积极性不高。

虽然一些区属老字号品牌商贸企业如老凤祥、功德林等在寻求国际化经营发展，黄浦区政府也在积极为老品牌企业走进"一带一路"沿线国家开展商贸合作交流创造机遇，但是，从黄浦区企业"走出去"的现状看，区域内企业不多，区属企业更少。而且，黄浦区企业"走出去"后大多各自为政，单兵作战，势单力薄，缺乏金融服务、专业服务两条"拐杖"作"护航舰队"支撑，更缺乏统筹协调机制，这也是企业"走出去"的欲望不强、积极性不高的主要原因。

当前黄浦区域内的中资金融机构的海外布局远远不能满足服务企业海外投资的需要，只能借助汇丰银行、渣打银行、大华银行等跨国金融机构在"一带一路"沿线的分支机构为"走出去"的中资企业提供投融资服务。黄浦区域内的德勤、普华永道会计师事务所以及金茂凯德律师事务所等在帮助企业"走出去"开展海外市场的可行性调研、提供专业服务支持、设立海外专业服务站点、打通企业海外投融资专业服务基础设施、促成中资企业与"一带一路"沿线国家的企业合作与提供投融资方案等方面作出了显著成绩，但这仅是少数几家机构的行为，尚未充分发挥黄浦区专业服务机构集聚的特色优势。

2. 政府引资政策力度加大，外资集聚效应尚待增强。

黄浦区服务经济的结构特征非常明显。其中，以金融服务业为核心的外滩金融集聚带成为上海市服务业创新发展示范区。目前，外资金融机构在黄浦区占有一定的比例。截至2017年末，外滩金融集聚带集聚了44家外资金融机构，涉及亚洲、欧洲、北美洲、南美洲、非洲五大洲19个国家和地区，占到上海435家的10%（80%以上集中在浦东），44家外资金融机构2017年税收贡献10亿元（银行、保险），占全区金融业税收的7.3%（全区金融业税收137亿元）。除以上外资金融机构以外，黄浦区域内包括外资持牌金融分支机构、保险经纪、保险代理、融资租赁、商业保理、股权投资、资产管理等其他外资金融企业共有198家。

尽管外滩金融集聚带在集聚外资金融类型上呈现了多元化的发展，但整体的实力及单体的能级与"一城一带"地位作用尚不相称。鉴于目前跨国公司地区总部落户黄浦区的数量较少，黄浦区2018年4月举行了区贸易型总部授牌暨外资政策发布会，积极鼓励跨国地区总部、贸易型总部、研发中心、品牌企业等落户发展。8月黄浦区又出台《外滩金融集聚带关于服务上海扩大金融业对外开放支持外资金融发展的若干意见》，瞄准外资金融，充分发挥外滩百年金融的品牌影响力，从集聚发展、创新发展、发展环境三大方面施策，加大对外资金融的吸引支持力度，让黄浦区金融业发展优势更优，强项更强，更好地服务上海国际金融中心更高水平开放和全球资源配置能力的提升。

3. 黄浦区经济的开放型水平不高，人文旅游产业的国际化特征显著，人才国际化程度偏低。

经济开放型水平方面：一是黄浦区经济的外贸依存度较低。从近5年的黄浦区进出口贸易占GDP的比重看均呈下降趋势。其中：出口贸易占比由2013年的13.8%下降至2017年的9.5%，降幅超过4个百分点；进口贸易占比由2013年的26.1%下滑至2017年的 23.5%，降幅为2.6个百分点。同期上海市的出口贸易占比从65.8%大幅下降至43.5%，降幅高达22.3个百分点；进口贸易占比则从65.9%下滑至63.4%，降幅仅为2.5个百分点。整体而言，黄浦区经济的外贸依存度远低于同期上海市的平均水平。二是黄浦区经济的内贸依存度相对较高，凸显黄浦区经济的鲜明结构特征。近年来，黄浦区社会消费零售额占GDP的比重出现下滑，2017年黄浦区经济的对内贸易依存度已落后于上海市的平均水平。统计数据显示，黄浦区社会消费零售额从2013年的46.1%下降全2017年的36.7%，降幅接近10个百分点，同期上海市的社会消费占比则由2013年的38.4%小幅上升至39.3%，增幅约为1个百分点。三是从黄浦区经济的外资依存度看，黄浦区实际利用外资占GDP的比重与上海市的平均水平相当。黄浦区引进外资占比由2013年的4%下降至2017年的3.7%，同期上海市引进外资占比则由4.7%下降至3.8%。此外，黄浦区跨国公司地区总部数量仅占上海市总量的6.9%左右（浦东占44.5%左右），略高于全市平均水平6.25%，与黄浦区的地位不相匹配。

跨境旅游方面：黄浦区每年举办的上海旅游节吸引了众多中外游客，游客充分享受黄浦区的艺术人文氛围及"购物天堂"和美食带来的快乐。近5年黄浦区境外游客人次约占上海市的10%，这一比例并不算高，仍有巨大的上升空间，应当着力发掘和打造"游玩在黄浦""美食在黄浦""购物在黄浦"，使黄浦区成为国际旅游消费文化的标杆。

人才国际化方面：黄浦区目前外国常住人口约为0.85万人，仅占上海市外国常住人口总量的5%。其中，黄浦区合法就业的外国专家为1.23万人，仅占全市16万余人的国际化人才的7.7%。黄浦区要建设成世界最具影响力的国际大都市中心城区，人才结构的国际化程度是其中的重要指标。目前，区域内人才国际化水平离成熟国际大都市中心城区的差距还比较大。

总之，黄浦区在商品流、资金流、技术流、信息流、人才流等经济流量规模上与国际大都市中心城区的标准还相去甚远。

## 二、黄浦区服务国家"一带一路"建设、提升经济开放型水平的对策建议

### （一）对接"一带一路"行动方案，找准黄浦区经济的功能定位，明确发展目标、基本原则与实施路径

1. 明确功能定位。立足黄浦区在服务国家"一带一路"建设、提升经济开放型水平中成为上海改革开放的引领示范区，充分发挥核心城区的表率作用的功能定位，推动区域内金融、法律等专业服务业积极支持企业"走出去"、支持科技创新与服务实体经济发展，使黄浦区成为上海服务国家"一带一路"建设的重要承载区与功能枢纽。

2. 明确发展目标。围绕"以提升黄浦区经济开放型水平推动高质量发展，把黄浦区打造成最具影响力的国际大都市中心城区和卓越的全球城市核心区"的发展目标，加快建设国际一流的营商环境，让黄浦区政务服务像

"网购"一样便捷，吸引更多的国内外优质企业落户黄浦区，增强黄浦区市场主体发展新动能，进一步促进贸易投资便利化、人员往来自由化以及文化交流机制化。

3. 明确基本原则。按照政府主导、企业主体、市场运作、社会参与的原则，建立政府"搭台"、企业"唱戏"的合作机制，由政府为企业搭桥牵线，提供信息和平台，尽心竭力当好企业的"店小二"，帮助和支持企业参与"一带一路"建设。

4. 明确实施路径。在服务"一带一路"建设方面，加快与"一带一路"沿线国家的重要陆路节点城市和重要港口城市构建友好合作关系网络，同时加快与国内对接"一带一路"的西北、西南门户城市以及长三角地区的重要港口城市建立"外合内联"机制，并以金融、专业服务业两大服务资源为依托，积极发挥黄浦区在推动上海企业积极参与"一带一路"国际合作中的重要支撑作用。

**（二）创办"一个网站"与"一个论坛"，为宣传、研究及参与"一带一路"建设提供基础性服务**

5. 开设黄浦区"一带一路"信息服务门户网。该网站的主要内容：一是宣传黄浦区服务"一带一路"建设的各项活动以及黄浦区在"一带一路"沿线友城合作网络建设的进展情况；二是促进与"一带一路"沿线国家（城市）的文化传播与国际交流，重点介绍黄浦区的历史、人文、旅游及能够提供的服务等内容；三是为黄浦区企业"走出去"提供"一带一路"沿线国家的政治、经济、法律及风险提示等信息；四是介绍上海市与黄浦区推出的对外开放及支持"一带一路"建设的各项政策举措。其目的是方便"一带一路"沿线的国外城市和国内省市了解黄浦区投资环境，便于国内外企业和机构入驻黄浦区，与黄浦区开展合作。这也将有助于黄浦区企业、市民更好地了解"一带一路"并积极参与。此外，建议该网站与上海社会科学院的"丝路信息网"、上海市国际贸易促进委员会官网对接，并加强与上海市企业"走出去"综合服务中心的合作，进一步拓展"一带一路"资讯及数据库的服务功能。

6. 举办"一带一路"友城高端论坛。广泛借力，利用瑞安集团、贸促会等资源优势，呼应香港，常态化办好"一带一路"友城高端论坛。与上海社科院等国家高端智库和专业机构强强联手，建立服务"一带一路"的"区院合作"机制，设立研究基地，建立专题研究与会商制度，推动形成工作互动、资源共享、优势互补的区院合作新格局。每年定期举办由区政府、社科院、贸促会、上海国际商会、区内企业与金融机构等多方参与的大型国际论坛暨"一带一路"友城高端论坛，将其打造成推进"一带一路"建设最具影响力的品牌。

**（三）打造金融、航运"两大指数"，扩大黄浦区优势产业的国际影响力**

7. 编制发布外滩金融发展指数。在2017年第五届外滩国际峰会上，上海首个区域性金融发展指数——外滩金融发展指数由上海金融业联合会和上海华证指数信息服务有限公司共同编制并正式对外发布。作为上海首个区域金融发展指数，外滩金融指数的推出不仅有助于全面反映黄浦区金融业的发展，对在黄浦区落户或有意落户的金融企业具有重要的参考价值，而且更有助于提升外滩金融集聚带的国际影响力，推动上海国际金融中心建设。为此，应继续做好外滩金融发展指数的编制及发布宣传工作，使之成为每年一期的常态化指数，同时，积极推动外滩金融指数成为专业化指数品牌，增强其国际影响力及观测评估"一带一路"金融服务水平的作用。

8. 开发"一带一路"航运保险指数。由上海航运保险协会（以下简称上海航保协会）牵头组织编制完成的航运保险指数（一期）已在行业内发布，但仅对政府与研究机构开放使用。该指数属全球首创，与2017年由上海航运交易所发布的"一带一路"航贸指数互为补充，填补了航运保险领域专业指数的空白，对促进上海国际航运中心建设起到极其重要的作用。目前，上海航保协会正在与上海财经大学合作开发指数（二期），不仅会引入对风险损失的考量，而且还将分航区、分地理区域、分船型编制，对服务"一带一路"更具有参考价值。黄浦区应充分利用上海航保协会的区域优势，助力该指数（二期）完成开发后面向企业、社会发布，扩大该指数的应用范围，使之成为国际航运保险指数市场上的风向标与引领者。同时，在外滩或人民广场等黄浦区地标性场所通过大展示屏滚动播放"两大指数"，扩大传播途径,进一步提升黄浦区金融、航运的国际影响力。此外,下一步还需利用好以上海中信信息发展股份有限公司为代表的区域内金融科技企业的大数据技术力量,进行"一带一路"指数的深度开发。

**(四)搭建"三大平台",为黄浦区服务"一带一路"建设提供金融、科创及综合性专业服务**

9. 建设主动服务"一带一路"金融基础设施的功能性平台。设计黄浦区的融资机制,结合国开行项目,将市场行为和国家行为结合,广泛吸引国际市场的资金。积极服务上海建设人民币全球支付清算体系和金融市场基础设施体系,全面保障驻区金融要素市场、功能性机构面向国际的业务拓展。借力上海面向国际的金融市场平台建设,大力集聚高能级的金融功能性平台,重点支持金融要素市场发挥更大的作用,为境内外投资者开展双向投资提供更多途径和便利。加强与国家级金融要素市场、战略功能主体的合作,支持金融要素市场把握金融开放的机遇,扩大服务范围,开展业务创新,不断提升外滩金融基础设施影响力。支持CIPS二期建设,与更多国家(地区)清算机构建立货币联动清算机制。支持清算所与境外清算机构开展业务合作和交流。支持上海黄金交易所深化黄金国际板和"上海金"定价机制,提升人民币黄金定价影响力,与此同时加快建设黄浦区黄金珠宝展示中心、时尚发布中心、评估检测中心和高科技创新中心。支持票据交易所开展基于供应链金融的票据贸易融资、远期票据贴现和转贴现、资产支持票据等业务创新。支持CCP12中央对手方协会、中国互联网金融协会、上海航保协会等行业组织的发展。

10. 构建"一带一路"产业园区合作平台。一是鼓励支持文创金融机构进入八号桥创意园区,引导社会资源和各类融资通道为文创企业服务,构建文创产业的金融服务生态系统。二是加强八号桥创意园区与"一带一路"沿线国家的合作,将其建成具有国际影响力的文化创意产业核心引领区。三是利用黄浦科创产业园区资源为"一带一路"沿线国家提供科技创新交流平台和企业孵化培训基地。以阿里巴巴集团、蚂蚁金服集团与上海市政府签署新一轮战略合作协议为契机,积极吸引集团旗下的金融科技企业落户黄浦科创产业园区,大力扶持更多的新业务、新技术、新产品、新模式的产业化应用。

四是顺应数字经济时代发展，打造数字产业园区。以全球顶级电子竞技俱乐部（Newbee）落户黄浦区为契机，充分利用黄浦区的产业导向、政策扶持、资源集聚、人文氛围等优势，加快推动电竞等数字产业的发展，促进数字娱乐消费，同时力争多举办各种国际顶级数字竞技大赛，助力黄浦区特色体育品牌建设。

11. 打造"一带一路"一站式综合服务平台。一是由区政府牵头成立服务"一带一路"建设专业服务委员会，发挥区位优势，通过大力引进和本土培育，按照"宽领域、多层次、国际化、专业化"的要求，打造现代服务业集聚的"一带一路"综合服务承载区，整合区域内法律、咨询、会计、审计、人力资源、征信、信用评级等专业服务资源，围绕推进"一带一路"建设提供一站式、集成化的综合服务。二是出台鼓励和扶持黄浦区律师业发展的政策措施，尤其在金融、航运、贸易、知识产权等领域集聚培养一批国际化专业律师人才，支持建设一批有国际影响力的律师事务所。对积极参加"一带一路"建设的优秀律师事务所和优秀律师给予物质和精神上的支持。抓住国际著名律师组织环太平洋律师协会2020年4月在沪举办年会的契机，通过积极参与举办年会的相关活动，进一步宣传黄浦区的营商环境，吸引更多的国际企业来黄浦区投资兴业。三是充分利用区外会展服务资源，支持如米奥兰特商务会展公司的运作模式，组织黄浦区企业赴"一带一路"沿线国家举办面向当地市场的商品推介展览会，帮助企业搭建交流互动平台，加深海外市场对中国商品的了解和对企业的认识，助推黄浦区老字号品牌走进"一带一路"市场，打响"上海购物"品牌。积极推进会展业与旅游业联动发展，打造具有国际影响力的"一带一路"会展品牌，力争成为"国际会展之都"综合服务功能承载区。四是着手建立健全区内企业、金融及专业服务机构参与"一带一路"建设的信息统计数据库。

**（五）设立"四个中心"，促进"一带一路"贸易往来，进一步发挥黄浦区在服务"一带一路"建设中的资源集聚优势与专业服务能力**

12. 设立"一带一路"进口商品保税展示中心。结合南京东路区域的转型升级，专门规划开辟一个"一带一路"进口商品保税展示中心，对接服务首届中国国际进口博览会，更好满足海内外商家实现"6+365"常年展示及商务办公需要。同时，依托区内的兰生大厦作为市中心唯一的公共型保税仓库的资源便利，实现在市中心城区"前店后仓""线上+线下"的综合商贸模式。通过吸引包括"一带一路"沿线国家在内的全球知名品牌商品落户黄浦区，把黄浦区打造成国际消费品集散地、全球新品首发地、高端品牌首选地、原创品牌集聚地。这不仅能够发挥黄浦区商业优势，全面提升传统商圈能级，提升消费对黄浦区经济的贡献度，而且还能提升黄浦区的商贸国际化程度，进一步打造国际消费城市示范区。

13. 设立"一带一路"国际仲裁中心。依托区内的上海国际经济贸易仲裁委员会及其上海国际仲裁中心平台，充分利用已积累的处理国际经贸争端案件的经验，积极推进实施国际通行争议解决方式，加快探索上海仲裁机构与"一带一路"沿线的境外仲裁机构建立多元化合作模式，打造国际化仲裁服务品牌，为化解"一带一路"建设中的争议与纠纷提供专业化的商事、海事仲裁服务。

14. 开设"一带一路"知识产权培训中心。配合"一带一路"行动方案落地实施，鼓励和支持区内的熟悉国际贸易投资和知识产权规则、专业化程度高的知识产权服务机构与本市高等院校的专业师资力量，开设培训中心，合作开展相关培训，帮助国内企业、机构投资者强化知识产权保护意识，增强知识产权海外维权能力，进一步提升面向"一带一路"沿线国家的知识产权服务的专业化和国际化水平，为上海技术、品牌"走出去"保驾护航。

15. 开设"一带一路"国家语言培训中心。实现"一带一路"倡议提出的"五通"目标，语言沟通是前提和基础。一是率先设立语言培训中心，对"走出去"企业和"引进来"服务的相关人员提供语言能力、跨文化交流等方面的中短期培训，为上海积极参与"一带一路"建设铺好语言服务之路。二是针对"一带一路"沿线很多国家使用本国语言而非英语，且国内小语种领域存在人才短缺的现象，还需积极寻求与高等外语院校的合作，依托外部师资，逐步完善从通用"大语种"到非通用"小语种"的语言培训体系，加快探索建立"区校合作"的语言文化服务人才培养的长效机制。三是为顺应当前语言服务逐步走向互联网平台化模式的变化趋势，还要鼓励区内网络科技企业积极开发在线翻译平台、会展语言服务平台及多语种云智库平台等，为"一带一路"建设提供强有力的多语种服务支持体系。

### （六）构建"五大机制"，为黄浦区服务"一带一路"建设、提升经济开放型水平创造发展机遇，提供制度保障

16. 建立服务国家"一带一路"建设的协调推进机制。一是设立"一带一路"专项领导小组，负责统筹安排黄浦区对接上海市"一带一路"行动方案的各项推进举措，落实各部门的工作，做到分工明确、责任到位、循序渐进，一步一个脚印地做实做深。要从实施战略的系统性、全局性出发，推动黄浦区服务"一带一路"建设机制化。二是做好不同职能部门之间的沟通与衔接，强化部门间的相互配合、政策间的互动配套，最大限度地发挥政策举措的"系统集成"效应。三是出台扶持积极参与"一带一路"建设的企业和机构的政策举措，例如每年评选黄浦区服务"一带一路"年度人物，对作出成绩的机构和个人给予扶持和奖励。四是设立引导基金，由区财政与社会资本共同出资设立黄浦区"一带一路"专项基金，用于举办论坛、维持网站运营与资助交流活动等开支，吸引"一带一路"企业、机构、人才集聚。

17. 建立"一带一路"国家和地区的友城合作机制。一是加强与"一带一路"沿线的重要节点国家如印度、新加坡、马来西亚、俄罗斯、哈萨克斯坦等的友好城市的交流，通过组织对"六大经济走廊"的实地考察和专题研修，探讨务实合作的路径与机制。加强与香港地区的合作交流，使之成为黄浦区企业"走出去"的桥梁和对外投资的重要平台。二是加强与国内"一带一路"沿线城市的交流合作。建议区政府重视加强与作为面向孟加拉国、中国、印度、缅甸及中国—中南半岛经济走廊的西南通道和面向中国、蒙古、俄罗斯及中国—中亚经济走廊的西北通道的"一带一路"重要枢纽城市如广西、云南、贵州、新疆、甘肃、内蒙古等地的交流合作，充分利用当地与东南亚、南亚、中亚及中东欧国家的经贸往来的便利和资源，积极发挥黄浦区服务经济优势，通过建立对接"一带一路"的东西联动机制，开展项目合作，共同推动企业、商品、服务"走出去"，促进"一带一路"区域经济发展。三是加强与长三角地区城市的交流合作。加快与作为新欧亚大陆桥起点的城市连云港市和作为海上丝绸之路的节点港口城市舟山市、宁波市等建立友好关系，通过发挥各自的资源、平台优势，携手推进对"一带一路"沿线

国家的贸易投资，为长三角地区的企业"走出去"提供便利与金融、法律等支持。

18. 建立"一带一路"文化旅游合作交流机制。黄浦区服务"一带一路"建设应考虑文化先行。一是充分利用"一带一路"沿线友好城市"中国文化中心"的优势，通过定期举办以"魅力上海·多彩黄浦"为主题的"黄浦文化周"，包括在当地举办黄浦摄影书画、黄浦美食、黄浦购物、黄浦旅游以及黄浦主题图书展等丰富多彩的系列文化活动，加大黄浦区对外宣传力度，让中国文化中心成为黄浦区走进"一带一路"，开展国际合作交流的重要平台与纽带。二是重建大世界的东方百老汇机制，按演出季节分门别类展示"一带一路"沿线国家的艺术，增强对"一带一路"文化的集聚和辐射作用，打造成长三角甚至全国的演艺市场的"发动机"，使之成为全球艺术的一个展示、交易平台，推进"民心相通"。三是切实发挥国际旅游节作用，将黄浦区打造成中国最大的旅游集散地，集聚和辐射"一带一路"沿线国家旅游资源。以支持办好每年一度的上海旅游节为抓手，全力打造和推介黄浦区旅游品牌，推动与"一带一路"沿线国家的旅游产业加强合作交流，加快开发跨区域旅游新产品与新线路。例如，向市政府提议在黄浦区设立上海市国际医疗旅游示范区，在大世界举办"一带一路"非遗文化节、设立"丝路号"浦江游船等，充分发挥黄浦区在上海国际文化大都市建设中的引领功能。四是积极推动"一带一路"文学创作，鼓励支持黄浦区作协通过文学创作讲好"黄浦故事"，传播中国文化。探索通过发起举办"一带一路"文化发展论坛促进中外文化交流和中外作家之间的深度合作，共同书写"一带一路"文化新篇章。

19. 建设"丝绸之路国际艺术节联盟"机制。一是积极主动配合文化部和市政府，依托中国上海国际艺术节，开展与"一带一路"沿线国家的文化部门合作，推动国际艺术节联盟机制建设，并力争将该国际联盟的协调联络机构设在黄浦区。二是利用上海市市长国际企业家咨询会议机制，吸引更多类型的国际组织、国际机构及跨国公司地区总部落户黄浦区，让黄浦区成为"一带一路"友好城市合作联盟的集聚地。三是加快建设环人民广场演艺活力区。黄浦区不仅可与总部在上海的"国际戏剧协会"合作，并联手上海戏剧学院共同举办"一带一路"国际戏剧节，而且还要定期举办国际文艺演出活动及相关论坛，充分展示海派文化、江南文化、红色文化的艺术魅力，将黄浦区建设成集艺术享受、人文体验、购物消费三位于一体的国际化艺术人文商都。

20. 构建"一带一路"人才队伍建设机制。一是建设各类专业服务人才信息数据库，为企业"走出去"提供所需人才的信息服务；二是加强与"一带一路"沿线国家人员和相关专业人才的交流并开展培训业务合作，为促进"一带一路"国际合作培养储备更多的专业人才；三是对"走出去"从事跨国经营企业实施人才培训工程，同时加快建设本土跨国经营人才队伍；四是与上海市欧美同学会（上海市留学人员联合会）及国家"千人计划"专家联谊会建立人才培养合作关系，与全球知名职场社交平台（领英网）建立招才引智战略合作，全面提升黄浦区公务员及国企领导班子的国际化水平。

# 促进"一带一路"倡议的发展

Brian Duperreault

　　"一带一路"倡议（BRI）可谓近代取得的最重要的发展进步之一。在"一带一路"（B&R）框架下有潜力的项目覆盖超过65个国家，涉及总人口45亿人，占世界总人口的60％，占全球GDP总量的1/3。我相信，中国已经并将继续在"一带一路"发展中发挥主导作用，但吸引更多国际资本资源将更有助于充分实现"一带一路"倡议全面广泛地发展。

　　作为中国的金融中心，上海在吸引国际资金来源方面发挥了独一无二的重要作用。我们可以通过鼓励进一步使用（再）保险解决方案、"一带一路"项目的风险管理和弹性设计来进一步强化上海的这项金融功能，并以此减少国际投资面临的障碍，充分利用合作伙伴关系提供额外的资金和专业知识。

　　"一带一路"项目提供了大量的开发和投资机会，但鉴于其复杂性、规模和地理范围，它们也势必存在风险。针对这一问题，跨国保险公司能凭借其评估风险和整合弹性设计的国际最佳实践经验、国际（再）保险服务的业务能力，以及为类似于"一带一路"倡议的大型项目投资提供保险的能力，为减轻"一带一路"项目风险提供宝贵的专业知识。跨国保险公司提供的风险防范框架对进一步推动"一带一路"项目的深入国际投资具有至关重要的作用。此外，从更广泛的层面而言，其还能保障"一带一路"倡议沿线经济体从自然灾害中更好地得以恢复。

　　我认为，有一系列措施可供上海选择并实施，以继续将这座城市定位为具有先进地位的"一带一路"参与国（再）保险中心。上海可以创建基础设施办公室，以便将跨国保险公司与"一带一路"开发商、项目经理和投资者联系起来。其既可以成为上海保险交易所的一部分，也可以与国际发展合作署（由全国人民代表大会设立）密切合作。通过这个机构，上海可以与领先的跨国保险公司合作，与之建立长期合作关系，鼓励"一带一路"项目合作伙伴为项目建立标准化（再）保险计划。在具体实施过程中，可采取包括更好地使用（再）保险解决方案，并在整个设计、施工和运营阶段运用保险公司的风险专业知识等一系列措施。这将使跨国（再）保险公司能够通过其在基础设施发展方面的丰富经验，运作各种保险业务的专业知识、财务实力以及在国际保险和再保险市场中承担风险的能力来帮助解决"一带一路"项目风险。

上海也可以考虑继续改善其对保险公司的监管环境。最近，中国采取取消资本流动限制和实施税收及立法激励等一系列开放中国保险业的举措已经为此提供了良好基础，同时这将进一步吸引顶级保险人才来到上海。上述变化将会增强上海作为该地区跨国再保险公司基地的吸引力，为"一带一路"项目的适应力和对策方案带来进一步的益处。此外，上海可以牵头联合其他"一带一路"国家，就监管和政策框架交换意见，从而创造对跨国保险产品、解决方案、"一带一路"倡议基础设施的保险投资友好积极的环境。我认为，此方面取得成功的关键是确保这些国家（再）保险公司的协调一致和非保护主义环境，上海可以在此方面为其他"一带一路"国家树立一个重要的榜样。

许多"一带一路"项目的规模和复杂性，特别是发展中经济体的基础设施项目，需要政府和私人的共同支持。在此背景下，公私合作伙伴关系（P3）模式的能力和结构具有独特的优势，可以将公共和私人实体聚集在一起，合力支持这些项目的融资和发展。由于承包商和P3基础设施项目的运营商可能是同一个实体，因此在施工结束和运营保险开始之间可能存在模糊的界限。这可以通过端到端的策略来解决，该策略可以帮助涵盖从P3项目启动到结束的所有风险。这将有助于P3合作伙伴减轻投资者的担忧，获得更快的索赔支付，并使项目保持正常运转。

因此，上海可以考虑借助于其与跨国公司的关系，向"一带一路"参与国提供有关如何更好地组建P3以支持发展及如何吸引外国投资的建议。这可能包括对基础设施项目使用"可用性支付"模式，即如果有关项目满足某些要求，公共合作伙伴会向私人投资者发放定期和预先确定的付款，而公共合作伙伴则会再从项目中获得某些收入。这有助于降低操作风险，消除可能阻碍私人合作伙伴投资的投资障碍。

上海现有的市场基础设施、获得国际资本的渠道以及与跨国公司的关系，可以帮助其吸引更多的投资和发展专业知识。为了进一步支持"一带一路"倡议的金融开放，上海可以考虑以下五个方面。

第一，创建基础设施办公室，将其作为上海保险交易所的一部分。这会进一步将跨国保险公司与"一带一路"项目合作伙伴联系起来，增加项目设计和开发方面的合作潜力。

第二，鼓励"一带一路"项目合作伙伴通过更加稳妥的（再）保险解决方案和弹性设计为"一带一路"项目建立标准化（再）保险计划。总而言之，就是（再）保险解决方案和弹性设计如何纳入每个有助于降低国际投资风险的项目阶段的过程。

第三，继续发展保险公司的监管环境。中国已经采取重要措施开放保险市场，取消资本流动限制，并实施税收和立法激励措施进一步深化这一过程，同时也有助于吸引顶级保险人才。

第四，召集其他"一带一路"国家商议，与国际标准制定机构合作，讨论和交流有关监管和政策框架的想法，以创造有利于跨国保险产品和解决方案以及基础设施的保险投资的环境。这其中可能包括支持使用跨境再保险和监管框架，以支持"一带一路"沿线国家的基础设施保险投资。

第五，鼓励"一带一路"国家和跨国合作伙伴以及与上海有关系的投资者进一步使用P3模式。这些合作伙伴关系的结构独特，适用于"一带一路"倡议所需规模的基础设施项目，他们可以为项目合作伙伴提供资金和专业知识。

作为上海市市长国际企业家咨询会（IBLAC）的创始成员，美亚保险为能在2018年庆祝咨询会成立30周年之际仍在积极参与其重要工作而倍感荣幸。

# 上海最大的机遇："一带一路"倡议

Joe Kaeser

中国国家主席习近平于2013年首次提出了"一带一路"倡议。五年后，已经有一种很明显的趋势表明，"一带一路"不仅仅是一系列一次性基础设施项目或另一项对外投资计划，而是长期的、旨在向中国展示世界、向世界展示中国的战略举措。我相信，"一带一路"将为中国的对外开放增添动力，最终建立一个有利于所有人的开放、包容与和谐的区域经济合作体。

宏观经济预测表明，未来几十年全球贸易将猛增，预计2050年的贸易数量将是2010年的8倍。作为有史以来最大的持续投资，"一带一路"有可能成为未来20~30年全球经济增长的主要推动力。到2025年，价值达到约1万亿欧元（1.16万亿美元）的"一带一路"基础设施项目预计将在大约90个"一带一路"沿线国家完成或进行。随着越来越多的国家加入这一计划，这一数字可能会攀升。据估计，"一带一路"将与全球70%的人口的生活息息相关。

中国对"一带一路"具有一个明确的期望，即分享知识和创造共同的商业机会，加强亚洲、欧洲和非洲内外国家之间的联系，促进贸易、进步和繁荣。这是在正确的时间释放的正确信号。今天，我们可以看到，贸易保护主义正在世界各地卷土重来，有些人想关闭贸易的大门，他们认为这样做会保护当地的工业，防止当地的工作岗位流失。但历史已经反驳了这种观点。相反，实行开放并鼓励自由交流知识、商品和服务的国家会蓬勃发展。贸易改善了全世界人民的生活质量；在中国，它帮助数百万人摆脱了贫困。"一带一路"有可能把一个被民族主义、保护主义和不信任搞得四分五裂的世界团结起来。然而，为了充分挖掘这一潜力，"一带一路"必须真正具有多边性，每一个参与其中的国家都必须受益。

"一带一路"的积极影响已经显而易见。仅在2017年，中国工程、采购和建筑公司就在69个"一带一路"沿线国家订立了价值1440亿美元的新订单，并在全球范围内订立了约2650亿美元的订单——主要涉及发电厂、港口设施、工业设施和铁路系统。

在过去的几十年里，上海一直是中国对外开放的先行者，并且在建立国际投资贸易中心方面取得了长足的进步。上海总体规划要求该市在2020年前成为金融、贸易和航运领先的国际中心以及全球创新中心。到2040年，上海有望成为一个"优秀的全球城市"——一个可以在经济、金融、贸易、物流、科学、技术和文化方面与世界上任何一个大都市竞争的城市。

今天，上海代表着全球贸易，并具有其独特机会，能在"一带一路"中作为一个中心发挥主导作用。通过创造一个更加开放、灵活、高效、透明和方便的商业环境，它可以吸引外国公司和投资者，并建立支持"一带一路"项目的创新数字生态系统。在当今这个相互联系的世界里，任何一个国家和公司，无论有多巨大、多强大，都不能单独取得成功。这就是让更多的外国公司，特别是跨国公司（MNCs）参与这项计划的至关重要的原因，凭借数十年的业务经验，它们可以为"一带一路"沿线国家的当地市场、法规和行业提供有价值的见解，并成为中国公司与外国供应商、客户和政府互动的"桥梁建设者"。上海已经拥有与跨国公司合作的悠久传统，其中许多跨国公司已在那里建立了生产基地、研发中心甚至总部。

仅在亚太地区，在十年内每年就需要投资1.7万亿美元，以维持其增长势头，解决贫困问题，应对气候变化。

然而，传统形式的基础设施融资无法满足这一需求。从长远来看，"一带一路"的融资不太可能仅仅依赖于中国政府、中国企业或金融机构，而是依赖于来自全球的投资。

在短期内，"一带一路"投资将继续专注于铁路网络、发电厂、港口、机场和工业园区等传统基础设施，以满足"一带一路"沿线国家最迫切的需求。然而，从长远来看，随着中国建立"数字丝绸之路"，数字化将发挥越来越重要的作用。

这个基本原理是利用数字技术推动传统产业的发展，塑造全球电子商务，并为B2C和B2B市场的全球数字产业制定标准。"一带一路"的未来将是数字化的。为了充分利用这一机会，需要有一个强大和高效的生态系统，以便捷、快速地为基础设施、制造业、金融、服务和其他行业设计和部署创新的数字解决方案。这也是上海的一个重大机遇。

　　总之，"一带一路"是一个邀请世界其他国家参加的有史以来最大的基础设施投资项目。中国公司、"一带一路"国家的公司和跨国公司必须从合作中获益——三者必须共赢。

　　我们把这种互惠互利的关系称作"三赢"。上海可以依靠西门子全力达成这一目标。我们西门子致力于使"一带一路"取得成功——这是为了上海及其企业、"一带一路"沿线国家的公司以及像西门子这样的跨国公司着想。

　　我们将致力达成这样的"三赢"局面。

# 区域凝聚力对于上海在"一带一路"贡献的意义

Bob Moritz

2018年,世界同中国一起庆祝中国改革开放40周年。经过40年的重大变革,中国现在迎来了一个可持续发展的新时代。如今,随着中国向全世界更加敞开开放的大门,上海作为前沿门户,也正在欢迎国际间的合作。

我们认为,没有什么比"一带一路"倡议更能体现这种包容开放的态度了。2017年,中国与"一带一路"相关的贸易和投资总额达到了约7.4万亿元人民币(1.1万亿美元),出口约增长12个百分点,进口增长约27个百分点。

上海在推动"一带一路"进展方面一直发挥着重要作用。从建设自由贸易港口,到促进人民币在双边贸易中的使用,再到允许"一带一路"沿线的外国实体通过上海证券交易所筹集资金和发行债券,上海一直在不断努力,其未来成功之路是如此清晰可见。

在未来,上海应该能见证其对"一带一路"的影响因本地发展而不断增强,在调动长三角的资源方面将尤为明显。与此同时,创建性地利用技术的努力有助于巩固上海作为创新中心的地位。

长江三角洲是"一带一路"沿线地区的重要枢纽。上海在该地区内在汇聚资源和吸纳人才方面扮演着特殊的角色,使其对"一带一路"倡议的参与最有影响力。

上海与江苏和浙江的相邻城市一起,一直在推动地区集群内的一体化,增强该地区协调的竞争力。随着凝聚力的增长,促进"一带一路"的新途径将会出现。

创造资本和人才库,促进本地区和其他"一带一路"经济体之间的贸易、投资以及其他核心经济领域交流,将确保上海对"一带一路"的最佳参与。此外，在当地城市之间建立联合创新系统也将有助于将技术研发转化为商业成功。

同样，上海也有机会为长江经济带注入活力。长江经济带覆盖了中国20%的土地，同时贡献了近一半的国民经济产出。作为一个已经建立的经济和交通枢纽，上海完全有能力帮助经济带沿线的新兴城市加速发展，从而更快地把握住与"一带一路"沿线国家合作的机遇。

此外，2018年中国将在上海举办首届中国国际进口博览会，加强经济合作，促进全球贸易。为了促进进口商品的展览和贸易，上海设立了专门的线上和线下平台，以使为期六天的活动带来长久持续的收益。最初的30个平台涵盖服务、商品、跨境电商和专业贸易。它们的目标是提供一个广泛的推广基础，并使外商通过上海长期进入中国蓬勃发展的市场。

展望未来，这些平台可能会有更大的扩展空间，它们能逐步扩大产品的覆盖范围，允许更多的购买者进入。电商渠道也可能有机会将外国品牌顺利进入国内市场，优化线上巨头与线下零售商之间的协同效应。

加强互联互通符合上海的具体资源优势，与协调创新相结合，改善了"一带一路"沿线国家居民的生活。

上海最关键的资源之一是人才，尤其是创新颠覆性技术的个人。如今，中国约三分之一的人工智能专业人士以上海为家，他们被强大的本土产业以及渴望通过技术进步拓展视野的传统行业所培育和吸引。

与商业一样，当地政府一直让市民站在创新的最前沿。"市民云"等移动友好型应用程序为居民提供了超过100项公共服务的在线访问渠道，范围从医疗保健到社区活动。预约医生、路况更新、移动支付等公共服务数字化项目是上海改善民生的一些创新。这种对改善市民生活的关注，也增加了通过扩大福利来支持"一带一路"沿线国家的机会，同时也提升了上海作为一个共享创新枢纽城市的地位。

普华永道（PwC）最近就区块链在非金融企业中的应用进行了一项调查，结果显示，大多数受访者对这种技术的初步应用持乐观态度。零售业、教育界和科技界是受影响最大的非金融行业。值得注意的是，与会者希望负责任的政府能够帮助引导这项技术的未来，因为相关配套的标准化政策需求被认为是最紧迫的挑战。由此推断，上海可能有机会利用其现有的创新能力，推动与"一带一路"沿线国家的整合，为颠覆性的新技术（如区块链）定义共享实践经验。

除了鼓励创新外，上海的四大品牌计划（涵盖制造、服务、购物和文化）还在采取措施推动全球推广。这些都是达成打造具有全球影响力的卓越城市目标所需的基础。因此，上海正保持着对有影响力的现代企业的吸引与支持的势头，无论是对灵活的初创企业还是对科技和商业巨头而言皆是如此。

总的来说，上海处于中国新时期改革开放的前沿。由于具有全球资源、人才和创新技术中心的优势，上海在履行"一带一路"倡议的基本责任方面处于有利地位。政府通过先进的政策和规划，努力促进了商业发展，支持了长江经济带和"一带一路"沿线的发展和融合。

通过这种方式，上海将继续为中国和世界经济创造有利的机会。

# "一带一路"助力全球治理

李志强

当今世界，全球性问题不仅种类繁多而且变化多端。推进"一带一路"倡议，构建人类命运共同体，有助于推进全球有序、有效治理，是应对新兴全球性挑战的重要途径。

## 一、人类面临多重挑战

第一，人口老龄化。人口问题是日益严重的全球性问题，不仅加重了环境和资源问题，而且对世界可持续安全、可持续发展均产生了巨大影响。一个是人口数量增长过快。联合国权威机构预计，全球人口将由2015年的73亿人增加到2023年的81亿人和2050年的96亿人。全球人口的高速增长，会加剧全球性的生态破坏、环境污染和资源短缺等问题，这在发展中国家表现得尤为明显。另一个是人口老龄化，给相关国家的经济、社会、政治、文化等方面的发展带来深刻影响。同时，养老、医疗、社会服务等方面需求的压力日益增长，"未富先老"对发展中国家构成严峻挑战。

第二，环境生态问题。人类主要面临十大全球环境问题：全球气候变暖、臭氧层耗损与破坏、酸雨蔓延、生物多样性减少、森林锐减、土地荒漠化、大气污染、水污染、海洋污染和危险性废物越境转移。进入21世纪以来，气候变化问题越发突出，全球极端天气灾害频发，给相关国家和人民的生命财产造成巨大损失。资源问题主要表现为：森林衰退严重，80%的原始森林遭到破坏；土壤退化导致世界人均耕地面积减少，1975年至2000年世界人均耕地面积大约减少一半；2030年，还可能面临"全球水亏缺"。

第三，政治形势复杂化。全球政治正面临一些新的挑战，处理不好，将影响世界和平、发展大局。

国际秩序与体系变革问题受到关注。伴随着国际力量对比的"南升北降"、全球经济和战略重心的东移，秩序之争加剧，变革呼声高涨。在国际权势重构和国际体系变革背景下，南北关系与南南合作的全球意义上升。具体而言，南北关系应更具包容性，更多考虑三方合作；南南合作的加强要有利于推进南北关系，聚同化异，避免制造新的分裂和二元对立。

霸权主义与强权政治思维仍在作祟。地缘政治回归、颜色革命蔓延、人权问题政治化等无不与此有关。这将严重阻碍对全球性问题的合作应对。此外，民族分离主义是一个不容忽视的主要挑战。一个值得注意的动向是，民族分离主义势力越来越多地利用国际形势变化，力求扩大原有事态，谋求国际支持和干预。

财富和地位的不平等，正日益威胁政治稳定与人类发展。全球最富有的85位富豪所拥有的财富，与最贫穷的35亿人口的财富总额相当。如果不平等指数超过某个特定阈值，便会危害到发展、减贫以及社会和政治管理的质量。同时，它还会削弱共同的理想信念，助长寻租行为。

除了上述挑战，还存在金融不稳定、恐怖主义、核威胁、能源安全等问题。它们造成了当今世界的复杂格局和纷繁的发展现状。

## 二、找准深化合作切入点

国家间共同的利益是国际合作的基础。在经济全球化和社会信息化的大时代下，国家之间形成了"你中有我，我中有你"的相互联系的局面。在应对全球性挑战的过程中，需要立足构建人类命运共同体的全局视野，树立正确的国家利益观，在维护本国利益的同时要兼顾他国的正当利益。

数据表明，2013—2015年，"一带一路"相关国家的GDP平均增长5.3%，高于同期世界平均水平2个百分点，GDP总额占世界的比重从29.1%上升至30.3%。按照这个趋势推进，相关国家的GDP增长能达到年平均3~5个百分点，未来30年的GDP就将翻一番。由此，全球60%的人口的生活水平将在现有水平上提高一倍。

一方面，要以包容借鉴的文化观解决意识形态差异。文明因交流而多彩，因互鉴而丰富，要秉持文明是"多彩""平等"和"包容"的态度与原则。国之交在于民相亲，民相亲在于心相通，而实现民心相通，首要而有效的手段就是文化交流。文化的影响力超越时空，超越国界。发挥文化交流的向导力、融合力、创造力、想象力、感染力，全面梳理"一带一路"相关国家的历史文化、政治现状及利益诉求，从而为消除偏见、化解歧见、增进共识奠定基础。

先有文化交流才会有经贸合作，有经贸合作才会有政治互信。"一带一路"的文化交流，不应是一次性的促和，而是要成为常规化的互动，要通过对话找到各方关切的最大公约数，相互尊重，相互理解，相互包容，在多元化文明的交流互鉴中促进共同发展、合作共赢。

另一方面，要以可持续发展观引领世界生态观。"一带一路"相关国家多为发展中国家和新兴经济体，普遍面临工业化和城镇化带来的环境污染、生态退化等多重挑战，加快转型、推动绿色发展的呼声不断增强。生态环保是服务、支撑、保障"一带一路"建设可持续推进的重要环节。

改革开放40年来，中国在实现经济快速发展的同时，水源、土壤、空气都遭到不同程度的污染。最近几年，在中央高度重视和大力整治下，情况有所好转。对保护和治理环境的紧迫性，中国人有着深刻的理解和认识。从内涵看，"一带一路"的绿色发展，可以为推动区域环保合作注入新的动力：一是作为切入点和润滑剂，增进与相关国家的政策沟通；二是防控生态环境风险，保障设施联通；三是提高产能合作水平，促进贸易畅通；四是完善投融资机制，服务资金融通；五是加强国际合作与援助，促进民心相通。

（本文首次发表于2018年10月16日《解放日报》）

# 香港在"一带一路"建设中的独特优势

徐静琳

2018年是改革开放40周年。改革开放和"一国两制"是中国共产党在同时期提出并同步发展的重大国策，两者交相辉映并相互促进。回顾香港的发展，可以看到，香港在内地的改革开放中发挥了不可替代的重要作用，同样，在新时代的进程中，香港向何处去成为新的关注点。

习近平总书记在2014年APEC会议上指出："大时代需要大格局，大格局需要大智慧。"党的十九大报告指出，港澳要融入国家发展大局。中国政府倡导的"一带一路"倡议，正是在全球治理背景下的新思维，也是新时代国家全方位对外开放的发展战略。香港在这样的大时代和大格局下，如何参与其中，顺应发展趋势，发挥自身的独特优势，可以说，是时代赋予其极为难得的历史机遇。

随着中国内地的发展和崛起，不少硬件已超过香港，那么，还需要香港吗？香港的优势在哪里？无疑，香港的开放市场、法治环境、与国际接轨的监管制度与市场体系、专业人才和中英双语环境等，在今天和未来仍然是中国非常宝贵的"软实力"，也是成就一个国际金融中心必不可少的条件。

## 一、依托特区制度优势，融入国家发展战略

"一国两制"的基本目标是"维护国家主权、安全、发展利益"和"保持香港长期繁荣稳定"，体现了国家安全及发展与特别行政区繁荣稳定的统一关系。"维护中央权力和保障特区高度自治权"密不可分，是实践"一国两制"的核心所在。香港基本法将这一基本目标和核心内容固化为法律条款，为特别行政区设计了一套崭新的制度和体制。这套制度和体制彰显了"一国两制"下特别行政区的制度优势：既有强大的国家支持和保障，又充

分享有特区的高度自治权。

党的十九大报告指出，让港澳同胞共担民族复兴的历史责任、共享祖国繁荣的伟大荣光。对于香港来讲，"一带一路"倡议和粤港澳大湾区建设，为香港经济转型创造了极大的空间。但与沿线国家的经济合作过程中，香港仅凭借自身的力量是难以胜任的，在许多方面，需要国家的政策支持和政府之间的协商和合作，如经济发展战略的对接、区域合作的规划、贸易便利化的政策沟通、沿线国家的本币互换及结算、交通等基础设施的推进、留学人员待遇及游客签证等，还包括互惠互利及政策性融资方面，因此，国家之间的多边贸易谈判是极为重要的。从国家层面来讲，将香港纳入"一带一路"建设蓝图中，能更好地动员国际资本为沿线项目筹集资金，提升投资项目风险管理的能力；对作为独立经济体的香港来讲，依托"一国两制"的制度优势，乘势而上，融入国家发展大局，有助于加速完成新时期香港经济的转型，培育香港经济发展的新增长点，进一步提升香港国际金融中心的地位。因此，香港参与"一带一路"建设，既是香港在新时代负有的伟大使命，也是香港社会经济持续发展的历史性机遇。

粤港澳大湾区建设也是国家战略，是国家建设的城市群和参与全球竞争的重要载体。世界上现有的三大湾区纽约、旧金山和东京大湾区都是自然形成的，而粤港澳大湾区是规划的，是中国对未来经济朝更高水平发展的大胆尝试，这个平台（9+2模式，即广东的9个市+香港和澳门的城市群）涉及两种制度的协调和合作。其中，香港、深圳和东莞是大湾区的核心，某种程度上讲，香港与珠三角的合作更为紧密。而不同社会制度、经济制度、法律制度及文化等方面的差异和冲突不可避免，需要突破及解决诸多制度及政策上的障碍。可以说，粤港澳大湾区建设是"一国两制"的跨境试验，也是新时代"一国两制"的生命力所在。

## 二、发挥香港金融优势，勇担"超级联系人"角色

回归以来，香港的经济发展良好，继续保持了其国际金融中心、航运和贸易中心的地位。其金融、旅游、贸易物流、专业服务及商业支持服务占香港经济总增加值的57.2%，金融业生产总值年均增速是同期GDP的两倍，成为

全球大型金融机构开拓亚洲市场的必争之地。在国际知名机构的评选中，香港仍是全球最具竞争力的经济体、最自由的经济体、亚洲最具活力的城市。到2017年，香港已连续23年被美国传统基金会评为全球最自由经济体。2017年6月，权威的瑞士洛桑国际管理发展学院评估，在全球63个经济体中，香港连续两年被评为全球最具竞争力的经济体，其中政府效率和营商环境均位列第一。

特别是香港的国际金融中心的地位，在金融市场、金融机构、金融监管和金融人才等方面，具有中国内地其他城市不可替代的优势。在"一带一路"建设的进程中，将面临诸多金融风险，包括融资风险、汇率风险和监管风险等，香港可以在融资和财资管理方面发挥重要的作用，为不同项目提供多元资金筹集及管理方案。香港也是全球最大的离岸人民币业务中心及亚洲最大的资产管理中心，可以作为集资融资平台，成为推进人民币国际化的重要基地，为"一带一路"建设提供离岸人民币融资、资产管理和并购咨询等金融服务。同时，香港也可以在实践中探索金融创新的模式，积累金融风险防范的经验，并为内地培养金融人才，提升国家的整体金融实力。

## 三、凸显专业和人才优势，为区域合作提供法律支撑

法治是香港社会制度的基础，也是香港城市持续发展的基石。长期以来，香港被誉为"最安全的城市"。回归以后的香港，成为中国法治体系下相对独立的法域：除了涉及国防、外交等部分全国性法律在香港实施外，香港在立法上具有高度自治范围内的立法权，在司法上享有独立的法院组织体系和司法管辖权，在法律传统上保留原有的普通法风格等。由此，其多元色彩的法律体系和独特的司法体系，成为香港发展的法律名片。在与"一带一路"沿线国家的互联互通中，存在信任风险、政治风险、经济风险等，而我国的涉外法律服务能力明显不足。所涉法律问题主要有多边国家法律框架的构建及适用、双边国家合作的法律规制、不同法系的法律冲突及协调等，还有诸如合同争议、征地纠纷、劳工纠纷、工伤赔偿、税收争议、知识产权保护、国际仲裁等。

"一带一路"建设中法律服务可以涵盖诸多领域：关于境外企业并购

项目，包括收购资格审查、项目风险评估、融资等法律事宜；知识产权是国际贸易中的核心竞争力，包括如何确定知识产权规则体系，如何明确知识产权的创造、利用和保护方面的法律问题，如何营造知识产权保护的法治环境等；关于劳工法律问题，含劳工权益保护、生产安全保护等法律问题。由于"一带一路"沿线国家的社会环境不同，经济发展不平衡，法律体系和法律传统有差异，必然存在诸多法律冲突，由此，对涉外经济法律、国际私法规则等的熟悉及运用尤为重要。香港司法制度的有效运作、法律服务的专业化、普通法传统的特色，能够在"一带一路"建设中发挥其独特的作用。香港还具有科技、英语、人才、教育等方面的优势，在参与国际合作和竞争、推动与沿线国家的互联互通进程中，应积极与内地企业和智库联手合作，大力发挥市场潜力，以实现互利共赢的发展前景。法律的生命力在于实践。涉外法律服务应为"一带一路"建设保驾护航，同时也表明，涉外法律服务的发展空间是巨大的。

# "一带一路"背景下中国法律服务业的机遇与挑战

李志强

2013年9月和10月中国国家主席习近平先后提出共建"丝绸之路经济带"和"21世纪海上丝绸之路"倡议（以下简称"一带一路"倡议），"一带一路"倡议从中国的单方倡议发展成为一个得到全球普遍共识的世纪工程，其内涵和外延包括了政治、经济、文化、社会、环境等诸多方面。2017年5月14日，"一带一路"国际合作高峰论坛在北京召开，会议共达成政策沟通、设施联通、贸易畅通、资金融通、民心相通共5大类、76大项、270多项具体成果，预示着"一带一路"倡议到达了一个新的阶段。在原有体量继续扩大投资的大背景下，"一带一路"倡议进一步影响了我国的经济，同时为法律服务行业提供了一个广阔的发展平台，尤其是涉外法律服务，在未来的一段时间内将产生"井喷式"的需求。而我国现有的法律服务行业存在诸多问题：第一，国内的法律服务本身供给不足，法律从业者相比于广大的市场需求来说仍显不足；第二，就涉外法律服务来说，我国供给相比于上述国内市场更显稀缺，具有涉外执业能力的律师极为缺少，构成了供给端的严重不足；第三，沿线国家法制环境千差万别等因素导致具有较大的执业风险，使涉外法律服务的需求端本身风险性较大。

上述三个方面，造成了在面临"一带一路"倡议带来的广大机遇时，需求端与供给端的冲突，这也是摆在中国法律服务行业的现实问题与挑战。面对挑战，一方面，法律服务行业可以通过加强职业培训，在扩大服务主体之规模的基础上，对接高校，有计划地引入法律新兴人才，强化团队力量。另一方面，法律服务主体也可针对不同的人才进行差异化培养，从而在面对不同业务时，可以针对差异化需求对接差异化供给，在风险防控的基础上，做到无缝衔接。另外，我国法律服务行业的主体也应加强对外合作，不断分析与研究沿线国家最新的法律体系变化，掌握最新的法律讯息，妥善分析各类风险，达到风险可控。最终促进不同主体的团队快速发展，早日迎接大变革时代法律服务行业尤其是律师行业的美好前景。

## 一、"一带一路"中法律服务需求侧分析

从当前如火如荼的"一带一路"倡议进程来看，其发展前景十分乐观。司法部党组成员、副部长熊选国2017年3月1日在主持召开的学习贯彻《关于发展涉外法律服务业的意见》座谈会上指出，我国经济发展进入新常态，经济全球化深入发展，"一带一路"倡议实施以及企业"走出去"的浪潮，为我国涉外法律服务业创造了难得的历史机遇。

### （一）"一带一路"法律服务的必要性

"一带一路"倡议提出正处于世界经济缓慢复苏、国际投资贸易格局和多边投资贸易规则调整、各国都面临发展这一严峻问题的国际背景下，国与国之间更紧密的贸易联系不仅顺应了时代的潮流，更是促进经济有序发展、资源合理配置、市场深度融合的推动力，符合社会与人民的根本利益。

"一带一路"倡议体现了中国继续敞开对外开放大门的决心，是中国在发展新阶段对外开放的升级和深化。需要重视的是，作为一项覆盖范围广泛的经济合作倡议，"一带一路"倡议不能不考察各参与国发展目标和利益诉求的差异、发展水平和法律制度的不同。比如，参与国的对外直接投资就可能由于相关国家经济、政治、文化、社会等方面的复杂因素而面临风险。因此，推进"一带一路"倡议，一方面要加强贸易投资、资源能源、金融、物流等领域的合作，另一方面也要借助法律手段积极构建多层次、多渠道的风险防范机制。

应当看到，与"一带一路"倡议相关的法律问题相当复杂。"一带一路"参与国法律制度各不相同，法律文化传统各异，法治发展水平参差不齐。这些国家的法律规则不同，不仅表现在基础设施建设、贸易与投资管理、能源开发、区域合作、劳动用工、环境保护、税收金融等领域，而且表

现在公司、合同、侵权、知识产权等私法方面。如果不清楚其中的规律和要求，就有可能给参与合作的相关国家或企业带来预料不到的法律风险。因此，综合上述现实情况，法律服务对于"一带一路"框架下商业贸易的发展是非常重要的。

### （二）"一带一路"倡议框架需要国际经贸法律人才

无论是上至国家层面的外交活动，还是下至企业在沿线国家开展的投资贸易活动，均要求有上位法的支撑。国家在未来势必要开展一系列缔结条约、开展立法与修法的活动，这其中均需要法律专家、司法从业者以及律师的参与。从现阶段来看，国际经贸法律人才的外延应包含以下三个方面。

一是应具有法律的全球视野。目前，中国企业对外投资开启新纪元，大量国企、民企纷纷涌向国际竞争舞台。在此过程中，急需大批具备国际视野、通晓国际规则、能够参与国际事务和国际竞争的国际化人才。因此，要求法律服务提供者能超越国内法的传统思维，从比较法、国际法的视角去观察和思考涉外问题，着眼于法的全球，如此方能合理、科学、公平、公正、高效地适用法律。

二是应掌握两门以上的外语，熟悉国际经贸法律实践。国际经贸法律人才应能顺利运用外语进行交流，并能参与域外取证、外国法律适用、在外国应诉等诸般法律实践。即根据相关的国际贸易、投资的法律与惯例，结合我国的实际情况与实践，以上述操作过程为主线，国际经贸法律人才应是具备复合型的知识与史学家的相关技能的复合型人才。

三是应具有国际法学或比较法学的学科背景。从事法律服务的从业者必须要考虑到不同国家的法律框架以及各国汇率之间的差异，要考虑到潜在的技术、规格的不兼容性，同时还要考虑到各国在商事贸易中的一些术语之间的差异。国际法学或比较法学学科是满足上述要求的前提与背景。国际法学着眼于国际规则，能够使学生掌握有关国际法的基本知识，增强对国际关系、国际法律原则和规则的认识和理解，提高分析问题和解决问题的能力。同时，结合比较法学，通过不同国家、国际间的法律体系、法律规制方式的比较，了解熟悉法系与法规的区别，以熟练运用。各国提供高级别的跨学科的融通，才能够实现这些法律争议的解决。

### （三）"一带一路"倡议的广阔行业前景

经过16年的高速发展，中国海外投资流量从2002年全球排名第26位到2016年已蝉联世界第二位，规模仅次于美国，取得了令世界瞩目的成绩。2017年，在国内资本监管力度加大、全球投资不确定性增加的背景下，中国对外直接投资1340亿美元，同比下降32%，由高速增长期进入稳步调整期。

中国作为世界经济增长的重要引擎，地位日益显著。在自身经济稳步增长的同时，中国通过发起创办亚洲基础设施投资银行（以下简称亚投行）、设立丝路基金等行动，与国际社会共建"一带一路"重大倡议，加快推动区域互联互通和国际合作新秩序。党的十九大提出，要以"一带一路"建设为重点，推动形成全面开放新格局，并将"推进'一带一路'建设"写入党章，使之为中国对外开放和国际化发挥更重要作用。

法律服务在此过程中具有以下三个方面的发展前景与趋势。

一是服务实体经济发展成为海外法律服务的重点。实体兴邦，实体经济是大国经济之本。党的十九大报告指出，"必须把发展经济的着力点放在实体经济上"。从国际金融危机爆发后中国推出十大产业调整振兴规划，到2015年推出《中国制造2025》，中国通过一系列国家政策牢牢把握发展实体经济这一命脉，稳定国内经济发展。安永相信，未来实体经济将继续得到提振，促进中国实体经济发展将成为海外投资重点考量，先进制造业、高端消费品、高科技、环保、医药、教育等行业将成投资热点。相应地，法律服务也更加倾向于帮助实体经济进行境内外融资与投资。相关数据披露，对于实体经济的境外法律服务体量已突破500亿美元大关，并且随着上述进路的不断提升，该体量在一定程度上会持续快速扩大。

二是融资和供应链国际化整体法律服务突出。随着中国加快融入全球一体化竞争，国际化经营对于中国经济转变发展方式、调整经济结构有着非常重大的意义。供应链国际化要求企业以全球化的观念，将供应链系统延伸至整个世界范围进行计划、协调、操作、控制和优化，以满足全球客户需求；而融资国际化对于企业"走出去"同样至关重要，有利于解决企业在资金不足的情况下加速国际化进程的难题，这在"一带一路"建设过程中不断得到体现，目前已有多家银行在境内外成功发行"一带一路"债券。与之相匹配的便是跨国界、区域的复合型法律服务，类似于国内的法律顾问机制，上述供应链型整体化运作往往需要法律服务主体持续地为供应链抑或融资方提供相关法律服务。

三是政策稳定性和可预见性增强，法律服务发展健康。自2013年以来，各相关管理部门通过大力推进"简政放权、放管结合、优化服务"改革，海外投资便利化取得实质进展。2017年12月，国家发展改革委发布全新的《企业境外投资管理办法》，新规简化了审批流程，通过放管结合，宽严相济的监管方式便利企业海外投资，提升投资质量。可以预见，新规作为中国海外投资管理的基础性制度，将对规范和指导中企海外投资、优化海外投资综合服务、完善海外投资全程监管、促进海外投资健康发展起到重要的作用。同时，倡导的"法治中国"，不仅使国内的法治环境健康发展，更通过类似《企业境外投资管理办法》内部双边机制，完成对于境外法律服务的建构，使法律服务行业不断地快速、健康发展。①

这里值得一提的是，中共中央办公厅、国务院办公厅公布的《关于建立"一带一路"国际商事争端解决机制和机构的意见》（以下简称《意见》）要求，最高人民法院在广东省深圳市设立"第一国际商事法庭"，在陕西省西安市设立"第二国际商事法庭"，受理当事人之间的跨境商事纠纷案件。同时，《意见》还作出了一项重大制度创新，即成立国际商事专家委员会。国际商事专家委员会选任中国及"一带一路"沿线国家等国内外的专家学者作为专家委员，接受国际商事法庭的委托主持调解，就国际商事交易的规则进行解释，并为域外法律的查明和适用提供专家咨询意见。这一举动，表明我国在司法领域更加契合国际商事发展，从侧面促进我国涉外法律服务业的发展。

---

① 张炜."一带一路"建设中涉外民商事法律问题的若干思考［J］.南海法学，2017，1（2）：84-90.

## 二、"一带一路"中法律服务供给侧分析

### （一）"一带一路"中法律服务供给侧面临的挑战

在"一带一路"倡议发展及其相应的法律服务中，我国的法律服务业着实面临诸多风险，使法律服务承担了一定的负担，相应地不利于业务的开展与法律从业人员处理。根据实践之事实，现阶段所承担的法律风险主要有以下三个方面。

一是直接投资产生的法律风险。由于我国与"一带一路"沿线国家的利益并不完全相同，一些国家的法律出于意识形态、国家利益、安全等方面考量，会对合营企业中外国投资者的投资范围和持股比例设定许多限制，或是要求合营企业中必须有所在国政府及其委派机构参与经营。即使有些国家没有此类法律限制，其政府也往往拥有对合营企业重大决策的否决权，从而极大地削减了合营企业的自主经营权。一些国家的法律出于反垄断和维护有效竞争考虑，对外国投资者的跨国并购提出了特别要求，或建立了不透明的跨国并购审查程序，可能会大大增加我国企业海外跨国并购的难度。而且，当所在国一旦对特定的跨国并购项目有所怀疑时，有时甚至会借助"临时立法"的方法加以限制，从而导致较为严重的法律风险。

二是市场准入产生的法律风险。"一带一路"建设中，一些贸易伙伴出于保护本国经济利益考虑，往往会通过设置严格的法律和市场准入门槛，以及苛刻的通关程序，限制海外投资主体及产品进入其本国市场。近年来，随着贸易保护主义势力的抬头，从以往赤裸的诉诸关税壁垒，到今天各种隐性非关税壁垒的实施，贸易保护主义的形式可谓五花八门，由此引发的法律风险愈演愈烈。如哈萨克斯坦近年来出台政策法规，限制外国资本对其能源领域的投入，限制外国企业在哈萨克斯坦石油开发公司中的持股比例，并规定股东向第三方转让股权时，哈萨克斯坦政府享有优先购买权，这就使得在能源领域的外国投资者完全丧失了对于公司的管理和控制的可能性。

三是国际金融交易产生的法律风险。随着中国企业"走出去"步伐的加快，中国企业参与国际金融投资的情况越来越多。然而，国际金融交易和监管十分复杂，且涉及两个或两个以上国家的金融交易法和金融监管法，这就

决定了国际金融交易风险较国际贸易风险和国际直接投资风险更大。同时，国际金融交易风险还具有影响范围广、破坏性扩张性强、控制难度大等特点。近年来，中国平安、中信泰富巨额海外金融投资亏损，蒙牛、雨润、太子奶和中华英才网等所遭遇的"对赌危机"都是盲目进行海外金融投资所引发的法律风险。

除上述三个主要方面的法律风险外，还包括知识产权保护引发的法律风险、劳工问题引发的法律风险、环境问题引发的法律风险及经营管理不善引发的法律风险等。

### （二）"一带一路"中法律服务供给侧的机构现状

目前，我国的涉外法律服务主要以律师事务所为主体进行开展，而目前我国律师事务所在对外发展上主要有以下三个方式。

1. 在国外设立分所。中国律师事务所在国外设立分所起源于1993年，当年北京君合律师事务所的周晓琳律师取得了纽约律师执照，君合随后在纽约开设分所。截至2016年12月末，在国外设立分所和代表处的律师事务所有金杜、君合、中伦、大成、德恒、段和段、金茂凯德、四维乐马等，这一数据与英美等国相比，差距惊人。截至2016年初，在我国设立的外国律师事务所分支机构达到了229家。仅仅美国和英国两个国家在中国的分支机构就达到了142家，占所有在中国的外国律师事务所分支机构的62%。相比之下，中国律师事务所在海外展业的程度还远远不够。

2. 加入国际性行业组织。加入国际性律师行业组织，也是中国律师事务所"走出去"的一种方式。2003年，金杜律师事务所先后加入了PacificRim Advisory Council和World Law Group。2009年，大成律师事务所加入World Service Group。北京中伦律师事务所、北京浩天信和律师事务所、北京柳沈律师事务所和广东敬海律师事务所是Terralex的成员。金茂凯德律师事务所加入了Alliance of International Business Lawyers国际商业律师联盟。凭借这些行业组织平台，律师事务所成员经常联络，相互熟悉，建立信任关系，可以为今后的合作铺平道路。

3. 与国外律师事务所结盟。在法律服务业，与国外律师事务所结盟，不论是松散型的还是紧密型的结盟，都是扩大律师事务所网络的另一种方式，是中国法律服务手臂的延伸。现在可知的与国外律师事务所结盟的主要有北京金杜律师事务所和北京大成律师事务所。2012年3月1日，北京金杜律师事务所与澳大利亚万盛国际律师事务所Mallesons Stephen Jaques结成联盟，初步形成了今天的金杜律师事务所（King & Wood Mallesons），金杜律师事务所成为第一家总部设在亚洲的全球性律师事务所。2013年，金杜律师事务所宣布与国际律师事务所SJ Berwin结成首个全球法律联盟，这样的结盟极大地提升了金杜律师事务所的实力，金杜律师事务所国际联盟如今是全球排名前25位的律师事务所之一，总收入约为10亿美元。2015年1月27日，亚洲最大律师事务所——北京大成律师事务所与全球十大律师事务所之一的Dentons律师事务所正式签署合并协议，共同打造一个全新的、布局全球的世界领先国际律师事务所。[1]

### （三）"一带一路"中法律服务供给侧的人才现状

从我国当前的律师执业现状来看，能胜任"一带一路"法务要求的律师凤毛麟角。根据司法部2018年9月公布的全国千名涉外律师人才的情况看，我国涉外律师人数虽有增长，但与我国大国地位和"一带一路"建设的需求相比还存在很大缺口。我国律师在国际组织，特别是国际律师组织中的影响力还有很大的提升空间。

我国提供涉外法律服务的律师人数不多，这是目前涉外法律服务现状的主要特征。涉外法律业务律师的缺乏一方面影响我国提供涉外法律服务的质量和效率，另一方面在一定程度上阻碍了我国律师事务所"走出去"的步伐。涉外法律业务人才问题的解决，一方面通过自身培养，另一方面通过人才引进。自身培养投入多，周期长，回报慢，稳定性不足，存在被大所"挖人"且连市场、业务一起被挖走的风险。另外，大多数政府及律师协会没有建立有效的人才培养机制及政策，律师事务所自身的培养经费及机制不足。人才引进一方面需要很高的成本，另一方面需要面临国内大所之间的争夺乃至和国外律师事务所之间的争夺。在这样的背景下，直接导致我国涉外法律业务律师的不足。资料显示，即使地处东部发达地区的深圳，作为诞生平

---

[1] 洪建政.中国律师"走出去"的现状与展望［J］.法制与社会，2017（10）：125–127.

安、华为、招商银行、正威等世界500强和中国百强企业的中国经济中心城市，尽管很多企业涉外法律业务量非常大，但大部分市场份额被欧美律师占有，因此我国涉外法律服务人才还有很大发展空间。

## 三、"一带一路"中法律服务需求侧与供给侧优化

### （一）"一带一路"中法律服务需求侧优化分析

1. 优化"一带一路"平台以增加需求。中国在积极融入经济全球化进程中，既受益于经济全球化，也为之作出了重大贡献，中国对世界经济增长的贡献率超过30%。在这种形势下，中国更加需要把自身发展与世界发展联系起来，统筹国内和国际两个大局，发掘新的发展机遇。"一带一路"倡议着力推进"五通"，打通陆上贸易通道与海上运输线，推动构建以合作共赢为核心的新型国际关系，因而赢得世界积极响应。[①]"一带一路"倡议延续古丝路精神，以共商、共建、共享为发展理念，旨在让世界不仅要相连，更要相通，各国不仅要合作，更要共赢。"一带一路"是广泛参与的"朋友圈"，不是封闭的"会员俱乐部"。在2018年5月举行的"一带一路"国际合作高峰论坛上，习近平主席提出要将"一带一路"建成和平之路、繁荣之路、开放之路、创新之路、文明之路。"五条道路"成为未来"一带一路"的发展总方向。通过"五条道路"来刺激需求端增加需求，让更多的企业与市场主体参与进来，以创造更多的法律服务需求，刺激法律服务市场的发展。

2. 以"一带一路"为基础，深化"参与全球治理"。全球化和全球治理进入了新时期，突出表现在全球化与"逆全球化"博弈加剧，世界范围的政治极端化和民粹主义泛滥日趋严重。全球化的前景面临巨大的不确定因素，全球治理亟须必要的调整和改革，以适应世界力量平衡的变化。

"一带一路"倡议以"政策沟通、设施联通、贸易畅通、资金融通、民心相通"为五大核心要素，倡导全新国际合作、文明融合模式，有助于克服

---

① 杜德斌，马亚华. "一带一路"——全球治理模式的新探索［J］. 地理研究，2017，36（7）：1203–1209.

全球化的负面因素，化解"逆全球化"思潮和民粹主义负能量，推动全球化在深刻变化的历史时期，及时调整方向，更多体现"包容、普惠、共享"精神，以扩大支持全球化的民意基础。"一带一路"倡议将着力推动更加"开放、包容、共享"的全球化进程。"一带一路"倡议表明，中国将坚定不移地继续对外开放，向发达国家和发展中国家全部开放，构建全球化新时代中国全面开放的新格局。全球化的深入发展使各国形成了"你中有我、我中有你"的经济相互依存、文明深度融合、安全相互依赖的利益共同体。[1]各国在政治、安全、科技、文化、教育等领域交流不断扩大、相互影响加强的基础上，直接促进市场体量的不断扩大。在成型的市场与体量下，法律服务更会有不断增长的业务空间。

### （二）"一带一路"中法律服务供给侧优化分析

针对供给侧所存在的问题，笔者认为可以从以下三个方面进行优化。

1. 将设立境外法律服务机构纳入对外投资管理，落实扶持政策。毋庸置疑，国家"走出去"的政策所涉投资主体当然包括律师法律服务在内的服务业。一方面，这是服务业发展的客观要求；另一方面，"一带一路"建设下众多企业走出国门，法律服务作为其配套服务是必不可少的。对此，国家司法行政机关应当联合其他相关政府部门研究制定支持国内律师事务所到境外设立分支机构和代表处的鼓励扶持政策。国内律师事务所到境外开设的分所，与本土的律师事务所相比，存在先天的劣势，这些劣势包括语言交流的劣势、法律法规熟悉程度的劣势、地理人文环境熟悉程度的劣势等。这些劣势并非一朝一夕能够弥补，需要长时期的发展才能见效。所以相关部门应该给予各方面的优惠政策，支持国内律师事务所开展跨境设立分所或代表处的活动。

2. 创新联盟形式，建设为"一带一路"提供专门法律服务的联盟模式。与以往相比，现在有"一带一路"的大背景，在这一背景下，律师事务所应该把握机遇建立联盟。据悉，国内已有律师事务所提议、酝酿整合有"一带一路"市场资源、业务实践、研究及实务人才储备的律师事务所联盟，专门为"一带一路"建设提供法律服务。可以预见，类似东南亚、南亚、中亚、

---

① 何亚非. "一带一路"倡议创新全球治理思想与实践［N］. 人民政协报，2017-05-11（004）.

西亚、中东欧、非洲等综合性或区域性的法律服务专业联盟将会在不久应运而生，且将占据一定的国际法律业务市场份额。[①]当然，在这一过程中，也可以吸收"一带一路"沿线国家的律师事务所加入联盟，以加强联盟的专业性。

3. 引进和培养专业化、范围化的涉外法律人才。我国律师事务所"走出去"提供涉外法律服务，需要涉外法律人才的加入，然而我国的现状是涉外法律人才极度匮乏。为此，一方面需要大量引进国外的相关法律人才，另一方面应该着力培养我国的涉外法律人才。从引进路径来看，"一带一路"沿线国家的法律人士对于当地的法律更为熟悉，国内律师事务所如果能够吸收这些人才，为我国"一带一路"建设所用，将能在最短的时间内弥补国内涉外法律人才短缺的状况。

首先，从长远来看，解决人才问题的关键，还在于培养体制的建设。应在与相关高校对接的基础上，引纳人才。

其次，律师事务所也应建立健全涉外法律实践参与体制，使执业律师能积极着手参与涉外法律实践，在实践中广泛积累办案经验，熟悉涉外案件的法律流程；能够结合案件的具体情况灵活使用各类冲突规范，并了解境外法律文书的送达、境外取证的流程，能积极参加外国法院、仲裁庭以及国际仲裁庭的涉外案件的应诉与答辩。为进一步参加"一带一路"法律实践积累充足的经验。

最后，我国各级律师协会作为行业自治组织，应借助国际律师组织和国际仲裁机构等国际化程度高的协会和机构聘请国际法、比较法、涉外经济法、金融法、劳动法、知识产权法、海商法等领域的专家律师开展"一带一路"相关律师业务的专业专题培训，借助国际律师组织或国际仲裁机构来华举办年度会议和各类论坛的契机，通过交流合作让更多的中国律师尽早熟悉国际各类案件的办案特点、办案方法和办案技巧，获得充分的知识储备。

### （三）结语

习近平总书记指出，中国坚持对外开放的基本国策，坚持打开国门搞建

---

① 赵耀. "一带一路" 法律服务布局的难点与创新［J］. 法制与社会，2016（34）：160–162，164.

设，积极促进"一带一路"国际合作，努力实现政策沟通、设施联通、贸易畅通、资金融通、民心相通，打造国际合作新平台，增添共同发展新动力。

2018年11月5日举行的首届中国国际进口博览会上，习近平总书记发表了了鼓舞人心、提振信心的重要讲话，再次向世界宣告："中国开放的大门不会关闭，只会越开越大。中国推动更高水平开放的脚步不会停滞！中国推动建设开放型世界经济的脚步不会停滞！中国推动构建人类命运共同体的脚步不会停滞！"

"一带一路"倡议五年来，中国与世界各国的互联互通越来越紧密，我国要以"一带一路"建设为重点，坚持"引进来"和"走出去"并重，遵循共商共建共享原则，加强创新能力开放合作，形成陆海内外联动、东西双向互济的开放格局。作为新时代的法律工作者，我国律师要主动对接中国企业"走出去"的步伐和节奏，借力中国企业"走出去"的契机实现自身"走出去"，开辟一片新的蓝海。

新时代中国律师使命光荣，机遇难得。我国要着眼于需求侧与供给侧不断优化完善，着眼于不断提高自身涉外法律服务的参与度和美誉度，着眼于中国律师不断发展进步成为"一带一路"背景下涉外法律服务的有效供给者、国际规制规则的积极参与者、中外法治文明互鉴的友好使者和中外法律服务共同体中的佼佼者。

# 推进涉外法律服务走进新时代

## 李志强 李 建 欧 龙

近年来，中国政府积极鼓励和推动涉外法律服务和中外律师业合作交流，推出一系列政策，支持涉外法律服务业发展，鼓励为"一带一路"建设提供法律服务。

中国最大的城市上海在"一带一路"建设中的定位是"桥头堡"，而随着自贸试验区改革，国际经济、金融、贸易、航运和科创"五个中心"及卓越的全球城市建设的推进，上海发展涉外法律服务业具有战略优势和区位优势。

2018年6月14日，上海市司法局、上海市发展和改革委员会、上海市经济和信息化委员会、上海市商务委员会、上海市教育委员会、上海市人民政府外事办公室、上海市国有资产监督管理委员会及上海市人民政府法制办公室联合印发《上海市发展涉外法律服务业实施意见》（以下简称《意见》）。

这是改革开放40年来，上海出台的第一份由8个委办局联合发文强势推动涉外法律服务的规范性文件，在业内外引起强烈反响。《意见》指出，到2020年，要建立上海全方位、多层次的涉外法律服务平台，健全涉外法律服务业制度和机制，培养一批高素质的涉外法律服务人才，全面打响符合上海实际、体现上海特色的涉外法律服务品牌，充分发挥涉外法律服务在法治长三角建设中的积极作用，形成与上海改革发展建设相匹配的涉外法律服务业新格局。

## 一、指导思想和总体目标

发展涉外法律服务应当全面贯彻党的十九大精神和全面依法治国基本方略，以习近平新时代中国特色社会主义思想为指导，牢固树立和践行新发展理念，将国家《关于发展涉外法律服务业的意见》同《上海服务国家"一带一路"建设发挥桥头堡作用行动方案》以及《上海市对标国际先进水平深化营商环境改革专项行动计划》有机结合，紧紧围绕国家"一带一路"建设、上海自由贸易试验区和"五个中心"建设以及上海全力打响"四大品牌"等发展战略，建立健全涉外法律服务工作制度和机制，全面推进上海涉外法律服务业的发展和体系化建设，为上海对外开放战略新布局营造健康的法治生态，在全国涉外法律服务工作中起到示范引领作用。

在努力打造涉外法律服务新格局的同时，我们应当坚持服务大局，为促进上海全方位发展提供优质高效的涉外法律服务。坚持创新发展，从实际出发，找准"请进来""走出去"实践中的新举措，切实提高服务水平，为全国其他省市的涉外法律工作起到示范引领作用。坚持统筹兼顾，围绕国家"一带一路"建设、上海自由贸易试验区和"五个中心"以及打响"上海服务"等"四大品牌"目标定位，促进涉外法律服务业发展的速度、规模、质量与开放型经济发展相协调，实现涉外法律服务业整体协调发展。坚持协同合作，充分发挥政府部门、行业协会和法律服务机构的合力作用，共同推进涉外法律服务业发展。

## 二、十个方面共推进

近年来，在"一带一路"倡议和上海自由贸易试验区建设不断推进的背景下，上海涉外法律服务业取得长足发展，涉外法律服务人才队伍也不断壮大。上海将积极在以下十个方面努力推动涉外法律服务业的发展。

### （一）积极服务保障国家重大发展建设

把发展涉外法律服务业摆在更加突出的位置，加大力度引导上海涉外法律工作的创新发展，积极发挥涉外法律服务对上海经济发展的支撑作用，为国家"一带一路"建设、上海自由贸易试验区和"五个中心"建设、中国（上海）国际进口博览会等重大发展建设提供法律服务支持。积极为交通、能源、通信等基础设施重大工程、重大项目的立项、招投标等活动提供更优质的涉外法律服务，防范投资风险。充分利用涉外法律服务的沟通交流作用，在涉外法律活动中开展对外法治宣传，向有关国家地区和重要企业宣传我国法律制度，增进国际社会对我国法律制度的了解和认知。成立上海企业涉外法律服务联盟，联合各方优势资源，为上海各类企业提供涉外法律服务。

### （二）为优化营商环境提供涉外法律服务

建立市司法局、市政府外事办、市商务委、市经信委、市国资委等委办单位与市律师协会、市公证协会、市企业法律顾问协会、市贸促会等团体通力合作机制，推动涉外法律服务业发展，为经济社会发展提供优质高效的法律服务，为上海市的企业和个人提供良好的营商法治环境。充分发挥仲裁、公证、调解等相关行业积极作用，探索建立合作制公证机构、各类专业调解工作室等新型法律服务机构，形成多元化纠纷解决机制。激活和完善"上海东方域外法律查明服务中心"服务国家"一带一路"和上海自由贸易试验区建设的功能。大力支持环太平洋律师协会2020年年会在上海市召开，为吸引境外企业到沪发展提供新契机。不断增强服务新时代经济社会持续健康发展的本领，为使上海加快形成公正透明、可预期的营商环境，成为贸易投资最便利、行政效率最高、服务管理最规范、涉外法律服务体系最完善的城市之一，提供优质高效的涉外法律服务和更加有力的法治保障。

### （三）搭建完善涉外法律服务业支撑平台

通过"互联网+涉外法律服务"模式，探索建立"涉外法律服务云平台"，采集各类企业和个人涉外法律服务需求，集聚涉外法律服务人才、机构、信息资源数据，形成涉外法律服务采购及供应体系。充分利用上海涉外法律专业优势，建立涉外法律服务培训平台及实践基地，并根据全市涉外法律服务业的实际需求，将涉外业务实务、企业跨境投资并购、知识产权、交易安全与债权保护、股权托管交易、信托投资、金融证券、反垄断反倾销等内容列入法律服务行业培训计划，通过学习平台加强对涉外业务和法律法规的培训，不断提高培训的针对性和实效性。

### （四）稳步推进涉外法律服务业开放

探索上海市的律师事务所与境外律师事务所业务合作的方式和机制，继续推动中外律师事务所联营与互派法律顾问试点推广、在沪律师事务所聘请外籍律师担任法律顾问试点、对台律师事务所开放试点、沪港律师事务所合伙联营试点等工作。鼓励在沪律师事务所在境外设立分支机构或办事处。支持上海市律师协会、企业法律顾问协会等法律服务团体与国（境）外律师协会、国际律师组织、企业法律顾问协会加强交流合作，参与有关国际组织业务交流活动。引导在沪仲裁机构、仲裁员积极参与国际性仲裁活动，参与国际投资仲裁争议解决机制建设，不断提升我国仲裁服务国家对外开放战略和参与国际竞争的能力和水平。

### （五）发展壮大涉外法律服务人才队伍

打造上海涉外法律服务人才品牌。不断完善涉外律师领军人才培养规划，加快涉外律师人才库的建设，为发展涉外法律服务业储备人才，力争将涉外法律服务人才引进和培养纳入"千人计划""万人计划"等国家重大人才工程。加强涉外仲裁、金融、航运、国际贸易、知识产权等领域高端法律服务人才引进和培养力度，鼓励高层次法律专业留学人员回国发展。逐步打造全市范围内的涉外法律服务联合培训平台，定期向从事涉外法律服务的相关人员提供涉外法律知识和相关业务培训。积极推荐具备丰富执业经验和国际视野的涉外法律服务人才进入国际争端解决机构及国际仲裁机构，鼓励和支持上海市仲裁机构聘任境外优秀人才担任仲裁员。鼓励具备条件的上海市高等学校、科研院所等按照涉外法律服务业发展需求创新涉外法律人才培养机制和教育方法，完善涉外法律的继续教育体系。

### （六）建设和完善涉外法律服务机构

打造上海涉外法律服务机构品牌。制定并实施涉外法律服务机构建设的指引政策，培育一批在业务领域、服务能力方面具有较强国际竞争力的涉外法律服务机构，不断更新上海市法律服务行业涉外法律服务机构名录，定期发布涉外法律服务经典案例。支持国内律师事务所通过在境外设立分支机构、海外并购、联合经营等方式，在世界主要经济体所在国和地区设立执业机构，不断提高上海本土律师事务所在国际法律服务市场上的竞争力。支持市企业法律顾问协会等专业社会团体会同境外的专业机构建立诸如国际企业法律顾问联盟等机构，提高上海涉外法律服务在全球的覆盖力和影响力。进一步加强本市仲裁、公证、调解等法律服务机构的建设，构建本市多元化的涉外法律服务体系。

### （七）健全涉外法律服务方式

丰富涉外公证法律服务方式，提供线上线下一体化、一站式的涉外法律服务。推动扩大在沪仲裁行业对外开放，着力打造面向全球的上海国际争议解决中心。进一步将具有中国特色的"人民调解机制"同国外的商务谈判机制相结合，为企业的商事争端解决提供更多选择。拓展涉外知识产权法律服务，知识产权行政管理部门要继续做好专利代理管理工作，加强专利、商标和著作权保护、涉外知识产权争议解决等方面的法律服务工作。促进涉外法律服务业与会计、金融、保险、证券等其他服务业之间开展多种形式的专业合作，全方位拓展上海涉外法律服务新方式。

### （八）提高涉外法律服务质量

充分结合上海涉外法律人才优势和互联网技术优势，利用大数据、物联网、移动互联网、云计算等新一代信息技术建立涉外法律服务新模式，推动网上法律服务与网下法律服务相结合，为在沪企业和个人带来更便利的涉外法律服务。加大上海涉外法律服务联席会议监督管理力度，充分发挥上海市法律服务行业协会自律和服务功能，完善涉外法律服务工作标准和职业道德准则，规范律师涉外法律服务执业行为和管理。加强在上海涉外法律服务机构基层党组织建设。健全完善涉外公证质量监管机制，建立严格的证据收集与审查制度、审批制度以及重大疑难涉外公证事项集体讨论制度。加大对涉外公证文书的检查力度，提高涉外服务能力。建立完善涉外司法鉴定事项报告制度，进一步规范涉外司法鉴定工作。

### （九）加大涉外法律服务业政策扶持

将发展涉外法律服务业作为服务业发展的重要内容纳入实施国家"一带一路"建设、上海自由贸易试验区和"五个中心"等重大发展目标。一是积极为涉外法律服务机构和涉外企业搭建信息交流平台。优化整合并充分利用法律资源，充分发挥平台作用，发布对外经贸发展动态和涉外法律服务需求信息，把涉外法律服务作为国际服务贸易展览会和经贸洽谈的重要内容予以推荐。二是加大政府采购涉外法律服务的力度，在外包服务、国有大型骨干企业境外投融资等项目中重视发挥法律服务团队和法律服务机构及其专家的作用。三是加强经费保障。加强政府财政对发展涉外法律服务业的支撑，上海市财政局等相关部门将涉外法律工作发展经费列入财政预算并出台相关扶持政策，支持和鼓励上海高端涉外法律服务人才的引进和培训交流。四是积极为涉外法律服务业提供税收服务。对"一带一路"沿线国家的来华贸易或其他民商事活动提供有针对性的税收政策服务；落实优化税收营商环境的创新举措，打造规范、公平的税收营商环境；对在沪法律服务"走出去"机构提供税收法律法规方面的指引与帮助。

### （十）为外交外事工作提供法律服务

积极为上海对外签订合作协议提供法律服务。协助外事、商务等部门依法依规制定对外经济合作、文化交流等政策措施，协助中国驻外使领馆依法依规处理外交领事事务。为我国对外开展战略与经济对话、人文交流、高层磋商等提供法律咨询和法律服务。鼓励在沪涉外法律服务人才和优秀的涉外法律服务机构赴境外参加国际性的涉外法律服务论坛等活动，在提升上海涉外法律服务业的层次和水平的同时，增强与其他国家的互动与交流，为我国公民"走出去"提供良好的外交环境。

## 三、多个服务机构齐建设

积极建设上海东方域外法律查明服务中心，促进法律查明供需双方对接互动更加畅通高效，更好地为自贸区的法治化、国际化、便利化提供法律服务，为企业"走出去"提供业务服务，为律师提供宣传、交流与培训信息服务，为法院和仲裁机构涉外案件提供法律查明服务，为"一带一路"和上海自由贸易试验区建设服务，有效成为上海涉外法律服务的有力助推器。系统研究上海合作组织区域各国法治建设的最新进展与司法实践的前沿问题，积极推进上海合作组织国家司法人才的交流研修和相关涉外纠纷仲裁解决机制的建设。通过法律大数据采集、法律文本翻译、法律文献分析、法律咨询服务、法律智库建设等方式和手段为国家和上海相关部门制定政策方案提供智力支持。

建立"上海企业涉外法律联合培训中心"，整合各自资源与学术优势，构建法律教育与法律整体服务体系，丰富培训形式，建立"涉外法律服务线上培训平台"，提高培训的实效性。在课题研究、座谈调研、实务研讨、组织论坛等领域进一步深入挖掘合作空间，搭建沟通高校科研能力与企业法律服务的桥梁，壮大在沪涉外法律服务队伍。整合多学科资源，结合资深事务所丰富的企业合规实务经验构建高层次的企业合规理论研究水平和学术交流平台。由上海市律师协会、上海市企业法律顾问协会与上海对外经贸大学法学院等院校及相关律师事务所、会计师事务所、审计事务所、专利事务所成立上海企业合规研究中心，进一步增强上海市企业涉外法律风险防范意识，建立和完善上海企业涉外合规体系。

## 四、构建亚太商事调解和仲裁中心

上海已成为境外律师事务所在中国内地设立代表机构最多、最集中的地区之一，有155家境外律师事务所在上海设立了代表处，同时还有233家律师事务所从事涉外法律服务业务，有13家在境外开设分支机构，覆盖亚洲、北美洲、欧洲、大洋洲、非洲等地。

在"一带一路"倡议背景下，近年来，仲裁中心所涉案件数量、争议金额、当事人国别方面逐年提升，为此仲裁中心推出了一系列国际化的举措：设立中国（上海）自由贸易试验区仲裁院，并制定了《中国（上海）自由贸易试验区仲裁规则》；设立上海国际航空仲裁院、金砖国家争议解决上海中心、中非联合仲裁上海中心等国际化平台。上海将成立涉外商事调解中心，将调解机制同国外的商务谈判机制相结合，发挥涉外法律服务的专业优势，为企业的商事争端解决提供更多选择。

通过上海市贸促会正在建立的上海国际争议解决中心，为境外机构解决涉外商事争端提供平台。鼓励涉外案件当事人选择上海作为仲裁地，支持境外知名仲裁机构与上海市仲裁机构开展业务合作，全力打造上海建设面向全球的亚太仲裁中心。

## 五、大力支持环太平洋律师协会2020年年会

环太平洋律师协会于1991年在日本东京成立，总部设在东京。现拥有来自67个国家和地区的2000余名会员，其中多数是居住在亚太地区或对亚太地区有着浓厚兴趣的从事国际商务业务的执业律师。环太平洋律师协会的宗旨是致力于整个亚太地区律师业的发展，提高地区内律师业地位和发展律师的组织机构，推进本地区法律和法制建设的发展，促进律师间的交流和研究。

2020年，环太平洋律师协会将在上海召开年会，这是上海1843年开埠以来国际主要律师组织首次在上海举办年度盛会。年会的举办，将充分发挥环太平洋律师协会的对外法律服务交流平台作用，推进上海律师行业与国外法律服务行业开展经常性和深度交流与合作，提升上海市律师在国际舞台上的影响力。

## 六、人才及服务平台建设

上海依托各高校法学院已建立的高端涉外法律人才实践基地，为法律服务行业和相关部门培养高层次的复合型、应用型涉外经贸法律人才。与国外院校或高端培训机构建立相应合作机制，向从事涉外法律服务相关人员提供出国培训和实习机会。通过与实习人员所属国法律职业群体建立合作交流机制，促进对外经贸法律服务交流。充分利用上海企业"走出去"综合服务平台，为企业了解境外经贸投资政策、跨国公司指引和投资目的国法律环境等提供服务，帮助企业熟悉国际通行规则。协助企业做好知识产权布局，强化知识产权保护。加强自由贸试验区以及"一带一路"沿线国家外国法查明和研究工作，为企业投资决策和参与诉讼、仲裁工作提供参考意见。

上海是中国的"东方明珠"，也是公认的"东方巴黎"，提升上海涉外法律服务业水平不仅有利于上海律师和中国律师业的发展，还可使亚太地区和各国企业家、金融家和法学法律工作者共享中国繁荣发展的法治文明盛宴。这将进一步改善上海营商环境和凸显"上海服务"品牌，助力"一带一路"建设，使上海成为更具魅力和活力的魔力之都。

# The "Belt and Road", Hand in Hand

李志强

This ideal and plan is the "Belt and Road" initiative.

Some of you here may not know much about the "Belt and Road". It refers to the Silk Road Economic Belt and the 21$^{st}$ Century Maritime Silk Road, a cooperation initiative proposed by the Chinese president in 2013. The initiative invites countries, with the help of established and effective regional cooperation platforms, to take good advantage of the existing bilateral and multilateral mechanisms, actively develop economic cooperation partnership with the countries along the route peacefully, and work together to build political trust, economic integration, cultural inclusion of interests' community, destiny community and responsibility community.

Although the "Belt and Road" has been proposed for only a few years, it possesses hundreds of years of history and inheritance. The Silk Road was an ancient land trade route that originated in ancient China, connecting Asia, Africa and Europe. Its initial role was to transport goods such as silk and porcelain produced in ancient China, and later it became an important way of economic, political and cultural exchanges between the East and the West in ancient times.

In 1877, the German geographer Richthofen named this road "the Silk road" because it worked as the way of the silk trade between China, India and the central Asia from 114 BC to 127 AD. This name was soon accepted by academia and the public, and formally used. After that, in another book the Ancient Silk Road between China and Syria, which was published at the beginning of the 20$^{th}$ century, German historian Haulmann further extended the Silk Road to the western Mediterranean Sea and Asia minor, based on newly discovered archaeological materials. It defined the basic connotation of the Silk Road, that is, it was the channel of land trade connecting China with South Asia, West Asia, Europe and North Africa through Central Asia in ancient times.

It could be said that hundreds of years ago, along the way, there have been a number of travelers and caravans who have made far-reaching contributions for the East-West cultural and economic exchanges. At that time, it was with such a hard, precious bond that gave the people of the countries far away from each other the chance to understand and learn from each other, thus promoting the development of their own civilizations.

Time flies, after hundreds of years, today we have been able to use all kinds of technology to communicate freely, and many ancient roads have been abandoned. However, the "Belt and Road" still has a strong vitality, because the new era of the world pattern has given it a unique significance and new role. In this everchanging era, the historical accumulation of the "Belt and Road" has taken on a new meaning. It is not just for the benefit of some countries along one route, but for the development of a broader, freer, mutually beneficial new model of international cooperation.

Complex and profound changes are taking place in the world today. The deep impact of the international financial crisis continues to manifest, the world economy recovers slowly, development is divided and the pattern of international investment and trade, including the rules of multilateral investment trade are in the process of profound readjustment. The development problems disturbing all countries are still severe. Especially in recent years, the trade frictions between China and the United States have aroused great concern from the international community, and both sides have taken a lot of economic and trade restrictions on each other.

I know that many people are discussing the right and wrong. I just want to quote what Premier Zhu Rongji said in 1999 to show my view. When the Chinese former premier visited Washington, D.C., he told President Clinton: There is no problem between China and the United States which cannot be resolved through friendly negotiation. There do exist some divergence between us. But only friends who can show different opinions are the best friends. Only a candid friend is a real friend. I believe that the current relationship between China and the United States is a microcosm of the world international relations. We should always bear in mind that confrontation can only hurt both sides, and only win-win is the best way. The "Belt and Road" is such a road to resolve contradictions and promote common development.

The following figure and data from 14 aspects makes a vivid demonstration to the fruitful outcome that the Belt and Road has achieved:

1. Up to now, more than 100 countries and international organizations have actively supported and participated in the construction of the "Belt and Road". Resolutions of UN General Assembly and the UN Security Council have also included the content of the "Belt and Road".

2. Up to now, with 103 countries and international organizations have signed 118 cooperation agreements under Belt and Road initiative.

3. More than 30 countries in China have signed capacity cooperation agreements.

4. Together with more than 20 countries along the "Belt and Road", 75 overseas cooperation zones have been built.

5. Chinese companies have invested more than US$70 billion, creating 250000 jobs and 2.3 billion US dollars in taxes.

6. The Asian Infrastructure Investment Bank is officially operating and 87 countries and regions are actively involved.

7. China annually sponsors 10000 new students from countries along the "Belt and Road" to study in China.

8. From January to April 2018, bilateral trade volume involving China and countries along the "Belt and Road" has exceeded US$389.1 billion, which has increased by 19.2% compared to last year.

9. From January to April 2018, the direct investment brought out by Chinese enterprises towards the countries along the "Belt and Road" was US$4.67 billion, which has increased by 17.3% compared to last year. The turnover of foreign

contracted projects was US$24.2 billion, whose year-on-year increase reaches to 27.7%.

10. The "Belt and Road" countries invested more than US$8.2 billion to China in 2017, a year-on-year increase of 25%.

11. According to the statistics of the China Railway Corporation, by the end of August 2018, the China-Europe trains have operated with more than 10000 lines, reaching 15 countries and 43 cities in Europe. The total value of goods shipped each year increased from less than $600 million in 2011 to the $14.5 billion in current year.

12. In 2017, China signed 4 new free trade agreements and accumulated 16 free trade agreements involving 24 countries and regions. In 2018, 10 free trade agreement negotiations will be promoted. As an important starting point for the "Belt and Road" economic and trade cooperation, the building-up of overseas economic and trade cooperation zones have been promoting. At present, Chinese enterprises have promoted 75 overseas economic and trade cooperation zones along the "Belt and Road" countries, with a total investment of more than 27 billion US dollars, attracting nearly 3500 enterprises in the zone.

13. 356 international road passenger and cargo transportation routes has been operated, and 403 direct flights were carried out reaching to 43 countries along the "Belt and Road"—which means approximately 4500 direct flights per week.

In my opinion, to truly enjoy the benefits of the "Belt and Road", the following are essential.

Firstly, we should further develop open, inclusive regional cooperation system. I believe that only by opening up can we discover opportunities, seize them well, create opportunities on our own initiative, and finally achieve our country's goal. The "Belt and Road" initiative is to turn the world's opportunities into China's, China's opportunities into the world's. It is based on the perception and vision that the "Belt and Road" is open oriented, aiming at solving the economic growth and balance problem by promoting the orderly and free flow of economic elements, strengthening connectivity in infrastructure such as transport, energy and networks, improving allocation of resources and the deep integration of the market and developing a greater scope, higher level, deeper regional cooperation, in order to create an open, inclusive, balanced framework of regional economic cooperation.

Secondly, we shall insist on the definition of the "Belt and Road" platform as a pragmatic cooperation and refuse to turn it into a geopolitical tool for either side. The spirit of "peaceful cooperation, openness and tolerance, mutual learning and mutual benefit, mutual benefit and win-win" has become the historical wealth shared by mankind. The "Belt and Road" is an important initiative of the present era put forward by adhering to this spirit and principle. By strengthening the all-round and multilevel exchange and cooperation among the countries concerned, we can give full play to the potential and comparative advantages of each country, forming a mutually beneficial and win-win regional interest community, a destiny community and a responsible community. In this mechanism, countries are equal participants, contributors and beneficiaries. Therefore, the "Belt and Road" emphasizes the equality and peace from the beginning. Equality is an important international standard that China adheres to and a key foundation for the construction of Belt and Road. Only cooperation based on this can be sustained and mutually beneficial. Equality and inclusiveness lightens the resistance, enhances the efficiency of coconstruction and helps international cooperation to take root and the construction of the "Belt and Road" is inseparable from the peaceful international environment and regional environment. Peace is the essential attribute of the construction, and it is also a pivotal factor to ensure its smooth progress. This determines that the "Belt and Road" should not and cannot become a tool of great power politics or repeat the old geopolitical game.

Thirdly, we shall attach importance to the joint construction and sharing of joint development initiatives. The "Belt and Road" construction is carried out through specific projects on the basis of bilateral or multilateral linkage, It is a development initiatives and planning resulted from full policy communication, strategic docking and market operations. Joint Communique of the Leaders Round table of the "Belt and Road" Forum for International Cooperation emphasized the basic principles of building the "Belt and Road", including the market principle, that is to fully understand the role of the market and the main role of enterprises, to ensure that the government plays an appropriate role. Government procurement procedures should be open, transparent, and non-discriminatory. It can be seen that the core main body and supporting force of the "Belt and Road" construction is not in the government, but in the enterprise. The fundamental method is to follow the market law and realize the interests of all parties involved through the marketoriented operation mode. The government exerts the leading and service function of constructing platform, establishing mechanism and policy guidance.

Fourthly, the "Belt and Road" is not a substitute of the existing mechanisms. The comparative advantage of relevant countries is different but complementary.

Some countries are rich in energy resources but poor in depth of development, some have abundant labor force but lack of job opportunities, some have broad market space but weak industrial foundation, and others have strong demand for infrastructure construction but lack of funds. Our country is the second largest economy in the world, with the largest foreign exchange reserves in the world, more and more superior industries, rich experience in infrastructure construction, strong equipment manufacturing capability, good quality, high performance-to-price ratio, capital, technology, talent, management and other comprehensive advantages. This provides a realistic need and a great opportunity for China and the other parties to achieve industrial docking and complementary advantages.

Therefore, the core content of the "Belt and Road" is to promote infrastructure construction and interconnection, to connect policies and development strategies of various countries, to deepen pragmatic cooperation, to promote coordinated and coordinated development and to achieve common prosperity.

It is clear that the "Belt and Road" is not intended to replace existing regional cooperation mechanisms, but to complement existing ones. In fact, the construction of the "Belt and Road" has been in the cooperation with the Russian-Eurasian Economic Union, the development plan of Indonesia's global ocean fulcrum, the economic development strategy of Kazakhstan's bright road, the Mongolian grassland path initiative, the European Investment Plan of the European Union and the Egypt's Suez Canal Corridor development plan, forming a number of landmark projects, such as Sino-Kazakhstan (Lianyungang) logistics cooperation base construction. As one of the achievements in the construction of the economic corridor of the new Eurasian Continental Bridge, the logistics cooperative base of China and Kazakhstan (Lianyungang) has initially realized the seamless docking of deep water port, ocean-going trunk line, China-EU railway and logistics station. This project and Kazakhstan "Bright Road" development strategy is highly compatible. President of Kazakhstan's "Bright Road" party, Peru Asev, said that the "Belt and Road" initiative effectively promoted the economic development of Kazakhstan and the entire Central Asian region in the connection with the "Bright Road" new economic policy It has opened up broad space and created more opportunities for countries to cooperate in economic, cultural and other fields.

Finally, the construction of the "Belt and Road" should attach importance to the development of cross-border legal services. With the deepening of the "Belt and Road" construction, the amount of investment and financing is increasing. The demand of the legal services about the project compliance and dispute resolution of is also expanding.

As the founder of Jinmao Partners in Shanghai, I also feel the various opportunities of legal affairs in the development of the "Belt and Road". As one of the main force of the "Belt and Road" legal service, my firm has set up more than 50 the "Belt and Road" legal research and service centers since its establishment, including Mexico Station and Italy Station in order to promote the "Belt and Road" legal service construction and broaden the channels of legal exchanges. Just a few weeks ago, I also organized a seminar on Chinese companies' investment and financing in Russia. I hope that in the near future, I will be able to hold more meetings with all of you here.

In addition, the Chinese government also strongly supports the construction of cross-border legal services. For example, recently, eight Shanghai government departments, including the Municipal Judicial Bureau, Development and Reform

Commission, Economic and Commercial Commission, Education Commission, Foreign Affairs Office has jointly issued Opinions on the Implementation of the Development of Foreign-related Legal Services in Shanghai. The policy document clearly states: "We strongly support the convening of The Inter-Pacific Bar Association the in Shanghai in 2020 to attract overseas enterprises to Shanghai for providing a new opportunity for development." Ladies and Gentlemen, the development of cross-border legal services is always done by two or more countries together, and we are waiting for you to join us.

Facts speak louder than words. Although the "Belt and Road" initiative has been around for only five years, people from China and other countries, both East and West, have produced remarkable results.

In the area of people-to-people exchanges, the Chinese Government and the countries concerned carry out various cultural cooperation projects, such as the year of Culture, the year of Tourism, the Festival of Arts, and other cultural cooperation projects. Each year, the Chinese Government provides 10000 government scholarships. Nearly half of the overseas students studying in China come from countries along the "Belt and Road".

Ladies and Gentlemen, the "Belt and Road" is a peaceful and friendly path to promote common development and achieve common prosperity. We welcome everyone from all over the world to join us to paint a bright future for the world.

# New Trends in Enforcement of Arbitral Awards in China

李志强

The "Belt and Road" initiative is likely to significantly boost outbound investment by Chinese companies and their trading partners in their the "Belt and Road" investments. How to enforce foreign arbitral awards in the people's Republic of China (PRC) will become a particularly important issue.

In 1987, China joined the New York Convention on the Recognition and Enforcement of Foreign Arbitral Awards (New York Convention). On April 10, 1987, the Supreme People's Court of China (Supreme Court) issued Notice of the Supreme People's Court on Implementing the Convention on the Recognition and Enforcement of Foreign Arbitral Awards Acceded to by China (the Supreme Law Notice), describing the issues related to the enforcement of foreign arbitral awards under the New York Convention. On December 26, 2017, the Supreme People's Court promulgated Relevant Provisions of the Supreme People's Court on Issues concerning Applications for Verification of Arbitration Cases under Judicial Review (Law [2017] No. 21, hereinafter referred to as "Provisions on Applications for Verification of Arbitration Cases") and Provisions of the Supreme People's Court on Several Issues concerning Trying Cases of Arbitration-Related Judicial Review (Law [2017] No. 22) (hereinafter referred to as "Judicial Review Provisions"). The above two provisions are the judicial interpretations of the application of the arbitration law and the judicial review of arbitrations issued by the Supreme People's Court in the form of normative documents since the promulgation of the law, named Interpretation on the Application of the Arbitration Law of the people's

Republic of China (interpretation of Law ［2006］ No. 7) (hereinafter referred to as "Judicial interpretation of the Arbitration Law") in 2006.

On February 23, 2018, the Supreme People's Court issued three judicial interpretations on implementation issues. Among them, Provisions of the Supreme People's Court on Several Issues Concerning the Handling of Cases in the Arbitration of Arbitral Awards by the People's Court (hereinafter referred to as the "Rules for the Implementation of the Awards"), and Regulations on Reporting and Verification of Arbitration Judicial Review Cases just issued two months ago, together with the Arbitration Law and its judicial interpretation, jointly depict China's regulatory framework for the revoked and unimplemented arbitral awards. As stated by the Supreme People's Court at the press conference, As stated by the Supreme People's Court at the press conference, arbitration has become contractual, autonomous, non-governmental and quasi-judicial because of its own characteristics, such as autonomy, flexibility, convenience, and as well, it is final and binding. It has become an important way to resolve disputes. The Supreme People's Court has intensively issued relevant judicial interpretations, which reflects judicial supervision and support for arbitration.

Jinmao Partners, as a legal service center in the first batch of professional service trade units in Shanghai confirmed by the Shanghai Municipal Commission of Commerce and the Shanghai Municipal Bureau of Justice, since the establishment of the "Belt and Road Legal Research and Service Center" on February 18, 2016, has been committed to the "Belt and Road" foreign-related legal services. We have held a series of seminars on overseas investment and financing, and invited a large number of well-known entrepreneurs, financiers and legal experts from home and abroad to attend, which greatly promoted the exchange and cooperation between Chinese and foreign entrepreneurs, financiers and legal experts. In addition, the "Belt and Road" facilitation team, led by founding partner Jack Li, the first class lawyer in China, has visited overseas many times and has established long-term friendly cooperative relations with numerous top law firms in countries along the "Belt and Road" line. At the same time, Jinmao Partners has set up workstations or representative offices in Japan, the United States, India, Malaysia, Belgium, the Netherlands, Luxembourg, Italy, Brazil, New Zealand, Australia, Argentina, and Thailand, and accumulated a large amount of foreign legal practical experience. This paper selects the substantive and procedural issues related to the recognition and enforcement of arbitral awards in the three provisions, and briefly analyzes the new judicial direction reflected in these three new judicial interpretations and regulations.

# 1. Compliance with New York Convention Enforcement Obligations to Create a Quality Rule of Law Environment in the Free-trade Pilot Area

On September 23, 2005, Shanghai Golden Landmark and Siemens signed a contract for the supply of goods by tender, stipulating that Siemens should ship the equipment to the site by February 15, 2006 and disputes shall be submitted to the Singapore International Arbitration Centre for arbitration. The two parties have disputes in the performance of the contract. Shanghai Golden Landmark filed an arbitration at the Singapore International Arbitration Center to terminate the contract and stop paying the purchase price. In the arbitration process, Siemens filed a counterclaim requesting payment of all purchases, interest and compensation for other losses. In November 2011, the Singapore International Arbitration Center issued a ruling rejecting the arbitration request of Shanghai Golden Landmark and supporting the arbitration counterclaim of Siemens. Shanghai Golden Landmark paid a portion of the amount, and the outstanding payment and interest under the arbitral award were RMB 5133872.3. Based on the Convention on the Recognition and Enforcement of Foreign Arbitral Awards, the New York Convention, Siemens has requested the first Intermediate People's Court of Shanghai to recognize and implement the arbitral award made by the Singapore International Arbitration Center. Shanghai Golden Landmark defended that the arbitral award should not be recognized and enforced on the grounds that both parties are Chinese legal persons and that the place of performance of the contract is also in China, so the civil relationship involved in the case has no foreign factors. The agreement to submit the dispute to a foreign arbitration agency is null and void, and recognition and enforcement of the award would be contrary to China's public policy.

After reporting to the Supreme people's Court and receiving a reply, the first Intermediate People's Court of Shanghai concluded that, in accordance with the provisions of the New York Convention, the arbitration award involved should be recognized and enforced. Looking at the actual situation of the subject and performance characteristics involved in the contract of this case, according to the fifth provisions of Article 1 of Interpretations of the Supreme People's Court on Several Issues Concerning Application of the Law of the People's Republic of China on Choice of Law for Foreign-Related Civil Relationships (I), it can be concluded that the contractual relationship is a foreign-related civil legal relationship. The specific reasons are as follows: First, although Siemens and Shanghai Golden Landmark are both Chinese legal persons, their registered places are all within the Shanghai Free Trade Zone, and their nature is wholly foreign-owned and are closely related to their foreign investors. Second, the characteristics of the performance of the contract in this case have foreign factors. The equipment involved in the case was first transported from outside China to the free trade experimental area for bonded supervision, and then, according to the need for the performance of the contract, timely customs clearance and customs clearance procedures were carried out, and transferred from the region to the outside. At this point, the import procedures have been completed, so the transfer of the subject matter of the contract also has certain characteristics of international goods sale. The arbitration clause in the case is valid. And the content of the arbitral award does not conflict with China's public policy, so the recognition and enforcement of the arbitral award is not contrary to Chinese public policy. At the same time, the ruling also pointed out that Shanghai Golden Landmark actually participated in the entire arbitration proceedings, argued that the arbitration clause is valid, and partially fulfilled the obligations established in the award after the award was made. In this case it claims to reject the application for recognition and enforcement of the arbitration award involved in the case on the grounds that the arbitration clause is invalid does not conform to the generally accepted legal principles of estoppel, good faith, fairness and reasonableness, so its claim should not be claimed.

The Pilot Free Trade Zone (FATZ) is the basic platform, important node and strategic support for China to promote the "Belt and Road" construction. Connecting international practices, supporting the development of free trade pilot zones, improving international arbitration and other non-litigation dispute resolution mechanisms will help strengthen the international credibility and influence of the rule of law in China. The ruling of this case is based on the reform of the investment and trade facilitation in the Pilot Free Trade Zone. In the case of contract disputes between wholly foreign-owned enterprises in the Pilot Free Trade Zone, the identification of foreign-related factors is emphasized, and it confirmed that the arbitration clause is valid and clarified that "anti-expression is prohibited". This ruling fulfills the "New York Convention" concept of "favorable to the implementation of the ruling" and reflects China's basic position of abide by international treaty obligations. At the same time, the case promoted the breakthrough reform of enterprises in the Pilot Free Trade Zone to choose overseas arbitration. The judicial experience in this case can be replicated and be promoted is a successful example in the Pilot Free Trade Zone. In January 2017, the Supreme People's Court issued the Opinions of the Supreme People's Court on Providing Judicial Guarantee for the Building of Pilot Free Trade Zones, stipulating that if the foreign-funded enterprises registered in the Pilot Free Trade Zone have agreed to submit commercial disputes to the extraterritorial arbitration, the relevant arbitration agreement shall not be invalidated only on the grounds that the dispute does not have foreign-related factors. It also stipulates that if one or both parties are foreigninvested enterprises registered in the Pilot Free Trade Zone, and agrees to submit the commercial disputes to the extraterritorial arbitration, People's court shall not support the claim if one party submits the dispute to an extraterritorial arbitration and claims that the arbitration agreement is invalid after the relevant award has been made, or the other party does not object to the validity of the arbitration agreement in the arbitration proceedings, and claims that the arbitration agreement is invalid on the grounds that the arbitration agreement is invalid after the relevant award has been made. This helps to build a more stable and predictable the "Belt and Road" legal environment for doing business.

## 2. Create a system of the Outsider's Applying for Not Executing the Arbitral Award

Articles 9 and 18 of the Several Provisions of the Higher People's Court of Guangdong Province on Handling Cases about a Petition for Not Enforcing an Arbitral Award (for Trial Implementation) refer to the system for the third party to apply for refusal to execute an arbitral award.

The Zhuhai Intermediate People's Court of Guangdong Province initiated the system for the applicant to apply for refusal to execute the arbitral award, and clarified the following relief procedures: if the outsider files an enforcement objection during the enforcement of the case, if the Executive Board has examined that the arbitral award may be wrong, the objection will be submitted to the Judicial Committee for discussion; if the Judicial Committee considers that the ruling violates the public interest and it is necessary to initiate the examination mechanism, the filing court shall decide to file the case, and the fourth court shall be responsible for the examination; if the fourth court considers that the arbitration award is wrong after examination, it shall not enforce the arbitral award. The basis for the establishment of the system is Article 237, paragraph 3, of the The Civil Procedure Law of the People's Republic of China, "if the people's court determines that the enforcement of the award is contrary to the public interest, it shall not enforce it." From the start and connection of the procedure, the standard of non-enforcement, and the handling of the ruling, the system has made a clear breakthrough in applying the law.

In the No.203 case, Jiangsu Higher People's Court also similarly applied the third paragraph of Article 58 of the Arbitration Law of the People's Republic of China and the second paragraph of Article 237 of the Civil Procedure Law. It stipulates that the arbitral award shall be judicially examined ex officio and that the ruling shall not be deemed to be effective if it violates the public interest.

The application for non-executive system by outsiders is an innovative provision made by the Supreme People's Court to prevent false arbitration. However, there are certain drawbacks.

First of all, Arbitration Law and Civil Procedure Law stipulate that the subject who applies for revocation and non-enforcement can only be the parties. The above regulations conflict with the current law of our country.

Secondly, the provision does not limit the scope of the subject of the outsider who has the right to apply for non-enforcement. The provisions on the conditions for the non-existing application of the case are too principled and broad, which may cause abuse of rights by persons unrelated to the arbitration case, delay the enforcement of procedures, result in a decline in the efficiency of judicial and arbitration, and affect the credibility of the court and arbitration.

Finally, according to the theory of res judicata, the res judicata has relativity. Even if there is an effective judging document, it does not affect the third party to sue separately, and defends its own rights and interests in accordance with the provisions of the substantive law, not necessarily by negating the validity of an effective judicial instrument. In addition, from the practical experience of civil litigation, the effect of the third party's revocation is not satisfactory.

It is undeniable that in practice there is a situation in which the interests of the outsiders in the case are damaged by false arbitration cases, and this phenomenon really needs judicial supervision by the court to protect the interested parties. China's criminal law also provides corresponding provisions for false litigation and arbitration. After the above-mentioned judicial interpretation is made, it is also necessary to strengthen the understanding of the relevant theories such as res judicata, follow up and improve the supporting system, and further clarify the identification and corresponding conditions of the subject identity who applies for not executing the arbitral award. Whether the system can effectively combat false arbitration is still left to the test of time.

## 3. Uniform Review Criteria for Non-enforceable Cases

The Provision on the Enforcement of the Award is more detailed than the Interpretation of the Arbitration Law and other relevant provisions in respect of the statutory reasons for non-enforcement of the arbitral award. We believe that although both non-enforcement and revocation are judicial reviews of arbitral awards and the two systems have the same ground, the emphasis should be different. The revocation of an arbitral award is a review of the arbitral award and the impartiality of the arbitral proceedings. The court may conduct a comprehensive review or a formal review. However, the non-enforcement of the arbitral award is to deal with the enforcement objection of the executor, whose purpose is to avoid the enforcement error, and should be more inclined to safeguard the enforcement procedure, so the examination should be limited to the "mild" formal review.

In any case, the judicial authority that revokes the arbitral award is the people's court where the arbitral institution is located, and the judicial organ that is not enforced may be the people's court in any place in the country. Detailed regulations are of great benefit to the harmonization of standards for non-enforcement cases.

Among them, some articles are in line with the internationally accepted philosophy. For example, Article 14, paragraph 3, provides for a dissent system:

Where the applicable arbitration procedure or arbitration rules are specially prompted, the parties know or should know that the statutory arbitration proceedings or the chosen arbitration rules have not been complied with, if the parties still participate in or continue to participate in the arbitration proceedings and have not raised any objection, the people's court shall not support the application for not enforcing the arbitral award on the grounds of violating the legal procedure after the award has been made.

There was no such provision in the Provisions for the Enforcement of the

Award (Consultation Paper). When soliciting opinions, an organization proposed that abandoning objections is not only a common practice of international commercial arbitration, but also a requirement of the principle of good faith, which can promote the parties to exercise their procedural rights in a timely manner. This opinion was accepted in the final judicial interpretation.

The Supreme People's Court emphasized in the press conference that there is a precondition for the waiver of the objection, that is, "the situation that requires violation of the procedural rules must be specifically prompted with the parties." The arbitral tribunal is required to ask the parties whether there is any objection to the arbitral proceedings that have already taken place at the end of the trial.

# 1. Connection of set-aside and Non-enforcement

According to the provisions of the Arbitration Law, China has applied for the revocation and non-enforcement of domestic arbitral awards, adopting a two-track parallel system of these two remedies, and the legal reasons for the two are basically the same. The parallel system in practice leads to the abuse of judicial procedure by the executor to hinder the enforcement, and repeated review results in the waste of judicial resources and other adverse consequences.

On May 4, 2017, the Intermediate People's Court of Yanbian Korean Autonomous Prefecture of Jilin Province applied for a case in which an application for not enforcing the arbitral award is made after the application for revoking the arbitral award is rejected. On August 26, 2015, the Yanbian Arbitration Commission accepted the construction contract dispute between Hengsheng Company and Hongfeng Company. On January 4, 2017, the Yanbian Arbitration Commission made a (2015) Yan Zhongzi No. 1055 ruling on the construction contract dispute between Hengsheng and Hongfeng. Hongfeng company was not satisfied with the result and it applied to the Yanbian Intermediate People's Court to revoke the above ruling. On March 20, 2017, the Yanbian Intermediate People's Court (Civil Trial 2nd Chamber) made a (2017) Ji 24 Min Te No. 4 civil ruling and rejected the application of Hongfeng Company. Later,

外滩金融创新试验区法律研究（2019年版）

in the enforcement of the procedure, Hongfeng Company requested not to enforce the Yanbian Arbitration Commission (2015) Yan Zhongzi No. 1055 ruling on the grounds of that "The arbitral tribunal's judgment deprived the parties of their right to appeal. The arbitral tribunal did not serve the notice of the court in accordance with the law. Due to objective reasons, it was unable to participate in the trial and the arbitral tribunal did not support its request to have an extension of the trial. The arbitral tribunal did not give a statutory defense period for the arbitration request for the change, which was a procedural violation."

After reviewing by the Yanbian Intermediate People's Court, the organ (arbitral tribunal) that made the legal document in force in this case did not serve the notice of the court in accordance with the relevant provisions. The legal representative of Hongfeng Company was far away from the field, and the request for extension of the trial was not allowed under legitimate reasons. Hongfeng Company did not participate in the court normally. It was not allowed to conduct cross-examination and certification of the evidence in court, and it lost the right to defend the evidence and reached a level of fairness that would affect the outcome of the arbitration. Hongfeng Company's reasons for not enforcing the arbitration award were established, which were supported by the Court.

The relationship between revocation and non-enforcement of arbitral reward, and if the parties have the right to apply for not enforcing the arbitral award after the application for revoking the arbitral award is rejected, and in addition, when the court that accepts the application for revocation is inconsistent with the execution court, how to deal with the completely different conclusions of the two courts' determination of the revocation/non-enforcement are always difficult points in practice. The Enforcement Regulations attempt to clarify the convergence of the two procedures in order to simplify the process of judicial review of arbitration. In the Articles 10 and 20, the rules are as follows:

If both applications exist in one case, revocation shall be reviewed first. If the executor withdraws the application for revoking the arbitral award, it shall be deemed to have withdrawn the application for non-enforcement at the same time.

Non-enforcement should follow the one-off application principle, except for new evidence. The reason for the application for non-enforcement shall not be the same as the one be rejected in the former application for non-enforcement.

The above provisions embody the Supreme People's Court's efforts to eliminate conflicts or duplication of the two procedures on the basis of the existing two-track system, which objectively helps the parties and the outsiders to have more relief opportunities. But in the long run, the unification of judicial review of arbitration still requires reform at the legislative level.

In addition, there are several aspects of the Executive Regulations that are worth mentioning:

Clarify the scope of the arbitration mediation as non-enforcement (Article 1)

Clearly clarify the handling of unclear implementation content (Articles 3 to 5)

Defining the finality of the ruling and its exceptions (Articles 22 and 5)

## 5. Expanding the scope of system of Application for verification Concerning the Arbitration Cases

For civil litigation cases involving the validity of the arbitration agreement outside the arbitration judicial review case, if the case is not appealed to the firstinstance civil ruling, the application for the review system shall also apply. Different from the arbitration judicial review cases, the civil litigation cases accepted by some courts also involve the determination of the validity of the arbitration agreement. If the people's court is dissatisfied with the ruling of dissent, dismissal, and jurisdictional objection due to the effectiveness of the arbitration agreement, the parties may appeal in accordance with the law. Article 7 of the Provisions on Applications for Verification of Arbitration Cases also clearly stipulates that different types of appeal systems should be applied in accordance with foreign-related and non-foreign-related cases. However, the regulation does not make clear the non-foreign (Hong Kong, Macao and Taiwan) cases need to apply the "party cross-provincial administrative region" and "social public interest" exceptions in accordance with Article 3 of it. However, we believe that non-foreign civil litigation cases should in principle be subject to the "three-tier court" reporting system in which exceptions are applied in accordance with Article 3.

Provisions on Applications for Verification of Arbitration Cases stipulates the reporting and verifying system for both foreign (Hong Kong, Macao, and Taiwan) and non-foreign (Hong Kong, Macao, and Taiwan) arbitration judicial review cases to the higher or Supreme People's Court, and a unified standard for the discretion of arbitration judicial review cases, which has played a positive role in respecting the parties' will to arbitrate, avoiding the arbitration agreement or award being denied at will, maintaining the finality and authority of arbitration at home and abroad.

## 6. Clearly stipulates the Principle of Confirmation of Foreign-related Factors in the judicial Review of Arbitration Cases

In the past, judicial interpretation, including the determination of foreign arbitration judicial review cases in the Civil Procedure Law, many of them adopted the standard of whether the arbitration institution is a foreign arbitration institution or not. However, in fact, whether the arbitration institution is foreign-related is not necessarily an inevitable guarantee for the case. In reply No. 2 of the Supreme Court (2012), there was a case in which the parties entered into an arbitration clause in the Trade Agreement, stipulating that the disputes may be submitted to the International Chamber of Commerce for arbitration in Beijing. The Supreme People's Court believes that both parties to the "Trade Agreement" are Chinese legal persons, the subject matter is in China, and the agreement is also concluded and implemented in China. There is no component of foreign-related civil relations, and the agreement does not belong to foreign-related contracts. Since the jurisdiction of arbitration is a power conferred by law, and the law of our country does not stipulate that the parties may submit disputes not involving foreign factors to an overseas arbitration institution or temporarily arbitrate outside China. Therefore, there is no legal basis for the two parties in this case to submit the dispute to the International Chamber of Commerce for arbitration. This case should not be a foreign-related case.

In Judicial Review Provision, it is made clear that where the arbitration agreement or arbitral award has the circumstances specified in Article 1 of Interpretations of the Supreme People's Court on Several Issues Concerning Application of the Law of the People's Republic of China on Choice of Law for Foreign-Related Civil Relationships (I), it shall be the foreign-related arbitration agreement or the foreign-related arbitration award. That is to say, according to the subject, object, legal fact, subject matter and other aspects of the relevant civil legal relationship, there are foreign factors to determine whether the civil legal relationship is foreign. In addition, in accordance with the relevant legal principles of civil litigation, Judicial Review Provisions stipulates that applications for confirmation of the validity of arbitration agreements involving the Hong Kong Special Administrative Region, the Macao Special Administrative Region, and the Taiwan Region, and applications for enforcement or revocation of a case involving an arbitral award of the Hong Kong Special Administrative Region, the Macao Special Administrative Region, and the Taiwan Region by an arbitration institution in China, shall be reviewed in accordance with the provisions applicable to judicial review cases involving foreign-related arbitration.

## 7. Three-level Principle for Confirming the Application of the Law on the validity of Foreign-related Arbitration Agreements

The principles for the application of the law for the confirmation of the validity of foreign-related arbitration agreements in Article 16 of 2006 Judicial interpretation of the Arbitration Law are three-leveled principles: The law stipulated by the parties, the law of the place of arbitration, and the law of the courts (lexfori); and Article 18 of the Law of the People's Republic of China on Choice of Law for Foreign-Related Civil Relationships, which was implemented in 2011, supplements that if the partied have not agreed on the law applicable, they may apply the law of the place of arbitration or the law of the place where the arbitration institution is located. Judicial Review Provisions further confirms and supplements some issues on the basis of adhering to the above-mentioned three-level law application principles:

(1) It is necessary to choose the applicable law of arbitration agreement clearly: if the parties agree to choose the law applicable to confirm the validity of the arbitration agreement concerning foreign affairs, they should make a clear expression of intention. The law applicable to the contract only cannot be regarded as the law applicable to the confirmation of the validity of the arbitration clause in the contract;

(2) The law of the place where the arbitration institution is effective or of the place of arbitration is preferred: if the parties have not chosen the applicable law, and if the applicable law of the place where the arbitration institution is located and the law of the applicable place of arbitration make different determinations of the validity of the arbitration agreement, the people's court shall apply the law that confirms the validity of the arbitration agreement;

(3) The arbitration institution or place of arbitration may be determined by the arbitration rules: if the arbitration institution or place of arbitration is not agreed upon in the arbitration agreement, but the arbitration institution or place of arbitration may be determined according to the arbitration rules agreed upon in the arbitration agreement, then the arbitration institution or place of arbitration be determined according to the rules shall be regarded as an arbitration institution or place of arbitration as stipulated in Article 18 of the Law of the People's Republic of China on Choice of Law for Foreign-Related Civil Relationships.

## 8. Law Applicable to the Review of the Effect of an Arbitration Agreement on a Foreign Award under the New York Convention

When a people's court applies the Convention on the Recognition and

Enforcement of Foreign Arbitral Awards to examine a case in which a party applies for recognition and enforcement of a foreign arbitral award, the respondent raises a plea on the grounds that the arbitration agreement is invalid, the people's court shall, in accordance with the provisions of paragraph 1 (a) of Article 5 of the Convention, determine the law applicable to the confirmation of the validity of the arbitration agreement, that is, determine the capacity of the parties to act according to the law applicable to the parties to the award, and then determine the validity of the arbitration agreement; or determine the validity of the arbitration agreement based on the law chosen by the parties. If the parties have no choice, the validity of the arbitration agreement shall be determined in accordance with the law of the country making the award (arbitration place). Unlike the applicable legal provisions confirming the validity of an arbitration agreement, the applicable law under the Convention does not include lexfori, since a foreign award has been made and should have the place where the award was made.

On this point, an relatively instructive case is Hyundai Glovis Company's applying to the Ningbo Intermediate People's Court of Zhejiang Province for recognition and enforcement of the Singapore International Arbitration Center (SIAC) 004 Arbitration Award in 2015. On July 13, 2012, Hyundai Glovis and Zhejiang Qiying Energy Chemical Company signed a "sales and purchase agreement", stipulating that Qiying Energy Chemical will purchase about 55916 metric tons of bulk Indonesian thermal coal (mixed) from Hyundai Glovis at a unit price of 57 US dollars per metric ton, and the port of unloading shall be Ningde, the time when the ship arrives at the anchorage port of discharge shall not be later than July 16, 2012. Any disputes between the parties relating to the agreement shall be finally settled by the three arbitrators appointed in accordance with the Arbitration Rules of the Singapore International Arbitration Centre (hereinafter referred to as the SIAC Rules), and the place of arbitration shall be Singapore.

After the above agreement was signed, Hyundai Glovis fulfilled all obligations and delivered 55922 metric tons of coal to the port of discharge on July 14, 2012. Qiying Energy Chemical unloaded and received all of the above coal. But later, Qiying Energy Chemical did not pay the full amount of the contract. After repeated calls by Hyundai Glovis, Qiying Energy Chemical still owed $146755.30. According to the arbitration clause in the Sale and Purchase Agreement, Hyundai Glovis filed an arbitration application with SIAC on January 23, 2014. SIAC accepted the case and according to the SIAC Rules, duly perform the service, notice and other obligations to Qiying Energy Chemical at the address and mailbox agreed upon in the Sale and Purchase Agreement. Qiying Energy Chemical has not raised any objection or participated in the arbitration as required. On September 18, 2015, Hyundai Glovis applied to the Ningbo Intermediate People's Court of Zhejiang Province for recognition and enforcement of SIAC 2015 arbitral award.

The court found that the case was a party applying for recognition of a foreign arbitral award. Since the arbitral award in this case was made by SIAC in Singapore, and both China and Singapore are members of the New York Convention, the relevant provisions of the Civil Procedure Law of the People's Republic of China and the New York Convention should be applied for review. The court found that the 004 arbitral award submitted by Hyundai Glovis and the Agreement for Sale and purchase have been notarized and certified in form in accordance with the provisions of Article 4 of the New York Convention, and the court examined whether Qiying Energy Chemical has received appropriate notice of the appointment of arbitrators and the conduct of arbitration proceedings; whether the arbitration clause agreed by the parties is invalid; whether the arbitration proceedings and the composition of the arbitral tribunal are in violation of the agreement of the parties and the SIAC rules. After all these examinations, the court found that Award 004 does not Contains relevant circumstances under article 5 of the New York Convention, which would cause non-recognition or non-enforcement, nor does it violate the terms of the reservations made by China when it acceded to the Convention. Thus, the award should be recognized and enforced.

# 9. Clearly stipulate that the People's Courts shall implement the Awards of the Mainland Arbitration institutions by Applying different Provisions of the Civil Procedure Law in Accordance with the Non-foreign Rulings and Foreign-related Rulings， and No Longer based on whether the Arbitration institution is domestic or Foreign

Article 17 of the Judicial Review Provisions adjusts the scope of application of Article 274 of the Civil Procedure Law, and clearly stipulates that the people's courts shall examine the application for the enforcement of not only the arbitral awards made by foreign-related arbitration institutions, but also foreign-related arbitration awards made by the arbitration institutions in China in accordance to Article 274 of the Civil Procedure Law. This regulation has been adapted to the development trend of arbitration institutions in China. At present, domestic arbitration institutions, including the China International Economic and Trade Arbitration Commission and the China Maritime Arbitration Commission, which were first established in the China Council for the Promotion of International Trade, have not stipulated that they only accept foreign-related or domestic cases. There is no distinction between the scopes of the arbitration institutions, and there is no separate division of domestic arbitration institutions or foreign arbitration institutions now. Article 17 of the Judicial Review Provisions harmonizes the differences on foreign-related arbitration in the various legal provisions of the Arbitration Law, and is easy to implement in practice.

## 10. Reaffirm the Right to Appeal

Article 20 of Judicial Review Provisions stipulates that the ruling made by the people's court in the arbitration judicial review case shall have legal effect once it is served, except for the ones on dismissal of the case, rejection of the application and jurisdiction objection. Where a party applies for reconsideration, appeals or applies for retrial, the people's court shall not accept, unless otherwise provided by law and judicial interpretation. This provision fully complies with Article 154 of the Civil Procedure Law on civil rulings.

The Supreme People's Court issued three judicial interpretations in just a few short months, which greatly encouraged the arbitration community. Twenty years ago, the Arbitration Law was promulgated. And since Interpretations on Arbitration-Related Judicial Review Cases being issued in 2006, changes have been made a lot in regulations and provisions of arbitration. There are two amendments to the Civil Procedure Law, in 2007 and 2012, and Interpretation of the Supreme People's Court on the Application of the Civil Procedure Law of the People's Republic of China in 2015. The procedures and standards for judicial review of arbitration have been constantly changing. The Supreme Law now makes three consecutive new judicial interpretations and regulations to meet the needs of the increasingly developing domestic and foreign situation of arbitration, by making regulations and innovative adjustments to some new circumstances. It provides important new legal guidelines for arbitration centers on the handling of domestic arbitration and related cases. Those interpretations and provisions are worth further studying.

That brings to the end of my speech. Thank you!

# 名家立德篇

# 法学宗师　引领前行

徐静琳　董茂云　孙航宇　潘鹰芳　李海歌　范永进

2018年9月17日，由原司法部部长、中国政法大学校长、中国法学会会长和中华全国律师协会首任会长邹瑜题写片名、华宇电影拍摄的纪实片《法学宗师李昌道》在上海举行首映式。

李昌道教授是蜚声中外的著名法学家，曾参与制定《中华人民共和国香港特别行政区基本法》（以下简称《香港基本法》），先后担任上海市高级人民法院副院长、上海市人民政府参事室主任、复旦大学法学院院长、上海仲裁委员会副主任、上海市法学会副会长、九三学社中央法制委员会顾问等职务，从事法学教学、研究、立法、司法、法治参政、法律仲裁、法制宣传和法律服务已达60多年。

全国人大宪法和法律委员会主任、中央全面依法治国委员会办公室组成人员李飞同志称赞李昌道教授是我国法学法律界的瑰宝。

## 一、上海市人民政府参事、知名港澳基本法专家徐静琳女士的深情回忆

我和李昌道教授相识已久，虽然不是先生的科班学生，却一直认为先生是我的专业领域和人生道路上的良师益友。我和李先生认识于1982年的武汉大学。那是我第一次参加全国性的学术会议，当时先生已是复旦大学的一名讲师，而我则刚刚走上讲台。一切仿佛就在昨天，转眼已有36年了。

我想从两个方面来谈谈感受。首先，在专业领域，我和李先生都从事同一方向的研究：外国法制史和港澳基本法。在与李先生学习、合作、交流的过程中，深切感受到先生的勤奋好学、务实创新的治学态度。其次，李先生与我同为九三学社成员，他那学以致用、关注社会、服务社会的奉献精神，

成为我参政议政的楷模。这么多年一路走来，李先生言传身教，令我受益匪浅。与李先生相识相知，是我人生的缘分，更是我的福分，弥足珍贵！在此，我衷心祝愿李先生健康快乐、生命之树常青！

## 二、《法学宗师李昌道》制片人、华宇电影董事长孙航宇先生现场动议

作为一个从业43年的老电影人，我曾经手过许多的影片摄制，但是能成为纪录片《法学宗师李昌道》的制片人，我仍然倍感自豪。这是一个十分特殊的经历，因为在长达40多年的电影岁月里，我主要拍摄故事片，纪录片可谓初次涉足。

其实我和在座的大多数人一样，早年间和李老并无太多交集。我和李老的相识相知，时间是比较短的，但是就在这短短三四年的时间里，我感受到了李老的为人、行事、风采，他的人格魅力确实让我们敬仰。所以，我就跟李志强律师说，能否把他的经历，把他的思想，通过我们的艺术的、影视的手段记录下来。未承想这样的心愿其实早就埋在了李律师的心里，我们一拍即合。尽管如此，我在此还是要感谢李律师能提供这样的机会，因为在这部片子的拍摄过程当中，我学到了许多为人处世的道理。

在拍摄的过程中，李老给我留下了非常深刻的印象，不是因为他思维敏捷、谈笑风生、对过往的记忆是那么的清晰，而是因为我从他的身上感受到，他始终坚持站在时代的前列。李老有大情怀，有大智慧，学识高，内心坦荡，所以拍摄这部影片的过程，实际上对我而言也是一次学习、体验和成长的过程。

现在我有幸能把这样一部纪录片，在一个如此特别的日子奉献给各位，希望得到大家的认可。同时，我还有一个小小的心愿，因为李老丰富多彩的人生素材，我希望未来能有机会以他为原型拍摄一部故事片。我相信如果我们用这种艺术的手段，用故事片的形式，把李老精彩、辉煌、传奇的人生搬上银幕，也一定能赢得全国观众的喜欢。

### 三、著名中青年法学家、复旦大学法学院原副院长董茂云教授真情表白

如果要说李老在我心目中的印象，我一定会说他是一位非常善良的人、非常勤奋的人，也是非常有趣的人。李老的人生中有很多角色，首先是教授、法学家，然后是学校管理者，还曾是一名法官。尽管角色很多，但是在我的心目中，他最重要的角色是法学教授、法学家。

我认为，李老是我们国家最有代表性的海派法律学家，从他身上能够看到不断创新的精神、务实的精神和坚持开放的态度。李老是我的导师，是我的同事，也是我多年的朋友，我以拥有他这样一位令人敬仰的导师、令人尊敬的同事、令人可以无条件信任的朋友感到幸运、骄傲。

在此我想特别感谢李志强律师，李志强律师其实也是李老师最亲密的学生，也是非常有心的一位学生，正是在他的策划之下，这样一部关于李老师的纪录片才得以拍摄完成。最后我想借这个机会，祝李老师健康长寿，也祝李志强律师事业壮大。

### 四、黄浦区司法局原局长、上海市"新好男人"潘鹰芳打开10年前的记忆闸门

10年前，我时任黄浦区司法局局长，金茂凯德律师事务所正在考虑邀请一位法学法律大家担任掌门人。我直接打电话给远在加拿大的李昌道老师，请求他出任金茂凯德律师事务所的主任。10年来，李老师以他渊博的法律知识和优秀的人格品德，给我留下非常深刻的印象，我常常引以为自己的学习楷模。李老师的社会地位、社会影响和大家对他的一致认可，使金茂凯德律师事务所取得非常丰硕的成果。该所在五大洲主要经济体设立的海外服务站点就有54个，在北京、香港、芜湖、广州等地也成立了分所。10年中律师事务所能取得这样的成果，在我12年司法局长任职期间可谓难得一见。

任何一家律师事务所，有作为才能有地位。创始合伙人李志强和他的律师事务所得到许多荣誉，李志强律师被黄浦区评为行业的十大领军人物，被选为黄浦区的政协常委，这与金茂凯德人的共同努力是分不开的，与李老师

德高望重的社会影响也是分不开的。我在这里祝金茂凯德的明天更美好。我在此透露一个信息，2020年环太平洋律师协会的年会将在上海举行，这个年会是经过市里批准、司法部批准的，是金茂凯德律师事务所搭桥牵线才能得到这样的机会。这是上海市自1843年开埠以来首次举办有世界影响的国际律师年度盛会！

### 五、原上海市司法局律师管理处处长、上海市律师协会秘书长李海歌回味20年前往事

谢谢李志强律师举办这次晚会。李确实是个大姓，李昌道教授，李志强律师，我也姓李。1998年6月，我曾有幸请来时任上海市高级人民法院副院长的李昌道教授为我们的一本律师法律实务的书籍作序。我们刚才又拿到了两本书，一本是李教授主编的，一本是李志强律师主编的。这对师生有很好的传承性，李教授的丰富经历是不可复制的，也是不可多得的，跟法律有关的所有工作他都涉猎过。李教授和律师的不解之缘，李志强律师已谈及很多，我在此还想增加一点。1997年前后，李教授刚从香港回来，我当时在律师协会担任秘书长，李教授在百忙中来为律师协会上大课。尽管已时隔多年，我现在仍然清楚记得当时人声鼎沸的样子，香港刚刚回归，李教授就为我们讲解了《香港基本法》起草的过程。此后，我们又请过李教授为我们授课，李教授真诚实在地为广大律师提供了很多帮助，我一直心存感谢。

我和李志强律师作为同事也相处多年，他身上有很多第一：他是大学毕业就到合作制律师事务所工作的第一人；他也是上海市十大杰出青年，这也非同寻常，因为当时律师得到这样的荣誉是非常不易的。我在此祝福金茂凯德律师事务所发展得更好，李志强律师获得更大的进步，李教授寿比南山。

### 六、上海市金融业联合会副理事长、爱建集团党委书记、著名金融法律仲裁专家范永进真诚祝福

我非常高兴，也非常激动，前面几位专家领导讲得非常精彩。李志强是我们华东政法大学的校友。通过李志强我又认识了我们的李教授。每次活

动李教授能来就一定会来，而且发表了很多次精彩的讲话，给我们留下了很深的印象。李教授已经87岁高龄了，他的人生波澜壮阔，和我们的改革开放同行，和我们新中国的成长同步，而且和我们的法律工作相伴随。特别是晚年，李教授和我们李志强律师在这方面花了很大工夫，所以他们的事业和精神会不断传承。

李教授是个大学者、大领导、大好人，从我们中国人崇尚的立功立德立言的为人处世标准看，我个人认为，我接触的领导朋友中李教授可以完全对上号。我感受到他人格的力量、豪迈的情怀，感受到他给我们年轻人很多指引的力量。

此时此刻，我有三点感受。

第一，一年之"晨"在于秋，秋天是收获的季节，每次来参加这个会都是在秋天，我总是收获满满。

第二，我认为金茂凯德人做的许多其他工作，比如出国建立海外站点，揭牌的加拿大、阿联酋等海外站点，以及拍摄李教授的纪录片，都是非常有意义的。尤其是我们李志强律师所做的很多工作，上次随上海市人大主任殷一璀出访，第一时间就发来了报道。包括他被评为十佳青年、担任环太平洋律师协会的副会长，应该说这些年李志强律师在前进的道路上跑得非常快，他的实务、文章书籍、官方微信，他的很多付出，都令人记忆深刻。

第三，今天我还感受到心有灵犀一点通。不管我们是老朋友还是新朋友，很多同志发自肺腑的讲话令我深有同感。我感觉到在座的各位都是读书人，都是干事的，心里是相通的。所以我们李志强律师介绍潘局长是新好男人，现在这种名号不太有了，我们也不知道去哪里申请。见面之后感觉我们本来就认识，本来就是好朋友，这可能就是一见如故吧。我感觉有缘总能来相会。

2018年是改革开放40周年，2019年是中华人民共和国成立70周年，2020年是小康社会建成之时，2021年是建党100周年。这几年大事连连，我们这里在座的各位都为此作了很多贡献。而且我们非常幸运，参与了伟大时代的工作，见证了很多人见不到的事情，分享了这些年发展的成果。

最后祝各位嘉宾万事如意，祝李教授寿比南山，祝金茂凯德律师事务所年年上更高的台阶，让我们分享累累硕果，见证我们律师事业在上海朝气蓬勃的发展。

# 以法修身　与法同行

## 李昌道

首先，作为一名老师，看到多年教授的众多学子在毕业许久之后又能汇聚一堂，我感到十分的高兴。

今天，在复旦大学举行法学院"李昌道宪法学奖学金"颁奖仪式，要十分感谢复旦大学法学院院长王志强、书记胡华忠，上海市委政法委法律顾问季立刚教授，复旦大学法学院校友会负责人栗春坤，中外著名律师严嘉、王钊，金茂凯德律师事务所创始合伙人李志强等嘉宾的出席。

为何要专门设立一个宪法学奖学金呢？一是因为宪法学十分重要，二是因为我对宪法学由衷的爱好。也正是因为这份爱好，我在宪法制度的研究上花了许多的时间。当然，宪法学也从属于法律范畴，没有超出我的法律专业范围。但是，需要声明的是，我的专业并不是宪法学，从法学类划分的九大学科来讲，我并非是专门从事宪法学研究和教学的。但凭借着对宪法制度的爱好，我很多的研究时间和研究项目都放在了宪法学上。

1993年3月12日，我作为全国政协委员提了一个建议，"请严格按照现行《宪法》第六十四条的规定来修改《宪法》"。之所以会提出这一建议，是因为当时有一种修改《宪法》建议的提出不符合第六十四条的规定。当时的《宪法》修改程序比较怪异，中央提出了两次的修改建议，第一次的修改建议是由七届人大提出的，合法有效；第二次的修改建议则是在1993年3月向人大主席团提出的，而修改《宪法》建议向大会主席团提出的程序显然和当时有效的《宪法》第六十四条不符。据此，我提交了一份建议："请严格按照现行《宪法》第六十四条规定的修改《宪法》程序修改《宪法》建议案"，九三学社全国中央、全国政协、全国人大都予以采纳。当天晚上，全国人大进行了修改，采用了当时《宪法》第六十四条的规定，即由五分之一以上的全国人大代表签名提议。因此，当天便有2383名全国人大代表签名，我的这份建议受到了中央的肯定。这件事情对于我来讲，是个很小的例子，但是也说明了我对《宪法》的喜爱、爱好和关注，所以关于它的很多事情我都牢记于心。

关于我和宪法学的渊源，古今中外的事迹数不胜数。我撰写过主题为"研究孙中山先生的《临时约法》"的研究生毕业论文；也利用教学之余研究过美国宪法发展历史并出版《美国宪法史稿》；在调任香港后参加了《香港基本法》的制定工作，之后用二十年的时间研究香港法。但是，我依然要表明，我的专业不是宪法学，而且也不会和宪法学产生任何的冲突和矛盾。

接下来，我想讲一讲我对现行《宪法》实施的看法，现行《宪法》的实施相较于过去，已经进步很大。但是，我有一个建议，即《宪法》应当更加的有形化。过去的《宪法》无处不在，《宪法》的精神无处不在，从一个人的出生，就开始受到《宪法》的保障，但是，这种保障看不见，摸不着。《宪法》并不像其他的法律，在判决、诉讼等程序中可以运用。虽然，现在的情况大不一样，"宪法日""宪法宣誓"等活动的出现使《宪法》具有一定程度的有形化，但是，我认为，这种有形化还不够，《宪法》还需要更进一步的有形化。例如，我们目前只研究宪法和政治的关系，这方面已经研究了很多，但是，宪法和司法、经济、科技、教育、文化的关系，我们社会主义宪法如何与中国的古文化相结合等，这些方面的研究必然会使《宪法》更加有形化。

（本文是著名法学家李昌道教授在2018年12月4日第五个国家宪法日复旦大学首届"李昌道宪法学奖学金"颁奖典礼上的讲话）

# 互联网金融篇

# 深化资本市场改革开放
# 助力互联网行业发展

方星海

非常高兴来到美丽典雅的乌镇参加第五届世界互联网大会和本次论坛。我谨代表中国证监会对本次大会的召开和论坛的举办，表示热烈的祝贺！借此机会，我就资本市场与互联网企业如何实现相互促进成长，谈几点想法，请大家批评指正。

当今世界，以互联网、大数据、人工智能为代表的信息技术深刻影响着人类生活，改变着全球经济和安全格局。以习近平总书记为核心的党中央深刻洞察这一趋势，高度重视网信产业，提出了建设网络强国的重大战略。近年来，我国涌现出一大批创新型信息技术企业，在深化供给侧结构性改革、提供新增长动能、推动经济迈向高质量发展上发挥了重要作用。中国证监会高度重视互联网行业发展，不断深化改革，充分发挥资本市场在资源配置中的重要作用，促进互联网企业的创新发展。

一是着力资本市场和网信事业协同发展。2018年3月30日，中国证监会和中央网信办联合印发《关于推动资本市场服务网络强国建设的指导意见》，推动网信事业和资本市场协同发展，保障国家网络安全和金融安全，促进网信和证券监管工作联动。中国证监会和中央网信办建立了工作协调机制，积极加强工作沟通，研究网信企业对接资本市场中的新情况、新问题，推动资本市场改革政策在网信领域先行先试。

二是推动资本市场支持互联网等高科技企业做强做优。2018年3月，国务院办公厅转发中国证监会《关于开展创新企业境内发行股票或存托凭证试点的若干意见》，为创新企业发行股权类融资工具并在境内上市创造了更加灵活和兼容的政策环境，充分发挥资本市场对创新驱动发展战略的支持作用。

在试点框架下，红筹企业的特殊股权结构、公司治理、运行规范等事项可适用境外注册地的法律法规。股份支付费用处理、员工持股计划等事项进一步规范。调整创新企业上市的财务准入门槛，针对其高成长、高投入、盈利周期长的特点，明确纳入试点的企业不再适用有关盈利和不存在未弥补亏损的发行条件。

三是坚定推进多层次资本市场体系建设。保持新股发行常态化，加大对企业的融资支持。近年来，困扰市场多年的IPO"堰塞湖"现象得到消除。符合条件的IPO企业审核周期由过去3年以上大幅缩短至9个月以内，企业上市的可预期性显著增强。2017年至2018年10月，通过IPO上市融资的企业共528家，募集资金总计约为3554亿元。同期完成再融资的企业共409家次，募集资金总计约为11240亿元。

持续推进并购重组市场化改革，发挥上市公司兼并重组对经济向高质量发展的引领作用。2017年至2018年9月，上市公司并购重组交易金额和单数分别为3.67万亿元和5765单。其中，以"同行业、上下游"资产为目标的产业并购占比不断上升，占已审结并购重组申请的71.88%，已成为市场主流。

支持中小微企业登陆新三板市场，通过挂牌融资、并购重组等方式规范发展。新三板是定位于服务创新型、创业型、成长型中小微企业的重要平台，是多层次资本市场服务技术创新的重要组成部分。境内符合条件的股份公司可以通过主办券商申请挂牌，不受所有制、行业等限制，也可以尚未盈利。2017年至2018年9月，新三板公司通过发行股票融资约1812亿元，进行重大资产重组152次，交易金额203亿元。

支持企业利用交易所债券市场融资。持续推进交易所债券市场化改革，扩大发行主体，丰富发行方式，简化发行流程，支持企业发债融资。自2016年以来，中国证监会推出创新创业公司债券试点，支持科技创新型企业拓宽融资渠道。2017年至2018年9月，1379家企业通过交易所市场发行公司债2825只，融资3.37万亿元。截至2018年9月，已有41只创新创业债券完成发行，融资65亿元。

四是支持企业利用境外市场发展壮大。利用好境内外两个市场促进经济发展是改革开放的一个成功经验。近年来，中国证监会按照党中央、国务院关于金融业对外开放的总体部署，显著加快了资本市场的开放步伐，境内、境外市场的联系更加紧密。中国证监会还与中国香港、新加坡等毗邻市场的证券监管机构建立了良好的合作关系，为境内企业利用境外市场融资创造了便利条件。2017年至2018年10月，共有24家企业通过H股首发融资1483亿港元，32家企业通过H股再融资1943亿港元。特别是2018年上半年三家公司H股"全流通"试点顺利完成，目前正在评估扩大试点企业的具体方案，进一步放大H股市场对企业和企业家的融资支持作用。中欧所首只D股顺利发行，为境内上市公司利用欧洲资本市场开辟了新道路。"沪伦通"各项业务规则也已准备就绪，有望于2018年内推出，境内上市公司将会更加顺畅地到伦敦市场发行融资。

2018年是改革开放40周年。伴随着40年波澜壮阔的历史进程，中国资本市场也在前进中不断学习借鉴境外经验，不断完善。我们将继续坚持服务实体经济的根本方向，深化改革，扩大开放，完善制度，不断提高资本市场服务创新企业的效能，在推动经济的创新发展过程中促进资本市场健康成长。

一是深化改革，促进资本市场功能更好发挥。继续保持新股常态化发行，改革完善以信息披露为核心的股票发行制度，进一步提高企业发行上市的可预期性。深化并购重组市场化改革，鼓励和支持上市公司依托并购重组做优做强。在"小额快速"审核机制基础上，按行业实行"分道制"审核，并在高新技术行业优先适用。在试点已经成功完成的基础上，尽快全面推出H股全流通。条件具备的H股公司，都可申请实现全流通，以便境内创新企业境外上市。

中国证监会正在迅速落实习近平总书记提出在上海证券交易所设立科创板并试点注册制的要求，为互联网等创新企业成长提供良好的资本市场环境，同时也为资本市场提供更多具有投资价值的高成长性上市公司。

二是扩大开放，不断引进境外长期资金和机构投资者。做好A股纳入明晟和富时罗素指数的后续工作，持续完善跨境交易安排，优化交易所互联互通机制，及时回应境外投资者关切，便利境外长期资金扩大A股配置。大力支持外资证券期货机构在境内设立法人实体，从事资产管理业务。

三是加强监管，营造良好市场秩序和融资环境。加强对企业IPO、再融资、并购重组、债券发行的监管，增强证券市场对企业融资的引导力和约束力。继续严厉打击欺诈发行、虚假信息披露、内幕交易及市场操纵等违法违规行为，维护公平的市场交易秩序，保护投资者合法权益。

没有硅谷就没有美国信息产业的发达，而没有华尔街则不会有硅谷的繁荣。在资本市场如何与互联网产业更好结合、形成良性互动方面，我们还有许多工作要做。中国证监会愿意广泛听取业界的意见，开拓创新，完善制度，为我国新经济的发展作出更大贡献。

最后，预祝本次大会和论坛取得圆满成功。谢谢大家！

（本文是方星海副主席在第五届世界互联网大会金融资本与互联网技术创新论坛上的讲话）

# 第三方支付的法律风险及防范

张承宜　游　广

　　近年来，国内第三方支付市场发展迅猛，规模不断扩大。单在2014年市场交易规模就已经达到59924.7亿元，2015年已达到11.8万亿元，且这种规模的增长还将持续迅猛发展，经预计，到2018年末交易规模有望突破18万亿元。随着第三方支付交易规模的扩大，与之相应的第三方支付机构也随之增多，拥有全国性第三方支付牌照的企业超过200家，整个第三方支付行业蓬勃发展。然而，在金融支付行业蒸蒸日上的同时，产生了大量的新问题，第三方支付的法律风险也日益凸显。

## 一、第三方支付行业概述

### （一）第三方支付定义和分类

　　根据中国人民银行颁布的《非金融机构支付服务管理办法》，第三方支付是指非金融机构作为收、付款人的支付中介所提供的网络支付、预付卡的发行与受理、银行卡收单以及中国人民银行确定的其他支付服务。它通过与银行的商业合作，以银行的支付结算功能为基础，向政府、企业、事业单位提供中立的、公正的面向其用户的个性化支付结算与增值服务。通过第三方支付平台的交易，买方选购商品或服务后，使用第三方支付平台进行款项支付，由第三方支付平台通知卖家货款到达，卖家即交付货物或服务，第三方再将款项转至卖家账户，交易完成。所谓的第三方支付，即在网上商家和众多银行之间建立起统一连接，实现第三方资金中转和技术保障的作用。

　　1. 网络支付。网络支付业务，是指收款人或付款人通过计算机、移动终端等电子设备，依托公共网络信息系统远程发起支付指令，且付款人电子设备不与收款人特定专属设备交互，由支付机构为收、付款人提供货币资金转移服务的活动。

2. 预付卡发行与受理。预付卡，是指发卡机构以特定载体和形式发行的、可在发卡机构之外购买商品或服务的预付价值。

预付卡按发卡人不同可划分为两类：单用途预付卡和多用途预付卡。单用途预付卡是由商业企业发行，只能在本企业或同一品牌连锁商业使用的种类，没有第三方支付机构的参与；多用途预付卡是由第三方发卡机构发行，跨机构使用的预付卡种类。多用途预付卡具体使用流程：由发卡机构发行，客户购买，通过网上交易平台或者线下商户的POS机进行消费，由发卡机构对卡内金额进行扣除后向第三方存管银行发送付款指令，存管银行向商户交付结算款，商户在收到结算款项之后向发卡机构进行佣金的返还。

3. 银行卡收单。银行卡收单业务，是指收单机构与特约商户签订银行卡受理协议，在特约商户按约定受理银行卡并与持卡人达成交易后，为特约商户提供交易资金结算服务的行为。

银行卡收单业务是采用POS机为介质，实现签约银行向商户提供的本外币资金结算服务。最终持卡人在银行签约商户处刷卡消费，银行结算。收单银行结算的过程就是从商户得到交易单据和交易数据，扣除按费率计算出的费用后付款给商户。银行卡收单业务中的主要参与方是发卡行、收单机构，以及银行卡组织。拥有银行卡收单牌照的第三方支付机构，通过线下布放POS机，帮助商户完成收单。第三方支付机构通常与收单银行合作，对于持该行银行卡的交易，收单银行自行处理；其他持卡行的交易，由合作收单银行转接到银联，再由银联转接到其他发卡行进行处理。

### （二）网络支付概述

根据上述《非金融机构支付服务管理办法》，第三方支付行业主要分为三大子行业：一是网络支付，二是预付卡的发行与受理，三是银行卡收单。依据所获支付牌照的不同，第三方支付公司业务范围可以涵盖以上业务中的一项或多项，而相关牌照则是搭建支付平台和开展业务的基础。其中，网络支付可进一步细分为互联网支付、移动支付、固定电话支付、数字电视支付和货币汇兑。

1. 互联网支付。互联网支付是指通过互联网线上支付渠道，于PC端完成的从用户到商户的在线货币支付、资金清算等行为。第三方支付市场上出现了一批像支付宝、财付通、银联在线支付、快钱、汇付天下等知名的以互联网支付业务为主营业务的支付企业。

2. 移动电话支付。移动支付是通过移动电话与金融系统相结合，将移动通信网络作为实现手机支付的工具和手段，为用户提供商品交易、缴费、银行账号管理等金融服务的业务。移动支付分为远程和近场两种方式，目前第三方支付企业多集中于远程支付。

远程支付是指客户通过手机，主要依托于信息通信技术和移动互联网技术，通过SMS、手机客户端软件等方式完成支付。近场支付是指消费者在购买商品或服务时，即时通过手机向商家进行支付，支付的处理在现场进行，使用手机射频（NFC）、红外、蓝牙等通道，实现与自动售货机以及POS机的本地通信。

3. 固定电话支付。固定电话支付是通过增加安全加密和刷卡功能，使普通电话机变成金融终端。用户只需要具备一部智能终端刷卡电话，这部电话与POS终端设备相连接，相当于一个安放在家中的终端POS机。通过"刷卡电话机+银联卡"，办理各种银行支付业务。其支付链条主要由固定电话支付终端、电子支付平台、电信应用平台、银联清算平台等几部分组成。第三方支付机构主要参与固定电话支付终端的布局。

4. 数字电视支付。数字电视支付系统将电视和银行支付业务有机地结合起来，用户可以通过"电视+遥控器"的方式进行银行卡支付，方便、快捷地完成缴费、查询欠费、订购节目包等业务。目前，包括数码视讯、银视通等在内的6家第三方支付企业已获得该项业务许可。

5. 货币汇兑。第三方支付机构从事的货币汇兑业务指的是支付机构通过银行为小额电了商务（货物贸易或服务贸易）交易双方提供跨境互联网支付所涉的外汇资金集中收付及相关结售汇服务。

## 二、国内外行业发展概况

### （一）国外第三方支付行业的发展概况

第三方支付最早源于美国的独立销售组织制度（Independent Sales Organization，ISO），指收单机构和交易处理商委托ISO做中小商户的发展、服务和管理工作的一种机制。1996 年，全球第一家第三方支付公司在美国诞生，随后逐渐涌现出Amazon Payments、Yahoo、PayDirect、PayPal 等一批第三方支付公司，其中以PayPal 最为突出，其发展历程基本代表了北美第三方支付市场的发展缩影。随着美国电子信息技术的兴起以及金融创新业务的发展，提供循环信用功能的维萨卡（Visa）和万事达卡（Master）迅速占领了美国市场，收单机构的商户拓展、评估、风险管理、终端租赁、终端维护、客户服务等都需要借助ISO完成，此时的ISO扮演着商户与收单机构的中介作用。到20世纪90年代末，随着计算机网络技术、电子商务等行业的快速发展，完善的信用卡保障机制、金融支付系统、发达的物流体系极大促进了B2B、B2C、C2C等网上交易模式的发展。企业因申请商业账户方面存在障碍，且ISO对小额交易收费较高而难以开展电子商务业务。届时，一种可以让商户无须商业账户即可接受信用卡消费、交易通过中间商账户处理的、收费较低的新型支付方式——第三方支付系统由此产生。自21世纪以来，美国电子商务的蓬勃发展进一步推动了第三方支付的兴起，比如知名的eBay、Amazon、谷歌等电子商务交易商，相应地也促进了PayPal、Amazon Payment、Google Checkout 等第三方支付机构的繁荣发展。

总体而言，国外第三方支付市场的发展历程可归纳为两个阶段：一是依托个人电子商务市场（C to C 市场）起源、壮大和成熟；二是向外部专业化、垂直化电子商务网站（B to C 市场）深入拓展。

### （二）国内第三方支付行业的发展概况

1. 阶段一：网银发展促进行业生长（2005 年以前）。计划经济时期，单一的国家银行在支付结算中处于主体地位，商业信用受到限制，货币流通依据国家计划进行组织和调节。改革开放初期，四家国有专业银行相继恢复或分立，真正的清算体系由于跨行清算的需要而逐渐发展起来。1991年，中国人民银行建成全国电子联行系统，至此，中国的支付体系才初步形成。

支付服务出现的契机是工具的普及、需求增长与银行落后的系统建设能力之间的矛盾。2002年之前，各大商业银行尚处于网银业务的发展完善期，向商家提供的支付接口没有统一的标准，给商家和消费者造成诸多不便。2002年，中国银联的成立解决了多银行接口承接的问题。通过银行共同分担成本的方式，地方银联向商家提供多银行卡在线支付统一接口，使异地跨行网上支付成为可能；而金融网络与互联网的接口承接，则由从电子商务发展而来的其他第三方支付机构承担。该阶段，第三方支付机构提供的支付服务为支付网关模式，即具有较强银行接口专业技术的第三方支付公司作为中介方，分别连接银行和商家，从而帮助消费者和商家在网络交易支付过程中跳转到各家银行的网银界面进行支付操作。支付网关模式下，第三方支付机构业务自身附加值和增值空间均较小，收入主要来自银行端手续费的二次分润。基于这项制约，第三方机构一方面不断发展壮大，以期获得规模效应；另一方面，不断寻求业务创新，以期获得新的利润增长点和竞争优势。至此，银行卡支付与互联网支付的商业合作模式初步形成。

2. 阶段二：互联网浪潮推动爆炸式增长（2005—2012年）。2005年是以互联网支付为代表的第三方支付概念提出的一年，在这一年，第三方支付公司在专业化程度、市场规模和运营管理等方面均取得了较为显著的进步。

运营方式上，第三方支付机构逐步从网关支付模式向账户支付模式转变。账户模式下，第三方支付机构真正作为一个平台，在交易流程中处于信息流和资金流的重要停留节点。基于这些信息流和资金流信息，第三方支付机构有望获得更大的服务创新空间和价值创造空间。

这一阶段，第三方支付机构在提供基础支付服务的同时，开始向用户提供各种类型的增值服务，例如缴费、转账、还款、授信等，第三方支付的概念逐渐被大众所认同。2008—2010年，中国第三方支付行业异军突起，交易规模连续三年持续增长，其中，互联网支付的发展尤其迅猛。

这一时期的超常规发展，也暴露出诸多无序特征，存在第三方支付机构将客户备付金挪用于企业其他投资等情况。2010年，以中国人民银行《非金融机构支付服务管理办法》正式发布及其后非金融支付机构支付业务许可证的颁发为标志，第三方支付行业的外延有了进一步延伸，即扩展为在收付款人之间作为中介机构提供网络支付、预付卡发行与受理、银行卡收单以及中国人民银行确定的其他支付服务的非金融机构，包括银联商务在内的27家企业获得了中国人民银行颁发的首批支付牌照。至此，第三方支付牌照的发放标志着第三方支付行业合法地位的确立，第三方支付行业的含义边界被正式定义，各子行业采用牌照监管，行业进入有序发展阶段。

3. 阶段三：移动互联网浪潮酝酿重大变革（2012—2020年）。2012年是移动支付突破元年，基于智能手机的SNS（社会性网络服务）、LBS（基于位置的服务）等应用都取得了较大突破，以智能终端和移动网络为依托的第三代支付风起云涌。同时，第三方支付与保险、信贷、证券等金融业务的新一轮互相渗透和融合正步入快车道，中国第三方支付将进入一个新技术、新金融、新体系、新格局不断涌现的重大变革阶段，并逐步走向成熟和完善。

## 三、第三方支付面临的法律风险

### （一）支付机构与用户之间的合同履行问题

支付机构作为中介机构，是交易过程中资金往来的枢纽。随着用户对第三方支付需求的不断增大，支付机构为了规范和明确双方权利义务关系会在提供服务之前与用户订立电子服务协议，该协议属于格式合同，相关内容均由支付机构方拟定。然而由于该协议的特性，其是否公平有待商榷。在实际中用户往往只关注是否能享受第三方支付服务，而对于注册登记前所签订的服务协议并未认真详细阅读，即使详细阅读，以一个普通的用户的注意程度而言，对于与权利义务有关重要内容在阅读时并不一定有足够的重视，从而导致协议双方责任承担不平等的问题。另外，第三方服务机构是格式合同的制定者，其甚至可以单方变更该电子服务协议的内容，由此也可看出支付机构与用户双方订立合同时法律地位实际上的不平等。例如，在第三方支付机构的实际运作中，难免会产生错汇、迟延等状况给客户带来损失，但是发生上述情况时，产生的法律责任由谁承担应当是服务协议中应当厘清的问题，而支付机构往往利用格式合同将该瑕疵支付的风险转嫁于用户，或者通过模糊归责要件或者举证责任的方式，或者通过排除己方间接损害赔偿的责任等方式来实现风险的转移。责任承担问题上的不平等以及订立合同时法律地位上的不平等，极易导致双方在产生纠纷过程中不履行该服务协议的法律风险。若立法不明确服务机构与用户之间的权利义务关系以及法律责任的分配问题，将导致用户长期处于弱势地位，用户的权利无法得到切实保障。

### （二）刑法上非法集资风险

人民银行明确第三方支付机构为非金融服务机构，其业务范围主要是转移支付资金，但第三方支付机构的实际运营中并不仅仅只局限于支付服务，而是扩大了业务范围，逐渐向金融机构演变。但在该演变过程中存在许多法律问题，极易构成非法集资。

从第三方支付机构的法律地位来讲，非金融机构是不允许形成资金池的，然而沉淀存款不仅包括在途资金还包括用户吸收资金，而这些资金存储于支付机构的账户则有可能形成资金池，这是法律明确禁止的。从第三方支付机构与用户之间的法律关系来说，支付机构与用户之间存在资金的保管关系，而根据我国《合同法》的规定，保管人未经许可不得使用或者允许他人使用保管物。作为保管人的支付机构不得未经许可将保管的资金用作基金投资、保险等业务，而实际上第三方支付机构大多将沉淀资金用作投资理财。同时，用户转移资金并不具有转移占有的意思，不能根据"货币占有即所有"的原则将沉淀资金的所有权归属于支付机构，用户对资金仍享有占有，只不过是由直接占有变为间接占有，其使用、收益权仍应当归于用户。沉淀资金不是支付机构的自有财产，支付机构不得擅自挪用。最典型的如支付宝中的余额宝，就是与天弘基金公司达成协议，将第三方支付机构中所吸收的资金用作基金投资。若是支付机构具有非法占有的目的，严重的甚至会构成集资诈骗罪。

### （三）民法上不当得利风险

第三方支付中在途资金的数量庞大，资金的流动性很强，但即使如此仍有大笔稳定的备付金存储于备用存管行中，每日的收益也是相当可观的。对于这部分法定孳息的归属目前法律并未明确，但是若是将这笔孳息归属于支付机构，则支付机构面临不当得利的风险。关于不当得利，根据《民法通则》第九十二条的规定，没有合法依据取得的不当利益视为不当得利，造成他人损失的应当退还所获得的不当利益。作为保管物的沉淀资金的所有权归属于用户，沉淀资金产生的法定孳息按照民法或者是交易习惯自然都应当归于用户，第三方机构无权享有保管物带来的收益，应当予以退还。

### （四）其他风险

第三方支付依赖于互联网技术，因此技术的局限和缺失也会为第三方支付带来法律风险。例如，用户在支付平台注册时保存的个人信息会上传到第三方支付机构的相关部门进行审核和保存，但黑客攻击或者病毒入侵等原因会导致客户数据丢失，隐私泄露，加大了用户隐私泄露的道德风险；同时，由于技术的局限性，木马病毒与黑客攻击盗取用户第三方支付的账户信息会严重影响用户的资金安全，给用户带来经济损失的法律风险，在此情况下用户的经济损失一般难以得到赔偿；由于第三方支付只是一个交易平台，无法识别交易的真实性，许多不法分子通过第三方支付平台进行虚假交易来实现信用卡套现，根据有关规定，此类非法套现行为情节严重的将以非法经营罪进行定罪处罚；不法分子还利用第三方支付的局限性来洗钱和转移资金，因为资金的转移支付相对独立于买卖双方的交易，资金的往来可建立在虚拟交易之上，从而将非法资金转变为合法资金，达到洗钱的目的，因此第三方支付平台也易助长洗钱行为的气焰。

## 四、第三方支付法律风险的防范

法律的滞后性以及第三方支付平台自身的特点造成了在第三方支付过程中具有相关的法律风险。如何做好法律风险防控，实现推广第三方支付与规范金融秩序的平衡是当前的重要任务。

### （一）加快制定新法，完善补充旧法

现行的有关第三方支付的具有强制力的法律文件并不多，许多实际中出现的问题并不能在现行的规章制度中找到解决的依据，有关第三方支付的

法律规范体系并不完整。并且目前规范第三方支付的具有效力的文件效力等级普遍较低，除与网络支付有关的《电子签名法》以外，其他均属于部门规章或者是征求意见稿，没有高位阶的法律来保障第三方支付的持续发展。然而，新法的制定需要一定的时间，我们在加快制定新法的过程中还应当完善和补充旧法，以期达到逐步规范第三方支付的目的，加快制定新法与完善和补充旧法应当齐头并进。另外，在制定新法和完善旧法的过程中应当注意以下问题：明确第三方支付机构与用户之间的权责关系；明确第三方支付机构的法律地位以及业务规范；详细规定沉淀资金的使用权属问题和法定孳息的归属问题。

### （二）加强对第三方支付机构的监管

经过多年的演变，第三方支付机构的业务范围已经大大拓展到基金、保险、信贷等金融业务，其业务的流程越来越复杂，现有的监管力度已经不足以满足用户对第三方支付监管的要求，高效而有条理的监管才能使第三方支付安全平稳有保障。由于业务的繁杂性，分类监管是实现高效监管的必由之路。将第三方支付业务按类型分为"网关型"和"担保型"账户，或者分为"通道型"和"账户型"进行分类监管。另外，也可以将第三方支付业务按照与传统金融业务的关系进行分类，采取不同的业务由不同部门监管的方式实现对第三方支付机构行为的监管，与传统金融业务相交叉的部分应当与传统业务受到同样的监管，而对于第三方支付特殊业务，则应当成立统一的部门来进行监管，这样避免了重复监管、交叉监管，有利于规范市场竞争秩序。

### （三）建立相对灵活的备付金监管制度

目前，根据《非金融机构支付服务管理办法》，第三方支付机构接收的客户备付金应当在商业银行开立备付金专用存款账户存放，但没有规定具体的存放形式。借鉴欧盟经验，建议可以允许第三方支付机构在确保备付金安全，不影响正常支付的情况下，将部分备付金用于投资，但投资应限定于经人民银行批准、高流动性、低风险的项目。同时，为确保备付金投资的安全，且不影响正常支付，可设立针对备付金的监管指标体系。

### （四）保护消费者的合法权益

一是建议以部门规章的形式制定专门的第三方支付消费者权益保护办法，细化《非金融机构支付服务管理办法》中有关消费者保护的规定，对第三方支付中的风险分配和责任承担、支付机构信息披露、消费者个人信息保护等作出明确规定。二是建议在人民银行内部成立专门的金融消费者保护机构，负责处理包括第三方支付在内的相关金融服务投诉，解决金融消费纠纷。三是加强对第三方支付消费者的教育，使消费者熟悉第三方支付的业务流程和风险点，提高消费者安全使用意识和常识，减少风险事件和案件的发生。

# 金融控股与创新金融篇

# "一带一路"背景下人民币汇率形成机制改革深化问题

## ——兼论"汇率风险"应对

李　本　盛琳杰

### 一、人民币作为全球储备货币的职能发挥问题与汇率机制改革的必要性

汇率机制是一个国家实行经济调控的重要手段，体现了该国货币的对外价值和经济实力，同时也直接影响一国对外贸易、资本流动和国际收支的平衡。汇率机制的选择同经济发展模式一样，应从本国的国情出发。目前人民币入篮背景下，成为特别提款权篮子货币意味着更纵深的人民币国际化和汇率市场化要求，同时还要达到汇率基本稳定的目标，对应在汇率机制的深化改革中，意味着人民币必须和特别提款权篮子货币的基本特征相符，和每隔5年进行一次的篮子货币审查标准相符。[①]目前特别提款权篮子货币已全部成为全球储备货币，其中人民币最新进入这一体系。国际货币基金组织（IMF）宣布人民币入篮后，于2016年3月4日发布声明，正式认定人民币为国际储备货币。[②]声明指出：鉴于人民币被认定为国际储备货币，IMF董事会决定，与美元、欧元、日元、英镑、瑞士法郎、澳大利亚元和加拿大元一样，人民币应在IMF成员国"外汇储备货币构成"季度报告中单独列出。IMF进一步解释，把人民币列入报告意味着"成员国可将其持有并随时能够用于满足国际

---

[①] 李本. 人民币入篮后的"不可回撤义务"与践行路径 [J]. 社会科学研究，2017（1）：68-74.

[②] 京华时报. IMF确认人民币为国际储备货币 [J/OL]. 2016-03-08. [2018-01-08]. http://world.huanqiu.com/hot/2016-03/8668812.html.

收支需求的人民币外汇资产列为官方储备"。这一声明在2017年4月1日IMF官网公布的全球官方外汇储备货币构成中首次得以体现：IMF所公布的2016年第四季度全球外汇储备报告中，在以货币种类归类的外汇储备表格里首次出现了对人民币的单独统计数据。这无疑是人民币国际化道路上的又一具有历史纪念意义的事件。[①]但从规模来看，目前全球中央银行持有人民币的规模为84.51亿美元，份额约占1.07%。[②]这个数据说明，人民币尽管已被认可为国际储备货币，但还远远不是主要的储备货币，在全球储备货币体系中所能发挥的职能也是非常有限的，也不得不长期受到美元霸权的影响；同时，被认可为国际储备货币也并不意味着必然符合IMF货币篮子下一轮评估审查的相应标准。

一国（地区）的货币能否成为国际储备货币是市场选择的结果。从货币国际化的内涵上讲，一国（地区）的货币要履行国际货币的职能，在世界范围成为国际结算、投资及储备货币的关键在于其他国家（地区）对该国货币的需求，即该货币在国际市场达到普遍可接受的程度，这是货币国际化的基础。制度安排则是市场需求得以满足的手段，如果制度安排不能适应市场需求，将会阻碍一国（地区）货币国际化的进程。汇率形成机制是影响货币国际化进程的制度因素，汇率水平只有能够反映外汇市场的供求状况，货币的价值才真实可信，这样的货币才会受到国际市场欢迎。[③]

从更现实的角度考量，推行人民币入篮和国际化，并不是为了国际化而国际化，而是中国经济发展到目前阶段的客观需要，也是实体经济提出的客观要求。随着"一带一路"建设推进，中国越来越多的企业需要"走出去"，把加工环节放在成本较低的国家，"一带一路"沿线国家对人民币的需求会不断增加，对于人民币各项国际化职能的需求也会增加。人民币作为国际储备货币的职能目前还远不敷使用，相应地，其计价、支付、结算乃至储备的职能在沿线各国均会受到限制，这极有碍于"一带一路"倡议的实

① Currency Composition of Official Foreign Exchange Reserves （COFER）. 官方外汇储备货币构成［J/OL］. ［2017-10-25］. http: //data.imf.org/?sk=E6A5F467-C14B-4AA8-9F6D-5A09EC4E62A4.

② 巴曙松. 如何理解全国金融工作会议中强调的稳步推动人民币国际化［J/OL］. 2017-07-23. ［2018-01-08］. http: //www.sohu.com/a/159277030_481741.

③ 孙立行. 基于人民币国际化视角的人民币汇率形成机制改革问题研究［J］. 世界经济研究, 2010（12）: 39.

施。基于此,汇率形成机制与货币国际化两者之间存在互动关系,前者影响货币国际化的进程,后者又反过来促进汇率形成机制的不断完善,迫使汇率形成机制不断往更具弹性的市场化方向发展。

目前,我国的汇率形成机制为人民币汇率中间价报价机制。这一机制肇始于2005年的汇率形成机制改革。2005年7月21日,人民银行发布《中国人民银行公告(2005)第16号》文件,明确指出:"我国开始实行以市场供求为基础、参考一篮子货币进行调节、有管理的浮动汇率制度。""中国人民银行于每个工作日闭市后公布当日银行间外汇市场美元等交易货币对人民币汇率的收盘价,作为下一个工作日该货币对人民币交易的中间价格。"

2006年人民银行公布的《中国人民银行公告(2016)第1号》文件声明:"自2006年1月4日起,在银行间即期外汇市场上引入询价交易方式(以下简称OTC方式),同时保留撮合方式。"[①]自此中间价的形成方式由原先的中国人民银行报价,改为中国外汇交易中心于每日银行间外汇市场开盘前向银行间外汇市场做市商询价,人民币汇率中间价报价机制很大程度反映了人民币市场供需信息,在汇率市场化的道路上迈出了重要一步。然而,长期以来基于各种原因中间价与市场汇率持续偏离,这不仅限制了市场汇率的实际运行空间,而且影响了人民币汇率中间价的市场基准地位和权威性。

基于此,2015年8月11日人民银行作出重大决定,要求做市商在向外汇交易中心报价时,参考前一交易日即期汇率收盘价,此项举措被称为"8·11汇改"。"8·11汇改"是对于人民币汇率中间价报价机制改革的延伸,通过让做市商报价时参考前一交易日即期汇率收盘价,使得报价更加趋近于真实的市场价格水平,避免了汇率中间价与市场价格之间的偏离。

"8·11汇改"后,汇率形成机制的改革继续深入并分为三个重要节点进行:其一,2015年12月11日,人民银行发布人民币汇率指数,其中加大了参考一篮子货币的力度,以更好地保持人民币对一篮子货币汇率基本稳定;其

---

① 自2006年1月4日起,中国人民银行授权中国外汇交易中心于每个工作日上午9时15分对外公布当日人民币对美元、欧元、日元和港元汇率中间价,作为当日银行间即期外汇市场(含OTC方式和撮合方式)以及银行柜台交易汇率的中间价,而当日外汇牌价则是各银行根据中国外汇交易中心公布的人民币汇率中间价以及国际外汇市场行情,于9时30分开始实时对外公布的各种外币与人民币之间的买卖价格。

二，2016年2月以后初步形成了"收盘汇率+一篮子货币汇率变化"（双锚机制）的人民币对美元汇率中间价形成机制，提高了汇率机制的规则性、透明度和市场化水平；其三，随着经济情势变迁，公布的银行结售汇差额数据显示，近年市场对人民币贬值的预期比较强，双锚机制也由此暴露出一定的缺陷，即当市场对人民币汇率有一个强烈的主观预期，而且这种市场预期在没有真实地反映经济基本面时，即使中间价定价合理，收盘价也可能会明显偏离中间价。2017年5月26日，中国外汇交易中心发布公告称，考虑在人民币兑美元汇率中间价报价模型中引入逆周期因子以调整市场预期，自此人民币中间价的定价方式由"双锚定价"变为"收盘汇率+一篮子货币汇率变化+逆周期因子"的"三锚定价"方式。

综观2005年以来的汇率形成机制改革的历史沿革，可以发现汇率形成机制一直往市场化方向发展。从单一盯住美元到盯住一篮子货币，从人民银行指定中间价到外汇交易中心询价和做市商报价再到参考上一日收盘价，无一不在体现汇率改革的市场化道路。但是我们仍然应该清醒地认识到，现行汇率制度改革并非终点，市场化仍有待不断开拓。2016年6月24日，全国外汇市场自律机制（以下简称自律机制）在上海建立，开创了由他律为主向他律与自律并重的管理新阶段，对我国外汇市场发展具有划时代的意义：自律机制成立，既是对全球外汇法律规制体系的正向性回应，又对人民币汇率形成机制的改革起到非常重要的作用，同时，对汇率市场化进而促进"一带一路"中的人民币作为国际储备货币的职能发挥起到重要作用。其中"三锚定价"方式即由自律机制汇率工作组召开会议，讨论并认可工商银行提出的人民币汇率中间价模型调整方案最终达成。

## 二、全国外汇市场自律机制对全球外汇法律规制体系的正向性回应

全国外汇市场自律机制的建立不仅是国内汇率形成机制改革的举措，还因人民币入篮背景而对篮子货币产生传导效应。自律机制的建立是否符合国际法层面的相关规制？是否有利于人民币有效履行入篮后的相关篮子货币的义务？怎样更好地完成相关义务，同时深化汇率中间价报价机制？以下进行

相关探讨。

### （一）IMF的相关规制

IMF作为一个国际性金融组织，其对于各国的外汇制度具有一定的监督权。汇率领域的监管主要集中在汇率操纵和货币或汇率偏差两个方面。[①]对于汇率操纵，其依据为《IMF协定》第四条第一款第三项关于具体义务的规定，即"会员国应避免操纵汇率或国际货币制度来妨碍国际收支有效的调整或取得对其他会员国不公平的竞争优势"。而对于货币或汇率偏差，其主要依据是2007年6月15日IMF执行董事会通过的《对会员国政策双边监督的决议》（以下简称2007年《决议》）。汇率严重偏差是指实际有效汇率偏离均衡水平，而均衡水平是指符合经济基本面的经常账户所对应的汇率水平。[②]

1977年4月29日，IMF理事会通过了《汇率政策监督指引决定》（以下简称1977年《决定》），其中除重申了会员国避免汇率操纵的义务外，还规定了汇率政策监督的六项指标，用于进一步明确IMF启动磋商程序的条件。[③]根据国际情势发展，2007年IMF出台《对会员国政策双边监督的决议》对1977年《决定》进行了修订，其中对于上述两个文件中未说明的问题如操纵汇率的内涵进行说明：在客观要件上，作了进一步定义，所谓汇率操纵是指那些事实上已经影响到汇率变动的政策措施，这些措施既包括促使汇率变动也包括组织汇率发生应有变动的措施。在主观要件上，操纵汇率包含两层意思：

---

① 韩龙.国际金融法前沿问题［M］.北京：清华大学出版社，2010：71.

② 参见《对会员国政策双边监督的决议》第二部分——根据第四条第一款指导成员国政策的原则，第十五条规定，在监督成员国对上述原则的遵守情况时，国际货币基金组织将以下情况视为需彻底考察并可能有必要与成员国讨论的情况：根本性汇率失调（fundamental exchange rate misalignment）。韩龙教授在《国际金融法前沿问题》一书中将"fundamental exchange rate misalignment"翻译成"汇率严重偏差"，本文沿用韩龙教授书中的翻译。

③ 1977年《决定》的第三部分规定，如果出现以下情况的，IMF应视为需与会员国讨论：（1）在外汇市场进行持续、大规模的单向干预；（2）以国际收支为目的的不可持续的官方或准官方借款，或过度的、长时间的短期官方或准官方的借贷；（3）出于国际收支目的，实行大幅强化或长期维持对经常交易或支付的限制性或鼓励性措施，或出于国际收支目的，实行大幅修改对资本流入或流出的限制性或鼓励性措施；（4）出于国际收支目的，实行非正常鼓励或阻止资本流动的货币和其他国内金融政策；（5）汇率表现与基本经济和金融条件无关；（6）会员国出现了不可持续的私人国际资本流动。

一是会员国采取的政策措施旨在影响汇率变动；二是会员国有通过低估汇率造成根本性汇率失衡的故意，并且会员国造成根本性失衡的目的在于增加出口。但是该决议并没有明确如何确定汇率的均衡水平。为妥善解决这一问题，2012年IMF继续出台《双边和多边监督的决议》（以下简称2012年《新决议》），其中首次提出的外部平衡评估法（External Balance Assessment，EBA），成为衡量成员国经常项目平衡状态的依据。[1]

以上集中体现了IMF对于汇率的监管，IMF要求各国避免操纵汇率，要求汇率避免严重偏离均衡水平。人民币长期以来谨守IMF的相关规定，恪守IMF成员国相关货币义务。人民币入篮后，其汇率水平将直接影响SDR定值价值，进而对全球金融体系产生传导效应，我国有义务进一步提升人民币作为交易货币、储备货币的职能和地位。入篮实际上也自动构成了一种对IMF的汇率主权的隐性让渡，应采取积极举措主动根据IMF对篮子货币的要求在国际和国内两个层面促进汇率的基本稳定，并由IMF行使监督权。自此，汇率基本稳定和汇率市场化的制衡发展成为人民币入篮后的基本目标。汇率市场化在某种意义上即意味着对市场自律机制的一种呼唤，特别是2012年《新决议》加强对成员国国内金融政策的监督的背景下，建立市场自律机制就是一种积极的国内金融政策，是对2012年《新决议》的正向性回应。

### （二）国际清算银行及全球外汇委员会的相关规制

国际清算银行（BIS）框架下设置有市场委员会机构，该委员会成立于1962年，分为黄金委员会和外汇委员会。其中，外汇委员会集合了全球主要外汇市场的委员会和中央银行，成员在这里可以交流关于外汇市场的各方面观点，可以合作处理外汇市场上的各项事务。该平台为协调外汇市场交易准则提供了相关指导性意见。2015年，外汇市场委员会专门成立了外汇工作组（FXWG），希望能够制定全球外汇市场行为准则，为全球外汇市场自律机制的建立铺平道路。2017年5月25日，外汇工作组发布了完整版的《全球外汇市场准则》（FX Global Code），其中主要明确了外汇市场交易行为的六大原

---

[1] 李本，游广. 厘清及破解：人民币入篮与汇率主权让渡问题［J］. 上海对外经贸大学学报，2017（4）：32.

则，分别涉及道德、监管、执行、信息共享、风险管理与合规、确认和结算流程领域。

上述原则是对于全球外汇市场参与者的要求，这些要求构成了一个较为完善的自律体系。首先，明确自律的目标，包括"提升外汇市场的公平性和完整性""让外汇市场更加繁荣、公平、开放、流动以及适当透明"等；其次，对于自律的手段，既要有道德和行业惯例的支撑，同时规范了执行、信息共享、风险管理、结算等具体的操作行为。《全球外汇市场准则》在性质上属于国际示范法范畴，对于外汇市场的参与者，它并不是通过具体的行为准则进行强行法意义上的约束，而是通过一系列原则建议参与者予以遵守。

### （三）国际金融市场协会的相关规制

国际金融市场协会（ACI）是一个由全球领先的金融批发市场专业人士组成的协会，通过多种渠道促进金融市场的发展。ACI对于外汇市场的贡献主要在于《金融市场交易与实务国际准则》（The Model Code）（以下简称《国际准则》）的制定，ACI的《国际准则》是目前国际上比较完整的外汇市场交易行业准则。最新的2013年修订版共分为6篇12章和10个附录，大致涵盖了外汇市场交易的主要内容，包括营业时间、个人行为、公司治理、交易员与交易室、透过经纪商交易、特别交易实务、中台作业实务、主要经纪商、争议、申诉及求偿、后台作业一般规范、控制、标准结算指令、交易后的常规、安全性和科技使用等方面。

ACI的《国际准则》与BIS的《全球外汇市场准则》有较大的不同，最明显的就是《全球外汇市场准则》更加倾向于一种原则性的制定，而《国际准则》更多的是规定外汇市场参与者具体的行为方式。

综上所述，国际法层面对于汇率的规制主要体现在两大方面。其一，重点规制汇率，特别是各国是否存在汇率操纵、各国汇率水平是否存在严重偏差；其二，关注各主要经济体及全球外汇市场的发展，通过一系列的行为准则规范外汇市场参与者的行为。在"一带一路"倡议背景下，国际法规制的两个层面都需要引起我们的重视。从汇率水平而言，人民币国际化需要相适应的汇率形成机制，提高汇率市场化的程度；从外汇市场发展而言，目前我们国内的外汇市场需要进一步发展，也需要相关的法律配套完善。

目前，我国建立全国外汇市场自律机制只有一年多的时间。该机制既是对汇率市场化的切实运营，也是让渡汇率主权，接受IMF 2012年《新决议》监督，同时遵照《全球外汇市场准则》《国际准则》进行规范化自律的探索平台。一年多来，自律机制发布了一系列自律规范制度文件，如《中国外汇市场准则》《人民币兑美元汇率中间价报价行中间价报价自律规范》《银行间外汇市场（批发市场）交易规范专家组工作章程》《省级外汇市场自律机制外汇业务展业工作指引》等，为外汇市场自律管理夯实了制度基础。

其中，2017年5月5日外汇市场自律机制正式发布的《中国外汇市场准则》，既表明了我国自主的外汇市场行为准则的形成，也明显体现了对相关国际规则的吸纳和借鉴。首先，从该准则的前言部分看，其明确声明："基于我国外汇市场的实践机制，在充分借鉴全球外汇市场准则以及主要国家和地区外汇市场自律机制相关准则的基础之上，中国外汇市场自律机制制定了《中国外汇市场准则》，旨在向中国外汇市场参与者和从业人员提供通用性的指导原则和行业最佳实践的操作规范，促进外汇市场专业、公平、高效、稳健运行。"其次，从该准则的涵域范围及架构内容来看，其不仅借鉴了《全球外汇市场准则》的原则性规定，更吸纳了《国际准则》的大量具体操作规范。

从以上分析可以得出结论，我国"8·11汇改"后所建立的自律机制完全符合国际法层面对汇率问题的相关规制，同时该机制也以各种积极举措努力和全球外汇市场进行制度规范接轨。特别是外汇市场指导委员会成立后，积极参与全球外汇委员会的成立筹备，并作为创始成员加入全球外汇委员会；参与全球外汇市场准则的制定与更新，并根据《全球外汇市场准则》内容结合中国外汇市场实际情况形成具有中国特色的外汇市场准则；更在实务中与国际同业积极互动，建立与国际八大外汇市场委员会的沟通与交流机制，同时在市场发展及规范、信息共享等方面开展合作。

## 三、汇率形成机制深化改革与汇率风险规避的法律设计

全国外汇市场自律机制的建立与运行无疑给我国汇率形成机制的市场化改革夯实了基础，但长远地从人民币国际化路径来看，人民币中间价形成机

制还有待进一步完善。较之于其他市场化比较完备的汇率形成机制国家，我们目前仍然存在报价汇率和离岸汇率的差价问题，人民币距离完全融入全球外汇市场真正成为主要的全球储备货币还有相当大的差距。特别是在"一带一路"背景下，汇率形成机制深化改革势在必行，同时还须对汇率风险规避进行法律设计。

### （一）完善全国外汇市场自律机制

"一带一路"倡议实施过程中，要保证区域经济的健康和快速发展，其中的一个至关重要的因素是保障汇率基本稳定。全国外汇市场自律机制就其职能而言主要包括两大类。其一，人民币汇率形成机制的改革，完善中间价报价机制，以全国外汇市场自律机制下设的汇率工作组为核心；其二，进行外汇行业监管，规范外汇交易行为，以全国外汇市场自律机制下设的银行间（批发市场）交易规范工作组以及外汇和跨境人民币展业工作组为核心。[①]完善汇率机制的实质是提高汇率形成的市场化程度，而不是简单调整汇率水平，其核心内容至少应包括五个方面，即完善汇率的决定基础、矫正汇率形成机制的扭曲、健全和完善外汇市场、增加汇率的灵活性、改进汇率调节机制。

2016年中央经济工作会议上提到，"要在增强汇率弹性的同时保持人民币汇率在合理均衡水平上的基本稳定"。所谓增强汇率弹性，是指汇率以市场的供需力量来形成的自我调节力量的增强。如果汇率体现的是市场供需，则说明汇率是有弹性的；反之，市场供需没有得到充分反映，则说明汇率是缺乏弹性的。[②]

汇率市场化意味着汇率双向性波动增强。但过强的波动也会引发系统性风险，关于市场是否会熨平过强的波动，经济学界一直有不同的主张。但实践证明，增强对双向性波动的预期引导是必然举措。针对汇率形成机制，可

---

① 全国外汇市场自律机制接受中国人民银行和国家外汇管理局的指导和监督管理，目前下设三个工作组：汇率工作组、银行间外汇市场（批发市场）交易规范工作组、外汇和跨境人民币展业工作组。

② 刘方，杨庆峰. 浅析人民币汇率形成机制改革的历程、特征与改革指向［J］. 经济师，2017（4）：161.

以通过两种引导方式进行管理。其一，根据国内外不同时期的经济情势，人民银行劝谕式建议全国外汇市场自律机制主导的人民币中间价"三锚机制"中各锚所占比重在不同时期有不同侧重，当经济基本面稳定时以市场供求为基础，扩大上一日收盘价所占权重，才能让市场有较明确的预期。这是熨平市场的积极有效引导。其二，人民银行可以通过对日波幅的限缩或扩大来考察市场形成价格的能力，并由此分担带来的相应后果。这些结合经济情势的举措势必促成汇率在有管理和市场化之间形成动态均衡关系。

### （二）借助并融入国际金融平台

2017年5月24日，全球外汇委员会（Global Foreign Exchange Committee，GFXC）成立大会在伦敦召开，来自16个国家（地区）的外汇委员会代表（包括中央银行和市场机构代表）参加会议。中国外汇市场指导委员会（China Foreign Exchange Committee）作为GFXC创始成员参加会议。GFXC是由中央银行和市场机构共同组成的论坛，旨在推动建立稳健、公开、适度透明且富有流动性的外汇市场，使不同类型的市场参与者均以广泛认可的行为标准高效地开展交易。

前文述及，全国外汇市场自律机制的另一项职能是进行外汇业务监管，规范外汇市场交易行为。世界各主要经济体均有其外汇市场自律机制，全球外汇委员会即是这些外汇市场和外汇自律机制的集合体，将在全球外汇市场监管领域产生重大的作用。此次中国外汇市场指导委员会作为创始成员参与会议，能够使我国外汇市场与国际进一步对接。更重要的是，我们作为创始成员，已经具备了参与制定全球外汇市场规则的资格，将有助于进一步提升中国在国际外汇市场上的影响力。

除此之外，中国可以借助IMF、亚投行、G20等国际平台，参与到国际货币体系治理和国际金融规则制定中去，争取在国际金融事务中获得与中国实力相应的话语权。为了保证中国经济以适当速度增长，营造人民币崛起所需的和谐国际环境，中国应和美国、欧盟等实力国际货币发行国家积极沟通和协调货币宏观政策，以求达到多方共赢的良好局面。同时，加强国际协作，有效避免国际流动性严重泛滥和恶性通货膨胀的发生。

### （三）完善我国外汇管理法规体系

"一带一路"倡议背景下，中国不仅要在金融市场化改革和金融风险防范应对中妥善处理高标准带来的挑战和机遇，在我国外汇管理法制建设方面也要作出积极应对。

我国有关外汇立法的法律规范性文件众多，最高层级上的法律文件为《外汇管理条例》，其法律级别仅为国务院颁布的行政法规，立法级别较低。外汇管理规定，一国对外金融政策的基本原则与制度，与本国的政治经济体制及金融市场对外开放态度有着深刻的内在联系，对其相关的立法规范也应属于一国金融领域的基本法律规范，外汇管理的立法层级理应上升到一般法或者基本法级别，故将《外汇管理条例》提升到一般法律甚至基本法律的层级是适应人民币入篮后完善汇率形成机制的现实需求。

除《外汇管理条例》外，有关外汇管理的规范性文件多出自外汇管理局单独发文或者联合其他部委共同发文，譬如外商直接投资外汇管理方面的法律文件大多出自外汇管理局、财政部、国家工商行政管理总局、商务部、发展改革委、外交部、公安部等几个部门的联合发文。由于政出多门，分头立法的模式不可避免地造成立法内容上的冲突或者重复，立法环节上容易出现法律漏洞。同时，联合发文立法难以解决立法部门的责任承担问题，一旦出现法律适用上的事故，多家国务院部委在行政地位上处于平级关系，容易出现互相推诿责任的现象，无人愿意承担相应责任后果。基于此，我国应该对有关跨部门联合立法加强审查和协调工作，提高立法工作的透明度，保证出台的法律文件之间没有操作冲突和法律漏洞问题，能够得以顺利实施。同时，法律文件透明度的提高也会增强外国投资者持有人民币资产的信心，巩固人民币的国际储备货币地位。

### （四）在"一带一路"背景下，从国际、国内层面完善我国外汇管理体系

在"一带一路"背景下，从国际层面加强中国与"一带一路"国家之间的货币合作，加强"一带一路"沿线国家人民币离岸中心建设；从国内层面加强外汇市场建设，增加交易主体，通过增设外汇期货市场等方式构建多层

次的交易平台来提高我国境内对汇率价格的掌控权，同时以之化解实体经济的相应汇率风险。

国内贸易与国际贸易的区别之一就是国际贸易涉及汇率问题。国内外企业进行贸易多以外汇计价、结算，所以当企业在国外取得外汇以后就面临着外汇之间的兑换以及外汇与人民币之间的兑换问题。"一带一路"沿线国家大多属于欠发达国家，汇率不稳定给"走出去"的企业带来很大的汇率风险，其中沿线各国本币的不稳定和汇率政策的僵化是主要原因。在此情形下如果能够使人民币在"一带一路"沿线各国使用，或更进一步，使人民币作为"一带一路"贸易、投资的主要计价、结算货币，不失为解决汇率风险问题的有效举措。

具体可通过以下路径进行：其一，加强中国与"一带一路"国家之间的货币合作。为降低企业面临的汇率风险，中国已经与23个国家实现了货币直接交易，其中包括8个"一带一路"国家，并与2个沿线国家实现了货币的区域直接交易。①人民银行还与相关国家货币当局开展了包括本币互换、人民币清算等在内的一系列合作机制安排。这些安排，可以使"一带一路"建设更多地使用人民币，使企业在进行交易时减少各国货币贬值和汇率波动带来的风险。其二，加强"一带一路"沿线国家人民币离岸中心建设。依托离岸人民币中心可以支持"一带一路"沿线国家人民币的使用，离岸人民币中心可利用一定体量的人民币资金沉淀，支持当地及周边地区人民币产品的发展和人民币使用。目前，人民币离岸中心主要在中国香港、新加坡、韩国等亚洲地区，布局有待进一步扩大和优化。随着"一带一路"倡议的实施推进，资本流动和金融需求必将推动中亚、南亚、中东地区出现新的人民币离岸市场。所以可以进行前瞻布局，选择与中国经贸往来密切、金融市场比较发达、影响力和辐射力相对较强的区域中心城市，稳健打造人民币离岸中心。

规避汇率风险，从国内角度来说，还应通过制度设计加强外汇市场建设，增加交易主体，开发各类汇率衍生产品以增大企业避险选择空间。实际操作中，相关的金融衍生产品是防范此类风险的有效方式。然而就目前而言，"一带一路"建设过程中相关的汇率衍生品和风险对冲工具比较匮乏，

---

① 周小川. 共商共建"一带一路"投融资合作体系［J］. 中国金融，2017（9）：8.

基于此，国内应通过制度设计，鼓励并激活商业银行等金融机构和相关交易中心根据市场需求开发相应外汇产品。可根据中资企业在"一带一路"建设的总体情况，结合相关国家的货币需求、货币汇率管理体制等因素，开展货币区域直接交易、外汇交易中心挂牌，以及开发专门针对客户个性化需求的外汇衍生产品等。企业借此可以根据自己的实际情况，购买这些金融衍生产品，降低汇率风险，使其收益得到一定的保障。人民币汇率衍生品越丰富，越有利于境内资金更能够以方便和快捷的路径打入并更好适应国际金融市场，也更利于中国出资设立的金融机构在境内和境外两个层面深入展开投资和金融交易活动，这样更加拓宽了国际金融市场并加大了金融创新的可能性，人民币资产在国际金融领域的配置水平也将会得到相应的提高。

## 四、结语

2017年7月14日，第五次全国金融工作会议在北京召开，金融领域的发展要旨包括深化人民币汇率形成机制改革，稳步推进人民币国际化，稳步实现资本项目可兑换。与此同时，"一带一路"倡议一方面为人民币国际化提供契机，另一方面也对我国外汇市场稳定，汇率形成机制的市场化提出了更高的要求。在我国汇率市场化改革中，应通过全国外汇市场自律机制的不断完善、人民币中间价报价体系的不断趋于完备、金融基础设施的持续构建、市场交易主体的持续扩大，以及加快以人民币计价的国际金融产品创新等路径，在"一带一路"倡议背景下渐进推进我国金融市场的发展，从而逐步实现我国在金融领域的各项既定目标。

# 深化新时代中国金融业对外开放建言

李志强　游　广

## 一、新时代中国金融业对外开放现状

### （一）加入世贸组织后中国金融业对外开放发展

中国已于2001年12月11日正式加入世界贸易组织（以下简称世贸组织），成为该组织的第143个成员。中国加入世贸组织，除了经济体制上的深远影响外，对于我国法律制度的影响也将是空前的。应该说，中国目前的相关立法在不少领域与世贸组织规则体系存在着差距甚至冲突。《建立世界贸易组织的马拉喀什协议》第16条明确规定，"每一个成员应当保证其法律、规则和行政程序，与世贸组织协定所附各协议中的义务相一致"。这可以认为是世贸组织规则体系对我国制度的一般性影响的原则要求。加入世贸组织对中国法制建设，尤其是涉外经贸法律制度，产生广泛而又深远的影响。根据世贸组织有关协议的规定，中国政府要确保世贸组织协议和加入议定书在全国得到统一实施，确保有关或者影响贸易的法律、法规和其他政策措施，包括地方各级政府及其有关部门制定的规范性文件，符合世贸组织协议和加入议定书的规定。这就要求中国在正式加入世贸组织前后，对照世贸组织规则和中国所作的承诺，对中国有关或者影响贸易的法律、法规和其他政策措施进行一次全面清理，根据清理结果，抓紧修改或者废止与世贸组织协议或者中国承诺不一致的法律、法规和其他政策措施，还要适应加入世贸组织需要，抓紧制定新的法律、法规，进一步完善有关法律制度，并严格依法行政，以加入世贸组织为契机，全面推进中国依法治国进程和对外开放事业。

加入世贸组织后，中国认真履行相关承诺，逐步开放外资银行经营人民币业务的地域范围和客户对象范围。其间，国有商业银行经历了办成专业银行、成立政策性银行、转制上市等探索。

"这一轮国有商业银行的改革带有明显的开放色彩。"时任中国人民银行副行长、外汇管理局局长易纲在《中国金融业对外开放路径与逻辑》分析：引入境外战略投资者是开放，在境内外上市也是开放。在境内上市是对境内非公投资者的开放（包括自然人持股），在境外上市是对境外投资者的开放。

证券、保险领域的对外开放同样是渐进、互利的改革探索。其中，2002年启动200亿美元QFII成为资本市场对外开放的标志性事件，2011年又启动200亿元人民币RQFII，此后QFII和RQFII在投资额度、投资资格、汇出限制等方面逐步放开。此外，推出沪深港通、债券通等，建立起沪港、深港股票、债券互联互通机制，进一步促进了内地资本市场的开放。

外资保险企业进入中国最早可以追溯到1992年友邦在上海设立分公司。据平安证券研究所统计，在加入世贸组织后，外资寿险公司在2002年到2005年迎来了一波小高潮，短短4年间进入中国的公司超过15家。中国银保监会数据显示，截至2017年末，国内共有外资保险业营业性机构71家，外资保险公司总资产1.03万亿元。2017年全年外资保险公司保费收入2140.06亿元；外资保险公司的总资产份额和保费收入市场份额分别为6.71%和5.85%。

总体来看，我国金融改革有序推进，金融体系不断完善，人民币国际化和金融双向开放取得新进展。

### （二）上海国际金融中心建设发展历程

1978年12月，党的十一届三中全会开启了我国改革开放的新征程，上海金融业跨出了新的发展步伐。

1986年10月13日，国务院在对《上海城市总体规划方案》的批复中明确指出："上海是我国重要的经济、科技、贸易、金融、信息、文化中心，要把上海建设成为太平洋西岸最大的经济贸易中心之一。"

1990年4月，党中央、国务院决定实施开发开放浦东战略，上海成为我国改革开放的前沿，确立"一个龙头、三个中心"的发展战略，上海国际金融中心进入基础建设阶段。

1991年1月，中国改革开放总设计师邓小平同志在上海视察时提出："上海过去是金融中心，是货币自由兑换的地方，今后也要这样搞。""金融很重要，是现代经济的核心，金融搞好了，一着棋活，全盘皆活。中国在金融方面取得国际地位，首先要靠上海。"这为上海加快建设国际金融中心指明了方向。

进入21世纪后，上海国际金融中心建设按照"五年打基础、十年建框架、二十年基本建成"的决策部署，不断加快推进步伐，不断创造新辉煌。

2001年5月，国务院批复同意《上海市城市总体规划（1999—2020）》，提出：到2020年，要把上海建设成为经济繁荣、社会文明、环境优美的现代化国际大都市，国际经济、金融、贸易、航运中心之一。

2009年4月，国务院颁布《关于推进上海加快发展现代服务业和先进制造业 建设国际金融中心和国际航运中心的意见》（国发〔2009〕19号），从国家层面对上海国际金融中心建设的总体目标、主要任务和措施等进行了全面部署，提出：到2020年，要把上海"基本建成与我国经济实力以及人民币国际地位相适应的国际金融中心"。

近些年来，上海国际金融中心建设围绕"一个核心、两个重点"，即以金融市场体系建设为核心，以金融改革创新和营造金融环境为重点，加快市场化、国际化和法治化步伐，取得了显著进展。

一是金融市场体系逐步健全，金融市场规模不断扩大。目前，上海已形成了包括股票、债券、货币、外汇、商品期货、金融期货与场外衍生品、黄金等市场在内的较为完备的全国性金融市场体系，是全球少数几个金融市场种类完备的金融中心城市。上海作为人民币汇率基准、利率基准生成地的地位进一步巩固。金融市场产品和工具不断丰富，近年来推出了股指期货、国债期货、黄金期货、白银期货、锌期货、铅期货、中期票据、短期融资券、超短期融资券、非公开定向债务融资工具、信用风险缓释凭证等一批有重要影响的金融产品和工具。

二是金融机构体系不断健全，金融机构发展活力显著增强。商业银行、证券公司、保险公司、基金管理公司、期货公司等金融机构加快集聚，各类功能性金融机构和新型金融机构不断涌现，小额贷款公司、融资性担保公司、股权投资企业等新型机构快速发展。金融业务创新不断推进，人民币跨境结算、国际贸易结算中心外汇管理试点、跨国公司总部外汇资金集中运营管理试点、期货保税交割等一批重要的创新业务有序推出。

三是金融对外开放取得重要进展，国际化程度稳步提高。金融业务对外开放领域不断拓宽，证券市场合格境外机构投资者数量和投资额度进一步增加；在全国率先推出跨境贸易人民币结算；境外机构获准以人民币直接投资银行间债券市场；人民币海外投贷基金、跨境ETF等试点顺利推出。上海在全国率先推出外资股权投资基金试点。

四是金融发展环境持续优化，配套服务功能明显改善。金融发展的法治环境建设不断优化，《上海市推进国际金融中心建设条例》颁布实施，金融审判庭、金融检查科、金融仲裁院相继成立。信用体系和支付体系建设取得重要进展。专业服务体系不断健全，新华2008金融信息服务平台落户上海，与金融相关的会计审计、法律服务、资产评估、信用评级、投资咨询、财经资讯、服务外包等专业服务加快发展。金融集聚区规划建设成效明显，陆家嘴金融城、外滩金融集聚带等金融集聚区承载能力不断提升。

## 二、中国金融业对外开放遇到的问题及困境

### （一）我国市场机制体制与国际规则仍需强化对接

我国目前具体法律制度与相关世贸组织规则存在诸多不一致，这主要涉及我国的外贸体制、知识产权、行政法等诸领域制度与世贸组织规则的不少矛盾。众所周知，金融市场并不完全孤立于实体经济、产业经济而存在，相反，很多情况下，金融市场的兴衰荣辱，与基础市场的发展情况有高度紧密的联系。我国部分法律体系领域缺乏与世贸组织规则体系所需要的立法。除金融市场外，政府采购、知识产权保护、生产技术规范等多领域也都存在法律空白。这既会在外部导致我国面临违反世贸组织成员国应承担的国际义务的风险并导致其余世贸组织成员与我国争端，还有可能在内部产生不利于我国基础经济健康发展的弊病，出现从根本上渗透、损害降低我国金融市场竞争力、生命力的情况。

### （二）我国金融市场风险体系以及法律体系建设仍需完善

1. 金融市场的风险监控体系及法律体系在我国总体而言仍是薄弱环节。

首先，我国证券交易市场还未形成真正完善的监管体系。从近代中国证券监管的历史发展进程可见，近代中国没有形成多层次的证券市场监管体系，重视政府监管，忽视证券行业自身的行业自律。在政府监管中，过分利用政府的统制力量，限制经营机构的经营范围，使证券市场过分依赖政府债券的发行与交易，从而失去了应有的生存力与竞争力。这些制度特征，使政府的监管机构被迫过深地介入本应由证券市场主体自身完成的风险控制行为，当政府监管机构被动地介入这些本来应当由微观主体完成的职责时，监管机构不得不承担许多本来不应当由监管机构承担的责任。我国实行的是由国务院证券监督管理机构依法对全国证券市场实行集中统一的管理，属于政府主导监管型。在开放的国际环境中，各国证券监管相互借鉴，共同发展。我国也应借鉴其他国家的先进经验，重视行业自律，发挥市场参与者的自律作用，完善整个监管体系。

其次，我国新兴的金融衍生品风险控制体系也急需增强。最突出的一个问题就在于中国尚未建立完善的国际金融交易抵销制度。抵销在国际金融衍生交易中乃至国际资金交易中占有极其重要的地位。国际金融衍生交易中存在信用风险、流动性风险、系统风险和法律风险，由于抵销的担保功能，其在实际业务中发挥着其他担保措施不可比拟的优越性。抵销有助于减少当事人的经营风险，减轻经济上的震荡，如期货交易中的平仓制度（实际上这是一种净额结算制度）。从理论上讲，抵销也有助于各国抵销立法趋于协调，减少法律冲突。这也符合金融衍生交易的超强国际性的特征。我国的破产法律制度相对落后，条文相互冲突。目前我国还没有真正意义上的金融破产法，怎样使金融秩序保持稳定，使得金融机构在激烈的竞争中平稳地进入市场，平稳地退出市场，以提高金融运作效率，进一步加快与国际组织和国家的协作，参与国际竞争，以及在法律上明确完善破产抵销，对 ISDA 主协议项下的终止净额结算与抵销约定的效力，乃至整个金融市场的稳定发展都至关重要。

2. 我国涉外金融法律服务体系建设仍需加强。

随着世界经济全球化进程的不断加快，尤其是"一带一路"倡议的提出与推进，中国与世界各国的合作与交流日益加强，各种涉外活动日益增多，涉外法务活动空前频繁。适应世界多极化、经济全球化深入发展和国家对外开放的需要，国家需要一大批具有国际视野、通晓国际规则、能够参与国际法律事务和国际竞争的涉外法律人才。

党的十八届四中全会通过的《中共中央关于全面推进依法治国若干重大问题的决定》对发展涉外法律服务业作出了重要部署，提出建设通晓国际法律规则、善于处理涉外法律事务的涉外法治人才队伍。2018年初，司法部、外交部、商务部、国务院法制办联合印发了《关于发展涉外法律服务业的意见》，提出建立一支通晓国际规则、具有世界眼光和国际视野的高素质涉外法律服务队伍，为"一带一路"等国家重大发展战略提供法律服务。2017年5月27日，司法部联合外交部、国家发展改革委、教育部、商务部、全国律协等13个部门召开了第一次发展涉外法律服务业联席会议，号召加快培养通晓国际规则、善于处理涉外法律事务的涉外法律人才。这些政策性文件及联席会议均凸显了涉外法律工作的重要性，提出了培养涉外法律人才的紧迫性、重要性和关键性。

## 三、深化中国金融业对外开放及推动上海金融中心建设的建言

### （一）进一步全面完善我国法律体制与国际协议的配套性、稳定性

履行世贸组织协定和中国对外承诺，抓紧厘清与世贸组织有关的法律规章。履行世贸组织协定，严格筛查国内法律中与中国加入世贸组织承诺不符的地方并且加以修正。提高外商投资产业引导、货物贸易层面与中国加入的国际协议的匹配程度。

### （二）建立涉外协议多方面、多层级的协调性制度

首先，世贸组织协议所规定的透明度，要求我国公布相关领域的国内法律法规和规章制度，并且有时需设立咨询点，以使世贸组织其他成员或其出口商能够便利地获得所需要的资料和信息。无疑，这需要足够的资金和人员投入。另外，我国还须履行众多的通知义务，如《原产地规则协议》第五条就要求每个成员自世贸组织协议对其生效之日起90日内向秘书处提交现行的原产地规则以及与之有关的普遍适用的司法判决和行政裁决，以及以后对原

产地规则的任何修改。其他有关协议中的通知义务也多如此，这需要我国建立一个专门机构来负责统一协调或执行这些世贸组织规则的要求。

其次，政府与国内企业之间。世贸组织规则体系下的多边贸易体制尽管是各成员政府之间的权利义务，但最终是为保证出口商市场准入和非歧视待遇，这便要求政府和企业之间的良好沟通以及充分的信息交流。无论在国际市场上还是在国内市场上，这都意味着对国内企业的全方位合法保护。因此，一方面，要提高企业的组织化程度，建立完善有效的行业协会自主维护整个行业的利益；另一方面，政府的经济综合管理职能部门应有专门机构来协调与企业之间的关系，如争端解决程序中证据的收集和损害的确认等。同时，海关、工商、技术监督等部门也应予以配合。

### （三）增强金融市场证券监管法律制度的配套性及有效衔接性，提高法制内容的统一性和整体性

"打铁还需自身硬"，要想真正地"走出去"，还得自身能够"站稳脚跟"。金融市场的内部监管完善是金融市场对外开放融通的必不可少的基础。作为金融市场中的一个不可或缺的重要方面，证券市场是由上市公司、证券经营机构、投资者及其他市场参与者组成，由证券交易所的有效组织而得以正常运行的。在这一系列环节中，都应具有与之相应的法律规范。《证券法》与《公司法》相互间还存在有关衔接的问题，以及其他有关法律条文的补充问题，如根据《证券法》规定的法律责任，应考虑对《刑法》《行政诉讼法》等法律作出相应的补充规定，否则在缺乏相关性法律的配合下，证券监管的法律手段在实际运用中将难以奏效。

因此，第一，尽快制定与《证券法》相配套的法规和各种实施细则，尤其是有关上市公司的收购和兼并、证券经营机构管理、证券融资管理等方面的规章制度与操作细则；第二，应根据推进证券市场市场化进程和建立市场化监管制度的基本原则和市场发展的实际需求，以及我国证券市场对外开放所带来的新变化，对《证券法》进行必要的修改，同时修订、调整、废止原有部分法规、规章和文件，增强法规的适应性；第三，针对目前法律制度体系中依然存在的监管漏洞和遗留问题以及证券市场对外开放所产生的新问题，及时填补法制空白。

### （四）加强涉外金融法律服务体系建设

法律人才的准备。一是政府官员和企业领导的法律培训问题，二是我国律师队伍的建设问题，二者不可偏废。尤其是后一方面，精通国际法的法律人才的培养更是当务之急。以世贸组织为例，我们很难想象在一件复杂的世贸组织争端解决中，不熟知世贸组织规则体系的权利和义务的一方能很好地维护自身权益。

首先，我们应当加强法律人才培养。体系稳定，必然扎根于人才土壤。

一是加强涉外法律人才培养师资队伍建设。师资队伍建设是培养合格涉外法律人才的基础。理想的师资条件，应当具备以下几个条件：首先要有充足的国内法的教学师资，这一点，我国现有法学院校都能做到，其基础也较好；其次要有丰富的国际法律教学经验的师资，能够教授国际有关法律制度、英美法律制度，而且能够实现双语教学。这一点目前很多法学院校还存在一定差距，需要重点关注和改善。

二是课程设置与课程内容要与国际接轨。涉外法律人才课程设置与课程内容要立足国内法，具备较浓厚的国际气息和实践比例。要继续开设大学英语课程，提高学生基础英语语言能力和水平。要开设国际法律课程，介绍国际法、国际组织等法律制度和组织。开设法律英语课程，加强学生的专业英语能力，选用英文原版教材。

三是注重实践运用。要到涉及海外法律事务较多的单位去实习，主要是涉及外交事务较多的外交部、政府外事机构、海事法院等。一般内陆地区的法院涉及的外国法律事务比较少，此处的实习可能难以达到锻炼的效果。

四是选择比较好的办学模式。可以考虑中外合作办学模式和双语教学模式。中外合作办学可以更好地利用国外资源，双语教学可以快速提高学生的语言水平。

其次，我们还应当重视队伍建设。有人才，却无伯乐，只能是一种遗憾和浪费。应当坚持以多种方式、多种形式探索建立不同的涉外金融法律人才集约化管理、交流、合作平台。一方面，搭建完善涉外法律服务业支撑平台，通过"互联网+涉外法律服务"模式，探索建立"涉外法律服务云平台"，采集各类企业和个人涉外金融法律服务需求，集聚涉外法律服务人才、机构、信息资源数据，形成涉外金融法律服务采购及供应体系；另一方面，发展壮大涉外法律服务人才队伍，打造上海涉外法律服务人才品牌。不断完善涉外律师领军人才培养规划和涉外律师人才库的建设，加强高端法律服务人才引进和培养力度，打造全市范围内的涉外法律服务联合培训平台。

# 绿色金融的法律机制设计

## 李志强　张博文

2016年在杭州举行的G20峰会上，"绿色金融"议题首次被写入会议公报中，引发了全球关注。公报中提出："我们认识到，为支持在环境可持续前提下的全球发展，有必要扩大绿色投融资。绿色金融的发展面临许多挑战，包括环境外部性内部化所面临的困难、期限错配、缺乏对绿色的清晰定义、信息不对称和分析能力缺失等，但我们可以与私人部门一起提出许多应对这类挑战的措施。我们欢迎绿色金融研究小组提交的《20国集团绿色金融综合报告》和由其倡议的自愿可选措施，以增强金融体系动员私人资本开展绿色投资的能力。"

绿色信贷、绿色债券、绿色股票、绿色发展基金、绿色保险、碳金融等一时间在社会中引起热议。当然，这也是我国可持续发展基本国策在金融领域的具体体现。"绿色"与"金融"的有机结合，不仅标志着经济发展理念的转型升级，更将全面改善全球金融系统安全、结构性改革和绿色经济发展的制度架构与功能机制。

中国律师积极介入绿色金融的法律服务，在绿色信贷、绿色债券等绿色金融法律服务产品中发挥了专业导航和示范作用，形成了一批可复制、可推广的实践经验和做法。

## 一、绿色金融概述及我国发展现状

### （一）绿色金融概述

绿色金融即金融业在日常经营活动中坚持环保思想，关注生态环境的保护和污染治理等领域，通过金融手段引导社会资本和资源的投入，实现经济效益与环境保护的双赢。绿色金融既包括金融业自身要坚持环保理念，形成绿色、节约的金融发展模式，也包括金融业应为相关的环境产业提供更加便利的金融服务，以推动环保事业的发展。①

绿色金融相对于传统金融行业来说，是可持续发展的发展与延伸。其中，两者相同之处在于利用市场规则吸引社会资本以促进社会资源的最优化流动。而不同之处在于，绿色金融更加强调环境利益与可持续发展，将对生态环境的保护和资源的合理利用作为重要评价标准，通过市场机制将资本引入生态环境保护与生态资源的合理化运作。这种新型方式无疑改变了过去的粗放型经济增长模式，由资源型经济增长晋升为技术型经济增长，通过企业转型，投资高新绿色产品，对资源进行合理分配和利用，实现绿色可持续发展。简而言之，其目的在于通过金融活动来实现人与自然的和谐的可持续发展。从现阶段资本市场实践来看，我国的绿色金融主要包括了以下三个方面。

1. 绿色保险。所谓的绿色保险是指，通过保险方式来实现对于环境风险管理的相关保险项目及其衍生的保险服务。②其中，比较有代表性的是由保险公司对污染受害者进行赔偿的环境污染责任保险，即以企业发生污染事故对第三者造成的损害依法应承担的赔偿责任为标的的保险。这种保险方式可有效地应对相关污染事故及其产生的其他环境风险。这无疑给相关企业，尤其是高耗能、高污染企业提供了一种相对合理的市场机制来控制企业的环境风险。

2. 绿色信贷。绿色信贷是指利用信贷手段促进节能减排的一系列政策、制度安排及实践。在此意义上，我国的绿色信贷，国际上通常所说的绿色金融、可持续金融、银行业社会环境责任等在本质上具有一致性，两者都是国家通过恰当的规制性政策和监管措施引导银行等金融机构自愿承担和履行更多社会环境责任的一种具体体现。我国绿色信贷项目主要集中在绿色经济、低碳经济、循环经济三大领域。

---

① 杨锋.浅议绿色金融的法律规制［J］.人民论坛，2016（3）：125.
② 任辉，周建农.循环经济与我国绿色保险体系的构建［J］.国际经贸探索，2010，26（8）：75–80.

3. 绿色证券。绿色证券是指上市公司在上市融资和再融资过程中，要经由环保部门进行环保审核。它是继绿色信贷、绿色保险之后的第三项环境经济政策。同时，在对绿色证券市场进行研究与试点的基础上，制定了一套针对高污染、高能耗企业的证券市场环保准入审核标准和环境绩效评估方法。从整体上构建了一个包括以绿色市场准入制度、绿色增发和配股制度以及环境绩效披露制度为主要内容的绿色证券市场，从资金源头上遏制住这些企业的无序扩张。[①]

### （二）立法现状

我国从20世纪90年代开始，相继颁布了一系列关于绿色金融的法律法规及部门规章。

1995年，中国人民银行发布了《关于贯彻信贷政策与加强环境保护工作有关问题的通知》，要求各级金融机构在信贷中把支持国民经济的发展和保护环境资源、改善生态环境结合起来，要把支持环境保护和污染防治作为银行贷款考虑的因素之一。

2007年原国家环保总局、中国人民银行、中国银监会联合发布的《关于落实环保政策法规防范信贷风险的意见》，将企业的环保标准提到发放贷款的前提条件中，首次将"环保标准"这个长期以来流于纸面的模糊标准落地。该意见下发后，各地出台了不同形式的绿色信贷的实施方案和具体细则，将"高污染、高耗能"企业的贷款缩紧，同时建立企业的环境违法信息平台，将相关的环境违法信息公开以作为采取停贷或限贷措施的依据。[②]

2015年1月，中国银监会、国家发展改革委发布的《能效信贷指引》，鼓励和指导银行业金融机构积极开展能效信贷业务，有效防范能效信贷业务风险，支持产业结构调整和企业技术改造升级，促进节能减排，推动绿色发展等。[③]

2016年8月，中国人民银行、财政部、国家发展改革委、环境保护部、中

---

① 张澄澄. 关于推行绿色证券的思考［J］. 现代商贸工业，2008（9）：3.
② 李勋. 发展绿色金融的法律研究［J］. 兰州学刊，2015（8）：143.
③ 肇恒野. 关于我国绿色金融法治的思考［J］. 知与行，2016（4）：36.

国银监会、中国证监会、中国保监会印发《关于构建绿色金融体系的指导意见》。该意见分为以下九个部分：构建绿色金融体系的重要意义；大力发展绿色信贷；推动证券市场，支持绿色投资；设立绿色发展基金，通过政府和社会资本合作（PPP）模式动员社会资本；发展绿色保险；完善环境权益交易市场，丰富融资工具；支持地方发展绿色金融；推动开展绿色金融国际合作；防范金融风险，强化组织落实。

2017年6月，中国人民银行、中国银监会、中国证监会、中国保监会、国家标准委联合发布了《金融业标准化体系建设发展规划（2016—2020年）》，将"绿色金融标准化工程"列为五大工程之一（其余包括金融风险防控标准化工程、互联网金融标准化工程、金融标准认定体系建设以及金融标准化基础能力建设工程），将"绿色金融"的规制体系建设列为国家级金融重点战略。

### （三）实践现状

中国银行业协会2017年7月发布的《2016年度中国银行业社会责任报告》显示，五大国有银行的绿色信贷占比为55%，国家开发银行和进出口银行两大政策性银行的占比为27.5%，股份制银行的占比为16.3%，邮储银行的占比为1.2%。[①]同时，截至2017年6月，21家主要银行业金融机构绿色信贷余额为8.22万亿元（《2017年度中国银行业社会责任报告》尚未发布，此数据为目前各方所公布的可得数据），较年初增长9.45%，占各项贷款总额的比例为10%。总体来看，仅2017年上半年绿色信贷市场规模就超过了2016年，国有大型银行和政策性银行仍担任绿色信贷主力，股份制银行的绿色信贷业务仍有上升空间。

在绿色债券方面，根据中央国债登记结算公司和气候债券倡议组织（CBI）联合发布的《中国绿色债券市场现状报告（2017）》，中国境内外共发行绿色债券118只，其中在岸发行113只，共计2045亿元；离岸发行5只，共计441亿元，合计2486亿元（371亿美元），符合国际绿色定义的债券发行量

---

① 中国银行协会.2016年度中国银行业社会责任报告［R］.2017.

达1543亿元（229亿美元），占全球发行量的15%。①

而在绿色基金方面，截至2017年第三季度末，我国以环境（E）、社会（S）和公司治理（G）为核心的ESG社会责任投资基金共计106只。据中国基金业协会的数据统计，截至2017年6月末，包括基金、信托等各类资产管理产品规模达97.81万亿元，在中国基金业协会自律管理下的资管规模达52.80万亿元，占整个资管行业约54%。从国际经验看，ESG投资相对于一般投资具有较强的风险防控力以及稳定的长期回报的特点，因此ESG投资理念有助于资产管理行业实现价值增长的目标。②

在绿色金融高速发展的大环境下，各个金融机构积极地拓展相关业务与项目，构建机构相关制度。例如，浦发银行已形成了业内最全的覆盖低碳产业链上下游的绿色信贷产品和服务体系，其包含"五大板块、十大创新产品"，又正式推出"碳排放权抵押"创新融资产品，以碳排放权作为抵押标的助力企业融资，并成功在广东落地国内首单碳排放权抵押融资业务。

在具体项目上，上述金融机构结合地缘优势，充分利用绿色信贷进行项目开发，尤其是在污染治理与新能源发展方面。例如，2015年，中国银行安徽省分行支持铜陵海螺集团水泥窑协同处理城市垃圾示范项目，并联手中国银行贵州省分行，为海螺集团投资的贵州玉屏、习水城市生活垃圾处理线项目核定8300万元授信贷款额度，支持海螺集团垃圾处理技术的推广应用。2016年8月，江苏银行南通分行投放8000万元贷款，支持如皋市同源污水处理有限公司城市污水处理扩建项目。该项目为节能环保产业PPP项目总投资3.85亿元。三期建成运营后，总处理规模达到9.8万吨/天，出水水质将稳定达到一级A标准。③

## 二、实践角度下绿色金融存在的法律问题

我国绿色金融建设起步晚，而且本身理论发展就不完善，这导致我国金

① 数据来源：中国债券信息网——中央结算公司，http://www.chinabond.com.cn/，最后访问时间：2018年7月12日。
② 中国人民银行. 2017年中国金融市场发展报告［R］. 2018.
③ 数据来自《江苏银行2016年度社会责任报告》，2017年3月。

融立法也存在一些不足。

### （一）环境领域的调整机制落后

我国环境领域仍然深受计划经济时代的"命令式"控制影响，各级政府在绿色金融领域内仍扮演主要的引领角色，而市场机制介入较少。对于破坏的环境和生态系统，大都采取补贴方式来控制其影响，这种方式客观上在我国环境污染问题严重的大环境下，在很大程度上起到了控制与治理的作用，但这种方式不利于通过市场机制从根源上解决环境问题，既不利于绿色金融体系所提倡的利用市场资本的介入达到环境保护与节能减排的目的，也打击了金融企业投资生态环保企业的积极性，加剧了政府部门和公司社团的对立，使环境保护工作效率低下。

### （二）绿色金融立法落后，尚未形成法律体系

我国现有的以《环境保护法》为核心的环境保护法律体系只关注法律主体或市场主体的环保责任本身，尽管制定了相应的罚则与执行部门，但这种"事后治理"的体系思想，缺乏引导环保自身发展的机制。这与构建事前机制来促进环保渠道、环保方式的绿色金融机制显然是极不相应的。具体体现是，在绿色金融领域，我国仅有一些零散的意见、通知等文件。

根据上述的相关政策梳理，不难看出，这种部门依据部门职能而发布的相关文件主要针对环保金融的某一方面，彼此关联性差，也难以形成体系，很难为我国绿色金融战略提供系统的法律支持。这也必将导致整个绿色金融体系中很多环节的规制空白。因而，在实践操作中，各个职能部门权力混乱，管理失衡，致使相关绿色金融项目审批难、周期长、风险大等。

### （三）企业环境信息披露制度不完善

当前的信息披露制度主要强调上市公司及非上市公众公司经营信息方面的相关披露，即内在业务与架构的相关信息披露。在此种框架中，只强调公司正常经营或财务造成重大风险的环境信息披露，且其往往是事后的"事故披露"，没有对公司日常环境信息的披露制度，尤其是环保信息的公开披露制度。上述问题直接导致了"两高"型企业在日常的经营中环境信息的缺

失。2016年环保部在原有的《环境信息公开办法（试行）》《企事业单位环境信息公开办法》等相关规定的基础上，又出台了《建设项目环境影响评价信息公开机制方案》，但在科学、及时、准确等方面，我国的环境信息公开制度还有很长的路要走。

通过环境信息公开推进绿色金融需要达到的终极效果：每一个投资者和消费者能够清楚地知道自己的钱都进入了什么样的企业，生产出多少废气、废水，造成了什么程度的污染，对全社会造成了怎样的环境负担；如果所投资的是一家节能环保型企业，消费者和投资者能清楚地知道自己的资金的消耗帮助这个地球节约了多少能源，减少了多少温室气体的排放。[1]

### （四）环境损害成本的合理风险预测与负担机制尚未形成

在实践中，绿色金融尤其是绿色证券与绿色保险，尚未形成统一的合理风险预测制度。对于金融产品的相关风险提示与环境损害后的负担未有统一的预测标准与预测制度。究其原因，在于环评体系的不健全。一旦某项环境投资遭遇金融风险，往往依赖于传统的环评报告，而环评报告对于环境所产生的相应的金融风险是无法预测与评价的；如果绿色金融所涉及的项目产生相应的环境污染等环境问题，其所引起的财物风险往往很难通过传统的环评报告事先体现。这直接导致市场对于环保投资的内在动力不足。虽然从上述发展数据来看，我国的绿色金融产业发展速度很快，但机制的缺失所产生的内在动力不足，很可能导致我国绿色金融产业无法长期良性、健康、高速发展。

## 三、完善绿色金融法律制度的合理化建议

### （一）加强与完善绿色金融法律框架

我国的绿色金融产业正处于一种从试点或政策扶持与促进向常态化、固态化发展的转折期，在这一过程中，形式与内容较为烦琐的各部门行政规定

---

① 张承惠，王刚.以法律形式确立绿色金融制度［N］.上海证券报，2014-11-06（A01）.

或"红头文件"导致的行政管理混乱、效力低下等问题，往往客观上阻碍了这个产业的持续发展，因而要充分发挥绿色金融政策调控市场和保护环境的作用，以法律的形式确立绿色金融制度势在必行。通过法律的形式，创立并完善上层设计与体制构建，明确各个部门的权力与责任，为绿色金融这个对于我国来说的新兴产业客观上提供一个可行的框架支持。也就是使"政策"转化为"法律"，使"特例"转化为"常态"。

### （二）强化市场机制对于绿色金融的规制

政府行使公权力对于环境问题进行干预无可厚非，这也是公权力机关的职责所在。但在环境项目上，尤其是通过资本市场来运作的环境项目，公权力机关应当扮演"审核者"的角色，而非"引领者"的角色。绿色金融的目的就在于利用市场机制对于环境问题进行事先的干预与运作，使环境问题及其所产生的风险由市场主体承担。那么在这个过程中，政府所代表的公权力机关就应当扮演"审核者"的角色，即对于市场自发所产生的环境项目进行评估，将其所带来的社会公共风险而非资本风险进行管控，而非扮演整个绿色金融各个环节的"引领者"的角色，这与我国现阶段所强调的充分利用市场机制解决社会问题与社会矛盾的路线背道而驰。

### （三）完善事前评估法律制度与事中监管法律制度

上文提到，我国对于绿色金融市场化的运作缺乏完善的评估体系。因此，从政府层面及制度构建上需要完善的中介服务体系提供有效的风险评估支撑。绿色信贷项目所涉及的技术往往较为复杂，通常超出了传统风险评估的评估范围，为此，需要借助第三方的专业技术评估。因而建议通过法律法规的构建，以政府购买服务的方式，建立公益性的环境成本信息系统，委托第三方或其他在本领域内具有相关专业资质的中介机构进行评估，为资本市场主体提供专业依据以及基于此所产生的风险评估。同时，建立健全绿色评级体系。研究环境因素对各级政府与企业评级的影响方式与程度等，合理确定评级标准与方法。尽快进行绿色评级试点，并制定鼓励或强制实施绿色评级的政策。通过这种评级体系及不同的评级路径，完成对于一个具体市场主体所操作的绿色金融项目的事中监管，从而避免环境风险导致的社会风险。

同时，结合《金融业标准化体系建设发展规划（2016—2020年）》的要求，构建与完善绿色金融的标准化规制方式与规制进路，使"事前评估与事中监管"更加标准化并具有可操作性，切实使相关会议精神与国家方针落地，最终着力于对实践中"绿色金融"领域的实践规制。

### （四）制定绿色金融宣传常态化机制

正如前面所提出的，"绿色金融热潮"席卷我国的资本市场，但在广大的人民群众中，"绿色金融"这个名词依旧是陌生的。要通过市场机制来调整一个领域，其前提是公众了解并知晓一个领域的基本知识与相关信息。

对于市场化下绿色金融的宣传，应当建立相关的常态化机制：一方面，公权力机关在尊重与维护市场化运作的情况下，发挥公权力职能，起到适当鼓励与推动作用，强化绿色金融的宣传，使公众了解这个领域的相关产业以及相关运作方式；另一方面，制定审核与监督机制，对于误导公众的不正当宣传进行抵制，从而促进更多的关于绿色金融的健康信息在市场中流动，最终帮助市场主体进行正确的决策。

## 四、结语

"金山银山，不如绿水青山"，在我国环境问题日益严峻的当下，绿色金融为我们开辟了一条通过资本运作而完成全社会参与环境治理及环境维护的道路。要使绿色金融体系充分发挥其作用，相关的制度构建尤其是法律制度的构建则极为重要。通过政策上升到法律，再通过法律制度的合理构建反过来促进绿色金融的持续、健康发展，无疑是我国绿色金融领域的必经之路。

# 资产证券化破产隔离机制可行性研究

李志强　李　建　游　广

自我国资产证券化业务取消行政审批、扩大管理人范围以来，市场效率大幅提高，企业积极利用资产证券化产品融资。据统计，2016年1月至2018年4月末，企业资产证券化产品共发行备案492只，规模为6665亿元。

近年来，资产证券化业务确实呈现快速增长态势，其主要原因：一是自2014年以来，党中央、国务院高度重视资产证券化对盘活存量资产、服务供给侧改革的重要作用，政策文件提及资产证券化多达12次；二是市场广度、深度进一步扩展，市场主体对于资产证券化认识逐步加深；三是资产证券化契合企业盘活存量的内在需求，尤其对应收款项比重较大行业以及PPP、商业物业等重资产领域，资产证券化特性与行业经营模式能够有机结合，具有较强的市场需求；四是中国证监会积极落实"放管服"改革要求，对资产证券化业务实行备案制加基础资产负面清单管理，放松前端管制，强化事中、事后监管，极大地激发了市场活力和创造力。

## 一、资产证券化破产隔离的概述

作为资本市场重要创新金融工具的资产证券化，其法律的核心问题便是破产隔离机制。从资产证券化的运作来看，资产证券化实质上是围绕实现破产隔离而展开的金融活动；从资产证券化的特征来看，这些特征正是为了实现破产隔离而进行的各种设计和架构所带来的；从资产证券化的意义来看，资产证券化之所以能够给参与各方带来好处，关键之处是通过破产隔离实现了风险和收益的重组。

### （一）国内现有法律框架下破产隔离的含义

破产隔离是指证券化的基础资产在转让予特殊目的载体（SPV）后，不属于原始权益人、管理人或资产支持证券持有人等任何业务参与人的破产财产，各业务参与人的债权人不得向该等基础资产主张权益，从而达到与各业务参与人的破产风险相隔离的效果。①

就我国目前的法律框架而言，尚未直接对证券化业务中的破产隔离作出明确规定。但对于形成"破产隔离"判断结论的相关规定散落在不同的部门法下。根据《企业破产法》《证券公司及基金管理公司子公司资产证券化业务管理规定》（以下简称《管理规定》）的相关要求以及约定俗成的市场一般理解，在国内证券化市场中，实现与原始权益人、管理人和资产支持证券持有人的破产隔离一般需分别满足以下条件。

1. 与原始权益人的破产隔离。就实现与原始权益人的破产隔离而言，以基础资产的真实出售为前提可实现破产隔离。在原始权益人作为资产服务机构的情形中，即使原始权益人通过真实出售将基础资产转让给专项计划，仍会以服务机构的角色参与包括基础资产回收款的归集和转付、基础资产相关信息的统计和披露、与相关义务人的关系维护和沟通等与原始权益人日常经营高度重合的活动。在这种情形下，需进一步考虑包括权利完善、基础资产回收款转付方式等在内的相关机制，关注来自债务人对原始权益人的抵销以及原始权益人自身破产下资金混同风险。

2. 与管理人的破产隔离。就实现与管理人的破产隔离而言，首先需要明确管理人基于何种法律关系代表或代理资产证券持有人占有或拥有基础资产；同时，在操作层面，根据《管理规定》第十五条的规定，管理人应当为专项计划单独记账、独立核算，不同的专项计划在账户设置、资金划拨、账簿记录等方面应当相互独立。

3. 与资产支持证券持有人的破产隔离。首先需要明确资产支持证券持有人基于何种法律关系直接或间接享有或拥有基础资产。就实现与资产支持证券持有人的破产隔离而言，在资产证券化的市场实践中，一般会在专项计划

---

① 李苇.资产证券化中特殊目的载体（SPV）的设立问题研究［D］.成都：西南财经大学，2005.

文件中明确，专项计划存续期间，资产支持证券持有人不得主张分割专项计划资产，不得要求管理人回购其取得或受让的资产支持证券。因此，为履行其在专项计划文件项下的义务，被查封、扣押、冻结财产的资产支持证券持有人须遵守专项计划文件的约定不得主张分割专项计划资产，而在实际的破产执行的程序中，可用对资产支持证券的查封、扣押、冻结取代对专项计划财产本身的查封、扣押、冻结，从而实现专项计划与资产支持证券持有人的破产隔离。

### （二）国际视角下破产隔离的含义

从国际视角出发，以具有悠久的证券化历史和完备的破产法体系的美国为例，其对于与原始权益人破产隔离的认定有较为明确的界定。2001 年《破产法修正案》（*Bankruptcy Reform Act*）正式引入了安全港 （Safe Harbor）制度，该修正案第九百一十二条规定， "在与资产证券化有关的交易中（in connection with an 'asset-backed securitization'），任何被转让（transferred）给合格实体（eligible entity）的合格资产（eligible asset）将被排除在债务人的财产范围之外"。①

据此，美国对于与原始权益人破产隔离的认定有四点要素：合格实体、合格资产、转让和与资产证券化有关。SPY被认为是合格实体的一种；而资产证券化中的债权类（包括未来债权）等典型的基础资产都被认为是合格资产；对于转让的界定，则主要考察交易文本中双方是否有真实意图进行出售、购买和转移；与资产证券化相关则主要考察交易背后的本质目的，资产证券化交易活动则定义为任何 "进行应收账款转让并基于该应收账款而发行投资级别以上证券（investment grade securities）的活动。

### （三）破产隔离的目的及意义

在资产证券化业务中实现破产隔离的目的在于：切断基础资产与原始权益人法律上的资产归属关系（主要通过将基础资产真实出售SPV实现），使证券化资产不会因任何业务参与人发生破产风险而受到任何影响，从而保证证

---

① 廖凡.美国新破产法金融合约例外条款评析［J］.证券市场导报，2007（5）.

券本息的兑付仅受到基础资产现金流产生能力的影响，保证证券化资产及其现金流产生的安全性，减小业务参与人破产等因素导致投资者蒙受损失的可能性。

在资产证券化业务中实现破产隔离对于参与各方的意义在于：（1）对投资者而言，其收益偿付是否实现仅取决于基础资产本身，投资者仅需考虑基础资产本身的信用，无须考虑原始权益人的信用状况。（2）对投资者而言，资产支持证券投资者在投资时可以避免自身能力的欠缺而无法获取原始权益人经营信息的情况发生，投资者仅需根据SPV披露的基础资产本身的情况及可能面临的各项风险进行投资判断，从而避免信息不对称导致的投资失败。（3）对企业而言，破产隔离主要是对破产风险的隔离，防止破产风险向证券化的资产传递，从而降低资产的风险，使证券化资产获得较高的评级，获得更多的资金支持。信用级别的增加，会有效降低投资者对产品投资回报率的需求，进而降低企业融资成本。

## 二、资产证券化破产隔离的实现：真实出售

### （一）真实出售的具体含义

美国杜克大学法学教授、国际著名资产证券化专家斯蒂文·L. 西瓦兹有一句名言：判决资产证券化能否成功的关键标准之一，就是看发起人与受让人之间的资产是否实现了真实出售。[①]真实出售本是经济学上的概念，它是指在资产转移过程中，卖方将资产的所有权益与风险，及资产的权利义务全部转让给买方，卖方对资产将不再享有权利，也不负担义务，买方作为资产的新的所有人，将独立享有权利和承担义务。

法律层面上的真实出售，更多的意义是在于，确认原始权益人通过将基础资产的项下或与之相关的所有权利、所有权和利益完整转让给代表专项计划的管理人时是否实现了基础资产权属的完整让渡，在资产证券化产品的相关合同条款中，需对转让标的、转让价款、交割方式界定清楚并约定明确。

---

① 朱蕾.我国当前资产证券化之"风险隔离"法律问题研究［D］.上海：华东政法学院，2006.

转让价款需符合公允性的原则。根据我国《合同法》第七十四条，因债务人放弃其到期债权或者无偿转让财产，对债权人造成损害的，债权人可以请求人民法院撤销债务人的行为。债务人以明显不合理的低价转让财产，对债权人造成损害，并且受让人知道该情形的，债权人也可以请求人民法院撤销债务人的行为。撤销权的行使范围以债权人的债权为限。《企业破产法》第二十一条规定，人民法院受理破产申请前一年内，债务人的财产以明显不合理的价格进行交易的，管理人有权请求人民法院予以撤销。若转让价格明显有失公允，会导致基础资产的转让成为可撤销合同的民事行为等不良后果。

### （二）影响真实出售的因素

1. 基础资产类型。根据基础资产类型对资产证券化产品进分类时，主要可以分为三类：债权类、收益权类和权益类。收益权类的基础资产由于未来形成的现金流具有不确定性，并未在资产负债表内体现，因此不涉及真实出售的概念。债权类资产主要包括应收账款、租赁债权、保理债权等。权益类资产则主要为类REITs产品。债权类资产与权益类资产可实现真实出售。

2. 交易结构设计。若要实现基础资产的真实出售，实现法律层面上的意义相对容易，主要在于确认原始权益人实现了对基础资产的项下或与之相关的所有权利、所有权和利益完整让渡，因此主要是实现对转让标的、转让意愿、转让价款、交割方式的清楚界定，与交易结构本身设计关联性较少。但是在会计层面上需要注意的事项较多：一是出表主体不能够为基础资产再提供任何增信，包括提供差额补足、担保、不合格资产代偿等义务；二是基础资产不得附带赎回、置换等条款；三是出表主体持有的劣后份额要足够低，以保证基础资产的风险报酬实现足额转移。

3. 原始权益人选择。尽管中国的资产证券化市场已经实现了高速发展，但是就发展阶段而言尚处于初创阶段，投资者对产品的认可程度与原始权益人资信有很大关系。这表现在两方面：一方面，投资者往往并不希望资产证券化产品脱离原始权益人主体信用，而是要求原始权益人提供一定的增信或让原始权益人承担基础资产一定的风险，这将阻碍真实出售的实现。另一方面，即使基础资产实现真实出售，原始权益人也不得提供外部增信。在这种情况下，往往原始权益人资信越强，投资人对产品的认可程度也会越强，而一些原始权益人资信较弱的产品则难以实现销售。投资者观念中的破产隔离理念尚未真正树立。

### （三）真实出售的目的及对参与各方的意义

根据资产证券化即债权转让的法律本质，基础资产的真实出售不仅仅是构建破产隔离型资产证券化的第一步，也是该类结构性融资能够成功的重要一步。资产真实出售制度旨在将投资者承担的风险与发起人的一般信用隔离，以发起人的特定资产为基础，实现对投资者的预期收益进行偿付。资产证券化结构的最高目标在于将产生现金流的资产与发起人或 SPV 的财务风险相隔离，确保资产产生的现金流得以按证券化的结构设计向投资人偿付证券权益，实现资产信用融资。所以，证券化资产的真实出售是对隔离风险极为关键的一部分内容。要实现破产隔离，就需要发行人将基础资产真实出售给 SPV 或 SPT，以实现企业破产前合理价格的真实交易。

对投资者而言，针对实现真实出售的基础资产，他们可以把更多的精力放在分析基础资产池、跟踪基础资产池未来走向上，而不是仅仅将重点放在发行人的主体信用上。

## 三、资产证券化破产隔离的现实困境

### （一）真实出售制度尚不完善

1. 缺乏判断真实出售的法律体系。从立法技术的角度来看，资产支持专项计划各个参与主体之间的法律关系，以及资产支持专项计划所持基础资产与各参与主体之间的法律关系应当依据我国《证券投资基金法》来确立，已经不再是我国《合同法》上的委托法律关系。

随着《管理规定》的颁布实施，企业资产证券化可以描述为：作为基金管理人的证券公司或基金管理公司子公司代表资产支持专项计划与原始权益人签署资产转让合同，购买基础资产，以发行资产支持证券所募资金支付对价。因此，只要该等资产转让构成真实出售，资产支持专项计划取得的基础资产将不再属于原始权益人的破产财产，从而实现了破产隔离。专项计划与原始权益人的破产隔离主要依托真实出售。

但是中国现有法律框架中并不存在一套如美国立法规定的真实出售的判断体系，目前只能通过追溯《管理规定》的上位法而分析出破产隔离在中国法律背景下的存在依据，这一分析过程虽合理，但尚未经司法检验。鉴于破产隔离在资产证券化中的重要性，应考虑以高层级的法律规范进行规定。

2. 投资者对原始权益人的选择要求不利于贯彻真实出售标准。尽管中国的资产证券化市场已经实现了高速发展，但是就发展阶段而言尚处于初创阶段，投资者对产品的认可程度与原始权益人资信有很大关系。

### （二）企业部分资产难以完全实现破产隔离

从形式上说，应收账款、小额贷款、权益型REITs等已经进入原始权益人报表，该类资产已经确实存在，并且不受原始权益人运营的影响或影响较小，因此破产隔离效果最好，基本可以做到完全的破产隔离。

一般债权类基础资产ABS产品已经进入原始权益人的报表，较容易实现基础资产的破产隔离。债权类基础资产可以做到以公允的价格进行出售并且能够出表，从财务上和法律上均能较为清晰地界定出资产的真实出售。权益型资产一般由SPV通过契约型私募投资基金投资不动产资产，SPV的现金流主要来源于房地产的经营收入或处置房地产而产生的收入。这种交易结构中，原所属公司已经完全转让了该房地产所有权，新的受让方（契约型私募投资基金）可以完全取得该房地产所有权，基本实现了基础资产的破产隔离。

但是对于融资租赁债权类基础资产ABS产品来说，原始权益人转让基础资产后并未办理权属登记的转移，仍然持有租赁物所有权，根据我国《企业破产法》第三十条的规定，如原始权益人破产，租赁物可能被纳入其破产财产。另外，根据《企业破产法》第十八条的规定，由于原始权益人和承租人之间的租赁合同属于在破产申请前成立而原始权益人和承租人均未履行完毕的合同，故原始权益人的破产管理人可以决定解除租赁合同或者继续履行租赁合同。在租赁合同解除后，基础资产的回收等将可能因此受到不利影响。在原始权益人担任资产服务机构期间，如果人民法院受理关于原始权益人的破产申请，且原始权益人的自有财产与其代为收取的回收款混同而无法识别，则原始权益人代为收取的回收款可能会被认定为原始权益人的破产财产，融资租赁债权类 ABS 产品无法完全实现破产隔离效果。

### （三）企业部分资产破产隔离效果较差

没有进入原始权益人报表的资产，或者无法在国家有关机构进行登记的资产，比如高速公路收费、租金收入、公用事业收费权、门票收费权等，虽然可预计性强，但由于并没有形成可登记或可分离的资产，因此不能做到完全的真实出售，其破产隔离效果较差。

此类资产形成的基础资产统称为收费收益权类基础资产，基本不在报表内体现，是基于某一具体资产的衍生财产权利。这类资产依赖于原始权益人持续稳定地经营以提供服务。根据《企业破产法》的规定，原始权益人发生破产清算时，该等收费权属于原始权益人的破产财产，如该等收费权被进行破产分配，则收费收益权也会因作为其产生基础的收费权不再存在而无法继续产生。综上所述，收费收益权转让后，无法实现与原始权益人的破产隔离。

### （四）主体增信的适用因具体资产情况不同而变化

1. 受限于不同的资产类型，主体增信为选择适用，并非强制适用。对于债权类资产而言，其类比信贷资产证券化，由于该等资产的名义金额已经确定，未来资产池的风险主要依赖于相关债务人的违约风险和回售处置风险。因此，如果在资产池本身的指标以及通过资产池的内部增信方式能够满足相应的评级要求的情况下，一般无须引入原始权益人的主体信用。如某租赁公司之前发行的多期租赁资产证券化项目中，专项计划的增信措施多为内部增信，并未嵌入租赁公司本身的主体信用。

收益权类资产受限于该等资产的未来现金流属性，需要依赖原始权益人的持续经营。相比债权类资产，该类收益权 ABS 现金流不确定性较高，因此通常需要关注原始权益人自身和其他外部增信机构的信用质量。在实践中，往往会通过原始权益人差额支付和第三方提供外部担保的形式来增加资产支持证券的评级。

2. 基础资产回收款为第一还款来源，主体增信为补充还款来源。在采用主体增信作为增级措施的部分债权类资产（多为资产池本身的指标无法满足评级要求情形下）和收益权类资产证券化产品中，即使引入主体增信，该等主体增信项下所产生的支付义务也是在基础资产本身的现金流无法满足届时专项计划应当支付的税费和优先级的本金和利息的情况下才会触发。因此，对于专项计划的现金流来源而言，基础资产本身的回款是第一还款来源，而主体增信则一般处于第二顺位，且存在严格的触发条件。

综上所述，我们理解，受限于交易所市场资产证券化基础资产类型、质量等要求，存在部分产品引入主体信用作为增级措施的情形，但该等主体信用所产生的现金流仅在基础资产现金流不足情形下起到一定的次要的补充作用，并不实际依赖于主体增信。

### （五）企业资产证券化以"收益权"界定资产的滥用

财务报表中无记载的未来收益类资产包括供电、供水、供热合同债权，收费公路车辆通行费收益权等。从合同债权生效角度，未来收益类资产又可分为两类：一是合同已经生效，但作为基础资产的合同债权实现，以转让方（原始权益人或发起机构）履行相应义务为条件，如售电合同债权，发电企业虽然与电网公司之间的合同已经生效，享有收取售电对价的权利，SPV可以依法取得该合同债权，实现真实出售。但该权利的实现以发电企业履行发电义务为前提，SPV面临因发电企业主观或客观原因未履行发电义务，基础资产不能按预期产生现金流的风险。二是合同关系尚未产生或未生效，在资产支持证券生效时基础资产尚未产生，无法即时交割。如发电企业与电网公司签订的售电合同为1年期合同，但SPV向发电企业购买的基础资产为3年期限的合同债权，剩余2年的合同债权并未产生。在资产支持证券生效日，SPV无法取得剩余2年的合同债权，存在基础资产不能交割的风险，未实现真实出售。《证券公司及基金管理公司子公司资产证券化业务管理规定》第十一条关于"特定原始权益人"的规定，旨在控制前述风险。

我们理解，基础资产类型是影响与原始权益人或发起机构风险隔离效果的客观因素，无论通过信托还是买卖，对于上述部分资产，都不能完全实现风险隔离，但这是由该类资产特性决定的，与交易结构无关。应当注意的是，从投资者保护角度，真实出售和破产隔离固然重要，但SPV取得的基础资产本身是否受法律认可和保护则是更为本质的重要问题。企业资产证券化实践中，存在滥用收益权界定未来收益类资产的现象，建议严格监管，否则会危害投资者的权益。

## 四、资产证券化破产隔离机制助推实体经济发展

### （一）解决企业融资难问题的同时，有效避免企业资金偿债压力

1. 债权类基础资产。资产证券化业务区别于传统的债权融资和股权融资。债权融资一般包括借贷融资和债券融资，反映了企业从银行取得贷款或者在资本市场发行债券等债权性融资活动，在资产负债表中位列于右侧的"负债"项；股权融资一般包括发行新股、配股等权益性融资活动，在资产负债表中位列于右侧的"所有者权益"项。股权融资和债权融资对应财务报表中所有者权益、负债及其各科目结构的变化，是一种表内融资，融资时企业需考虑资产负债率和股权结构等问题。

而针对应收账款等债权类基础资产的资产证券化业务，企业如通过资产证券化业务将基础资产真实出售给资产支持专项计划，专项计划以基础资产未来所产生的现金流为偿付基础发行资产支持证券募集资金，该资金将作为基础资产的购买对价划付企业。在这一资产转让过程中，只涉及企业资产负债表左方的"资产"项。这是一种资产融资方式，其融资活动并不改变资产负债结构，是一种有别于债权、股权融资的表外融资方式。这正是资产证券化与传统债权、股权、融资最大的区别。当然此类表外融资的规模也不是无限度的，其前提是必须基于企业已有合适的可以转让的资产，并且每次资产的转让都需要经过会计师对风险报酬转移测试等严格的会计认定。资产负债率较高的企业往往可以通过发行资产支持证券融入资金，再将该资金用于偿还银行贷款或者其他债务来降低资产负债率。

2. 收益权类基础资产。对于收益权类基础资产，由于其未来形成的现金流具有不确定性，不符合资产的定义，所以基础资产不在资产负债表上反映。其与债权类基础资产开展资产证券化业务采用不同会计处理，即企业获得转让价款时资产负债总额同时增加，提高了企业的资产负债率，会计效果上类似于上述的"抵押贷款"模式，因此收益权类资产证券化业务可以作为

企业有别于传统贷款融资方式的有效补充。但是，该类项目的资产支持证券的本金和收益是收益权资产未来归集款作为偿付来源，并不由企业直接偿付，并未直接增加企业的债务偿还压力。

3. 权益类基础资产。对于类 REITs 项目等权益类基础资产，由于企业的转让标的同样在资产负债表中"资产"项中体现，所以开展权益类基础资产的资产证券化业务给企业债务方面带来的影响与债权类基础资产证券化业务的相同：开展资产证券化业务后，企业的资产负债率保持不变，债务没有增加；获得的转让价款也可以作为既有债务或贷款融资的替换，可以减少企业债务，降低资产负债率。同时，资产支持证券的本金和收益较大部分是以基础物业未来运营收入作为偿付来源，并不由企业直接偿付，并未直接增加企业的债务偿还压力。

综上所述，相较于企业既有债务或贷款融资模式，资产证券化是一种性质不同的融资方式，其在降低或控制企业负债率方面优于传统债务融资模式，可以形成对企业既有融资模式的有效替代或补充。同时，不论上述哪类基础资产类型，资产支持证券的本金和收益是以基础资产未来所产生的现金流作为偿付来源，而企业并不都承担直接的偿还责任，因此都不会额外增加企业的直接债务，不会造成债务叠加。

### （二）保障金融投资者合法权益

1. 借助ABS项目过桥资金有助于清理信托资产上的权利瑕疵。根据《管理规定》，基础资产不得附带抵押、质押等担保负担或者其他权利限制，但通过专项计划相关安排，在原始权益人向专项计划转移基础资产时能够解除相关担保负担和其他权利限制的除外。同时，《中华人民共和国物权法》第一百九十一条规定，抵押期间，抵押人未经抵押权人同意，不得转让抵押财产，但受让人代为清偿债务消灭抵押权的除外；第二百二十八条规定，应收账款出质后，不得转让，但经出质人与质权人协商同意的除外。因此，我们理解，如果以企业持有的存量资产，无论是不动产抑或应收账款债权等作为基础资产进行转让的，在由于原有融资而存在权利负担的情形下，均应在专项计划设立前以过桥资金或通过募集资金偿还原有债务，解除资产上的权利负担，否则将不得作为专项计划的基础资产，也无法满足《物权法》对于抵质押资产的转让要求。这一过程也有利于切实保障投资者的权益。

2. 破产隔离机制下SPV独立存续,自身不受破产影响。资产证券化破产隔离主要是指通过将基础资产真实出售给 SPV,使基础资产从原始权益人名下转移至SPV名下。如果未来原始权益人进入破产清算程序,已转让的基础资产将不属于其破产财产,不得用于清偿原始权益人的债务。

在资产证券化项目的实际操作中,通过破产隔离,可以有效地将原始权益人的破产风险与资产证券化交易相隔离,有效降低投资人的投资风险。以债权类项目为例,即使原始权益人破产,专项计划管理人仍可以代表专项计划向基础资产的债务人进行追偿,从而大幅降低原始权益人的破产对专项计划现金流入的影响。同时,由于基础资产已经转移至SPV名下,在发生原始权益人破产的情况下,专项计划管理人有权代表专项计划基础资产进行处置,通过出售等方式使得现金流快速回笼以减少投资人的投资损失。此外,由于在一定程度上将基础资产从原始权益人的信用风险中分离出来(特别是针对债权类项目),专项计划可以主要依靠基础资产自身的信用水平而非原始权益人或其他参与主体的信用进行风险评估及风险定价。

从合法性和有效性来看,2014年11月19日,中国证监会以公告形式颁布了《证券公司及基金管理公司子公司资产证券化业务管理规定》(以下简称新《管理规定》),将资产支持专项计划设定为资产证券化交易的 SPV,同时明确了,专项计划资产系独立于原始权益人、管理人、托管人及其他业务参与人的国有财产,原始权益人、管理人、托管人及其他业务参与人因依法解散、被依法撤销或者宣告破产等原因进行清算的,专项计划资产不属于其清算财产。新《管理规定》明确将国家最高立法机构全国人大颁布的《证券投资基金法》《中华人民共和国信托法》等作为其上位法,这一安排为资产支持专项计划提供了坚实的法律基础。

## 五、中国证监会加强监管下破产隔离机制的可行性分析

### (一)加强中国证监会监管以完善制度漏洞

我国资产证券化业务处于摸索阶段,诸多法律规制尚不完善。比如,前

文已经提到，中国现有法律框架中并不存在一套如美国立法规定的真实出售的判断体系，更多时候是采用《合同法》《企业破产法》综合判断。因此，在目前这一领域法律规制尚不完善的背景下，中国证监会作为主管证券公司资产证券化产品的监管机构，具有较为丰富的处理资产证券化事务的经验和监管资源。客观而言，资产证券化市场的规范离不开司法的审理、判决，更离不开相关监管部门的常态化监督与经验总结。中国证监会作为资本市场的主管部门，其对于资产证券化市场具体态势和问题的理解相较于许多司法机关而言更为深刻。加强中国证监会对于当前阶段的市场管控，有利于其接触更多的市场案例，进一步积累、强化其在资产证券化方面的业务专长和优势，形成更加合理有效的对策方法、机制体制。中国证监会的管控，不仅能在具体案例中弥补法律规制上的一些漏洞，更能为后期相关法律规制的完善积累提供宝贵而专业的经验，可谓一举两得。

**（二）由中国证监会主导进行资产证券化产品的监督管理符合市场发展要求与政策导向**

新《管理规定》充分反映了资产证券化市场的发展导向。未来的发展趋势是取消行政审批，加强事中、事后监管，强化重点监管和信息披露的真实性，最终实现资产证券化产品市场化、法制化。[①]

这一导向完全契合资产证券化市场稳扎稳打、步步为营、由紧到宽的市场发展潮流，既可杜绝突然放宽市场门槛导致的资产证券化业务野蛮生长，又能保障未来该类金融业务的充分自由。从中可以看出，资产证券化市场在转向更加宽松自由的阶段。目前正处于这一特殊阶段，若要顺利、平稳、有序地完成市场环境的逐步转变，以中国证监会为主导的相关职能部门的监督管理尤其重要。前文已经提到，破产隔离机制生效的情况下ABS项目能为企业带来低成本的融资，促进市场活力。但是，如何让破产隔离机制充分有效地运行并非易事，收益权类资产的认定、部分难以实现破产隔离的资产的风险评估等涉及广大投资者切身利益的事项仍需专业职能部门的把控，否则，

① 邵学军，李兵.论资产证券化项目中基础资产的选择——兼论资产证券化业务法律尽调要点[J].中伦视界，2016（12）.

便有可能导致市场乱象，对未来资产证券化市场环境的构建产生消极影响。中国证监会等职能部门未来的简政，恰恰需要当前更加严格、有力地把控监督。此外，即使后期放宽资产证券化市场相关限制，也并不意味着中国证监会监督管理要求的放松。可以预见的是，在放宽的一段时间内，市场难免会出现相较以往更多的问题、乱象，以中国证监会为核心的监管部门仍然有必要严阵以待。因为一个市场真正的成熟需要一个很长的阶段，绝非一日之功。

### （三）资产证券化可成为PPP领域发展的重要推动力

PPP资产证券化不但为资本市场与PPP领域之间架接了一座桥梁，更可以成为PPP领域发展的重要推动力。

首先，资产证券化有助于盘活PPP存量资产。近期，国务院明确提出"要拿出更多优质资产，通过政府与社会资本合作模式引入各类投资，回收资金继续用于新的基础设施和公用事业建设，实现良性循环"。而资产证券化是盘活PPP项目存量资产的方式之一，可通过市场化方式提高PPP项目资产的流动性，提高资金使用效率和社会资本的参与意愿，吸引更多社会资本参与PPP项目建设。

其次，PPP成功有赖于社会资本形成稳定的预期，而资产证券化可在其中发挥重要作用。政府与社会资本的平等合作体现了风险收益对等的原则。在项目建设、执行与运营过程中，不仅要重视公共服务定价问题，还要重视金融市场定价问题。资产证券化基于各类投资者市场化的交易行为，形成长期的、稳定的投资回报与收益率预期，这些预期收益率可为各类社会资本提供有效的参照，有助于社会资本形成稳定的预期回报，提升社会资本参与的积极性。

再次，资产证券化可以为PPP提供持续融资服务。PPP项目一般投资规模大，投资期限长，虽然各类金融机构为PPP项目竞相提供优惠贷款，但仍难以满足日益增长的融资需求。引入符合PPP融资特征，并能够覆盖PPP项目全生命周期的资产证券化模式，对于支持PPP持续健康发展有重要意义。此次联合通知中明确了收益权、合同债权与股权三类基础资产可开展资产证券化，并提出PPP项目建设期可探索采用资产证券化方式，一定程度上解决PPP项目全生命周期的融资问题。

最后，资产证券化有助于规范PPP发展。交易所是标准化、公开透明和监管有效的市场，PPP资产证券化，应当严格按照证券监管规则履行相应的信息披露义务，接受中国证监会、交易场所和协会等单位的行政监管与自律管理，也要接受市场的监督。资本市场是PPP项目规范发展的试金石。PPP证券化的发展，将有助于提升PPP项目的规范性和透明度，激励项目参与方从项目开始阶段就按照资本市场公开透明的标准严格要求，履行相应程序，提升规范运作水平。

### （四）加强风险管控，实现资产的有效破产隔离

对于融资租赁类债权资产无法完全实现破产隔离的情况，目前通行的风险控制措施：其一，在产品中设置权利完善事件，约定在权利完善事件发生后，要求原始权益人将租赁物所有权一并转让给计划管理人，并且向承租人、担保人、保险人发出权利完善通知，将租赁物件、基础资产转让的情况通知有关各方。其二，在发生特定情形时，对基础资产回收款转付的方式或频率进行调整。如在原始权益人（作为资产服务机构）的主体长期信用等级下调后，回收款转付期间将依据其级别下调的具体情况进行不同程度的缩短或原始权益人（作为资产服务机构）应指示相关方将属于专项计划资产的款项直接支付至专项计划账户，不再支付至其收款账户。由于回收款划转调整的触发条件一般先于企业破产清算，有效缓解了原始权益人（作为资产服务机构）因代为收取的回收款而与自身经营产生的其他业务收入无法识别区分而产生的混同风险。其三，在交易文件中，要求资产服务机构开立专户归集基础资产回收款，并委托监管银行对该专户实施监管。如该等资金可以与资产服务机构的自有资金区别开来，则在资产服务机构破产时计划管理人对该等资金的取回权可能得到人民法院的支持。

对于收费收益权类无法完全实现破产隔离的情况，目前通行的风险控制措施：一是将收费权进行质押，办理质押登记手续。依据《企业破产法》第一百零九条的规定，对破产人的特定财产享有担保权的权利人，对该特定财产享有优先受偿的权利。因此，采取收费权质押的方案可考虑在专项计划项下构建相应的债权债务关系（如原始权益人对相应资产支持证券利息和／

或本金兑付承担差额支付义务），由原始权益人以其所享有的收费权为该等债务提供质押担保，并按照《应收账款质押登记办法》第二条的规定，在人民银行征信系统办理质押登记，起到一定的公示作用。如原始权益人破产，计划管理人（代表专项计划）对收费收益权对应的收费权本身享有优先受偿权。二是通过设置监管账户、设置较高归集频率等方式对基础资产现金流进行控制。

### （五）推动《证券法》修订，完善资产证券化法律体系

美国金融危机的发生提示我们，资产证券化过程中强有力的监管是非常重要的，一个全方位、多层次的自律监管与行政监管有机结合的监管体系必不可少。但是，作为一项新兴的项目融资工具，资产证券化项目的成功开展依然离不开法律制度环境的土壤，但因其新颖性和特殊性，在现存的法律制度下遇到许多障碍。尤其是在中国，现有的法律规定很难完全适用，又没有专门立法的规范和监管，曾经出现的案例都是采用个案审批通过的方式。

立法的滞后正是国际项目融资不能大规模兴起的重要原因之一，因此必须从立法层面为项目融资的发展扫除障碍，为其建立良好的法制环境。通过立法的完善使项目的设立和运营，既要求符合破产隔离，又须将各种成本支出降到最低，以保证证券投资者的收益。项目公司原始权益人可以通过专门从事资产证券化业务的现存发行证券，也可以设立新的进行该项目的证券化融资。

统一立法是解决目前资产证券化诸多问题较好的一个办法，可以考虑设立专门的立法小组，借鉴他山之石，参照美国、日本、法国、韩国等国家的模式。韩国关于资产证券化的基本法律有《资产证券化法案》和《住房抵押债权证券化公司法》。法国1983年引入资产证券化，直到1994年7月通过证券化法修正案，资产证券化发展速度才明显加快。我国可先出台行政法规，再制定《资产证券化法》或在《证券法》修法中补充完善相关资产证券化的法律规范，以更好地对资产证券化进行全面、系统的法律规制。

## 六、结语

资产证券化是资本市场金融创新的产物，在发展资本市场的同时，也

必然会带来一定的风险。资产证券化制度设计的关键在于破产隔离机制的设计。资产证券化中的破产隔离机制在我国已经成为本土化产品，资产证券化破产隔离机制具有可行性，适应我国新时代资本市场服务实体经济的现实需求，能够推动我国实体经济迅猛发展，对我国的现代化建设具有重要意义。

时机成熟时，我们建议总结实践经验和做法，通过国家最高立法机关制定专门的《资产证券化法》或在《证券法》修法中补充完善相关资产证券化的法律规范，确立统一的规则，建立资产证券化专门统一的法律体系。同时，加强中国证监会在资本市场日常监管中的独特作用，培育和强化投资者适当性教育和风险防范意识，也是题中应有之义。只要我们积极探索，大胆实践，强化监管，法治先行，我国资产证券化的金融创新之花一定会更加绚丽夺目。

# 论资产证券化法律规制的完善

李志强　张博文

资产证券化是资本市场长期运作中的创新产物，其最早出现于20世纪70年代的房地产中，主要针对于房屋抵押贷款领域。我国资产证券化最早出现于20世纪90年代，该种模式由于其灵活变现以及盘活资产等特点，获得了我国资本运作主体的广泛欢迎。而2004年，中国证监会发布《关于证券公司开展资产证券化业务试点有关问题的通知》，2005年，人民银行和中国银监会联合发布《信贷资产证券化试点管理办法》，为资产证券化的发展提供了法律基础，资产证券化实践从此在中国拉开了帷幕。

我国的资产证券化在发展过程中依然是按照"行政规制"进路的方式进行规制，中国证监会、中国人民银行以及中国银监会等行政机关为此出台了一系列的规章进行规制。然而，上位法的缺失，导致行政管理体系紊乱，使各方权利义务不明确、不平衡，加剧了投资者与资产主体两者之间的张力，也使处于中间角色的SPV越发尴尬，加剧了上述三者之间信息的不对称性。上述问题最终导致了金融风险的不断增强，最近我国资本市场的大规模违约现象的产生也是此类问题的集中体现。

本文通过对于资产证券化的业务分析以及法律法规规制体系的考察，分析了目前市场资产证券化制度中的问题与不足之处，最终基于上述两者提出了可行性意见，并建议将资产证券化的相关内容写入《证券法》中，建立健全我国资产证券化的法律规制体系。

## 一、资产证券化概述

### （一）资产证券化概念

从本质上讲，资产证券化（也称ABS）就是将基础资产产生的现金流包装成为易于出售的证券，将可预期的未来现金流立即变现。资产证券化作为一种融资工具，原始权益人或发起人以资产为基础发行资产支持证券从而获得融资。类似于债券交易，资产支持证券的交易类型一般包括质押式回购交易和现券交易。就资产支持证券质押式回购而言，目前中国人民银行、上海证券交易所、深圳证券交易所均出台了相关公告或暂行办法允许资产支持证券进行质押式回购交易；就现券交易而言，资产支持证券的交易一般包括一级市场的发行和二级市场的交易。

而根据我国《证券公司及基金管理公司子公司资产证券化业务管理规定》（以下简称《资产证券化业务管理规定》）第一条、第二条、第四条规定，我国的资产证券化的定义应为：证券公司、基金管理公司子公司等相关主体，以基础资产所产生的现金流为偿付支持，通过设立特殊目的载体（或称SPV），采用结构化等方式进行信用增级，在此基础上发行资产支持证券的业务活动。SPV是指证券公司、基金管理公司子公司为开展资产证券化业务专门设立的资产支持专项计划。

### （二）我国资产证券化发展概述

我国资产证券化之进程，可追溯到20世纪90年代。三亚开发建设总公司在1992年以其旗下某项目之土地为标的，以土地开发后的相关收益权为基础资产，联合珠海市市政府及相关SPV，在美国证券市场发行了2亿美元的资产担保债券。同时期，我国的相关国企，例如，中国远洋运输公司和中集集团，通过企业所掌握的相关资源成功地开展了应收账款证券化交易。但是，这些交易大多采取了离岸证券化的形式，基本上不涉及境内机构。2004年，中国证监会发布《关于证券公司开展资产证券化业务试点有关问题的通知》，2005年，人民银行和中国银监会联合发布《信贷资产证券化试点管理办法》，为资产证券化的发展提供了法律基础，资产证券化实践从此在中国拉开了帷幕。

从2005年起，人民银行、中国银监会以及中国证监会等相关行政机构配合国家开发银行、中国建设银行等市场主体进行了一系列的信贷资产证券化产品的试点，信贷资产市场也在一定程度上蓬勃发展。由于2008年美国信贷危机爆发，出于金融市场的审慎态度，相关部门暂停了资产证券化试点。

2011年9月，中国证监会重启对企业资产证券化的审批。2012年5月，人民银行、中国银监会和财政部联合发布《关于进一步扩大信贷资产证券化试点有关事项的通知》，标志着在经历了国际金融危机之后，我国资产证券化业务重新启动，进入第二轮试点阶段，试点额度500亿元。2013年8月，人民银行、中国银监会推动国家开发银行、工商银行等机构开启第三轮试点工作，试点额度达到4000亿元，我国资产证券化市场正式进入常态化发展时期。

2014年末，中国证监会出台证监会公告〔2014〕10号、证监会公告〔2014〕49号以及《资产支持专项计划备案管理办法》，中国银监会出台银监办便签〔2014〕1092号等相关规章和规范性文件，变原来的资产证券化审批制为资产证券化备案制，放开了行业业务入口。自此，我国的资产证券化迎来了大发展时期。截至2017年末，资产证券化发行规模已与企业债和公司债发行总量相当。与此同时，资产证券化市场的参与主体、投资者群体以及行业从业人员进一步扩大和丰富。

### （三）现行资产证券化法律规制框架梳理

1.法律。

《中华人民共和国证券法》第二条规定：在中华人民共和国境内，股票、公司债券和国务院依法认定的其他证券的发行和交易，适用本法；本法未规定的，适用《中华人民共和国公司法》和其他法律、行政法规的规定。因此，资产支持证券作为证券的一类，须符合《中华人民共和国证券法》的规定。

《中华人民共和国合同法》第二条规定：本法所称合同是平等主体的自然人、法人、其他组织之间设立、变更、终止民事权利义务关系的协议。婚姻、收养、监护等有关身份关系的协议，适用其他法律的规定。因此，资产支持证券化业务中，机构间及机构与投资者间签订《托管合同》《认购协议》等相关合同文本，受《中华人民共和国合同法》规制。

作为结构化产品，资产证券化业务需要通过增信措施来保障投资人的利益，外部增信可能通过担保的方式进行，因此也需要符合《中华人民共和国物权法》《中华人民共和国担保法》等法律的规定。资产证券化作为一种融资方式，其一大特点是，如果能够满足真实交易，便可以达到破产隔离的目的，因此在判断破产隔离事宜时，需要参照《中华人民共和国破产法》的规定。在此类经济活动中，还会产生其他法律关系，都须符合我国法律的规定。

2. 行政规章。

《资产证券化业务管理规定》对资产证券化业务进行了定性，对业务中管理人、托管人、原始权益人的职责、专项计划的设立备案、资产支持证券的挂牌与转让、资产支持证券信息披露等行为作出了相关规定。

《证券公司及基金管理公司子公司资产证券化业务信息披露指引》和《证券公司及基金管理公司子公司资产证券化业务尽职调查工作指引》对资产证券化业务中的信息披露事项以及管理人的尽职调查工作行为作出了详细规定。

《基金管理公司子公司管理规定》《证券公司客户资产管理业务管理办法》与《基金管理公司特定客户资产管理业务试点办法》对作为专项计划的管理人的证券公司、基金管理公司子公司的业务行为进行具体规制。

《私募投资基金监督管理暂行办法》通过《资产证券化业务管理规定》第二十九条的规定："资产支持证券应当面向合格投资者发行，发行对象不得超过二百人，单笔认购不少于100万元人民币发行面值或等值份额。合格投资者应当符合《私募投资基金监督管理暂行办法》规定的条件。"对于资产证券化业务中的认购人进行规制。

3. 规范性文件。

《资产支持专项计划备案管理办法》由中国证券投资基金业协会制定，其对备案主体、备案内容、备案需提交材料、备案流程进行了详细的规定。

《资产证券化业务基础资产负面清单指引》以列举的形式，规定了哪些资产不能作为基础资产入池发行资产支持证券。此种负面清单列举的方式，可以更大地发挥市场的作用，不会导致多数资产不能作为基础资产从事资产证券化业务，并且也可排除有重大风险的资产，从而保护金融市场的安全。

《资产证券化业务风险控制指引》从基础资产、现金流预测、专项计划账户资产再投资、法律文件等方面作出了规定，从而控制资产证券化业务的风险。

作为国内两大证券交易所，其规范化的管理、要求是对国内金融市场稳健发展的一大助力。关于资产证券化业务，上交所、深交所也各自制定了相关的指引、规范，明确资产证券化业务的操作方式，规范业务操作的流程，使得资产证券化业务标准化，从而防范金融风险。

## 二、资产证券化法律问题分析

### （一）资产证券化业务结构的再分析

从上述论述不难看出，资产证券化的业务结构可以分为以下三个部分：

第一部分是最前端，被称为资产端。在该部分中，企业抑或其他主体选取相应的资产作为证券化之基础。在该端中，根据《资产证券化业务管理规定》第八条的规定，基础资产应符合法律法规规定，权属明确，可以产生独立、可预测的现金流且可特定化的财产权利或者财产。基础资产可以是单项财产权利或者财产，也可以是多项财产权利或者财产构成的资产组合。此处规定的财产权利或财产可以是企业应收款、租赁债权、信贷资产、信托受益权等财产权利，基础设施、商业物业等不动产财产或不动产收益权，以及中国证监会认可的其他财产或财产权利。

第二部分为中间端，也就是SPV，通过券商抑或其他机构设计交易结构。其目的有二：一是以资产为核心发行资产化债券，向各个投资者进行融资；二是通过此种交易结构，设立破产等风险保护机制，将融资与基础资产进行风险隔离。

第三部分便是后端，即金融产品的发行端抑或发售端，通过对资产证券化金融产品的发布、发售，实现基础资产变现的目的，为企业或者发行主体提供相应的现金流，完成整个资产证券化的流程。需要特别说明的是，在后端需要SPV与客户的有效沟通及相应的信息披露，而这里的信息披露直接与资产证券化的产品质量形成有效的正向关系。

### （二）行政监管之倾向性存在的问题

目前从监管思路来看，不管是国外还是国内，监管者最早关注的都是输出端。国外在资产支持证券的发行上有各种监管要求，主要是信息披露要求。在中国的实践中，现在不管是人民银行的备案注册制，还是中国证监会，其实主要关注的是资产支持证券的发行和发售。

实施此种监管进路的优点是明确的，通过对发行端抑或后端的有效监管，实现对整个资产证券化产品的监控，保护广大投资者的合法权益。由此，我们看到，无论《资产支持专项计划备案管理办法》抑或《资产证券化业务风险控制指引》对于资产端往往采用概略式规定，而对后端进行了比较详细的规定。然而，这种进路导致了一定程度的问题。

第一个方面就是投资者的实际利益抑或经济利益如何得到最终保护。现行监管往往把重点放在了后端，即发行端。此种进路可以使整个交易过程规范并在一定程度上保证了有价证券本身的交易安全。后端监管往往对最终的现金流形成规制，表面上对整个资本运作过程实现了监督，但问题的关键在于，投资者真正的经济利益抑或收益并不是由交易过程创造的，而是由前段的基础资产所确定的，如果基础资产的回报性无法确定，那么即使对交易过程实现完美监督，投资者的利益最终也得不到保护。

第二个方面便是对于投资人本身的保护。从证券化资产交易角度出发，其形式往往是私募发行，而债券私募发行时，筹资人不必将债券公开销售，而只是由银行、保险公司或信托投资公司等机构认购。私募债券发行通常采取记名形式，发行者可较少地公开自己的经营情况。其不能上市流通，在一定时间内也不得转让，到期后转让，也只能转让给上述投资机构。在整个资产证券化交易过程中，交易对方为合格投资者。而合格投资者区别于一般投资人的最主要的特点便是其不需要证券监管体系与金融法律框架的特别保护，以此为基点，根据上述说明，私募发行往往是豁免的。因此，法律框架将监管重点放在此处，从逻辑上来讲，也是存在很大问题的。同时，从美国2008年的次贷危机可以看出，整个交易过程与投资人保护往往做得极其规范，但基础资产抑或产品本身存在问题，而前端抑或资产端出问题，即使中后端体系再完善，也无法弥补投资人直接的经济损失。同时，通过风险隔离，基础资产的持有人抑或发行人将风险直接转移给了投资者，最终层层违约，形成次贷危机。

### （三）行政规章的效力性与法律认定问题

从上述法律梳理不难看出，对于资产证券化并没有一部法律进行规制，相关的规制就是以中国证监会为代表的行政机关出台的相应行政规章。此种规制进路符合我国一贯的规制进程，其往往通过行政规章规制进行试点运行，在试点过程进程中寻找相关的问题，不断完善行政规章的内容，最终在该市场运作成熟之后立法，达成法规规制的目的。

此种进路作为国家一般的法律运作过程，无可厚非。但这会产生两个问题。第一个问题是法律滞后性凸显。行政规章具有一定的强制力，可以在相关市场发展初期直接、简捷地发挥效力，快速达成规制目的。但由于法规的缺失，行政规章往往缺乏法律支持，无法在效力上起到实质性的规范效果。第二个问题更为严重，此种进路由于一定程度上脱离现行法律框架，往往导致现行法律在对于同一个问题的认定与解决上产生不明确性。例如，在资产证券化过程中，有两种不同的发行模式：一种是由基础资产的持有人发起的，市场中称为正向结构。另一种由相关市场投资人发起，这里称为反向结构。上述两种模式也可称为融资者发动的信托和投资者发动的信托。如果属于融资方发起的资产证券化，则其转让行为中，资产转让方或者资产收购方适用于信托法。如果采用投资方发起的资产证券化，适用信托法的环节是在发行证券的那个环节，也就是说投资者把现金交给受托人那个环节适用于信托法。两个不同的环节来适用信托法，在法律上要求完全不一样：如果是发起方发起信托，成立资产证券化，信托法上信托财产的规定就完全适用了，而且必须是可转让。而反过来，如果投资方只要求第一个环节符合信托法关于信托财产的规定，是没有问题的，而到了购买资产的时候，反而不受约束，怎样收购都可以，可以是转让式收购，也可以纯粹是债的意义上的收购，仅仅是出售方与收购方之间的债的关系，而非转让，这样那些所谓的收益权等根本就不是财产权法定意义上的财产就被收购了，它不需要符合信托法关于信托设立时的财产的可转让性的规定，出售方未出局，未产生破产隔离效力。上述情况属于委托还是信托，会有两种不同的认定方式，且任意一种认定方式都有相关上层法律法规的支持。

上述类似的问题一旦产生相关纠纷，其性质的认定就交给了司法机关。由于没有明确的法律法规进行规制，且相关行政规章没有最终的认定权，因此将最终的认定权交给司法。无疑，这会导致"同案不同判"的尴尬情况。

## 三、规制进路的完善

上述几个方面的问题，无疑是行政化规制问题的一些体现。面对越发成熟的资产证券化市场，无疑，切实、尽快地立法成为一个有效而直接的规制完善方式。

### （一）改变规制方向

资产证券化是一种结构复杂的金融创新。其业务横跨银行、证券、信托、担保、保险等多个金融业务领域。其经营模式属于极为典型的混业经营，这在我国分业模式的大环境下略显尴尬。此外，资产证券化产品在创设、发行、审批、交易、监管等环节还涉及财税、住建等其他政府部门，这无疑增加了发行的金钱成本与时间成本。不仅如此，目前信贷资产证券化与企业资产证券化分属不同的监管主体，适用不同的监管规则，并在彼此分割的市场上发行。①这导致监管越发靠近发行端，各个监管部门着眼于本部门的监管领域而忽略全局性规制成为此种监管进路所导致的必然结果。

因此，要有效解决上述问题，必须推动资产证券化的统一立法，尤其应通过《中华人民共和国证券法》修正案的方式将资产证券化加入各部门法中。通过法律的规定，将监管重点放到前端，形成有效的审核机制，确保真正符合投资人抑或整个资本市场发展的优良资产进入资产证券化的方式当中。同时，在优良资产作为保障下，大力发展资产证券化产品的二级市场，降低商业银行相互持有各自证券化产品的比重。可借由统一立法保障并壮大非银行机构投资者的队伍，如可引导货币市场基金、外国机构投资者等投资于中国的资产证券化市场；同时可通过回购、做市商制度、银行间市场与交易所互联互通等制度安排来提高二级市场的流动性；我国亟待建立权威、可靠的独立第三方信用评级体系，为投资者提供可靠的参考。

---

① 彭晓琼，张长龙.中国资产证券化统一立法刍议［J］.金融经济，2009（6）：97–99.

### （二）统一法律规制进路

自从资产证券化试点工作开始以来，各部门为配合资产证券化试点工作，制定了一系列部门规章，从政策层面上保障了资产证券化工作的顺利进行。但是资产证券化基础资产的权利内容、基础资产的真实销售、SPV的特殊性，以及资产证券化在设立、功能等诸多方面存在法律空白，导致类似本文第二部分所指出的问题越发突出，诸多方面的不完善，对于资产证券化的发展都会形成制约。

同时，资产证券化产品在创设、发行、审批、交易、监管等环节，还涉及财税、住建等多个政府部门，这无疑增加了发行的金钱成本与时间成本。不仅如此，目前信贷资产证券化与企业资产证券化的监管分属不同的监管主体，应采用不同的监管规则，并在彼此分割的市场上发行，这也是资产证券化发展道路上的阻碍。

纵观现行法律法规规制体系，可以认为是比较零散的，其中不乏相应的法律冲突，不能系统规范资产证券化全过程。因此，资产证券化发展至今，我们更应该设立专门的立法小组，可以参照日本、中国台湾、美国的模式，总结归纳优缺点，充分考察我国资产证券化的实际情况，将适合我国的法律规定本土化，以做好对于资产证券化法制的调整和改善。在做好上述准备之后，可拟定资产证券化法律的框架，将相关法律问题列入其中，以更好地对资产证券化进行全面、系统的规范。

### （三）规制方式的再思考

我国资本市场的运作存在其自身的规律，为了更好地发展市场融资渠道，才引入资产证券化这种新型融资渠道，这无疑为市场注入了新的活力。然而，面对新型融资方式，我国则采用了原有的监管进路，即通过试点方式进行试运营，在该细分市场成熟之后，再采用立法方式，统一规制进路。这种方式无可厚非，从某种程度上来看，也最为符合市场运作现实，同时也较为高效，能够通过扁平快的方式达到最大化的监管效果。

但是，行政监管与立法规制中间的节点讨论往往被我们忽略，即在什么情况下应从行政监管过渡到立法规制。如果从体量维度进行讨论，那么截至目前，资产证券化产品体量已达1.9万亿元，其中企业ABS有1.14万亿元，信贷ABS有0.69万亿元。①可以说，资产证券化已成为资本市场中的主流产品抑或主流融资方式。从规制有效性维度来讲，正如本文"二、"所列出的种种问题，最终导致各个行政机关分散管理，造成管理模式不统一甚至在个别问题上存在与上位法相冲突的嫌疑。最后，从监管目标来讲，无疑是为了保护广大的投资人，从此维度，也可认为是保护公众利益抑或社会公共利益。然而，从上述论述不难看出，监管模式导致监管偏向于后端，对于能够保护公众根本利益的前端则缺乏有效监管，因此产生监管空白，从而导致了诸多业务的不规范性甚至违法性，近期金融市场所产生的大范围违约事件抑或行业内所称的"爆雷"事件，与监管不到位不无关系。相反可以说，在某种程度上，此类监管的不到位，加剧了此类金融违约的后果，损害了广大投资者的利益。

综上所述，此时这个节点应该进行相关立法规制，特建议，将资产证券化的相关内容进行立法规制，特别应将其规制体系通过修订的方式加入《中华人民共和国证券法》中。

---

① 高蓓，张明. 不良资产处置与不良资产证券化：国际经验及中国前景［J］. 国际经济评论，2018（1）：124–142+7.

# 企业融资与投资贸易篇

# 债券违约法律问题研究

## ——以存续期管理与违约处置中登记托管为视角

### 李志强　张博文

## 一、引言

债券违约是债券发行与运行的一种必然结果，从某种程度上来说，它也体现了市场的成熟化运行以及持续良好的发展。然而，在我国现有的市场环境下，广大投资者难以容忍与接受相关的违约结果，常常将一个纯经济事件演化成为群体性事件，同时引发一系列社会问题。在此背景下，我国的债券最终依赖于受监管压力下的信托公司之刚性兑付抑或拿取一定的其他资本用作信用背书。在经济下行同时金融不断缩紧的当下，我国现有存量的债券往往面临无法刚性兑付同时失去信用背书的窘境而产生较多的违约事件。

从此背景出发，防止抑或有效预防债券违约成为当下有效解决债券违约的措施。但是，我国的存续期管理机制与违约处置登记机制又存在诸多问题，因而无法起到预防与隔离违约影响的作用。本文从存续期管理与违约处置中登记托管角度出发，在分析二者存在的问题的基础上，结合目前市场运行的客观情况，提出可行性路径，从而在某种程度上强化二者的预防与隔离功能。

## 二、存续期管理与违约处置中登记托管概述

### （一）存续期概述

存续期在描述现金支付流（如债券、抵押贷款）的主要时间特征方面优

于到期期限这一概念。存续期是综合了影响债券价格对利率变动敏感度的各个因素而计算出来的一个指标。有了这一概念，各种债券和债券组合对利率风险的敏感度便有了一个简单的、可直接相比较的衡量标准。

债券存续期有两种常用的计算方式：麦考利存续期（macaulay duration）和修正存续期（modified duration）。

麦考利存续期的单位为年，如票面利率及市场收益率均为8%，每半年付息一次的10年期债券的存续期为7.07年。以D代表存续期，市场利率每变动1个百分点，债券价格就会随着变动D%（利率上升时，价格下跌；利率下跌时，价格上升）。由此可见，存续期较长的债券（或债券组合）风险较高。若预期利率下滑，调整债券投资组合以拉长存续期（可以通过调高长债的比重来达到）是理智的策略，因为一旦利率下滑，债券组合的价格升幅会较大。当然，若判断失误，所付出的代价也会较为惨重。

到期前不付息的零息债券（zero-couponbond）的存续期，等同于其距离债券到期的年数（termtomaturity）。所有在到期前付息的债券的存续期，均较其到期的年数短。另外，若一切其他条件相同，票面利率越高，债券的存续期则越短。

由于债券都在到期前支付（零息债券除外），这种支付影响了现金流的现值和债券价格对利率的敏感性。存续期既考虑了到期前的长短，又考虑了提前支付。因而可以将存续期看成是对债券或抵押贷款的平均寿命的衡量。

### （二）登记托管概述

债券受托管理人是根据债务受托管理协议而设立的维护债券持有人利益的机构。债券受托管理人与债券持有人的关系为委托代理关系。债券受托管理人应当为债券持有人的最大利益行事，不得与债券持有人存在利益冲突。债券受托管理人应当履行以下职责：（1）持续关注公司和保证人的资信状况，出现可能影响债券持有人重大权益的事项时，召集债券持有人会议；（2）公司为债券设定担保的，债券受托管理协议应当约定担保财产为信托财产，债券受托管理人应在债券发行前取得担保的权利证明或其他有关文件，并在担保期间妥善保管；（3）在债券持续期内勤勉处理债券持有人与公司之间的谈判或者诉讼事务；（4）预计公司不能偿还债务时，要求公司追加担保，或者依法申请法定机关采取财产保全措施；（5）公司不能偿还债务时，受托参与整顿、和解、重组或者破产的法律程序；（6）债券受托管理协议约定的其他重要义务。

《银行间债券市场债券登记托管结算管理办法》第五条明确将债券登记托管结算机构定义为"银行间债券市场专门办理债券登记、托管和结算业务的法人"，同时第七条规定了相应的职能，即"（一）设立和管理债券账户；（二）债券登记；（三）债券托管；（四）债券结算；（五）代理拨付债券兑付本息和相关收益资金；（六）跨市场交易流通债券的总托管；（七）提供债券等质押物的管理服务；（八）代理债券持有人向债券发行人依法行使债券权利；（九）依法提供与债券登记、托管和结算相关的信息、查询、咨询、培训服务；（十）监督柜台交易承办银行的二级托管业务；（十一）中国人民银行规定的其他职能"。

而违约处置中登记托管则是债券违约后处理的一种方式，即债券在违约后，由债券登记托管人或者受托管理人完全接管债券，而对债券进行全部或一定程度上的兑付。

## 三、实践中存续期管理与违约处置登记的主要问题

### （一）债券存续期间当前存在的问题

当前，我国债券市场上主要存在"重发行、轻后续"的窘境。具体问题包括三个方面。

1. 在债券承销机构与受托管理人方面目前未建立较为完善的信用风险监测预警体系，信息披露也存在问题，未能给投资者留下充足的事前反应时间。

债券承销机构多为证券公司等券商，券商为债券发行人提供发行债券的服务并收取相应费用。从制度设计上讲，承销机构是主导债券发行的重要角色，其职责主要包括以下方面：一是债券产品的设计；二是申请报批材料的制作；三是牵头律师事务所、会计师事务所以及信用评级机构等中介机构的工作；四是以某种方式承销债券。与此同时，承销商还担任资本市场"看门

人"的角色，必须遵守《证券法》和《公司债券发行与交易管理办法》等法律规定的勤勉义务。如此一来，承销机构一方面收取发行人发行债券的相关费用，另一方面还要履行法律规定的"看门人"义务。承销机构为了完成业绩或者成功承揽业务，或者更直白地说为了收取债券发行的费用，在其债券承销过程中势必会更加偏向发行人一方。这样就为其所发行的债券埋下了违约风险的种子。①

同时，受托管理人往往建立了相应的信用风险监测预警机制，但信用风险监测预警机制往往无法突破信息披露机制而给予相应的投资者抑或利益相关方一定的行为指向。实践中，这就造成了信用风险监测预警机制往往只是对相关信息进行披露，受托管理人从自己的利益出发，不会对披露的相关信息发表任何看法、观点抑或建议，无法使披露的信息达到"披露"之目的，相关信息所指向的行为，依然由投资者抑或利益相关方自己决定。

2. 评级机构对发行人信用资质恶化采取的评级行动过慢，不能起到很好的预警作用。

2015年中国证监会公布了《公司债券发行与交易管理办法》，取消了公司债券发行保荐制度，强调了信用评级制度，要求公司债券公开发行必须进行信用评级。信用评级制度在公司债券违约风险监管中与信息披露制度一样占据重要地位。信用评级制度的核心在于揭示公司债券的违约风险，对公司债券履约还本付息的可能性作出评估。

我国信用评级机构较多，除了经中国证监会认定公布的七家证券市场资信评级机构名录之外，大多规模比较小，实力较弱。我国过去对债券市场违约风险监管关注较少，债券市场的信用评级制度发展较为缓慢。2008年的金融危机引发了全球对信用评级制度的关注，在这样的大背景下，我国债券市场的信用评级得到了一定程度的发展。

然而，我国信用评级行业没有一个高层级的监管机构制定统一的评级方法和评级程序，导致我国公司债券市场信用评级方法出现不统一不科学的现象，评级机构风险预估能力较弱。在当发行人发生一定的客观情况抑或经营情况导致其信用评级下降时，评级机构从自身利益出发，很难保持中立作出

---

① 陈献. 债券违约风险控制与后期处置法律问题研究［D］. 上海：上海大学，2017.

相应的评级调整或回应。从此角度来说，评级行动过慢难以及时调整也是评级机构难以保持中立的具体体现。[①]

3. 相关信用风险管理主体间责任不明确，互相推卸责任，难以及时处置问题。

我国债券市场信用评级及风险管理的监管同信息披露机构一样呈现出不同市场不同监管者的特点，导致债券市场的信用评级标准与风险管理标准不一致。公司债券信用评级由中国证监会监管，企业债券信用评级由发展改革委监管，银行间债券市场信用评级由人民银行监管，使评级机构需要接受来自中国证监会、发展改革委、人民银行等监管机构的监管，监管部门各自为政，监管标准存在差异。不同的交易市场的信用评级业务还要接受来自不同交易场所的自律监管组织的监管，中国银行间市场交易商协会和中国证券业协会分别对银行间债券市场和交易所债券市场债券评级业务活动进行自律管理。信用评级机构没有统一的评级标准和监管标准，监管机构之间、信用评级机构之间及信用评级机构内部缺乏有效的协调机制，难以把握标准，同时也无法明确风险管理主体间责任。

### （二）违约期间债券登记托管现存问题

1. 市场托管结算系统呈明显分割性。

目前，债券托管结算体制的明显特征是其分割性，共有两类债券托管结算系统：一类是起先由中国人民银行监管、现由中国银监会与人民银行共同监管的中央国债登记结算公司（以下简称中央国债公司），其作为银行间债券市场的后台支撑系统，负责该市场上各类债券的托管与结算事宜；另一类是由中国证监会监管的中国证券登记结算公司（以下简称中国结算公司），其下又分上海分公司与深圳分公司，分别负责上海证券交易所与深圳证券交易所包括债券在内的所有场内证券的托管清算结算事宜。这两大系统不仅尚未在技术与制度上连接，而且存在着很大的差异。

由于中央国债公司的服务对象是银行间债券市场的一对一询价报价交易，因而不承担对手方职能，只是对债券的托管结算负有办理确认的责任，

---

① 毛丹.公司债券违约风险监管法律问题研究［D］.北京：北京交通大学，2016.

不对合同承担履约担保责任，也不实行净额结算制度，而是提供券款对付（DVP）、见券付款、见款付券以及纯券过户等结算服务。中国结算公司针对的是实行集中撮合竞价的交易所市场，因而是对手方，对交收负有担保职责。

债券交易的资金结算，在银行间债券市场是通过人民银行的清算支付系统与交易商指定银行的支付系统进行的。目前，中国人民银行建立的"中国国家现代化支付系统（CNAPS）"已与全国银行间同业拆借系统（银行间债券市场的报价系统）和中央国债公司的"中央债券综合业务系统"连接，可以实现DVP结算。而中国结算公司的系统，债券过户为$T$日完成，资金交收为$T+1$日完成，DVP因此未能实现，资金清算支付基本是通过交易所与交易商指定的清算银行实施的。

从现行情况看，中央国债公司逐步占据了中国债券市场托管结算的主导地位，运营着数个计算机系统：债券簿记系统、债券发行系统、人民银行公开市场业务操作系统、信息统计系统、柜台交易中心系统以及债券余额查询系统等，尤其是债券余额实时直接查询系统更是中国结算公司系统所缺乏的，正是这一点，导致了两大系统对债券交易风险控制能力的巨大差距。

需要说明的是，尽管中央国债公司是财政部唯一授权的国债中央托管机构，国债总托管账户也设在该系统，中国结算公司作为成员单位也在中央国债公司开有国债托管账户，但中央国债公司对这一账户和系统内的债券运营与流转完全没有控制力，更不掌握这一系统的明细账，即使财政部对每期国债的利息与本金予以兑付的资金也是直接拨给中国结算公司，再由它对其成员机构代为分拨。所以，这两大系统无论从表面上还是从实质内容上看，都是分割的。显然，这是当前统一中国债券市场的最大问题。分割的系统导致交易效率、信息流通效率的低下，对违约期间债券的信用管理、风险管理、市场管理也会产生消极影响。

2. 两类托管结算系统存在表现形式不一的竞争关系，相互间没有形成很好的协调机制，导致债券市场交易成本上升、交易效率下降。

前文提及的两类系统的监管机构、规则制度、服务的前台不同，特别是交易所与银行间市场存在实质性的竞争关系，致使两大后台也处于竞争之中，基本是"谁都不服气谁"的状态，更因部门利益作怪，有些原本很好解决协调的问题也一拖再拖。这反映了两系统间基本没有形成有效的协调机制，也反映了对其进行监管的政府部门之间尚未就此形成很好的协调机制。

因此，就推动债券市场走向统一的关键措施之一的债券转托管问题，尽管市场成员多年来强烈呼吁，但在两大后台系统间迟迟没有实质性的进展。尽管财政部在2003年12月1日专门为此发布了《国债跨市场转托管业务管理办法》，作了一系列明确规定，中国结算公司也据此发布了《国债市场转托管业务操作指引》，但是，真正将一笔国债完成全部的转托管手续到可以对转托管的债券卖出，所花时间仍长达 $T+3$。这在债券市场行情每时都在变化的现在，考虑到时间成本因素，成本太高，致使两市场间的套利难以进行，这无疑加重了债券市场的分割与无效。

## 四、应对现有问题的对策

### （一）建立债券分级管理制度，进行差异化、多层次风险管理

2017年发布的《公司债券存续期信用风险管理指引（试行）》借鉴了银行信贷业务五级分类的思路，突出以风险为导向进行分类管理，将债券分为正常类、关注类、风险类和违约类，就不同风险分类的债券作出差异化的风险管理安排。具体而言，就是受托管理人根据信用风险程度的不同，将公司债券分为上述类别，然后针对不同类别债券采取差异化的风险管理模式，这也是国内债券市场首次引入信用风险分类管理模式。

在具体分类处置方面，正常类债券指发行人的偿债能力和增信措施的有效性未发生不利变化、预计能够按期还本付息的债券；关注类债券指发行人的偿债能力或增信措施的有效性已经或正在发生不利变化、需要持续关注是否存在较大信用风险的债券；风险类债券指发行人的偿债能力或增信措施的有效性严重恶化、按期还本付息存在重大不确定性且预计将发生违约的债券；违约类债券指已经发生未能按时还本付息的债券。

值得注意的是，债券分类风险管理不是一个静止不变的过程；相反，其应当具有动态性，以此保持债券分类的及时性，真正做到切实有效的风险评估、预防。对于部分可能对债券还本付息产生影响的因素，受托管理人可以

将其初步列为关注类债券。这些因素主要包括：发行人所处行业环境、政策环境的重要不利变化；发行人重要财务数据、经营数据、公司治理的不利变化；发行人关联方，如子母公司负债、资产等出现影响发行人偿债能力的不利变化；发行人使用募集资金方面不规范；部分其他因素。

### （二）建立规范定期检查监督制度，提升风险信息披露效率

缺乏行之有效、规范高效的债券存续期间检查制度一直是债券市场中的一处弊病。因此，需要设立各种监管报告义务，明确责任主体范围，确立并巩固一种集监督检查、风险预警、信息披露为一体的综合机制体制。

依据前文中提及的债券分类制度，也需要设置依据不同债券种类的差异化审查标准。比如，对初步列为风险类的债券，受托管理人应当在相关债券被列为风险类之日起1个月内完成风险排查，且必须至少在该债券每次还本付息日前2个月完成一次排查，并视风险状况增加后续风险排查的频次。风险类债券的风险排查应当以现场方式进行，受托管理人的相关负责人应当至少参加风险类债券的首次现场排查和每次还本付息日前的现场排查。经排查发现不影响当期付息或还本，但后续还本付息仍存在重大不确定性的债券，受托管理人仍应当将其列为风险类债券进行管理。

同时，对于审查的结果，还需要建立及时、全面、清晰的披露机制。受托管理人应当按照规范化要求，向交易所、发行人所在地的证监局等监管机构提交报告，披露风险。具体报告内容包括但不限于债券的风险状况、形成原因、影响、已采取的措施及其效果、后续工作计划和拟采取的措施。在预计债券即将违约前，及时报告债券即将违约情况、形成原因、影响、已采取的措施及其效果、后续工作计划和拟采取的措施。对风险类、违约类债券风险化解和处置过程的重要节点，及时报告已采取的措施及其效果、下一步工作计划和拟采取的措施；对风险类、违约类债券的风险化解和处置工作完成后，及时报告风险化解和处置过程、结果、经验教训总结及改进建议等。

### （三）强化资信评级机构责任，提高信用评级及时性

目前，我国针对债券违约采取的主要处理机制已经从事后处理向事前

预防、事中处置的方向转变。然而，资信评级机构作为风险披露、警示、预防的核心环节，总体而言却未作出深度调整，主要责任范围仍旧集中在托管人、发行方。因此，需要对资信机构的评级期限、调整方式、调整时限、过失责任等作出进一步规定，使其主动积极关注债券信用动态，并及时向社会反映真实信用信息。要加强对债券信用评级业的外部监管，改变行业管理的传统做法，建立对信用评级机构的统一监管，明确监管机构和监管责任，着重对债券评级结果的产生、评级机构的资质等进行有效监管。严格评级机构的市场准入条件，建立和完善必要的评级机构退出机制，以提高信用评级机构的资质水平。

### （四）优先解决存量问题

当前最为迫切的存量问题是大量挪用债券在交易所市场的违规回购融资所引起的拖欠问题，这严重制约着债券市场后台系统的再造。对此，建议借鉴1996年国务院出面清理当时国债回购债务问题的经验，由国务院出面，责成中国证监会牵头，中国人民银行、财政部、中国银保监会、上海证券交易所、深圳证券交易所、中国结算公司以及中央国债公司参与，组成专门对场内国债回购债务拖欠进行清理的小组。在问题解决过程中应秉承以下指导原则。

1. 不应再由中国人民银行以再贷款的形式解决问题。因为，近两年来以人民银行再贷款形式解决类似问题，反而给出了一种错误信号，某些舆论认为一旦发生类似问题，通过申请人民银行再贷款即可蒙混过关，认为只要增量，就会安然无恙。从法理、情理而言，再贷款的基础是人民银行的基础货币，也是全体国民和纳税人的资金，不应用于弥补部分市场主体谋取私利而造成的资金"黑洞"。

2. 对于大肆挪用他人国债违规回购套取资金而导致无法生存的证券公司与其他金融机构，应以破产关闭拍卖资产为主要处理方式。

3. 从法律上确立中国结算公司针对违规回购套取资金之债券的拍卖处置权。各有关方面应统一认识，从法规制度与措施上确保中国结算公司的这一权益，保障对违规机构债券拍卖处置的工作得以顺利进行。

### （五）改进托管清算结算系统，优化交易所债券现货与回购交易制度

1. 改革交易所债券回购交易制度。

（1）逐步取消标准券设计制度，突出债券回购交易的债券交易属性。采取银行间债券市场债券回购合同标的物的设计方式，取消标准券式的设计，改为按现实具体券种——对应的方式，即回购合同的标的物为各种上市流通的具体券种。

（2）封闭式制度可以保留，但对融资比例实施控制。封闭式债券回购交易主要突出了这一债券交易方式的融资功能，而对回购交易的其他功能则是忽略的，对此可以保留，但应在规模上有所压缩。因此，也应采取银行间债券市场的做法，由监管机构或自律组织对具体不同债券用于回购的融资比例在总量上有所限制。目前，在银行间债券市场上，这一比例的确认与公布是由人民银行统一负责的。

（3）缩短封闭式债券回购的期限结构，取消182天与91天的债券回购，最长不超过60天，以便使封闭式这一融资特性突出的债券回购交易方式，在真正发挥短期融资头寸调剂之需的同时，避免被不法机构套取资金作长期运用，并可起到压缩场内债券回购交易规模的作用。

（4）堵住债券现货与回购套作放大的交易途径。为此，应当规定正回购方起初卖出国债融进资金的当天或一定期间内不得再行买进债券，另外，交易所与托管结算后台还应当重点就场内证券公司的自营债券回购与现券交易采取有效的监控措施。

2. 重点改进交易所债券市场的托管清算结算系统与相应的制度。这主要是指切实按照市场化的要求与方向加强对两个交易所市场的托管清算结算系统建设。就目前情况而言，即使在中国结算公司框架内对交易所托管清算结算系统进行统一化建设，也急需在人才与技术建设方面加强这一框架的力量，并切实本着市场化的原则协调两个交易所已在运行的托管结算系统。而作为分支的两个交易所的托管清算结算系统在债券市场方面也需要从细处加强建设。为此，当前亟须采取的措施应至少包括以下三点。

（1）在场内债券回购交易制度框架内，应借鉴股票托管制度，建立一个有效监管下交易商和结算会员相分离的一级托管模式。除建立包括债券在

内的全部证券一级托管、一级清算体制外，要变行政监管为日常业务监管，从根本上控制证券交易和结算风险；建立交收对手间可协商的抵押机制，中国结算公司没有必要承担回购清算的结算交收风险。交易所和登记结算公司只要确定回购业务及抵押物品种，抵押折算比率应由交易对手在公开市场确定，即每笔回购交易由回购品种、抵押物和折算率确定，在回购期间抵押物和折算率是恒定的，回购业务的风险应该由交易对手（融资方、融券方）承担。在有可能的条件下，交易所应建立一级密码验证机制，即证券账户和密码的一一对应机制，在每笔交易发生时，交易所验证投资者账户密码，防止投资者证券被挪用。

（2）坚决取消债券主席位清算结算制度。为此，应结合中国证监会发布的《关于证券公司结算备付资金账户进行分户管理的通知》的要求，尽快将证券公司自营债券现货和回购业务与客户债券现货和回购业务分别安排在自营、客户两个主席位上分别进行结算。在此基础上，真正实行债券账户结算制度，由中国结算公司统一管理场内债券账户，客户进行债券交易时，中国结算公司对客户的债券账户进行监控，负责提供债券托管和交割过户查询，防止债券的超冒与挪用。

（3）中国结算公司系统应尽快健全该系统的债券托管体制，尤其是二级托管系统，借鉴中央国债公司系统和中国结算系统现行股票登记托管的做法，实行债券托管实名制，该系统成员单位（如证券公司）所托管客户债券情况必须有明细账，每天应于规定的时间将各自托管情况向中国结算公司报告，后者也应尽快掌握这些明细账。对此，股票登记托管系统的经验已很成熟，完全可供借鉴。

### （六）推进债券市场托管结算系统与相应制度的建设

1. 就债券市场托管结算系统的法律制度建设而言，应充分吸收与遵循国际上有关证券市场托管结算制度法律基础的一般原则。根据国际证监会组织（IOSCO）、国际清算银行（BIS）、国际律师协会（IBA）等国际权威机构的文献和一些国家与地区市场的规则和实践，在证券登记结算制度中，为确保证券市场的稳定和安全，证券登记结算制度的法律基础应建立在以下原则之上：（1）明确界定证券交易、托管、登记、结算过程中各环节的证券、资金的权益及当事人之间的权利义务关系及法律性质；（2）确保托管机构（包括中央证券登记结算机构与一般托管机构）与客户的资产得以隔离；（3）在银货对付、净额结算情形下明确界定证券交收的最终性及法律效力；（4）保障证券质押的效力和质押权人的权益；（5）符合国际标准，在跨国交易中明确法律关系。

从证券登记结算体系的现状来看，我国证券登记结算体系的有关法律规则，亟须以下六个方面的改进：（1）立法明确证券被集中托管以后，托管账户是证券所有权的唯一证据，托管关系的存在以直接的契约关系为依据。证券公司因其客户的证券托管和资金交收而对登记结算机构承担全部完整责任。（2）立法明确按照登记结算规则产生的结算关系不受破产法律法规的约束。（3）立法明确投资者的资金账户、证券公司的结算账户不转移所有权，不属于商业银行的存款。（4）立法明确登记结算机构对证券结算系统内处理的证券和资金具有第一优先权的担保权益。（5）立法明确证券登记结算机构进行净额交收的法律效力。（6）结算规则明确中央结算实行银货对付原则（DVP），明确实行$T+1$交收。

2. 在上述法律原则指导下，进一步切实协调债券市场的前后台关系，将两者的目标统一转移到为市场服务特别是如何有利于各类市场主体降低交易成本与提高效率方面，真正做到计算机技术系统、规则制度的协调一致。因此，中国证监会应负责对交易所债券市场前后台的协调，中国人民银行、中国银保监会应联合负责对银行间债券市场前后台的协调。既然目前两个债券市场的前后台都是由政府主导的国有机构，只要各有关方面有所重视，就能在协调方面取得实质性进展。

3. 尽快切实建立起中央国债公司与中国结算公司的高效协调机制。这首先取决于这两个机构的监管当局——中国人民银行、中国银保监会与中国证监会在这方面的高度重视，在此前提下，两机构本着为市场服务的意识与促进债券市场统一发展的原则，就债券托管清算结算事宜进行定期与不定期协调，目的是方便市场参与者能够低成本、自由地在两个市场间转托管，并为控制两个市场的总体风险而共同采取有效措施。

## 五、结语

在刚性兑付成为市场主流的当下，存续期管理作为中端对债券运行进行控制，而违约处置中登记托管又作为后端处置进行风险处理。与发行前端处置比较，二者分别从债券运行周期的中后端进行监控与处理，更具有现实意义：发行债券的终极目的在于兑付，而兑付无论从时间维度抑或程序维度，均离发行之前端较远，而中后端的监控则成为保障兑付的核心。因此，从存续期管理与违约处置中登记托管出发，完善相应的法规制度，更能够使市场中的债券健康运作，从而打破刚性兑付的"怪圈"，形成发行人、投资者与市场三者的良性循环。

# 市政基础设施投融资的核心理念和要点

罗桂连

当前，在国内理论界、政策界和实务界，对基础设施投融资相关的核心问题远未达成共识。亟须以常识和逻辑为起点，尊重历史，面对现实，着眼长远，透过现象看本质，拨开迷雾的干扰，促成各方达成最广泛的共识，引导基础设施投融资工作走上正轨，高质量地落实基础设施补短板任务并形成功在当代、利在长远的有效投资。

第一，集中式、超前性、大规模实施城镇化相关市政基础设施项目投资建设，是我国当前发展阶段的内在要求，是实体经济的重要组成部分。地方政府承担组织市政基础设施投资建设和提供基本公共服务的政治责任，这是分析地方政府债务问题的逻辑起点。

从1995年起，我国进入40年左右的人类历史上前所未有的快速、全面、空前的城镇化浪潮，超过10亿人几乎同步迈入现代化城市生活。城镇化是全体中国人追求美好生活的主要实现途径，是当代中国最伟大的社会实践和发展成就。城镇化相关的基础设施领域和房地产领域，是当代中国投资规模最大的实体经济领域。按人均50万元的市政基础设施和公用事业配建标准，总投资规模将达到500万亿元，平均每年超过10万亿元。

目前，除少数一线城市已经进入城镇化的成熟期外，大多数二三线城市尚处于城镇化的加速发展期，广大欠发达地区尚处于城镇化的起步期，市政基础设施及依托其提供的基本公共服务，存在突出的不平衡和不充分的问题，补短板和高质量发展的内在需求特别强烈。

预计我国还有不到20年的市政基础设施投资建设高峰期和机遇期，我们这一代人集中建成的市政基础设施，决定了未来几代中国人能使用的城市体系的硬件水平，这是当代中国人的历史使命和责任担当。

为城市居民提供与本地发展潜力相匹配的高质量的市政基础设施并提供基本公共服务，是地方政府的政治责任。既然地方政府承担这种不可推卸的政治责任，那么市政基础设施项目投资建设资金的落实，就不能也没有必要与地方政府信用脱钩。

市政基础设施项目投融资，理应依托地方政府信用，所形成的债务不论统计上归类为直接债务、隐性债务还是或有债务，都是无法转移和赖掉的地方政府债务。没有地方政府信用的支撑，市政基础设施项目的融资会更加困难，融资成本会更高，最终还是增加未来公共财政和城市居民的支付压力。

需要强调，应当切实维护好地方政府信用。地方政府信用是当地信用体系的基础。如果基础不牢，当地的金融信用环境必不可靠，金融机构将避而远之，并将当地划为高风险区域，各类市场主体必定陷入融资难与融资贵的困境，当地的经济社会发展将全面受损。

第二，市政基础设施投融资是长期发展问题，而不是当期财政问题，当前财力无法支撑市政基础设施投资建设。市政基础设施领域产生并累积巨额政府债务，是我国当前城镇化发展阶段的内在要求和必然结果。

市政基础设施大多是百年工程，主要构筑物的使用寿命可能长达数百年，涉及几代人的福祉。从各国城镇化的发展阶段来看，市政基础设施投资建设的高峰期往往集中在一代人30~40年的时期之内，当代中国人就承担了这份投资建设的重任。

目前，国内大多数地方处于城镇化起步阶段和快速发展阶段的集中、超前投资建设公共基础设施的高峰期，土地等公共资源的价值仍然未能有效提升，产业发展的税收潜力还在孕育之中，居民收入不高，支付公用事业使用费的能力有限，大多数地方政府的当前财力勉强能够维持公共机构正常运转。

在目前的发展阶段，如果把市政基础设施投融资看成一个当期或短期财政问题，依托当年财力和未来3~5年的财力，以"以收定支、当年平衡"的理念来管理和约束市政基础设施投融资和地方政府债务，则直接封杀了国内大多数地方的城市发展权。

考虑市政基础设施的资金平衡，应当放在相关设施全生命周期和城市财力百年变化趋势的长期视角。市政基础设施是一个涉及几代人以百年计的长期发展问题，应当考虑代际公平和成本分担，当前阶段借债搞建设、借新还旧，有其内在合理性和客观性。要靠当代人完成如此巨量基础设施投资的资金回收和债务偿还，既没有必要也不可能。

市政基础设施领域产生并累积巨额政府债务，是我国当前城镇化发展阶段的内在要求和必然结果。依靠简单粗暴的政策文件进行封堵和倒逼，违背常识与逻辑，不是解决问题的合适方式。

从财政角度解决地方政府债务的核心要务，是要建立起财权与事权相匹配的财税管理体制，让地方政府的收入与支出实现中长期平衡，并辅之以规范的地方政府举债融资机制，可以依托地方政府信用筹集低成本资金。同时，需要落实地方政府的偿债责任机制，坚决打破"中央政府兜底、全民埋单"的死循环，落实省级政府对辖区内的政府债务负总责的机制，防止形成系统性的财政与金融风险。

第三，控制市政基础设施相关的地方政府债务，首先最重要的是，根据城市发展潜力，科学编制城市发展规划，确定其城市定位，扎实做好项目储备工作，合理控制市政基础设施项目投资规模与实施节奏。

对于特定城市，需要根据城市的资源禀赋和地缘特征，明确其在整个城市体系中的合理定位和发展规模，科学编制城市总体发展规划，然后根据城市定位、规模和建设进度，确定各类市政基础设施的规模、层次和实施计划。

举例来说，上海2040年要建成"卓越的全球城市"，则应当按照这个目标做好各类市政基础设施的专项规划及实施计划。而中部某县城到2040年的发展目标是建成20万人的高质量小城市，就不能简单模仿上海的基础设施来做规划和实施计划。比如，上海有自然博物馆，县城就没有能力搞；上海有国际一流文化、体育和会展设施，县城也搞不成；上海寸土寸金，需要建很多个高楼群，地下空间要用很多层，县城也没有必要；等等。

市政基础设施领域，不宜简单地简政放权、一放到底。从专业能力看，市、县级地方政府普遍不具备决策审批市政基础设施项目的能力，放开前端项目决策而在后端管控债务余额的倒逼机制，成本很高，效能很低。

城市规划与基础设施项目的最终决策和审批权限应当集中到省级政府，

切实防止省以下地方政府乱上项目、乱投资，导致恶性累积地方政府债务。

市、县级政府应当根据已批准的城市规划，滚动编制3年或5年的市政基础设施项目建设计划，明确各类项目的建设规模和轻重缓急。列入建设计划的项目，应当是项目工程可行性研究报告已经得到有效批准，具备实施条件的储备项目。有关规划和计划应当科学编制、充分论证，经本级人大审议通过后，报省级政府批准并向社会公告。

应当切实维护规划的科学性和权威性，严格规范城市发展各类规划的论证、评审和审批，对随意变更规划和突破规划的投资建设行为，切实追究政治、纪律、法律、行政和经济责任。

第四，在确保项目科学决策的基础上，应当从设计、建设、运营、融资四个方面增效降本，当务之急是尽快、全面、持续提升各方面工作的底线水平，控制项目全生命周期的综合成本，防止出现不必要的跑冒滴漏。

控制特定基础设施项目的实施成本，需要基于项目全生命周期的视角，统筹考虑设计、建设、运营、融资等方面的具体工作。

一是提高项目设计水平。各专业设计院所和评审机构应当强化能力积累和提升。但是，靠自身的能力提升远远不够，它们的起点普遍较低，提升速度太慢。应当以全方位开放的思路促创新和提升，借鉴国际先进经验和国内优秀案例，持续修编具有强制意义的国家标准和具有指导意义的技术规范。这方面的工作应当成为中央财政确保经费支持的国家重大项目，吸引一批有丰富设计、建设和运营经验的行业实务专家积极参与，尽快、全面、持续提升各类基础设施项目设计的底线水准。中央财政的资金应当优先用在这些方面，比补助具体项目的效果好得多。

二是控制项目建设成本。当务之急是切实规范市政基础设施领域的工程招投标市场，建立基于法治的反腐败机制和终身责任追究机制。

三是控制项目运营成本。跟设计环节一样，各运营单位的能力和经验积累，起点普遍较低，速度实在太慢。同样，需要通过中央财力支持，聚集行业专家修编国家标准和行业规范，尽快、全面、持续提升各类基础设施运营维护的底线水平。

四是控制项目融资成本。基础设施项目的融资、还款、投资回收期可能长达40年以上，融资成本过高的复利累积效应特别显著甚至恐怖，应当依托坚实的政府信用和强大的市场主体信用，切实降低综合融资成本。靠高利贷搞基础设施，没有出路。

目前，市政基础设施项目的落地实施普遍采取按任务分割的组织方式，融资、投资、建设、运营由政府下属的不同机构分工负责。融资平台按照政府指令找金融机构借款，投资与建设一般由行业主管部门组建临时指挥部来负责，普遍存在缺乏同类项目实施经验的硬伤，项目前期工作粗糙，设计与施工招投标普遍不规范。项目建成后不管质量如何，移交给某事业单位或国有企业负责运营，这些运营单位缺乏运营经验和专业人员，往往成为各方关系户的安乐窝。重视投资建设、忽视运营维护的问题很突出，建设与运营效率普遍很低。

从国内外经验来看，市政基础设施运营维护普遍是本地事务，市场化和私有化的比例不会太高。当前，国内各地方政府及其下属机构管控市政基础设施各方面成本的水平普遍较低，亟须借鉴国内外成熟经验，多管齐下全面切实提高地方政府及其下属机构的底线水平，这是当务之急。在当前的发展阶段，普遍性地提高最短板的底线水平，比个案性地追求某个案例和特定方面的高效率，总体价值更大，综合成本更低。

第五，使用者付费不是市政基础设施投资回收的主流方式，应当主要依靠土地涨价归公机制，即土地财政。土地财政是综合能力要求很高的专业性、系统性、长期性工作，具体内容包括当期土地出让金、持续性的财产税和政策性级差地租三个方面。

在国内市政基础设施各相关领域，除供水、污水处理、燃气、供暖、公交等少数领域外，普遍未建立起使用者付费机制。即使已经建立起收费机制的部分行业，如地铁、公交等，收费标准也远不能弥补全部投资、建设与运营成本。

从国内外经验看，在市政基础设施领域，通过向居民收取使用费来回收投资的潜力和空间特别有限。很多领域确实不宜或没有条件建立可以覆盖成本的使用者付费机制，如市政道路、园林绿化、排水网络、地铁等，80%以上的市政基础设施投资无法通过直接的使用者付费机制来回收投资。使用者付费现在不是、以后也难以成为市政基础设施的主要投资回收方式。寄希望通过建立到位的公用事业价格机制或调价作为消化存量债务的主流方式，无异于本末倒置、缘木求鱼。

市政基础设施领域巨额投资的资金平衡和投资回收，应当放在40年以上的城镇化的全过程来考虑，主要依靠基础设施投资带来的土地价值提升的部分内部化。大规模市政基础设施项目建设将显著提高所在区域特别是城市核心区域的土地价值，真正落实土地涨价的主要部分明确、持续、稳定地归属政府部门，是地方政府有效推进市政基础设施建设的关键环节和必由之路。

土地涨价归公机制，简称土地财政，是工业革命以来各国搞市政基础设施项目投资回收的主流模式，是人类文明的共同成果，不必回避，也无须隐晦。不能把货币扩张、压制供给、行业失范、市场炒作等复杂因素造成的房价上涨简单化地归咎于土地财政。妖魔化和封杀土地财政，无异自毁长城，会走向歪路邪路。需要强调，土地财政不是简单的征地卖地，而是跨期40年以上的城镇化全周期的专业性、系统性、长期性的工作。

土地财政包括以下三个方面的机制。

一是土地出让金制度。国内实行城镇土地国有制，地方政府应当垄断土地一级市场，切实控制好征地拆迁、基础设施建设等相关土地开发成本。土地出让金制度可以尽快筹集巨额资金，支撑启动和滚动开发新城区成片开发和旧城改造的市政基础设施建设，是国内近20年城镇化快速发展的经济基础。有些国家实行土地私有制，建房买房需要向原地主支付土地购买款，相当于国内的土地出让金。

二是房产税制度。实行房产税制度，地方政府能够持续、稳定、普遍地分享基础设施和公共服务提升所带来的土地和房产价值的部分升值，是一种更好地落实土地涨价归公的制度。征收房产税的内在逻辑和主要目的是建立起市政基础设施投资外部效应部分内部化的机制，而不只是降低房价。国内应当尽快落地执行房产税制度，引导地方政府改变过于依赖新区开发的摊大饼式的城市发展模式，更多地注重对现有城市建成区的更新与改造。如果房产税制度继续缺位，土地一次性出让后，几十年内的土地涨价的利益全部归属购房市民或捂地开发商，这实际上是公共资源的流失，还会造成炒房风气盛行和社会财富分配不公，地方政府市政基础设施的存量债务偿还也没有稳定来源。房产税制度实行后，房屋产权应当改为永久期限。至于交了土地出让金就不应当交房产税的质疑，国外土地私有制下，也是给原地主交土地价款与给政府交房产税并行，国内土地出让金制度与房产税制度并行，也没有什么不可以。

三是级差地租收入。城市规划调整可能使特定地块的土地价值增值几倍、几十倍，这种巨大的土地增值收益，应当归属于地方政府。上海、重庆、深圳等城市在交通导向开发（TOD）和环境导向开发（EOD）方面取得了丰富的经验，政府下属的融资平台在推进交通枢纽等公共设施建设的同时，利用区域规划调整带来的核心地块增值，地方政府通过融资平台实现巨额土地级差收益，为偿还存量政府债务提供了巨额资金，有关经验值得总结，可以且应当在全国推广。成功案例有虹桥交通枢纽、世纪大道地铁站上盖、陆家嘴地铁上盖、新江湾城开发、黄浦江两岸建设改造、重庆钢铁搬迁、前海地铁站上盖等。

第六，近年大力推动的PPP模式对特定类型的项目有优势，各方需要敬畏PPP模式的操作严谨性和公共治理的复杂性。经过30多年的国内实践，以特许经营为主体的PPP模式在部分领域已经取得实效。但是，由于存在诸多限制条件，PPP模式在国内全面推广的条件远未成熟。

PPP涉及政府、社会资本、公众长达20~30年的长期合作关系，不同阶段还会涉及设计、施工、运营、供应商等诸多主体，所提供产品往往是与普通民众生存权和发展权相关的基本公共产品与公共服务。

本质上，PPP是一个涉及多方主体长期合作关系和多元利益持续博弈的公共治理问题。PPP的核心在于公共治理机制的有效建立及良性运行，对整体法治环境、恪守契约精神、争议解决机制的要求很高。

PPP是道而不是术，PPP是理念而不是具体模式。PPP的核心内涵在于有效积聚整合各方面的优势资源，构建有弹性的激励相容的公共治理机制，通过诸多不同利益诉求相关方长达几十年的持续博弈，各方合力同心，尽力而为，量力而行，按贡献和绩效取酬，实现公共基础设施项目全生命周期综合效能的最优化。

PPP的核心理念包括风险分担、激励相容、合理回报、契约精神、物有所值、量力而行、可融资性、可持续性等。

在国内，污水处理、垃圾处理、天然气供气这少数几个领域，已经积聚了数量众多的合格投资者，通过市场竞争确实有效提升了效能。以特许经营为特点的PPP模式，在这少数几个领域已经成为主流模式。在高速公路、城市供水、供暖等领域，有一批成功项目，以特许经营为特点的PPP模式已经成为融资平台模式的有益补充。在市政道路、轨道交通、园林绿化、水环境治理等领域，鲜见成功案例，前几年部分大胆参与的投资者，通过政府购买服务为特点的PPP模式积极争抢项目，目前普遍进入进退维谷的困难境地。

总体来看，国内目前还不具备大规模推广PPP模式的条件，不能操之过急。国内这几年的大规模的PPP实践，暴露出以下短期难以解决的问题。

一是缺乏权威规范的法规政策支持。国内PPP领域，仅有一项部门规章，主要靠数量众多的规范性文件指导。这些规范性文件的法律位阶低，相互之间存在冲突，权威性欠缺，难以取信于社会资本及公众。另外，PPP模式的内在要求，与现有预算、土地、税收、融资、国资、招投标、政府采购等方面的法律规定存在不衔接的问题，甚至有明显冲突，增加了法律与政策风险。

二是地方政府的公共治理能力不足。PPP模式下，政府从直接实施项目转变为整合各方社会资源用公共治理机制和市场化方式实施项目，政府应当从行政命令方式转变为平等协商的公共治理方式。这种转变不可能在短期内完成，还可能经常会出现地方政府行为不当甚至违约的现象。

三是政府的规制与监管能力不足。PPP项目合作周期长，特许经营期内可能遇到的不可预期事项会很多。政府在合同管理方面会遇到以下三个方面的挑战：（1）PPP协议可能经常需要调整，政府需要参与并主导有关协议的再谈判；（2）具体项目的日常运行涉及多个政府部门，需要整合各方面的力量对项目公司及其主要股东进行全方位、全流程的日常规制和监管；（3）项目实施过程中，可能出现项目公司违约、工程事故、经营事故、社会冲突、不可抗力等突发事件，有时还需要政府介入和接管项目公司，政府要有能力主动应对，尽可能控制损失与影响。国内地方政府普遍缺乏这方面的能力和人员积累，挑战性和风险很大。

四是缺乏众多合格的候选社会资本。PPP项目的社会资本需要筹集长期稳定、成本合适的巨额资金，需要按百年工程标准组织好项目建设，还需要具备运营管理好项目资产实现最佳社会与经济效益的综合能力。综合能力这项社会资本，在国内还是稀缺资源，理论上，可以通过组建联合体来整合能力，但由于联合体的责任与利益划分、连带责任的法律界定、联合体本身的不稳定等问题，挑战也很明显。

五是民营企业存在进入限制。民营企业参与PPP项目存在以下障碍：（1）部分项目通过招标条件设置限制民营企业参与；（2）融资成本较高存在竞争劣势；（3）民营企业应对政府履约风险的能力较弱；（4）重建设轻运营不利于民营企业发挥运营管理方面的优势；（5）获取项目信息较难且不及时。

六是难以实现基于项目现金流的项目融资方式。基础设施项目投资规模以亿元、十亿元、百亿元为单位，唯有通过以项目现金流为基础的项目融资，实现表外融资和有限追索，才有可能打破融资困局。国内商业银行与保险机构这类主流财务投资者，尚不熟悉项目融资方式，难以普遍实现有限追索性质的项目融资。

七是缺乏中长期稳定资金支持。PPP项目通常是资金密集型项目，项目投资回收期往往超过15年，特许经营期接近30年，巨额、稳定、低成本的资金供应是项目稳定运行的基础，而国内适合投资PPP项目的长期金融产品尚不发达。

八是缺乏合格的批量PPP咨询项目负责人。牵头咨询机构的项目负责人至少要有能力完成四个方面的工作：（1）政府的决策参谋，让领导决策时踏实放心；（2）确保吸引多家符合项目需要的投资者参加竞争，形成充分、良性的竞争局面，协助政府强中选优；（3）中介机构的牵头方，承担专业任务统筹兜底的职能；第四，积极稳妥地按时间表推进项目。

九是对国内外经验教训的借鉴不够扎实。政府购买服务形式的PPP在英国已经有20多年的实践，特许经营形式的PPP在法国有60多年的实践，澳大利亚、加拿大、新西兰、新加坡、日本、都有比较长时间的实践。在国内，原国家计委从1994年开始试点，2003年起原建设部推动市政公用行业市场化运作，也有6000个以上的案例。认真、全面、客观总结国内外经验与教训，避免犯重复的错误，特别重要。

对于PPP模式，一方面，我们应当认识到PPP模式结合公共机构的体制优势和商业机构机制、管理优势的先进性，在有条件的区域和行业进行积极探索，但切不可在不具备条件的情况下，用搞运动的方式硬推。另一方面，我们要认识到PPP模式操作上的严谨性和长达几十年的公共治理过程的复杂性，不能过于简化，盲目压缩前期工作时间和咨询费用，过于追求落地规模和轰动效应。

第七，"融资平台+土地财政"模式仍然是国内市政基础设施领域的主流模式，逼迫融资平台"假装"跟地方政府信用脱钩，只是实质性地抬高了地方政府债务的成本和规模。但是，国内大部分地方政府运用"土地财政+融资平台"模式的效率很低，需要转型升级。

融资平台是地方政府在现有财政体制和投融资体制下的重要实践，是国内城镇化领域的市政基础设施项目的主流实施模式。2014年9月21日印发的《国务院关于加强地方政府性债务管理的意见》（国发〔2014〕43号，以下简称43号文），明确了地方政府融资只能通过发行政府债券或采用PPP模式，剥离融资平台公司政府融资职能，融资平台公司不得新增政府债务。43号文力求将国内市政基础设施的投融资模式从融资平台主导，一夜转向"地方政府债券+PPP"。从最近三年多的全国数据看，地方政府债券只能满足不到20%的资金需求，PPP模式满足不到5%的资金需求，超过75%的新建项目资金主要依靠各类融资平台代替政府举债筹集。

自2014年以来，地方政府在全方位、成体系的政策管控背景下，仍然普遍性地、持续性地通过融资平台融资求发展，甚至陷入"饮鸩止渴"维持资金链的困局不能自拔。最根本的原因是没有建立起地方政府财权与事权相匹配的财税管理体制，也没有规范的举债融资和责任机制。

在当前的财税管理体制下，城市化建设的起步期和快速发展期，地方政府只能依托融资平台承担资金筹集职责，这是融资平台存在的体制背景。在城市化建设的起步期，诸多基础设施项目需要全面启动并超前建设，需要巨额的"第一桶金"才能打开城市建设的新局面。此时，土地价格较低，招商引资刚开始，还没有产生稳定税收，社会资本怀疑发展前景难以大规模投入，唯有融资平台可以迎难而上。可以说，国内城市化发展取得重大成效并持续健康发展的地方，融资平台在建设起步期和快速发展期的融资工作中均起到了绝对主导的作用。那些一开始就靠廉价卖地的地方，难以持续推进城市化建设规划的高水平落实。

只有牢牢地依托政府信用和公共资源，融资平台才有生存基础。同样，只有利用好融资平台和土地财政两个轮子，在当前的财力约束和融资约束下，地方政府才能落实城市建设长远规划与目标。特定城市应当根据城市规划发展目标，梳理出长期规划期内的市政基础设施投资项目清单并进行轻重缓急排序，同时对长期规划期内的土地收益和工商企业税收等因素进行估算，争取实现长期资金的平衡，让政府与金融机构等相关方做到心里有数。

但是，国内大部分地方政府普遍对城镇化的发展周期和基本规律认识不够，急于铺摊子，盲目攀比，利用数量众多、治理不规范、运作能力弱的融资平台盲目、高成本融资，上一些不该上的项目，搞一些不宜搞的新城和新区。

由于急需资金打开局面，过早出让土地，黄金地段的土地的出让价格也很低，但是征地拆迁成本和资金成本却控制不力，土地、资金等资源利用效率非常低。地方政府高成本融入巨额资金，负责基础设施投资建设，造成地方政府债务累积，却无法获得应有的土地收益分享，缺乏后续偿债资金来源。低效率透支和浪费未来几十年的宝贵的土地资源收益，后患特别严重。

当前，亟须借鉴国内外先进经验，切实提高地方政府利用土地等公共资源和实施市政基础设施项目的效能。而不是简单地把土地财政和融资平台这两个概念和相关主体扫到历史的垃圾堆。实际上，只要能够借鉴国内兄弟城市的可复制、可推广的成功经验，切实提高各方面的底线水平，并不要求很高超的专业技能和运作水平，所能带来的综合效益就会高很多。

第八，对融资平台不能"一刀切"地否定，应当分类看待推动转型发展。发达地区的综合能力强的融资平台将成为PPP等市场化项目的社会资本和市政公用行业的并购整合主体。整合公共资源培育具有很强综合能力的融资平台，是欠发达地区推进城镇化工作的主要抓手和当务之急。

国内形形色色的融资平台可以分为四类，不宜简单化地全面否定。

一是综合型平台，如上海城投、杭州城投、武汉城投、重庆渝富等。发达地区的综合性平台已经积累综合优势，融资成本低，组织项目建设效率高，运营管理能力强。

二是专业型平台，如京投公司、上海城投环境集团、上海申通地铁集团、北京排水集团、重庆水务等，它们是某个特定领域的融资、建设与运营主体，是所在行业的领先机构。

三是园区型平台，如上海张江高科集团、上海金桥集团有限公司、苏州高新区经济发展集团总公司等。主要承担经济开发区、高新区、出口加工区、保税区及自贸区等特定发展区域的基础设施融资、建设与运营，招商引资以及政府授权的公共服务职能。

四是空壳型平台。2008年国际金融危机后，各地成立了一些资产规模小、可运作资源少、治理结构不规范、综合能力弱、至今未公开发行债券的区县级平台。

从数量上看，第四类平台占比很高，但从占有的有效资产规模看，实际占比并不大，并不能代表融资平台的主流。第四类平台公司是欠发达地区金融意识落后、金融市场运作能力弱、地方政府公共管理能力差等因素的突出体现，其中的绝大部分可能会被淘汰或撤并。但是，绝对不能因为存在数量众多的第四类不规范平台，而简单地否定前三类融资平台存在的必要性和重要性。

发达地区的综合能力强的融资平台应当"走出去"服务全国，成为PPP等市场化项目的社会资本和市政公用行业的并购整合主体。它们在本地已经有几十年的经验积累，是国内少有的具有综合能力优势的潜在的市政基础设施项目投资运营商。首创股份、北控水务、上海城投环境这类脱胎于融资平台的市场机构，作为先行者已经取得了较大的成功。如果有更多的有综合竞争力优势的融资平台走出所在城市，服务于更广阔的地域，将有可能推动国内PPP模式的深入全面推进。发达地区的强平台，还有能力走出国境，成为落实"一带一路"倡议的主力部队，上海实业集团在俄罗斯圣彼得堡市的"波罗的海明珠"项目，就是成功案例。

整合公共资源培育具有很强综合能力的融资平台，是欠发达地区推进城镇化工作的主要抓手和当务之急。从发达地区的成熟经验来看，欠发达地区培育强平台的意义如下：

一是成为地方政府在城镇化领域的人才培养高地、经验积累载体和对接各方资源的枢纽。

二是作为地方政府城镇化项目投融资的综合性资金池，以及以土地资源为主的各类公共资源的积聚、培育、转化和实现主体。

三是担任PPP等市场化项目的政府方实施主体、项目现金流不足的风险缓释主体、代表地方政府进行监管的执行机构，当PPP项目失败时融资平台可以作为代表地方政府接盘处理遗留问题的公共机构。

四是社会资本异地投资PPP项目时，需要跟当地主要融资平台亲密合作实现合作共赢，这种合作可以体现为股权合作，也可以是共同开发，凝聚合力为PPP项目顺利平稳推进创造条件。

第九，城镇化相关的财政、金融政策应当保持稳定。稳定的政策环境才有助于各利益相关方形成稳定的合作预期，才有条件实现低成本的融资，才有可能实现项目全生命周期的综合成本最优化。政策不宜相机抉择、频繁变动，更不能溯及既往，摧毁各方信心。

2018年7月末的政治局会议强调"稳就业、稳金融、稳外贸、稳外资、稳投资、稳预期"，为未来一段时间的经济工作指明了方向。在外部环境不确定性增多、国内经济面临下行压力的背景下，要保持经济运行在合理区间，必须以稳为先，筑牢经济平稳运行的基础，为高质量发展提供支撑和保障。

我国现阶段的固定资产投资构成中，工业投资和房地产投资受外部形势冲击影响很大，难以真正稳住。实际上，基础设施投资直接影响就业、金融、投资和预期这四个重要方面，能否"稳"得住，是中国这艘经济巨轮的压舱石。基础设施投资应当保持合理、稳定、可预期的增速，这样才有助于稳定甚至提升各方面对国内经济稳定发展和持续发展的信心。

国内的基础设施投资中，诸如能源、铁路、航空、航天、电力、通信、远洋运输、跨省重大水利项目、国防等领域，主要由中央企业作为投资主体，这些中央企业的融资和组织资源的能力强，基本不受近年财政政策和金融政策波动的影响。诸如高速公路、高等级公路、省内重大水利工程、城际铁路、能源、天然气骨干网、港口、内河运输、监狱，主要由省级政府下属国有投资公司作为投资主体，由于不同省份对部委政策的理解存在明显差异，项目投资受政策影响程度的差异很大，但总体上影响可控。

国内市政基础设施的投资任务，主要由市、县政府及其下属融资平台承担，包括市政道路、城市轨道交通、土地储备、供水、排水、污水处理、供气、供热、垃圾处理、医疗、教育、文化、体育、行政设施等领域。最近几年，针对地方政府债务和融资平台的财政政策和金融政策变化过于频繁，导致2018年上半年的市政基础设施投资增速快速下滑。

市政基础设施项目前期工作复杂，投资规模大，建设期长，投资回收期更是长达几十年，特别需要稳定的政策环境，让各利益相关方形成稳定的合作预期，这样才有条件实现低成本的融资，才有可能实现全生命周期的综合成本最优化。

对于特定基础设施项目，项目的实施模式、政策支持、融资渠道、收入来源、回报机制等核心要素，如果受法律政策变动影响发生实质性变化，将直接影响其可融资性和融资成本，甚至可能造成原实施模式无法持续。如果法规政策经常发生实质性变化，违背实事求是原则，简单粗暴地"一刀切"，甚至溯及既往，或者部委之间存在明显的政策冲突，会导致有能力的正规参与者不知所措。

近年来，我们在这方面的教训十分深刻。自2008年以来，已经三次放松三次收紧，给各方面工作增加了难度，抬高了成本。比如，2017年以来的PPP项目库清库和整改事件，对参与PPP的各类主体，特别是社会资本和金融机构产生严重的负面冲击。今后，要特别注意通过稳定政策预期来实现市政基础设施领域的有效投资。

第十，存量历史债务应当历史地看、全面地看和发展地看，放在较长时期内逐步消化。建议以市、县级政府为发债主体，发行专项地方政府债券，锁定存量债务并降低债务成本，在30年以上的较长时期内逐步消化。

对于事实上存在的巨额存量地方政府债务，不应回避，也没有必要恐慌，应当立足长远，缓释存量债务风险并逐步消化存量债务。对存量债务，需要各方面达成共识。

一是历史地看。近20年来国内翻天覆地的城镇化取得了空前的成就，没有这些存量债务做支撑，要想取得这种成就是不可能的。国际上，各发达国家在城镇化早期和快速发展期，也是大量负债。上海等国内一线城市也是如此。

二是全面地看。市政基础设施的集中超前建设，为片区开发、招商引资、民生工程提供了前提条件，也会带来土地房产价值、工商企业税收、人均GDP、生活质量等方面长期性、普遍性和实质性的全面提升，这些方面的提升会增加地方政府的综合财力，从而提升长期偿债能力。

三是发展地看。经营城市的盈亏平衡点比产业项目要长得多，如果停下来清算历史债务问题，确实绝大部分城市都会是立马崩盘的后果。需要强调，城市是在地方政府信用支持下的持续经营的伟大事业，只要不断不乱，人均GDP、综合财力普遍每10年能翻倍。市政基础设施领域达到资金收支平衡点后，债务不会再累加，而综合财力及偿债能力还会继续增加，城市政府的偿债负担和压力会越来越轻，此后存量债务也就可以逐步消化。

防控地方政府存量债务风险，应当顺势疏导，全流程管控。既要治标，定向缓释存量风险；更要治本，建立防控风险的长效机制。对存量债务，建议采取以下风险缓释措施。

一是省级政府组织核实实际债务数据，各市、县政府制订存量债务化解方案，报省政府批准，并向国务院报告。

二是对存量地方政府债务进行合理分类和归因，分别采取不同的处置措施：政府日常经费缺口形成的债务，依托上级财政转移支付逐步消化；市政基础设施形成的债务，通过盘活土地等存量资产，提升综合财力，积聚偿债资金在较长时期内逐步消化；推动地方经济发展形成的债务，主要通过盘活经营性国有资产、债务核销、债转股、兼并破产等市场化方式解决，严禁新增政府兜底此类债务。

三是各市、县政府只保留一家由政府信用支持的融资平台，存量债务集中处置。其他融资平台进行撤并，暂时无法撤并的除处置存量债务外，不再新增任何形式的债务和投资建设任务，时机成熟即行撤并。省政府可以对债务问题严重的市、县政府进行债务重整。

四是以市、县政府为发债主体，发行专项地方政府债券，锁定存量债务并降低债务成本，在30年以上的较长时期内逐步消化。

总之，应当"脚踏实地"加"诗和远方"，在较长的时期内逐步实现城镇化相关市政基础设施项目投融资体制的转型升级，形成地方政府债券、融资平台、特许经营、政府购买服务、组合型开发建设等多种模式发挥各自优势的共生比选格局。

# 投资者保护篇

# 多措并举积极推进立体型中小投资者保护机制

## 徐 明

### 一、更多地保护中小投资者合法权益是法律的责任、监管者的使命

大家知道，在资本市场上，资本是市场的主人，资本的有无、资本的多少决定着市场参与人在资本市场的地位。无论是在《公司法》的层面还是在《证券法》的层面，资本都是法律规制的基础和内容。就《公司法》层面而言，上市公司的设立是以资本为基础的，作为《公司法》中典型性的资合法人，股东的出资使公司得以成立。在公司中，股东所拥有的股份是其身份和地位的象征，《公司法》中的资本多数决制度也决定了公司命运。作为资本的大主人，大股东、控股股东、实际控制人在上市公司的经营决策和公司治理中具有天然的优势和更多的话语权、决定权。《公司法》中所谓的公平正义和股权平等就变成相对的甚至是形式上的公平和平等了。无论是简单多数决还是重大议题的绝对多数决，在拥有更多股份获得更多表决权的情况下，资本的小主人——中小股东的表决权就显得微不足道甚至毫无意义，自然而然的股东大会也就变成了大股东会。就《证券法》层面而言，无论是在一级市场的购买股票的行为还是二级市场实施股票交易行为，投资者也是以资金的多少来评判的。机构投资者和大额投资者在买卖过程中具有的优势也非常明显。在IPO阶段，机构投资者和大额投资者可以凭借资金的优势获得更多的股份，在上市后的交易过程中也可以凭借资金的优势获得更多更为优先的交易机会，利用资金优势影响交易的价格甚至去操纵股票价格。

《公司法》和《证券法》两个不同的法律，尽管规制的内容有所不同，

涉及的主体也不一样，但出发点和目的是相同的。实际上《公司法》和《证券法》所规定的内容是一个硬币的两面，《公司法》里的股东在某种程度上就是《证券法》里的投资者，只不过两部法律的侧重点有所不同罢了。《公司法》侧重的是上市公司的公司治理和公司的规范运营，《证券法》强调的是市场的组织和交易的秩序，但两者的目的都是促使公司治理良好、交易秩序正常，资本市场健康稳定发展，公司的股东和市场上投资者的合法权益得以保护。

理想很丰满，现实很骨感。法律和监管者公平地保护每一位市场参与者，平等地规制每一个股东和投资者，是法律和监管者的理想。但在现实中，资本的逐利性、人性的贪婪性往往使这种理想很难实现。毫无疑问，大股东、控股股东、实际控制人、机构投资者、大额投资者在上市公司和资本市场上与中小股东、中小投资者相比实际上的优势是非常明显的，他们往往会利用这种优势滥用法律赋予的权利去侵害上市公司和中小股东、中小投资者的利益。如果法律和监管者所谓的公平保护、平等规制，所导致的结果是中小股东和中小投资者权利受限、利益受损，那么，世界各国的《公司法》和《证券法》等法律就应更多从中小股东、中小投资者的角度去设置权利，给予中小股东、中小投资者更多的保护。在《公司法》中规定了类别股东大会制度、累计投票制度、独立董事制度、关联股东回避制度、股东派生诉讼制度等一系列权利性和制度性安排；在《证券法》中规定了大股东的强制性信息披露制度、短线交易制度、股票交易限制制度、关联交易制度、内幕交易制度、操纵市场制度等一系列制度性安排。这些权利设置或限制，相关制度的安排，其出发点和目的都是制约大股东大额投资者的权利，更多地保护中小股东和中小投资者的合法权利。同样的道理，监管者也是从更多地保护中小股东、中小投资者的角度去监督大股东、控股股东、实际控制人、管理层、大额投资者的行为，防止他们掏空上市公司、违规担保、忽悠式重组、虚假估值、利益输送、关联交易、违规减持、阻却收购、虚假陈述、内幕交易、操纵股价等一系列损害公司和中小股东、中小投资者合法权益的行为。

## 二、中小投资者保护成绩巨大，任重道远

以上海证券交易所成立为标志，27年来，中国资本市场取得了巨大的成

就，无论市值、筹资额、交易量和上市公司数量，均居全球资本市场前列，业已成为全球最主要的资本市场。非但如此，我们在中小投资者合法权益的保护方面也取得了长足的进步，成绩斐然。长期以来，党中央、国务院十分重视资本市场投资者尤其是中小投资者保护，中国证监会更是将中小投资者保护作为其工作中的重中之重。尤其是近年来，坚持依法全面从严监管，严厉打击证券违法违规行为，维护投资者合法权益，采取了一系列措施坚持不懈地保护中小投资者，制定法律法规部门规章，创新推出了行政和解、诉调对接、先行赔付、公益机构证券支持诉讼等一系列制度，成绩斐然。2017年12月7日，国际顶级权威机构国际货币基金组织和世界银行公布的中国"金融部门评估规划"（FSAP）更新评估核心成果报告特别指出"中国投资者保护工作成效显著"。

尽管如此，中小投资者众多且高度分散的我国资本市场，中小投资者保护工作仍然十分艰巨。改变我国资本市场特殊投资者机构、广大中小投资者的弱势地位、能力和投资理念，进一步完善中小投资者保护法律法规，加大对损害中小投资者行为执法力度和惩罚力度，提高中小投资者自我行权维权的意识和能力，加强中小投资者民事赔偿等法律救济制度的涉及面、涉及金额、执行效率等方面仍然是我们面临的重要任务，中小投资者保护任重道远。

## 三、多措并举，进一步完善立体型中小投资者保护机制

正因为上述情况的存在，我们要多措并举，更加全面地创新性地保护中小投资者的合法权益。要构筑起立法、司法、行政立体式的保护网络；要形成中小投资者的事先、事中和事后的全程式保护；要积极创造条件鼓励中小投资者加强自我保护，将中小投资者的"他为"保护和"自为"保护充分结合起来。

### （一）立法层面

一是要进一步完善中小投资者保护的法律体系，更加集中细致地规定中小投资者保护的内容，形成法律、行政法规、部门规章及可操作性的细则和

指引。在《证券法》《公司法》层面中增加更多的涉及投资者尤其是中小投资者保护的内容；在行政法规层面，应当制定《证券期货市场投资者保护条例》，系统地规定涉及投资者保护的各种问题；要尽快制定《持股行权管理办法》《证券期货市场纠纷处理实施办法》等涉及投资者保护的系列规章制度，将股东行权、纠纷调解、支持诉讼、先行赔偿等从操作层面规范化和细致化。二是要将民事赔偿优先制度落到实处。尽管我国法律规定民事损害赔偿优先于行政罚款，但在实际操作中，这一点往往很难做到。这是因为对于资本市场虚假陈述的民事赔偿诉讼，我国目前法院还普遍以行政处罚作为受理的前置程序，即只有在行政处罚后，才可能形成民事诉讼，民事赔偿的判决才有可能，从而导致即使中小投资者民事赔偿胜诉，但由于行政罚款已上缴国库，民事赔偿金很难落实，法律的规定无法落到实处。因此，应建立证券期货行政罚款的代缴收制度、行政罚款的拨回制度等，对于落实民事赔偿优先制度至关重要。

### （二）司法层面

一是要积极推动示范判决制度，强化证券期货纠纷证据认证制度。二是要积极推动司法确认管辖规定的修改，积极探索推动人民法院建立证券期货调解前置程序，借鉴国际经验，人民法院将强制调解引入证券期货领域。明确证券期货投资者申请调解的，上市公司、市场经营机构不应拒绝。三是人民法院支持开展无异议认可机制的探索试点，积极支持最高人民法院确认的证券期货纠纷调解机构的小额快裁的效力。四是积极制定相关实施细则，推动诉讼费用的杠杆作用发挥到实处，推动纠纷多元化解形成合力。

### （三）监管层面

在进一步加大对侵害中小投资者合法权益的违法违规者的打击和惩罚力度的同时，要进一步更新理念、创新机制，更加有效地保护中小投资者。一是在现有机制创新的基础上进一步加大对中小投资者自我维权的力度，进一步支持国家设立的投资者保护机构作为中小投资者的一分子，主动行权和维权。我国资本市场中小投资者占绝对多数的格局和中小投资者在诸多方面的弱势状况在短期很难改变，让他们全都主动自觉地行权维权既不客观也不现实。因此，监管部门支持有公信力和专业能力的机构，帮助中小投资者从自身角度保护自己的合法权益，参与公司治理，关注信息披露，纠正违法行为并由此起到积极示范作用，形成标杆去唤醒中小投资者和凝聚中小投资者力量，形成中小投资者自我保护的重要力量。二是要进一步加大以中小投资者为导向的信息披露的力度，强化信息披露制度有效性。消除以往信息披露中存在的问题：简明性不够，可读性不强；连续性不强，披露可比性不足；对投资者至关重要的如研发投入、人力资源、客户关系、商业模式等非财务信息的披露比较简略；信息披露中风险因素比较多，投资价值信息比较少；定性信息披露过多，定量信息披露少。三是积极鼓励和支持中小投资者建立对上市公司等市场主体的评价体系，由国家设立中小投资者服务机构，从中小投资者的评价中形成评价上市公司等市场经营机构的红黑榜单制度。解决目前相关机构评奖过多、利益冲突明显、公益性不足、权威性不够等问题。四是进一步严格独立董事制度，促进独立董事进一步发挥自身独立公正的作用。从遴选程序、考核机制、利益安排等诸多方面独立于上市公司及上市公司的大股东、控股股东和实际控制人，使独立董事的作用真正落到实处。

（本文为时任中证中小投资者服务中心总经理徐明博士于2017年12月15日在第六届上证法治论坛上的演讲）

# 我国公司治理模式的借鉴路径探析

王天有

从历史的眼光来看，不同的国家由于不同的社会文化传统、法律体系、政治体制及经济制度，而演化出多样化的产权结构、融资模式和要素市场，进而形成了各具特色的公司治理结构模式。但主流的分类法是按照投资者行使权利的情况将公司治理结构分为两种模式：英美模式和德日模式。其中，德日模式中德国模式与日本模式又稍有不同，故本文分开阐述。

## 一、英美公司治理模式

美国是现代市场经济发展最为成熟的国家。美国历来强调追求自由和提倡个人主义，现代美国的公司就是在传统自由资本主义的土壤中逐步发展起来的。经过长期的发展美国公司治理逐渐形成了一个稳定的，由事实、法规、习惯和公司内部文件所构成的框架。[①]这个框架也就是通常所称的美国模式（或英美模式），其精髓就是竞争性资本市场的外部控制和一元制下的外部董事制度。

美国的公司治理结构呈现出以下四个方面的特点：第一，个人持股比重很大，股权分散。美国股份公司的股票大多为社会公众所持有，其原因在于法律上的限制：法律严格禁止银行和非银行机构持有工业和商业公司的足够能起控制作用的大宗股票。第二，机构持股比重不断上升。所有权的分散使得个人股东不大可能对其所投资的公司具有控制权，而机构投资者秉持"谨慎人原则"分散投资，通过一定的投资组合来降低其投资风险，因此相互交叉持股。对单个公司而言，机构投资者持股比重不断上升。第三，银行不能

---

① 张忠野.公司治理的法理学研究［M］.北京：北京大学出版社，2006：67.

直接持有公司股票。这是法律上的限制，银行只能作为纯粹的存款机构和短期的资金提供者，提供短期的融资需要。[①]第四，企业融资方式以直接融资为主、间接融资为辅。即企业主要是通过发行股票和企业债券的方式从资本市场上直接筹措长期资本，而不是依赖银行等金融机构中介进行间接贷款。这一特点是由美国实行的金融法律体制所决定的：银行只能经营短期贷款业务，而不允许经营 7 年以上的长期贷款业务。[②]这就使美国企业的长期资本无法通过银行等金融机构进行间接融资，需要依靠证券市场进行直接筹集。

## 二、德国公司治理模式

德国实行的是社会本位的市场经济，这反映在其公司理论方面，就是把公司定义为劳动与资本之间的一种伙伴关系，其公司治理结构呈现以下特点。

第一，监事会位高权重。德国的公司治理结构采用的是双层制：公司设立股东大会、监事会和董事会三个机关，监事会和董事会之间呈现垂直的双层状态。公司股东大会选举产生监事会，监事会任命董事会成员，监督董事会执行业务，并在公司利益需要时召集股东会会议。董事会按照法律和章程的规定，负责执行公司业务。德国公司治理结构的最大特点就是监事会和董事会有上下级的区别，监事会为上位机关，董事会是下位机关，监事会握有任命经理人员的权力。当然监事会不能直接插手企业的业务活动，这就从制度上保证了职业经理人员的经营自主权。

第二，银行主导制。银行在德国公司治理结构中具有主导性的作用，这种主导性作用的发挥是通过监事会来实现的。德国很多公司的监事会中有大银行的代表。根据调查，在德国最大的100家公司中，银行在75家公司的监事会中拥有席位，20家监事会的主席由银行代表担任。[③]通常情况下，当公司经

---

① 黄义志. 中国上市公司治理模式的主要问题 [J]. 上市公司，2003（1）.

② 张庆侠. 我国公司治理模式的选择——以股东中心主义为目标 [J]. 河北法学，2008（8）.

③ ［日］青木昌彦. 日本银行体制 [M]. 张橹等译. 北京：中国金融出版社，1998：528-529. 转引自朱春华. 论公司治理模式的趋同化与我国公司治理模式的发展趋势 [D]. 北京：中国政法大学，2009.

营不善时，往往由银行大股东出面对公司加以干涉并改组董事会，所以德国银行具有和日本银行类似的作用。在德国，对公司持股最大的银行被称为主持银行。通过贷款并向公司派驻监事，主持银行能够比较容易地获取公司内部信息，从而有效地对公司实施监督。

第三，职工参与公司治理。德国公司治理结构中的职工参与制度，源于1918年12月23日的行政命令，后出台的许多法律对职工参与监事会作了特别规定。职工参与公司治理结构是德国公司治理结构的最大特点，也是德国实行以社会为本位的市场经济的典型体现。根据德国法的规定，监事会成员由职工代表和股东代表共同组成，工会推举职工代表进入监事会。职工参与制是德国公司治理结构中的一大优势：一是作为真正的"内部人"，雇员代表掌握较充分的公司内部信息，这有助于监事会履行其监督职能；二是雇员代表参与企业重大决策过程，这又有助于公司决策的贯彻实施，降低决策执行成本，这在相当程度上弥补了双层领导体制下决策迟缓的不足。

## 三、日本公司治理模式

在资本市场相对不发达的情况下，日本公司治理模式与英美公司治理模式形成鲜明对比，其在借鉴德国公司治理模式基础上，又形成了自己的特色。

第一，法人持股，特别是法人交叉持股是日本公司股权结构最为显著的特征。[①]日本公司的大部分股权掌握在实业界和金融机构手中，原因在于日本法律对企业间的相互投资不加以限制，另外，日本企业组织的财阀体系传统也是一个重要原因。日本的法人互相持股，往往发生在公司与公司之间、公司与银行之间，这种持股主要是在企业集团内部，整个集团内部的关联企业构成一个大股东会。日本公司间的相互持股有利于建立长期稳定的交易关系，从而维系稳定的经济发展环境。

第二，股权影响弱化，公司管理层享有极大的经营决策自由权。由于日本个人股东持股比例太小，因此在公司影响力很小。企业的大股东是法人股

---

① 徐磊.公司治理模式之比较研究［D］.西安：西北大学，2012.

东，因为法人之间互相持股，为避免企业相互控制，通常大股东极少直接干涉企业的正常经营活动。因此，公司经理层取得了极大的经营自主权。

第三，对经营者的内部监督，是日本公司治理的又一特色。对企业经营者的监督主要来自三个方面：（1）主银行的监督。在日本，主银行是公司的大股东，同时也是主要贷款者。在企业经营状况恶化时，主银行便会介入公司管理，对公司内部事务进行干预。如果企业经营状况进一步恶化，主银行甚至会接管公司。（2）企业集团的内部监督。企业集团一般会通过向企业派遣人员加强对企业的管理，通过企业之间的关联交易以及设置经理会这些方式加强对企业的监督。经理会是对关联公司监督的主要方式，是企业集团内部的核心企业在相互持股和融资基础上形成的一种非正式组织，用于情报交流、信息沟通和意见协调。（3）员工组织的影响。日本公司较为重视员工对企业发展的长远意义，因而比较重视公司员工组织的意见。

## 四、我国公司治理模式借鉴选择

### （一）我国公司治理模式的现状分析

我国公司治理模式是与以上三种典型模式都不尽相同的治理模式。英美模式是以外部控制为主、内部控制为辅的治理模式，而德日模式则是以内部控制为主、外部控制为辅的治理模式。而我国目前所处的是以公有制经济为主体的制度环境，改革的全过程都由政府主导，外部市场控制机制尚未完全建立，没有全面完善的市场条件来保障市场控制机制作用的发挥，内部控制机制作用的发挥受到股权结构很大制约。[1]我国的市场经济处于起步阶段，无论是资本市场还是制度建设都不够完善，无法为英美模式发挥提供应有的良好外部环境。在外部资本市场和经理人市场都不完善的情况下，以英美模式来构建我国公司治理结构，显然不能达到预期效果。反过来看德日模式，我国的国情与德日很不相同，公司发展也不能同日而语。我国的银行并没有在公司治理中发挥作用，更不可能像日本那样成为企业集团的金字塔尖。在内

---

① 甘功仁，史树林.公司治理法律制度研究［M］.北京：北京大学出版社，2007：83.

部治理上，监事会如同虚设，没有德国监事会位高权重的地位，也不可能真正实现对董事、高管的监督。我国公司董事会的职权当然也不如日本董事会广泛。而关于股东会，我国的控股股东所持较大股权份额的情况最为严重，股东会拥有名义上最高的职权，实际却没有发挥应有作用。

我国公司治理基本上采用了混合的发展模式。一方面，借鉴德国和日本的经验，如尝试采取民主管理和员工持股制的德国模式。我国公司治理结构模式，关于股东会、董事会和监事会的结构划分，又是借鉴日本公司治理结构模式的结果。另一方面，借鉴英美模式的先进经验，促进股票市场的繁荣，为企业的发展拓宽融资渠道。如引进独立董事制度，加强对公司管理层的监控。

### （二）我国公司构架的选择与完善

在公司构架方面，我国形成了以股东会为最高权力机关，董事会为业务执行机关以及监事会为监督机关的公司治理架构。董事会作为股东利益的代表，可以决定经理人员的聘任和罢免；监事会履行监督职能，监督经理和董事的行为，以维护公司和股东的利益。由此可知，我国确立的是"股东会主义"的公司构架。这借鉴了日本公司治理模式。然而，日本国情与我国并不相同，日本的法人之间交叉持股，并形成惯例不干涉公司的日常经营，因此股东会名义上最高，实质上职能会弱化很多，董事会享有相当大的经营自主权。而我国《公司法》规定，董事会的职权明显比日本董事会职权低，并不能决定生产经营事项；同时董事会受制于股东的现象十分严重，尤其对上市公司而言，国有股和国有法人股占了公司股权的绝大部分，第一大股东的持股量远远多于第二股东的持股量，于是形成超级股东，控股股东轻而易举就能控制董事会。我国的公司治理架构还有其他不足之处：虽然控股股东作用巨大，然而股东大会名存实亡，成为"橡皮图章"；监事会如同虚设；经营者激励约束机制不力；广大中小股东的合法权益难以得到有效保障；等等。股权过于集中，对企业而言并非是好事。

因此从目前而言，完善我国的公司治理，我们应优化股权结构，大力发展机构投资者，适当鼓励产业链上游、中游、下游公司法人相互持股，以改变股权高度集中的局面，使公司股权适度分散，形成股权适度集中、多股制衡的局面。赋予董事会更大的职权，使董事会能更好地履行职务。

### （三）从股东会中心主义到董事会中心主义

基于对公司到底应该服务于谁的利益的不同认识，对公司治理的价值取向也就产生了以下两种不同的观点：一种观点认为，公司治理的中心在于确保股东的利益，确保出资人得到其应得到的投资回报；另一种观点则认为，公司治理应该考虑包括管理者、员工等在内的公司利益相关者的利益，这实际上是一种扩大化了的股东治理。①传统的公司治理理论认为，公司的股东是公司的最终所有者也是公司利益的最终享有者，因而在公司内部组织机构制度设计上，股东会是公司的最高权力机关，享有最高决策权。董事会是股东会的业务执行机关，董事会不具有独立于股东会的法定权力，完全成为股东会的附属机关。股东会享有至高无上的权力，成为公司运行中的核心机关，因而传统公司法奉行股东会中心主义。②

随着社会化大生产的发展，公司规模的扩大，经营、管理才能成为稀缺要素，对公司发展的贡献明显增加。由股东会作出决策再由董事会执行的决策机制势必难以把握转瞬即逝的商机，这种体制导致公司的经营效率和决策质量低下。于是，公司权力分配机制发生改变，公司的权力重心逐渐转移到董事会，董事会拥有完全的经营决策权和管理权，股东会的权力则大大缩减，公司内部治理机制从股东会中心主义转变为董事会中心主义。而现在理论界趋向于认为，有效的公司治理结构本质在于所有利益相关者的平等参与和合作。

然而，我国《公司法》并没有这样修改。它仍赋予股东会至高无上的权力和其他自由裁量权，而董事会的权力则仅限于法定权力与股东会授权的权力，这不利于提高我国公司的经营效率和决策质量。我们知道，赋予股东会至高无上的权力，并不代表它能使用这一权力。在许多大型公司，股东会形同虚设，控股股东却得以控制整个公司，甚至损害中小股东和债权人利益。董事会并无生产经营的自主权，在公司实际发展过程中，捉襟见肘。因而寄

---

① 张庆侠.我国公司治理模式的选择——以股东中心主义为目标［J］.河北法学，2008（8）.
② 王阳.基于社会责任的公司治理模式重塑［J］.西北师大学报（社会科学版），2009（1）.

希望于修订《公司法》时予以考虑改变，借鉴国外先进公司立法经验，确立董事会中心主义，树立董事会在公司治理中的核心地位。

### （四）我国公司治理的启示

我国作为转轨中的市场经济发展国家，提高公司治理水平尽管仍面临许多牵制因素，如产权制度改革仍在完善当中、人力资本概念的确认及其地位的深入人心等，但完善公司治理的意识与环境已得到了显著的改善。健全中国公司治理机制，存在一个采取哪种模式的问题。目前盛行的无论是英美模式，还是德日模式，都有它们各自的历史发展渊源，不能盲目照抄。提高我们的公司治理水平，必须考虑两个基本环境和一个目标。[①]所谓两个基本环境：一是指国际化的环境。良好公司治理实践的重要性已被大多数国家和地区所认识，其标准也在互相汲取长处并逐步趋同。二是指竞争的环境。中国的市场环境正趋于完善，各类市场主体根据公平原则进行激烈竞争，技术、产品、市场、人才，进而公司治理水平的竞争都不例外。一个目标即是指无论采用哪种模式，都要以提高企业效益为主旨。上述因素，要求我们既不能固守自己的所谓传统，故步自封，排斥外来经验，拒绝合作与竞争，也不能全盘照搬，不分析，不消化，拿来就用。因此，建立健全我国自己的公司治理模式，我们应该在考虑体制、市场发育程度甚至观念等基础上，结合实际，吸收与借鉴外国优秀的公司治理经验，学习国际领先公司的实际做法，关注股东的要求，关注利益相关者的合法权益，通过共同治理，保障股东和相关利益者的权益，促进企业业绩的改善与企业价值的提升，实现企业的综合性发展目标。这才是恰当、有益的应对措施。

---

① 刘海淼.治理模式、公司价值与共同治理［J］.北京师范大学学报（社会科学版），2003（4）.

# 并购重组与争端解决篇

# 我国企业涉外争议解决风险管理现状分析

陈福勇[*]

## 一、为什么要关注我国企业涉外争议解决的风险管理

随着经济全球化的不断深入，我国企业所面临的经营环境和市场环境日益复杂。法律风险管理作为企业全面风险管理的一个重要组成部分在近年来得到前所未有的重视。由于公司的经营和管理风险最终都可能转化为某种形式的法律争议，而法律争议需要通过适当的途径加以解决，因此，争议解决在某种意义上是公司法律风险管理的最后一道防线，也是能否真正控制风险的极为重要一环。

争议解决方式的多样化以及各种争议解决方式的专业化程度不断提高，使设计争议解决方案以及有效控制实际争议解决过程成为一门具有相当技术和知识含量的实践性学问。在涉外场景中，争议解决更是因为可能适用不同国家和地区的法律而使复杂性倍增。因此，在公司的法律风险管理中，争议解决成为需要特别关注的课题。

在实践中，随着中国企业的国际化以及跨境合同增加，跨国商事纠纷逐渐增多。如何有效控制涉外争议解决的风险已成为涉外企业和法律专业人士面临的现实问题。然而，长期以来关于涉外争议解决的风险管理一直没有得到严肃的对待和认真的研究。虽然时常有零星的信息被披露出来，但是对于

* 北京仲裁委员会副秘书长、法学博士。本文原载《北京仲裁》第78辑（2011年），为中国集团公司促进会"集团公司境外投资与经营法律风险管理"课题和2010年度教育部人文社会科学研究规划基金项目"中国企业海外投资法律风险防范研究"（项目批准号10YJA820134）的部分研究成果。作者在调研过程中得到了相关企业和业内人士的巨大帮助，在写作和修改过程中，王红松、张重庆、叶小忠、宋连斌、傅晓强、董娇娇、陈杭平、张皓亮、许捷等曾提供宝贵建议，特此一并致谢。

中国企业在涉外争议解决方面的态度和现状一直缺乏相关的数据来说明，关于涉外争议解决风险管理的知识和经验也缺乏有效的整理，以致无法进行共享。有鉴于此，本文试图在对10家处于不同行业的企业进行调研的基础上[①]，结合对个别圈内人士进行访谈所获得的资料和部分媒体已经披露的公开信息，对我国企业有关涉外争议解决风险管理的现状进行描述和分析，同时对如何加强企业的涉外争议解决风险管理提出有针对性的建议。

## 二、我国企业涉外争议解决风险管理现状分析

### （一）对争议解决条款的态度

目前，实践中争议解决的风险管理并没有被放到应有的地位加以重视。首先，从认识上看，许多人把争议解决的法律风险管理定义为真正出现诉讼或仲裁之后可能面临的风险，而没有考虑到争议解决条款的设计本身就是风险管理的重要组成部分。其实，根据法律的规定，在通过合同来体现的各类商事交易中，争议解决方式是可以选择的。既可以选择诉讼，也可以选择仲裁；选择仲裁的还可以选择不同仲裁机构；在涉外合同中，甚至可以选择到海外仲裁机构进行仲裁。同时，除了仲裁机构，还可以对仲裁员、仲裁程序等进行特别的约定。这充分说明，关于争议解决的风险在很大程度上是可以通过事先安排进行防范的，因此，设计争议解决条款本身就是风险管理的重要内容。其次，从实践操作看，许多公司在订立合同时，根本没注意到争议解决条款，以致出现争议到法院起诉时，才被告知合同中有仲裁条款，应该到选择的仲裁机构申请仲裁。有些公司虽然知道争议解决条款，但是由于实践中最终出现需要诉讼或者仲裁的合同跟正常履行的合同相比毕竟是少数，因此很多公司抱有侥幸的心理，认为自己的合同履行不会有问题，因此争议解决条款如何设计没有关系，不用太在乎。当然，在调查中发现，大型企业确实一般把争议解决条款作为合同谈判中的一个谈判点，但是其重要程度有限。这是由于一般业务人员谈好商务条款之后，才会交给法务部人员审查，

---

① 根据实证研究的惯例，本文已对涉及具体调研对象的相关信息作了技术性处理。

法务部人员尽管会就争议解决条款提出自己的建议，但是如果在这个条款中出现过多的坚持，一般会被业务人员甚至公司领导认为是不必要的，于是法务部律师往往只好作罢。

### （二）关于纠纷解决方式的选择

调研发现，中国公司在涉外合同中有80%以上选择仲裁作为争议解决方式（有些公司涉外合同选择仲裁的比例甚至高达100%），其余的主要是选择诉讼。选择仲裁的原因，除了仲裁程序灵活便捷外，主要是因为《纽约公约》的存在使仲裁裁决能在全球范围内得到承认和执行。因此，有人认为，对于解决涉外合同纠纷而言，国际仲裁并不是替代性争议解决方式，而是主流的甚至唯一可靠的争议解决方式。大部分公司认为，到国外诉讼耗时耗力耗财，而且结果也具有很大的不确定性，因此尽量避免。调研中发现，有一些涉外合同之所以选择诉讼，主要是因为到有些发展中国家投资时，对方对国际仲裁非常不熟悉和不信任，坚持要通过诉讼解决。有些发展中国家的公司称，该国政府有规定，某些纠纷只能在该国国内诉讼进行解决。因此，中国公司要跟这些国家的公司做生意只能接受这样的争议解决条款安排。

在国内合同中，各公司对争议解决方式的倾向不一，有的公司比较倾向于诉讼，有些比较倾向于仲裁。比较倾向于选择仲裁的公司一般认为国内诉讼司法环境有待改善；比较倾向于选择诉讼的公司主要是因为诉讼的救济程序总体而言更为完善。成本也是选择诉讼或仲裁的一个重要因素。但调研发现，相当部分的公司对选择仲裁与诉讼之间的费用高低存在认识偏差。有的公司坚持认为诉讼比仲裁便宜，有的公司则认为仲裁比诉讼便宜。其实，存在这种不同的认识主要是因为不了解仲裁机构会根据其自身的业务定位制定相应的收费标准。调查还发现，无论是涉外合同还是国内合同，中国公司对商事调解的使用很少，这反映了中国公司对各国ADR运动中日渐流行的调解制度还很不了解。

### （三）关于仲裁机构的选择

调查发现，大部分公司表示，如果选择仲裁，会提议优先选择国内仲裁机构，但一般外方会反对。反对的理由不一：一些来自发达国家的公司因对中国的仲裁机构不信任要求选择发达国家的仲裁机构，一些来自发展中国家的公司则经常以其本国政府要求相关交易出现争议必须选择在其国内解决为由，要求中国公司接受有利于它们的争议解决条款。

如果谈判不得不需要妥协，需要选择外国仲裁机构时，不同的中国公司对国外仲裁机构具有不同的选择顺序，反映了它们对不同仲裁机构的认识存在较大出入。较多的是选择香港国际仲裁中心和新加坡国际仲裁中心，接下来是国际商会仲裁院，也有的选择斯德哥尔摩商会仲裁院。选择这些机构主要是因为这些机构能够得到协议双方的共同认可。对于是否考虑其他仲裁机构，有公司表示，如果具有良好的国际声誉，所在国家法治环境好且对中国友好，也可能考虑。还有公司表示，选择仲裁机构时会考虑该公司在当地是否有办事机构。对于是否考虑临时仲裁，大部分公司表示没有使用过临时仲裁，个别公司表示涉外合同也会选择临时仲裁但其须有实际的临时仲裁经验。有的公司表示，与机构仲裁相比，临时仲裁在仲裁员选定、仲裁程序方面都相对拖延，且相关程序内容也不是很清晰，因此，存在较大的不确定性。

### （四）关于海外仲裁的结果

由于仲裁具有保密性的特点，仲裁的结果一般来说很难为公众所知悉。因此，只能通过一些间接的渠道来大致了解在海外仲裁的结果。首先，了解案件当事人肯定是一个最直接的渠道，但是作为利害关系人，一般胜诉的愿意说，败诉的不愿意说。比如，有家公司表示它们在国外的仲裁多为胜诉，甚至得到公司领导的表扬。但是我们通过私人的渠道了解到，该公司有一家子公司在某海外仲裁案中败得比较惨。其次，是通过圈内人士的披露。早在2005年左右，香港某知名国际仲裁专家就曾披露，中国在海外的仲裁多数败诉，尤其是在伦敦的仲裁。2010年一位中国内地的仲裁专家又披露，在新加坡国际仲裁中心（SIAC）、国际商会仲裁院（ICC）、伦敦国际仲裁院（LCIA）与美国仲裁协会（AAA），中国当事人作为一方的仲裁案，中方普遍败诉。最后，是通过从法院系统获知的执行国外仲裁裁决方面的信息。由于中方当事人败诉的仲裁裁决一般会到中国来申请承认和执行，因此，通过法院系统是了解涉及中方当事人的海外仲裁裁决结果的一个渠道，但是目前还没有系统的统计数据。由于一些打算不予承认和执行的案件，需要逐级上报到最高人民法院，因此最高人民法院的法官不仅发现不少败诉的案件，还发现有些外国仲裁机构作出的裁决对中方当事人并不公平，因此当决定要不要执行这些裁决时感到非常为难。

### （五）关于海外仲裁胜败的原因

调查发现，凡是声称在海外仲裁中获胜的公司一般是长期处理涉外贸易的公司，因此对国际游戏规则比较熟悉。这些胜诉的公司在谈及其胜诉的原因时，一般表示，首先从案件的事实来看中方公司本来就在理，其次是因为中方公司对所选的仲裁机构的规则非常熟悉，甚至与当地律师和仲裁员都有长期的合作，这些经验使他们能够在海外仲裁中有效应对，甚至做到与狼共舞，不落下风。

当然，更值得研究的是大部分中国公司在海外仲裁中败诉的原因。败诉到底是因为中国公司在这些案件中本来就不在理还是因为中国公司应对失策，抑或是其他原因，本文结合所能收集的资料，试着从以下几个方面去分析中方当事人败诉的具体原因。

1. 主观方面的原因。

（1）消极应对。

中方当事人收到海外仲裁的仲裁通知之后，经常犯的第一个错误，也是经常导致败诉的原因就是消极应对。具体表现如下。

第一，根据中国仲裁法对仲裁条款的规定，想当然地去否认仲裁条款的效力，出现在第三方看来是"非理性地"挑战仲裁条款效力的情况（比如不是积极去海外应诉，而是试图在中国法院申请确认仲裁条款无效）。[①]其实，在涉外合同中判断仲裁条款效力时首先需要解决的是法律适用问题。一般来说，当事人对所适用的法律有特别约定的适用当事人的约定；如果没有特别约定的，应该适用仲裁地所在国的法律；只有没有约定仲裁地的情况下才能适用法院地法律。因此，判断涉外合同中的仲裁条款的效力并不当然适用中

---

① 黄雁明.中国公司参与境外商事仲裁若干案例思考与分析［J］.北京仲裁，2011，75.

国仲裁法而是很可能要适用其他国家的仲裁法。考虑到各国关于仲裁协议有效要件的规定是非常不一样的，根据中国仲裁法会被认定无效的仲裁条款根据其他国家的法律往往是有效的。因此，有些公司想当然地依据中国仲裁法的规定挑战仲裁条款的效力并不明智。当挑战仲裁条款的效力失败之后，中国公司往往并不积极应战，而是在真正的仲裁过程中缺席，最后败诉几乎成了必然的结果。

第二，自以为是地拒绝签收仲裁通知，以为这样仲裁就无法进行或即便进行所作出的裁决也是单方面裁决。这些公司显然是带着国内思维，把一些国内的不良做法带到国际上。其实，在国际仲裁中，只要能证明向中方当事人传真过通知就算有效送达。即便有些当事人把营业地搬走了，只要向当事人最后一个为人所知的地方进行邮寄就能视为已经正当履行了通知的义务。因此，中方当事人不参加仲裁庭审并不影响仲裁程序的进行，仲裁庭可以缺席审理案件并作出裁决，这种情况下的裁决是有效的。

第三，有些公司没有严肃对待国外仲裁，认为即使败诉也没有什么大不了的，因为其在国外没有资产，而要到中国法院执行又很困难。其实，如前所述，中国是《纽约公约》的缔约国。在加入《纽约公约》后，中国有义务执行任何缔约国作出的仲裁裁决，而目前没有加入《纽约公约》的国家和地区是很少的。特别是，随着中国国际经济交往的加深，中国司法机关对国际仲裁在中国的承认和执行给予了强有力的保障。20世纪80年代末90年代初，针对个别地方的法院承认和执行国外仲裁裁决的倾向导致的不良国际影响，最高人民法院还专门出台了规定。目前，《纽约公约》在中国的执行，可以说是畅通无阻。因此，中国公司如果不严肃地对待国外仲裁，败诉之后将有可能面临法院根据国外仲裁裁决书对其财产进行强制执行的现实风险。

（2）选择律师和仲裁员不当。

大多数公司表示，在仲裁案件中，一般聘请外部律师代理而不是由公司的法务人员甚至业务人员自己代理。如果聘请外部律师，一般会特别聘请在仲裁方面有专长的律师而不是聘请平时合作的一般律师。尽管近年来有一些中资所律师已经有能力在海外仲裁中独立出庭，但不少公司表示在国际仲裁场合，一般还是倾向于聘请外资所的律师。至于仲裁律师在具体案件中的参与程度，有些公司是让其全面参与，有的只要求对个别事项提供意见。

尽管一般而言，都知道要尽量选择好的律师，但据圈内人士披露，实际操作中由于缺乏经验加上信息不对称，中国公司在选择律师和仲裁员时经常犯错。尽管总的来说，国际仲裁有趋同的趋势，但是各地的仲裁法律和实务操作仍然具有许多细微的差别，因此非仲裁方面的专业律师不足以把握，同时有些专业性强的争议，还需要律师具有比较强的行业背景，否则，他们要花费大量时间先向当事人咨询技术性问题之后才能理解案件，而这个过程本身都是需要按所花费的小时数收费的。

大部分中国公司认为，仲裁员选择应该考虑其业务水平、对中国以及诉讼事项所在领域的了解情况、国别、政治立场，但是很少有公司积累有足够的信息对仲裁员的选择作有效的判断，因此在选择仲裁员时往往依赖于外聘律师提供的信息。如果律师选错了，仲裁员一般也往往选得不甚恰当。在选择仲裁员问题上，中国公司容易出现几种不良倾向：第一，迷信要价越高，水平肯定越高。其实有些仲裁员虽然表面上名气很大，其专业水平并不必然高，甚至可能在圈内口碑并不好。第二，有些人简单认为选择中国的仲裁员或华裔的仲裁员肯定会对中国有利。其实在国际仲裁场合，不可能仅仅因为他们是中国仲裁员或华裔就不讲道理地偏袒中方当事人，关键要看这些人实际上有没有能力说服其他仲裁员。第三，与前一种倾向相反，有些人只选欧美人士不选华裔，甚至质疑某位华裔仲裁员英语不可能好过英美仲裁员。如果没有基本的语言能力，肯定不行。但是国际仲裁更多的是一种专业和思维的对抗，需要的是专业水平。有些华裔或者中国人虽然英语与英美人相比仍有差距，但是已经足以跟国际上的顶尖仲裁员相抗衡。总之，虽然人们都知道仲裁员的质量决定仲裁的质量，但鉴于人性的复杂，仅凭仲裁员的国籍、专业背景、教育背景来选择还远远不够，还应该了解该仲裁员过去所办案件、其所作的仲裁裁决及法律观点等，而这需要更为细致的调研工作，并非一般的当事人或律师可以轻易获取的。

（3）证据或程序问题处理不当。

证据或程序问题处理不当往往跟聘请的律师不当有关，因为有些律师和当事人习惯用国内的思维方式行事，而这种方式在国际上却行不通。

比如，国外仲裁对案情书面陈述或证人陈述的细节要求比在国内仲裁严格。但中国的当事人常常没有遵循国外的规则，所提交的陈述没有针对性或没有经过认真起草。这就直接导致了中国当事人常常在开庭阶段要求对陈述内容进行纠正，而这往往给仲裁庭留下不好的印象。

又如，不少外国律师发现，中国当事人很难理解国际仲裁庭对证据适用的要求。中国的商务人员经常不像西方人那样看重保存书面证据，如保存有关有争议事实的通信和其他文件。在缺乏书面或其他形式的同类证据时，非中方仲裁员通常会怀疑中国证人证词的准确性。同时，中方当事人很难找到愿意参加仲裁听证的证人，或者即便有证人愿意出庭作证也因缺乏经验而在交叉询问中表现很差。在交叉询问阶段，国内当事人往往没有事先作充分的准备，不是一问三不知，就是难以作答。

再如，中方当事人通常会在最后一刻请求延期开庭。但这通常被看作拖延战术。除非有很好的理由，否则，这样的要求往往会被拒绝，而且会惹恼仲裁员。

此外，程序问题处理不当还包括不会充分利用有利于自己的游戏规则。比如，有关费用担保问题，中国人不会善加利用。在英国关于律师费的分配大原则是败诉方要补偿胜诉方合理的律师/诉讼费用，所以为了保证被告如果胜诉可以拿回自己合理的诉讼费用，被告可以要求原告给予费用担保。有些案件中，如果提出费用担保往往能让原告或申请人知难而退，案件不了了之。但中国当事人被恶意在海外提起仲裁时很少利用这种有利的游戏规则。

2. 客观方面的原因。

（1）仲裁语言。虽然调研中有些公司认为语言只是关系到效率和成本，但也有不少公司认为在某种程度上关系到实体裁决的结果。涉及中方的海外仲裁案件，语言问题不仅可能出现在仲裁员或律师身上，更常见的是出在为案件出庭作证的证人和提供法律意见书的专家身上。这些人可能不懂英文或不精通英文，因此在庭审中对这些人进行交叉询问时就非常依赖翻译的协助。这时翻译的好坏对庭审能否顺利进行起着重要的作用。而事实上真正既懂业务又精通英语的翻译并不容易找。也有人认为，不能将证人不能讲英语这个理由对中方当事人造成的影响加以夸大。因为这种情况在所有的仲裁中都会发生，由于国籍各不相同，证人无法或者不愿用外语作证是经常会有的。但是中国的特殊在于许多在转型时期出现的概念或做法是很难找到对应的翻译的，因此也很难得到外国仲裁员的理解。

（2）合同本身有问题。当然，有些仲裁案件中，中方当事人败诉不是简单应对失当的问题，而是从签合同时起就给自己埋下了诸多隐患。中国当事人在签合同的时候一般只看订单，公司的管理机制常常激励业务人员只关心能不能把合同签下来，而不大注意其中的风险。比如，一些长期合同中，即便自己在谈判的时候处于有利地位，还是给对方很多选择权，这样在形势发生变化的时候，外方往往可以作出对自己有利的选择，而中方在签订合同时就没有预留空间，要继续履行合同只能是做亏本生意，不履行又没有合同依据，只能生硬违约，这必然遭外方的巨额索赔。又如，有些国外公司在谈判的时候，虽然是作为母公司的大公司出来谈，但是真正签合同的时候，往往是旗下一些子公司出来签，甚至专门设立特殊目的公司（SPV）来签合同，这样一旦合同履行出现问题，只有特殊目的公司受牵累，而母公司非常容易脱身。但是，中国公司经常以母公司的名义在外面签一些风险很大的合同。有专业人士称，其在某次交易中曾建议成立特殊目的公司来跟外方签订合同以便隔离风险，中方领导坚决不同意，理由是我们是泱泱大国，是非常讲究诚信的，不能用子公司的名义签合同。其实，利用特殊目的公司来防控项目风险在国际商业活动中非常常见，纯属正常的商业或交易结构安排，跟讲不讲诚信完全是两码事。

## 三、提高我国企业涉外争议解决法律风险管理能力的建议

### （一）要充分认识到争议解决条款的重要性

中国当事人对争议解决条款不重视很大程度上是由于不了解争议条款的重要意义及后果。国际仲裁本身具有高度不确定性，一个不利于自己的争议解决条款，不仅可能使自己"血本无归"，而且，还可能因此倾家荡产。因此，要提高争议解决的风险管理能力，我国当事人在争议解决条款问题上要转变认识。

第一，不要习惯性地接受外方提供的格式条款，从而使自己在将来的争议解决中处于非常不利的局面。在审查合同时，要注意看其合并的其他格式

合同、术语、条款中是否有仲裁条款对中方不利。如果双方实力相差悬殊，选择外国仲裁是不得已而为之，还情有可原。如果在实力对比发生根本变化之后，由于我们在这方面的无知而继续接受对中方不利的争议解决条款就让人遗憾了。

第二，不要迷信名气大的国际仲裁机构。一些中国企业迷信名气大的仲裁机构。其实有些仲裁机构基本上是一个小圈子，对中国企业来说，很难在现有的游戏规则中有效保护自身权益。

第三，要意识到选择国外仲裁的不可控因素很多。仲裁机构的选择涉及仲裁地、适用的法律、仲裁规则、仲裁员、仲裁费用、裁决执行等一系列复杂问题。选择一个外国仲裁机构，等于将解决争议的未来交给一系列不可预见的因素。首先，从费用上看无法预见和控制。与国内仲裁费一般按争议金额的一定比例收取不同，境外仲裁员费用一般按工作小时计算。在国际仲裁中，仲裁员很愿意开庭，一开庭就是十天半个月，而每开庭一天下来就是几万元，甚至连"茶歇"也作为计费时间计算费用。其次，从时间来看往往会很长。与国内仲裁有明确的审限不同，在国外仲裁没有审限的要求，同时要把几个国际仲裁员安排到一个时间开庭很难，往往立案之后，要想开庭只能安排一年以后的某个时间了。

### （二）在公司内部制定一个清晰的争议解决政策并在谈判中灵活运用

鉴于争议解决这一环节如果处理不当具有巨大的风险，所以本次调研也意在促使中国企业在合同谈判的过程中能将争议解决条款作为合同一个核心的部分给予足够的重视，与外方有策略地进行规划和博弈。在比较大的公司，需要与外部进行谈判进而签订合同的部门很多。为了提高谈判的效率及更好地协调和控制整个公司的争议解决风险，应该在对各种争议解决方式进行分析比较甚至适当尝试之后在公司内部制定一个比较明晰的争议解决政策，以供公司的所有人员参考。

对于大的集团公司，如果所有分公司和子公司的案件能集中在一个或几个渠道解决有利于关于争议解决方式的知识和经验积累，从而在无形中获得比较优势。

当然，在合同中订立争议解决条款需要双方达成合意。仅仅自己订立争议解决政策并不必然能说服对方，所以在谈判中需要有一定的妥协，因此，制定争议解决条款政策的同时应该规定更改这一政策的程序，比如改变仲裁机构什么级别的人才有权同意，以便公司从整体上控制风险。

在跟外国当事人谈判的时候，应该注意以下两方面的问题。

第一，选择中国仲裁机构并不仅对中方当事人有利，在许多时候对外国当事人也是有利的。在具体合同谈判中，仲裁条款选择哪个机构，是双方利益的博弈和谈判地位、能力的较量。随着国内外经济形势的变化，现在越来越多的交易中，中国企业占据有利的地位。比如，在许多交易中我们是投资方，是甲方，即使外商到中国投资，也是为了占领中国的市场。如果我们的谈判地位强，律师在签订合同时就应据理力争，尽量争取在仲裁协议中约定我国境内的仲裁机构。当然，在说服外国当事人同意选择中国的仲裁机构时，要能让其意识到，在许多情况下，选择中国仲裁机构对外方也是有利的。首先，很多涉外争议中其实外方也有中资的背景，有些案件即便一方是外国企业，但合同的签订、履行都发生在中国，适用中国的法律，由熟悉中国文化、法律的中国仲裁员、仲裁机构处理更适宜。其次，尽管有些外国当事人对中国仲裁机构持有怀疑态度，但是许多怀疑是没有依据的。在实践中要能有理有据地消除外方的疑虑。最后，在中国的仲裁机构仲裁，对外方来说，可以申请财产保全，并且裁决作出了无须再申请承认，因此，如果外方胜诉，其权利更容易得到实现。

第二，即便选择中国仲裁机构的提议被对方否决，也应努力选择一个对己方有利的第三方仲裁机构。实践中，许多中国公司在要求到中国仲裁机构仲裁的提议被否定之后，往往就什么都不提了，听任对方的要求。这种情况应该避免。在不得已的情况下，需要选择适用第三方的法律和位于境外第三国的仲裁机构，从公平公正的角度，这无可厚非，应选择对自己更有利的机构。在具体选择时至少需要考虑以下几条原则：首先，仲裁机构所在地必须具有较完善的法律；其次，中方可以较便利地聘用掌握第三方法律的律师，比如有人反映瑞士法虽然较完善，但寻找出庭律师可能不易，即使找到，费用必然相当昂贵；最后，应选择仲裁费用和其他成本相对较低的境外仲裁机构，同时，仲裁地点要尽可能地便于中方人员出入境。

### （三）强化争议解决知识管理与相关培训

由于争议解决的日益专业化，要正确应对需要具有相应的专业知识。调查显示，大部分公司法务人员认为自己有一定的知识对涉及仲裁的事宜作出相关的决策，但同时都表示有必要进一步对法务人员甚至业务人员进行更多的关于国际仲裁或争议预防与解决方面的培训。

调查还发现，大部分公司认为，在签订和履行合同过程中，业务人员要有意识地保留一些关键的双方往来文件，同时在有业务人员需要出席法庭或仲裁庭接受交叉询问的情况下，应该进行适当的培训。

### （四）政府主管部门或行业协会应对争议解决风险防范进行必要引导

尽管争议解决条款的选择是市场行为，每个公司有权自主决定。中国公司在这方面的经验不足，许多信息无法共享，因此，屡屡吃亏。为了争取让中国公司在国际竞争中不处于劣势，政府主管部门或行业协会应对争议解决的风险防范进行必要的引导，一方面鼓励中国公司尽量选择中国的仲裁机构，另一方面，对不得已选择海外仲裁机构的公司提供必要的信息，防止中国公司受到不公平的待遇。

随着中国整体实力的提升，中国公司在越来越多的交易中拥有较多的谈判筹码或处于较有利的谈判地位，建议有关部门通过信息共享甚至出台一些指导性政策引导中国公司选择在国内解决争议。选择中国仲裁实际上意味着增加中国法院、法律对国际争议的管辖权，这不仅有利于公司自身利用对本国法律的熟悉和对实践的了解而在争议解决过程中更好地控制风险，而且有利于中国不断提高争议解决服务业的国际竞争力，从而在国际分工与合作中更好地维护整个国家和民族的利益。

### （五）培养具有国际竞争力的中国仲裁机构

当前，世界资源分配很大程度上靠市场竞争，而市场竞争不仅取决于经济实力，还取决于知识和人才。因此，政府主管部门应该支持和鼓励我国仲裁机构提升国际竞争力，同时加快培养一批优秀的仲裁专业人才。这对国家和民族利益具有重大的潜在意义。

第一，为国内当事人提供法律的保障，如果中国有了国际知名仲裁机构，中方当事人争取案件在国内仲裁就有了筹码。

第二，可以为中国优秀仲裁人才进入国际仲裁机构提供平台。在国际仲裁案件已经被西方发达国家仲裁员垄断的情况下，中国仲裁员凭个人力量打入国际市场非常困难。但如果有中国仲裁机构成为国际知名仲裁机构，就会吸引国外仲裁员到国内仲裁机构，就会为中国仲裁员提供与国外高手进行切磋，从而逐渐被世界认可的机会。

第三，可以成为知识和信息交流的中枢。中国仲裁机构及时了解国际仲裁的知识、信息和经验，并在国内进行传播能使国内实务界在这方面的发展与世界同步。这在无形中提高了仲裁员、律师在国际法律服务业中的竞争力。只有培养出一批具有国际水平的仲裁人才，才能从根本上建立起在经济上捍卫民族利益的铜墙铁壁。

# 论我国国有上市公司股权结构的弊端及完善

王天有

由于政治和历史的原因，国有股在我国公司中占有特殊的地位，尽管经历了多轮国退民进的改革（如国有股减持、股权分置），但国有公司占经济总量的份额依然巨大。在上市公司中，国有股也基本上一股独大，持股份额远远高于其他股东。这种公有股权占主体、国家拥有高度集中的股权结构下的国有股股东对公司的控制往往表现为政治上的超强控制和经济上的超弱控制。由于公司治理结构中的董事会、监事会、经理的安排易受国家行政干预，公司内部难以形成高效率的运行机制，造成了严重后果，甚至影响了公司的长远发展。

## 一、我国国有上市公司股权结构的弊端

### （一）股权主体虚置

国有股股权主体虚置是导致国有公司治理效率低下的根本原因。国有股的真正股权主体是全体人民，但股权的行使却只能由其代表（一般是国有资产监督管理机构）来实施。[①]具体原因如下，我国法律规定国务院统一行使国有资产出资人职能，再将国有资产所有者代表的具体职能分别由中央和省级地方政府的国资委或其他一些主体（出资人代表）行使，最后出资人代表又通过履行出资人职责将国有资产委托给企业的董事、经理等经营者。这就导

---

① 蒋林.国有投资公司的产权结构特征与治理［J］.经济改革，2008（3）.

致国有资产的委托—代理体系中没有完整统一的委托人，在这样的层层委托中委托人代表的国家所有权实际上被"虚置"[1]，而股权主体并不能实现对委托人的监督，没有实质性的监督，委托人也就不可能认真履行对公司经营管理的监督职责。

### （二）股权结构失衡

国有上市公司的股权结构主要特征有三个：一是未流通股占总股本的大部分。在我国证券市场中，存在一个很大的问题，即二元股权结构。二元股权结构是指非流通股与流通股并存，同时在整个证券市场上，非流通股所占比重十分巨大。二是国有股一直处于控股地位。国有企业为防止国有资产流失，总是要求保持国有股的绝对控股地位。虽然近年来对于国有股减持的呼声不断，实践中也已经有所下降，然而并没有改变国有股的绝对控股地位。三是法人股在上市公司中比重相当高，并有逐步上升趋势。这使持有流通股的中小股东承担着由公司的经营业绩好坏引起股价波动的市场风险，却很难作为股东行使参与公司治理的权利，再加上信息不灵和"搭便车"的心理，中小股东有意无意地放弃了自己对公司的控制权[2]，而持有国有股、法人股的股东独揽公司大权却不必承担股市风险。与此同时，国有股"一股独大"，股权过于集中在国有大股东手中会产生许多问题：国有大股东和上市公司在人员、资产、财务上长期不分家；上市公司的资产安全得不到保障，关联交易盛行，经营业绩核算的可靠性降低；国有股股东操纵公司的一切事务，董事、监事全由国有股股东一人委派，公司机构间无法形成制约关系；大股东决策只从自身利益考虑，侵害了少数股东的权益；等等。股权向国家集中导致严重的内部人控制，公司内部的管理层控制董事会，进而控制公司。

### （三）影响独立董事职能发挥

我国国有控股上市公司的内部人控制的独特性使独立董事们难以真正独

---

① 蒋建湘.我国国有公司股权结构及其法律改革［J］.法律科学，2012（6）.
② 佘镜怀，胡洁.上市公司股权结构与公司绩效关系的实证分析［J］.当代经济科学，2007（1）.

立。在一个大股东控制的企业里，独立董事的推举与任命无一不体现大股东的意志。而实质上独立董事的产生主要是为了防止内部董事和经理人员独揽大权，损坏小股东的利益，另一个原因是企业相信有经验的独立董事能为企业的治理带来新观点和新方法。独立董事的关键在于"独立"二字：意味着必须与大股东、经理层等强势群体保持对立，客观、公正地去做其被期望做的事情。我国国有上市公司大多内部董事比例较高，并且董事直接兼任公司高层管理人员，独立董事数额较少，独立性欠佳，成为"花瓶"。我国国有控股上市公司对独立董事的激励也存在着问题。其表现为：当给予独立董事较小激励（如只给予路费补贴）时，他们会保持对企业实际控制的独立，但缺乏努力工作的动力。当增加激励特别是持股激励时，独立董事也许会与企业利益发生冲突，其结果是丧失独立性。

### （四）影响公司运作效率

国有公司的政企不分导致公司治理混乱。由于国有股的行使主体——政府部门具有特殊的地位，国有股高度集中的股权结构下的国有股股东对公司的控制往往表现为政治上的超强控制和经济上的超弱控制。公司治理结构中的董事会、监事会、经理的安排易受国家行政干预，公司内部难以形成高效率的运行机制，造成董事会功能和结构的缺失，董事的职责不清，内部分工和权力制衡混乱，管理层工作积极性低、效率低。我国国有上市公司的薪酬结构比较单一，不能对高级管理人员起到足够的激励作用。总体来看，国有上市公司经理的激励机制缺乏动态化，强度太弱，个人收入和公司业绩未建立规范的联系。不少企业经理人员在有利益冲突的情况下，往往选择对自己有利的条件决策，为自己谋取私利，明显损害股东尤其是中小股东的利益。我国国有控股上市公司的管理层人员获得的工资、奖金报酬并不高，而他们所获得的非现金收入、职务消费及其福利是一种限制性财富。这种限制性财富是与个人的职位权力相联系的，并不是他本人合法拥有的财富，因此它的流动性很差，不能集中起来进行投资，而国外的一些激励和期权等可以直接转化为投资。我国国有上市公司的限制性财富具有"生活资料"的属性，允许个人占用、消费和享受，但不可交易和投资，虽然看起来比较平等和公正，但也削弱了其激励效果。此外，有关实证结果表明：我国国有上市公司的高级管理人员薪酬与公司业绩关系不大。管理人员的薪酬不与公司业绩相挂钩，会造成管理人员工作的主动性、积极性不高和责任感不强，这很大程度上影响了工作的效率和公司的发展。①

## 二、我国国有上市公司股权结构的完善

完善公司治理不能仅关注公司治理本身，因为公司治理实质上是由股权结构决定的，国有公司也不例外。大量的实证研究表明，国有公司的盈利能力普遍来说远低于一般私营公司，其原因在于国有股权导致了严重的公司治理问题。因此，从国有股权结构的改革入手更带有根本性。在经济全球化迅猛发展的今天，各国公司的股权结构和公司治理正在发生变革，并体现了趋同的一面。在此背景下，探讨如何因应国际变革的潮流，合理设置我国国有公司股权结构，将对提高国有公司治理绩效有所裨益。

### （一）实行国有上市公司的分类治理

国有公司应以社会利益为中心，主要投资于具备市场失灵特性的公共产品，但不能据此否定国有公司自身的发展，其必然还是要至少实现盈亏平衡，否则其社会目标难以实现。"以往的国有投资体制改革都失败了，一个重要原因就在于没有分清楚哪些是可以市场化的部分，哪些是不能市场化的部分，将竞争性领域和非竞争性领域的国家投资混为一谈，实行相同的政策措施。"②因此有必要对国有公司进行分类治理，即将国有公司分为两类：一类是以提供外部性强的公共品和准公共品为目标的非竞争性国有公司，该类公司本身不追求货币收益最大化，而以社会利益最大化为目标，对该类公司不适于引入市场投资主体，而应以国有独资为主；另一类是以追求国有资本高回报高收益为目标的竞争性国有公司，该类公司必须要参与到市场竞争中去，不能获得非竞争性国有投资公司能够获得的政府支持和援助，对该类公司可以引入市场投资主体，实现股权多元化，形成公司治理的制衡机制，按

---

① 邓辉. 我国上市公司股权集中模式下的股权制衡问题［J］. 中国法学，2008（6）.
② 林毅夫. 国有投资公司与国有资本的市场化［J］. 经济研究参考，2001（1）.

照市场化方式运作。

## （二）改善和优化股权结构，完善公司治理的基础

1. 减持国有股，实现相对控股。改善股权结构，防止国有股"一股独大"，应该分散股权，如可以通过出让国家股、国有法人股或者资产重组等方式，降低国有股权的集中程度。但仍要适度集中，因为股权的过度分散，也会降低公司治理的效率。考虑适当分散有利于效率的提高，可采用相对控股，探索由少数大股东分享控制权的模式，实现相互制衡以保护中小股东的权益。股权适度集中的公司，其股权结构最有利于公司绩效的提高。这是因为：首先，大股东的存在能够克服小股东"搭便车"问题，强化公司内部治理机制，从而改善公司治理效率。其次，由于存在着若干大股东，有利于形成相互制衡的权力结构，有效避免"管理者控制"和"大股东控制"的局面，从而降低由此所造成的代理成本，提高公司绩效。最后，权力的相互制衡有利于规范公司的经营行为，形成科学、民主的决策机制，有效地避免决策失误给公司造成的损失，从而提高公司的绩效。

2. 增强股票市场的流动性。国有股具有不可流动性，不但抑制了公司控制权市场的发展，违背了股份经济的本质要求，而且扭曲了股票市场的资源配置功能。股权分置（人为地划分为流通股和非流通股）是流通股股东与非流通股股东地位不平等的制度基础。在这个基础上，就造成了流通股股东向非流通股股东的长期利益输送。这种股权二元结构造成非流通股一股独大的局面，因此没有办法彻底完善上市公司的治理结构。而且由于一股独大，非流通股股东与流通股股东之间就不可能存在真正的博弈，非流通股股东要恶性圈钱，要占用资金，要内幕交易，流通股股东只能"任人宰割"。

3. 实现股权多元化。《国务院关于投资体制改革的决定》提出了政府投资引入市场机制的要求，各级政府可以利用特许经营、投资补助等多种方式，吸引社会资本参与有合理回报和一定投资回收能力的公益事业和公共基础设施项目建设。[①]对于具有垄断性的项目，可以试行特许经营，通过业主招标制度，开展公平竞争，保护公众利益。已经建成的政府投资项目，具备条

---

① 蒋林.国有投资公司的产权结构特征与治理［J］.经济改革，2008（3）.

件的经过批准也可以依法转让产权或经营权，以回收的资金滚动投资于社会公益等各类基础设施建设。通过公司的股权多元化吸引民间资本进入公益项目投资领域，不仅可以解决政府资金不足的问题，还能够形成有效的公司治理结构，完善公司的产权结构，在实现公司利润最大化的同时实现公司的社会公益性目标。

### （三）完善独立董事制度，提高独立董事效率

股权构架影响独立董事制度发挥作用的可能性，因此欲使独立董事制度发挥作用，需做以下改进：一是增加独立董事人数，限制大股东派出独立董事数量。独立董事进入董事会并发挥主导作用，是以独立董事占董事成员的大多数为条件的。如果独立董事仅仅是点缀，那么，独立董事不仅不能替代股东董事，而且可能被同化为大股东或次大股东的利益代表。二是提高独立董事素质，明确独立董事责任。独立董事应当独立履行职责，不受上市公司主要股东、实际控制人或者其他与上市公司存在利害关系的单位或个人的影响。提高独立董事效率，应提高独立董事素质，对独立董事的知识背景、经验和素质也要有一定的要求。三是使独立董事的薪酬与绩效挂钩。我国国有上市公司的独立董事的薪酬水平一般比较低，独立董事的报酬一般由津贴和车马费构成，而且与公司绩效无关，因为他们不负责上市公司的日常经营管理，也不是上市公司的员工，那么独立董事工作的积极性、责任感难免会不高。[①]因此，应提高独立董事的薪酬待遇并将薪酬与绩效相挂钩。

### （四）管理层激励，提高公司运作效率

对我国国有上市公司股权结构的调整，其中一项内容是，给予公司管理层一定的股权。这样做的好处是，可以促使管理层人员更多地从公司长远的利益考虑问题，避免经营上的短期行为。公司管理层能够真正参与公司治理，因为公司经营的好坏，直接影响股权的收益。当然，这种激励模式有赖于我国证券市场的进一步完善和相关法律的规范。关于这种模式，具体可以采用：经营管理人员持股、期股（指出资者同经营者商定在任期内由经营者

---

① 张少云.国有企业公司治理结构问题研究［J］.经济视角，2010（2）.

按既定价格或适当比例的本企业股份、收益延期兑现并享有相应权利义务的激励方法）、股票期权（指出资者给予经营者在一定期限内按照事先确定的价格购买公司一定数量股票的权利的激励方法）等模式。

综而述之，在这场全球化背景下的公司治理与股权结构变革浪潮中，国有公司同在其列，国有公司只有完善其股权构架才能为"一带一路"倡议的实践提供推动力和促进力。国有公司由于其特殊性，其股权架构有很多特殊性，股权结构失衡的问题比其他公司更为严重。股权二元结构引发的非流通股的大量存在，也引发不少批评。同时，独立董事效率缺失、对管理层的激励不足等都是影响股权结构合理化的重大问题。只有坚持改善和优化股权结构，完善公司治理的基础，完善独立董事制度以提高独立董事效率，同时采用现金与股权相结合方式对管理层进行激励，方能使国有上市公司股权构架更加合理。

# "一带一路"倡议下商事仲裁制度
# 完善路径探析

李志强　游　广

2013年9月和10月，习近平主席先后出访中亚和东南亚国家，为加强国家之间的合作与交流，在此期间，习近平主席提出共建"丝绸之路经济带"和"21世纪海上丝绸之路"的重大倡议，自此，"一带一路"倡议便开始成形，并且受到了整个国际社会的高度关注。2015年3月28日，经过国务院授权，国家发展改革委、外交部、商务部三部委联合发布了《推动共建丝绸之路经济带和21世纪海上丝绸之路的愿景与行动》一文，从官方角度首次对"一带一路"倡议进行了解读，也为该倡议更加具体化、规范化地纵深发展明确了目标和思路。随着2017年5月首届中国"一带一路"国际合作高峰论坛的召开，"一带一路"倡议日趋成熟。

"一带一路"倡议在世界范围内的不断推广，为"一带一路"沿线国家开展政策沟通与战略对接提供了有益的平台。在"一带一路"倡议持续发展中，沿线各国的交流互通形成了如下特征：贸易投资畅通是"一带一路"倡议发展的重要内容，企业是"一带一路"建设的主要参与者和实践者，而私人主体间的民商事争议构成"一带一路"经贸争议的主要类型。

## 一、"一带一路"沿线商事争议的解决方法

"一带一路"倡议的实施涉及沿线各国贸易、投资以及与之相关的知识产权保护、产品的检验和安全标准、《税法》《反竞争法》等，这必然需要沿线国家政府之间的交流与合作，也更加需要企业和个人的积极参与。这些合作需要相关国家在政策、法律和行政层面以及规范企业和个人行为方面进行协调。

在如此庞大而且复杂的经济合作过程中，参与各方之间的争议不可避免。因此，如何解决争议事实上是"一带一路"倡议必须面对的问题。总而言之，与"一带一路"倡议相关的争议包括政府与政府、企业与政府、企业与企业之间的纠纷。其中，企业与企业之间的争议纠纷也被称为商事争议。

企业之间的商事交易范畴十分广泛，大概包括贸易、投资、兼并、技术转让、知识产权保护、企业的合并与分立、设备买卖、特许权转让等。其共同的特点就在于上市交易所涉及的各类事项均由当事方通过合同内容来进行规范，当然包括争端解决的方法以及争端的适用法律等。根据合同自由原则，交易当事方，即合同当事人可自由选择通过法院还是仲裁机构或者是和解等方式来解决争议。但是，"一带一路"倡议下，企业之间的商事争议有其固有的特征。鉴于当事方来自不同的国家，且任何当事方均不愿选择对方国家的法院解决争议，因此，大多数的争议双方选择通过仲裁方式解决可能发生的争议。

商事仲裁又可以分为机构仲裁和临时仲裁两种方式。其中，机构仲裁的特征就在于负责仲裁的仲裁单位是真实存在的，是具有实体的，即其经过合法登记、具有办公场所、有秘书处和仲裁规则等。而临时仲裁则是指在商事争议发生以后，争议双方当事人依照合同规定组建临时仲裁庭，解决该商事争议。

在实践中，并非每一个仲裁机构都具有其独特的仲裁规则。随着商事仲裁越来越受到争端当事人青睐，某一争端的商事仲裁现已成为众多仲裁机构极力争取的业务。每个仲裁机构都力图通过提供便捷有效的仲裁规则以及公平公正的裁决来赢得争议双方当事人的认可，从而在众多仲裁机构之间的竞争中获得优势。但不可否认的是，仲裁裁决的公平公正很难进行量化，也难以进行认定，基本上因人而异。因此，提供便捷有效的仲裁规则便成为赢得竞争的有效方法。

现在国际社会中广为认可的仲裁规则便是《联合国国际贸易法委员会仲裁规则》（*UNCITRAL Arbitration Rules*）。该仲裁规则不仅在临时仲裁中被广为采用，同时也被一些仲裁机构作为自己的仲裁规则，香港国际仲裁中心便是其中一例。仲裁规则解决的是仲裁过程的程序问题。仲裁庭在分析判断争端双方当事人在合同中的权利与义务时，往往还需依据某些法律或者惯例，即适用法律。在合同中选择适用法律的时候，双方当事人往往会优先选择适用相关国家的法律，当然在货物买卖交易中，许多合同当事方也会选择适用《联合国国际货物销售合同公约》作为法律依据。

随着国际商事仲裁的不断发展，商事仲裁逐渐呈现出另一发展趋势，即人们越来越多地强调调解在仲裁过程中或仲裁程序开始前的适用，由仲裁庭主持调解争议双方当事人的商事争议。在仲裁过程中适用调解程序虽然越来越受到国际社会的认同，但对于仲裁员是否同时适合担任调解员却存在较大的分歧。有的观点认为，成功的调解需要双方当事人真实披露与争议相关的事实真相以及双方当事人对于达成调解的意愿，包括赔偿责任的上限和可接受的最低赔偿金额等。如果调解失败，在调解过程中获取的相关信息可能会对仲裁庭的最终裁决产生较大的影响。[①]例如，在调解过程中，一方当事人为了达成和解，可能会作出一定的让步，而这些让步便有可能会给仲裁庭造成该方当事人存在违约的印象。当然，除了上述可能的影响之外，如何保证调解协议得以顺利执行也是人们普遍关注的问题。

商事仲裁毕竟只是解决争议的一种手段。争议是否能够得到最终的解决还要看仲裁裁决是否能够得以顺利执行。目前最具影响力的裁决执行机制是1958年出台的《纽约公约》。依据《纽约公约》，所有缔约国都有义务承认并执行在其他缔约国作出的裁决。基于《纽约公约》，所有缔约国的法院均不可对公约裁决进行实质审查，也不得撤销相关裁决。即使缔约国法院因一个仲裁裁决符合第五条不予承认和执行仲裁裁决的例外而不予承认与执行，也不能撤销相关仲裁裁决。另外，需要指出的是，《纽约公约》第五条规定的例外情形并非容易满足。因此，1958年出台的《纽约公约》一直被视为相当有效的仲裁裁决承认和执行制度。

## 二、"一带一路"倡议下中国商事仲裁制度的现状

商事仲裁具有高效、灵活、当事人意思自由等特点，现已成为欧美等发达国家主要的商事纠纷解决手段。商事仲裁制度是一种国际化程度极高的争

---

① 王贵国.“一带一路”战略争端解决机制［J］.中国法律评论，2016（2）.

端解决制度，被众多争议双方当事人广泛接受。商事仲裁制度也是"一带一路"高效互信争端解决机制架构的重要组成部分，经济全球化的高速发展以及我国对外开放都让商事仲裁制度在我国实现了快速的发展。

近些年来，我国通过积极立法以及加入相关国际公约的方式初步建立起了一套较为完善的商事仲裁机制。在涉外仲裁方面，我国《仲裁法》设立专章为其提供法治保障；同时，加入《纽约公约》《华盛顿公约》等国际条约的行为也为涉外仲裁的承认与执行奠定了坚实基础。"一带一路"倡议下，我国涉外仲裁案件数量的大幅增长，以及涌现出的全新的仲裁机构与仲裁规则，为我国商事仲裁制度的发展与创新带来了新的机遇和挑战。

### （一）商事仲裁制度的法治保障

国际上现行的商事仲裁立法主要有两种模式，即单一制和双轨制。其中，我国主要通过单一制的商事仲裁立法方式，使国内商事仲裁和国际商事仲裁适用统一的法律——《中华人民共和国仲裁法》（以下简称《仲裁法》），其中涉外仲裁更是在《仲裁法》第七章中予以专章特别规定。而双轨制的商事仲裁立法模式，在新加坡国内的仲裁立法制度中得到了完美的体现。《新加坡仲裁法》和《新加坡国际仲裁法》两部法律分别对新加坡的国内仲裁与国际仲裁进行了较为细致的规定。当然，双轨制的立法体例也是目前世界上多数国家所采取的商事仲裁立法模式。

我国对于商事仲裁制度的法治保障，不仅仅体现在国内立法的层面，同时，还积极加入以《纽约公约》和《华盛顿公约》为代表的国际条约，成为《纽约公约》和《华盛顿公约》的缔约国。但是，在加入《华盛顿公约》之时，我国也作出了相应的法律保留，仅同意将因征收和国有化产生的有关补偿争议提交ICSID管辖。"一带一路"沿线诸多国家中，大部分是《纽约公约》的缔约国，另外有54个沿线国家是《华盛顿公约》的缔约国和签署国。在双边条约方面，中国已与53个沿线国家签订了双边投资协定（以下简称BIT），现有的BIT条约双方均已达成一致意见，同意以专设仲裁庭的方式进行争端解决，而明确表态接受ICSID管辖的沿线国家仅有19个。[①]

---

① 杜玉琼，帅馨."一带一路"背景下中国仲裁制度的完善［J］.宜宾学院学报，2018（3）.

### （二）主要仲裁机构和仲裁规则

由于仲裁制度相较于诉讼制度具有高效、灵活等特征，我国国内仲裁机构的发展一发不可收拾。目前我国国内仲裁机构已有160多家，主要的涉外仲裁机构包括中国国际经济贸易仲裁委员会、中国海事仲裁委员会、上海国际仲裁中心、香港国际仲裁中心、南沙国际仲裁中心。随着上海自贸区的设立，我国仲裁机构也呈现出国际化、专业化和多样化的发展态势。例如国际商会仲裁院、香港国际仲裁中心、新加坡国际仲裁中心已先后在上海自贸区设立办事处，同时在上海自贸区也成立了世界上首个航空仲裁平台——上海国际航空仲裁院，此外，深圳自贸区还设立了自贸区金融仲裁中心。而依托自贸区的建设，部分仲裁机构还率先尝试引进临时仲裁、友好仲裁等国际先进制度，与国际仲裁机构积极开展交流合作。在仲裁规则方面，除了各仲裁机构的一般仲裁规则外，我国还出台了自贸区仲裁规则、网络仲裁规则、技术合同仲裁机构仲裁规则等特殊仲裁规则。

### （三）仲裁案件受理情况

中国对外开放的全面深化以及贸易投资的高速增长急剧加快了我国商事仲裁事业的发展。我国仲裁机构的受理案件数量已连续22年保持高速增长，年均增长率超过30%。当然，我国商事仲裁事业的发展并不仅仅体现在受理案件的总量变化，除了受理案件总数，标的总额、调解和解率以及涉外案件数量等其他几项指标也均显著提高。同时，我国商事仲裁机构的涉外案件数量也呈现大幅增长的态势。2016年，总计62家仲裁委员会受理的涉外及涉港澳台案件数量达到3141件之多，同比增长51%，创造仲裁机构受理案件数量20多年来最大增量和增幅；除涉港澳台案件外，其他涉外案件1546件，占比为49%，这些涉外案件涵盖的范围包括全球57个国家和地区。

## 三、"一带一路"倡议下中国商事仲裁制度的局限性

"一带一路"倡议的提出及发展为中国和其他沿线国家及地区的发展带来了前所未有的机遇，国际经贸合作也将迎来全新的发展与突破，跨国、

跨境投资将出现在更多的领域和区域。一般而言，在国际商事争议出现后，争议双方当事人可以采取协商、调解、仲裁或者诉讼这四种争端解决方式来处理。而在实践中，正如上文所提到的，用仲裁来处理纠纷的方式被广泛采用，国际商事仲裁是国际民商事争议的重要争端解决方式，国际商事仲裁也是国际商事争议双方当事人的重要维权手段。而中国现有的商事仲裁制度显然无法满足"一带一路"沿线国家商事争议当事人的需求，因此"一带一路"倡议的持续推进必然需要更加国际化、专业化的仲裁制度来保驾护航。

## （一）涉外仲裁缺乏专门立法保障

我国现行有效的《仲裁法》对涉外仲裁设立专章进行规定，但也仅以9个条文对涉外仲裁作了特别规定。因此，从立法层面进行分析，我国尚缺失对涉外仲裁的专门立法。

一方面，我国推进"一带一路"倡议与自贸区建设，自然而然地会涌现出各种各样新型的涉外商事纠纷，其复杂性必然会远远大于国内的同类商事案件，同时自贸区的良性运作也必然需要更加国际化、专业化的高水平仲裁纠纷解决机制来保驾护航。以上海自贸区为例，自从上海自贸区运行以来，其服务业开放程度逐渐加深，自贸区内企业经营形态也呈现出多元发展的趋势，交易方式丰富各异。自贸区内产生的商事纠纷不再局限于传统的贸易、物流等纠纷，还包括诸多新型领域的商事争议，如融资租赁、期货等金融衍生品、文化服务、专业服务等方面的争议。此外，我们还应当认识到，在"一带一路"倡议的持续推进过程中，其他新型商事争议如跨境金融业务、跨境电商等争议也将不断出现，而这些商事争议涉及的往往是外国的法律法规、国际贸易规则、惯例等多方面的内容。

另一方面，我国对涉外仲裁的简单规定，也凸显了涉外案件仲裁裁决的承认与执行问题。囿于国内仲裁制度与国内法律法规的缺失，加之，涉外仲裁不能一味照搬国内仲裁的规定，因此，在实践中，仲裁裁决往往会面临在域外难以得到承认和顺利执行的艰难困境。"一带一路"沿线国家投资者将商事争议诉诸仲裁纠纷解决机制时，其最为关注的必然是仲裁机构作出的仲裁裁决是否有效并且能否在其他国家或地区得到承认和顺利执行。按照我国《仲裁法》和《民事诉讼法》的规定，法院对仲裁具有司法监督权，主要表现两个方面：一是不予执行仲裁裁决；二是撤销仲裁裁决。"不予执行"和"撤销"这两种司法监督制度的重复设置，容易使仲裁裁决的效力长期处于不确定的状态。因此可能降低我国仲裁机构被"一带一路"沿线国家投资者选中的可能性，以及我国作为涉外案件仲裁地的可能性。加之涉外案件在时效、代理、送达、取证、语言及法律适用上所具有的独特性，因此，我国现有商事仲裁立法模式也难以应对"一带一路"倡议推进过程中可能涌现的大量国际民商事纠纷案件。

### （二）临时仲裁制度的适用缺乏法律支持

临时仲裁制度是指当事人依双方订立的协议组建仲裁庭或者授权仲裁庭自选程序的一种特别仲裁制度。在适用临时仲裁制度下，双方当事人可以自行设计仲裁规则，也可以协商约定选择适用现有的仲裁规则。因此，基于临时仲裁制度的灵活性、高效性和经济性，目前美国、英国、新加坡等国家都确立了临时仲裁制度。然而，在我国《仲裁法》的规定中，选定仲裁委员会是仲裁协议的生效要件，可见我国在立法层面上否定了临时仲裁的效力。但值得提出的是，我国作为《纽约公约》的缔约国，在加入时并未对临时仲裁条款作出保留声明，而《纽约公约》中有此规定，公约的"裁决"指机构仲裁和临时仲裁所作出的裁决。因此我国对于公约中的临时仲裁制度是予以承认的。鉴于国际新型商事争议的层出不穷，单一的机构仲裁模式无法满足自贸区经济发展对争议解决方式便利化的要求，也无法适应"一带一路"倡议的持续推进，还将阻碍我国商事仲裁制度的发展。值得肯定的是，目前临时仲裁与机构仲裁的协调统一已经成为国际商事仲裁的发展趋势。

2016年12月，最高人民法院印发了《关于为自由贸易试验区建设提供司法保障的意见》（以下简称《意见》），确立了自贸区范围内的临时仲裁制度，承认了自贸区内企业之间仲裁地在内地，且符合"三个特定"的临时仲裁协议的效力。但该《意见》并未言明"三个特定"条件的具体内涵以及临时仲裁制度的适用范围，只是规定临时仲裁协议的效力发生争议时需要最高人民法院作出裁定，这显然不符合临时仲裁制度追求效率的初衷。

随后，在2017年3月，珠海仲裁委员会颁布了《横琴自由贸易试验区临时仲裁规则》，虽然进一步明确了自贸区临时仲裁制度的效力问题，但其依然缺乏全国人大及其常委会的授权和相应的法律渊源。全国人大常委会通过的《关于授权国务院在中国（上海）自由贸易试验区暂时调整有关法律规定的行政审批的决定》中也并未授权自贸区可暂停适用《仲裁法》。如果不对《仲裁法》中关于仲裁协议生效要件的相关条款进行修改或者由全国人大授权自贸区暂停适用该条款，那么珠海仲裁委员会颁布的临时仲裁规则存在违反《仲裁法》的嫌疑。总而言之，我国在临时仲裁方面虽有尝试，但仍未于立法层面确立临时仲裁制度。

### （三）仲裁机构行政化，缺乏独立性

中国的仲裁机构主要采取事业单位管理模式，决策层和执行层混为一体，因此，我国仲裁机构的这种组建形式显然有悖仲裁制度的初衷。根据我国《仲裁法》的规定，各地的仲裁委员会是由政府商会组建的，但是商会只处于次要和从属地位，仲裁机构的组建基本上是政府的行政行为，这也就必然导致了政府机构对于仲裁机构的控制和管理，这也使政府机构有权干预仲裁活动独立正常的展开。在实践中，我国多数的仲裁机构实际上处于官办或者半官半民的状态，仲裁机构成为政府的下属职能部门。政府为仲裁机构确定主管部门，为其提供经费、办公条件等，仲裁机构工作人员也按照行政编制定级，仲裁机构的主要成员大多数是政府部门的官员。诸如此类的做法，都使仲裁等同于行政裁决或者行政调解行为，违背了仲裁"私力救济"的本质属性，也无法保证仲裁机构的独立性。

### （四）仲裁机构内部职权划分混乱

在仲裁机构中，仲裁委员会和仲裁庭是两个截然不同的组织部门，其各自的职权也应当合理进行划分，这样才能保证仲裁的正常高效运作。但是，在我国现有的仲裁制度中，我国《仲裁法》对于仲裁委员会和仲裁庭的职权划分与国际上通用的做法相差甚远，也不甚合理。其一，仲裁管辖的确认作为仲裁的重要事项之一，理应由仲裁庭来行使，但是我国《仲裁法》却将此权力赋予仲裁委员会。其二，仲裁庭的独立性受到严重的干扰。一般而言，一个仲裁案件一般要经过案件受理、案件审理和案件裁决、调解等过程。为了体现仲裁庭的独立性，在仲裁庭组成以后，仲裁庭理应独立享有案件的审

理权、案件的裁决权等相关权力，仲裁委员会只应享有仲裁庭组成之前的案件受理权。但在我国的商事仲裁实践中，仲裁委员会常常越俎代庖，在许多程序上代替仲裁庭，严重侵害了仲裁庭的专业性和权威性。

## 四、"一带一路"倡议下中国商事仲裁制度的完善谏言

随着"一带一路"倡议的持续推进，沿线国家的仲裁机构增长态势持续走高，全球仲裁服务市场的竞争也日趋激烈。商事争议双方当事人最迫切的需要便是既能与国际最新规则高度接轨，又能契合"一带一路"倡议下争议解决需求的商事仲裁机制，而很显然，中国现有的商事仲裁机制很难满足正义当事人的这一要求。因此，在"一带 路"倡议的持续推进过程中，我国的商事仲裁制度也应当不断地完善。在" 带 路"倡议和中国自贸试验区互动融合的背景下，完善我国商事仲裁制度可以从内、外两个方面进行研究：我国的商事仲裁制度可以借鉴国外先进仲裁机构的成功经验来完善自己，也可以借助自贸区平台来创新仲裁纠纷解决机制，还可以引入在线仲裁规则。若要推动商事仲裁制度不断推陈出新，还要加大推进"一带一路"相关涉外仲裁人员的培养。

### （一）借鉴国外先进仲裁机构的成功经验

仲裁制度的完善首先要在制度层面上为我国的国际商事仲裁立法与实务去除法律障碍，保障所借鉴的国外仲裁机构的制度经验于法有据。仲裁制度的构建与完善是仲裁实务得以良好运作的前提。可考虑借鉴国外先进仲裁机构的制度经验促进我国仲裁业的专业化与国际化：借鉴新加坡双轨制立法模式，实现我国仲裁制度与国际仲裁制度接轨，为引入临时仲裁制度提供法律支撑；借鉴迪拜自贸区内特别立法模式，在我国自由贸易试验区内开放仲裁服务，率先适用临时仲裁；借鉴国外先进仲裁机构的仲裁员名册开放制度。

1. 新加坡双轨制仲裁立法经验。随着我国对外开放程度的不断深入，商事仲裁制度有望在构建开放型经济新体制以及推进"一带一路"倡议过程中发挥更大的作用。但令人遗憾的是，与"一带一路"沿线各国间贸易额突飞猛进的态势截然不同，我国商事仲裁行业的发展依然相对滞后。若想改善这

种不匹配的现状，首先要实现我国仲裁立法与国际商事仲裁制度的接轨。在国际仲裁领域，国内仲裁机构需要更多地借鉴参考国际仲裁经验与实践，如引入临时仲裁制度，对外开放仲裁服务。当然，国际仲裁的规定并非均能适用于国内仲裁，因此，我国在引入国际先进仲裁制度的时候也要因人而异，因地制宜。为了实现我国仲裁立法与国际商事仲裁制度的完美接轨，以及维护和稳定国内仲裁制度，我国商事仲裁很有必要参考、借鉴双轨制立法模式的成功经验，学以致用。新加坡是世界上新兴的国际商事仲裁中心，自1994年《国际仲裁法》颁布生效之后开始实行国际仲裁和国内仲裁双轨制，其国际仲裁和国内仲裁分别立法模式结构复杂、体系严谨。因此，鉴于我国现有的商事仲裁现状，我国可以采取双轨制立法模式，从而满足涉外仲裁的切实需求和特殊需要，并最大限度地保障争议当事人的意思自治，使仲裁制度更具灵活性。双轨制的立法模式也可以在制度层面增加中国被选作仲裁地的可能性和中国法律作为准据法的适用可能性。

2. 迪拜自贸区仲裁制度经验。我国仲裁制度的完善也可以考虑借鉴迪拜自贸区——阿联酋迪拜国际金融中心（以下简称DIFC）的仲裁制度经验。该制度依托自贸试验区这一平台，通过自贸试验区仲裁机制的创新与改革发挥辐射效应。DIFC是迪拜境内的自由贸易区，根据阿联酋宪法规定，DIFC享有独立的司法管辖权，内部实行独立的法律体系，也拥有独立的法院，有独立的民事和商事法律法规以及完整的金融监管法律法规。DIFC开放仲裁服务，例如，允许伦敦国际仲裁院（以下简称LCIA）在其境内设立办事处，并成立了DIFC伦敦国际仲裁院仲裁中心（以下简称DIFC LCIA仲裁中心）。DIFC制定了自己的仲裁法，当争议双方当事人选择仲裁地为DIFC所在的自由贸易试验区时，该争议适用的法律将不再是阿联酋民事诉讼法，而是DIFC仲裁法。

"一带一路"倡议下我国商事仲裁制度的改革与创新可借鉴DFIC的经验，依托自贸区平台先行先试，自贸区可作为国际经验进入中国的缓冲地带。除针对自贸区特别立法外，也可由国务院提请全国人大常委会暂停《仲裁法》部分条款在自贸区适用。同时，自贸区的负面清单模式也使得在区内开放仲裁服务具有可能性和可操作性。具体而言，可在自贸区内采取国内仲裁与国际仲裁的双轨制立法模式，在暂不修改我国《仲裁法》的前提下，出台暂时在自贸区内施行的《国际仲裁法》，为自贸区的创新仲裁制度提供法律基础。以临时仲裁为例，临时仲裁能够体现争议双方当事人最大化的意思自治，具有高度的灵活性，能够降低争议解决成本从而增加我国外汇收入，也有利于提高我国机构仲裁和法院诉讼质量，减少仲裁造假行为。从法律层面看，自贸区试行临时仲裁具有制定特别立法的条件；另外自贸区相较于国内其他地区具备临时仲裁所需的诚信基础。临时仲裁在自贸区也具备更高的可能性和可操作性，并且在实践中已有临时仲裁规则发布。依托自贸区平台制定《国际仲裁法》则可为自贸区的临时仲裁制度与临时仲裁规则提供法律支撑。以负面清单模式并遵循准入前国民待遇原则在自贸区内开放我国仲裁服务，吸引国际仲裁机构（如伦敦国际仲裁院）到我国境内（如自贸试验区）设立分支机构，并明确境外仲裁机构享有与境内仲裁机构同等待遇的权利。

3. 仲裁员开放名册制度。"一带一路"沿线许多国家的仲裁机构及其仲裁规则对仲裁员的国际化和专业化有较高的要求。例如，新加坡国际仲裁中心的仲裁员库（SIAC's panel of arbitrators）包括世界各国多位知名人士，当然，该国也允许争议当事人在该仲裁员库之外选择仲裁员，此项规定为当事人提供了广泛的选择空间。另外，哈萨克斯坦国际仲裁中心（KIA）提供的仲裁员备选库中也有20多个国家的专业人士可供当事人选择。可以说，仲裁员来源是否国际化、专业化很大程度上决定了一个仲裁机构的国际性与专业性，也决定了该仲裁机构的公信力与竞争力。因此，我国可通过仲裁员开放名册制度开放仲裁员来源，引进蜚声海内外的国际人才与行业专家，推动我国仲裁业走向国际化和专业化。

### （二）创新仲裁形式，引入在线仲裁规则

在线仲裁是指将ICT技术与仲裁过程相结合，将原先在线下完成的仲裁程序和裁判过程通过互联网技术实现在线完成。即争议双方当事人首先通过对预先设定的在线仲裁规则进行确认，然后进入正式的在线仲裁阶段，争议双方与仲裁员通过数字化信息设备、视讯通信系统、智能化处理程序完成证据交换、调解、庭审以及裁决的全过程，它是一种"网上虚拟庭审"过程。在线仲裁与传统仲裁模式相比较，更具灵活性，也更加自治，在互联网技术的支持下，在线仲裁为争议双方节省了更多的人力、物力和时间成本，它是当

今互联网背景下更为有效的商事纠纷解决方式，人们也简单地将其称为"无纸化仲裁"①。

随着国内自贸区的不断建立，不同的自贸区都会根据自身的发展需要形成不同的仲裁规则，这样往往会造成仲裁规则的碎片化和无序性，仲裁机构也无法树立良好的公信力和权威性。因此，在处理"一带一路"沿线各国贸易纠纷时应设立统一的仲裁规则。特别是在创设"一带一路"在线仲裁机制中，贸易纠纷主体要使用在线仲裁平台进行仲裁就需要纠纷双方对预先设定的在线仲裁规则进行认可和同意，仲裁规则的开放性、公平性、合理性以及是否能代表"一带一路"沿线国家大多数的利益就显得极为重要。我们在设立"一带一路"在线仲裁规则时既要尊重仲裁规则与司法实践的有效对接，还要体现在线仲裁规则突破和创新传统仲裁规则的内在需求以及快捷、方便和实用的特点。

首先，扩大仲裁范围。在互联网经济的推动下，新的经济现象层出不穷，传统的贸易纠纷也会有新的变化和新的表现形式。从最高人民法院公布的"一带一路"典型案件中，我们不难看到，现阶段的争议纠纷不仅包括海上运输合同、海域污染损害赔偿，股权转让合同、居间合同，同时还增加了跨境金融、劳务输出、电子商务以及融资租赁等伴随着网络经济而出现的新纠纷形式。因此，在线仲裁应适应"一带一路"经济发展的需求，能够处理更多类型的争议案件，只有拥有更广泛的受案范围，才能拓宽在线仲裁的实用性，其便捷性才能在使用中得到凸显，才能有效规避"一带一路"沿线国家复杂的法律问题。其次，引入在线调解机制。无论是在线仲裁还是在线调解都是为了更好地解决纠纷，引入在线调解的目的是更加高效地使纠纷得以解决。我们在正式进入在线仲裁前引入在线调解，由纠纷主体选择是接受在线调解还是直接进入在线仲裁。这样的设置使一些较为简单、争议不大且法律关系较为清晰的案件能够更加快捷和迅速地解决，为纠纷主体提供更加多元化的服务。最后，充分实现当事人的意思自治，设置友好仲裁和临时仲裁制度。一套能够为"一带一路"沿线国家广泛应用的规则不仅应有创新还应

---

① 倪楠.构建"一带一路"贸易纠纷在线仲裁解决机制研究［J］.北京联合大学学报（人文社会科学版），2017（4）.

重视对现有仲裁规则的继承和使用，这样才能更加完善，并具有代表性。1985年，《国际商事仲裁示范法》第十九条就规定了当事人可以自由约定仲裁庭所遵循的程序。现阶段，国内仲裁机构大都排除了友好仲裁和临时仲裁这两项制度，而"一带一路"在线仲裁机制构建的基础本身就是争议双方当事人的合意和对规则的认可，其核心就是意思自治。友好仲裁和临时仲裁制度可以根据纠纷主体的合意选择双方确认的规则处理纠纷，也可以自主选择量身定制程序，这正是"一带一路"在线仲裁原则和精神的体现。如此多样化的设置可以最大化地体现对纠纷主体的尊重，也更加人性化。

### （三）加大推进"一带一路"相关涉外仲裁人员的培养

随着"一带一路"倡议的持续推进，我国与沿线国家及地区在基础设施、贸易与投资、金融等领域的合作也在不断加强。不管在国内还是国外，这些领域产生的争端诉诸仲裁机构，都必然需要具有国际视野、了解国内外市场经济运行规律、熟悉国际规则惯例并能参与国际竞争的高素质涉外仲裁人才提供法律服务予以解决。培养涉外仲裁人才必然会是加速推进"一带一路"倡议的重要课题。

一家仲裁机构的地位和声誉很大程度上取决于仲裁员的质量，一个国家仲裁事业的发展既离不开仲裁制度的创新，也离不开涉外仲裁人才的培养。为了适应"一带一路"倡议涉及多法域的特点，同时为了能向"一带一路"沿线国家当事人提供更加优质的仲裁服务，我国仲裁机构应当不断提高仲裁员队伍的国际化和专业化水平。

从仲裁机构的角度看，我国仲裁机构应当加强与"一带一路"沿线各国仲裁机构的交流。一方面要加强与沿线各国在商事仲裁的研究、国际仲裁员的推荐以及专业仲裁员的培训学习等方面的合作与交流。另一方面也应当注重对国际仲裁的研究与培训工作。通过组织定期的学习与培训，切实提高我国涉外律师对"一带一路"沿线国家仲裁制度、国际仲裁规则的掌握与实践运用能力，从而助推"一带一路"建设。[①]从仲裁员的选任角度看，首先，

---

① 胡晓霞."一带一路"建设中争端解决机制研究——兼及涉外法律人才的培养［J］.法学论坛，2018（4）.

应当提高国际仲裁员的入门条件。其至少应当具有国际法专业知识，尤其是国际投资法、国际贸易法和国际投资或国际贸易协议中的争端解决方面的知识，同时若能掌握相关国家法律知识更佳，以上掌握专门知识的人才不必是律师或者有律师经验。其次，国际仲裁员必须严格遵守信息披露和回避制度。一旦成为国际仲裁员，应当按要求定期披露可能对仲裁公正性和独立性产生怀疑的任何情况；若被正式指定为具体案件的仲裁员，如遇应当回避的法定情形，应积极主动回避。

# "一带一路"视角下国际仲裁的
# 新思考

## 李志强　李　建

　　"一带一路"倡议（The "Belt and Road" Initiative）是"丝绸之路经济带"和"21世纪海上丝绸之路"的简称。2015年3月28日，国家发展改革委、外交部、商务部联合发布《推动共建丝绸之路经济带和21世纪海上丝绸之路的愿景与行动》，标志着"一带一路"步入全面推进阶段。2015年6月29日，《亚洲基础设施投资银行协定》的签署仪式标志着"一带一路"倡议进入了新的发展阶段。

　　1958年签订的《承认及执行外国仲裁裁决公约》（以下简称《纽约公约》）促使仲裁的裁决相较于法院判决在全球范围内更容易被承认与执行。我国于1986年12月2日加入该公约，1987年4月10日该公约在我国生效。目前已经有150个国家或地区加入该公约。[1]"一带一路"沿线各国几乎全部加入了《纽约公约》，一旦发生民商事纠纷，国际商事仲裁制度将成为最重要的纠纷解决机制。因此，健全的国际商事仲裁制度是"一带一路"倡议实施的重要司法保障。

　　我国企业有权以东道国法院违反《纽约公约》为由向相关国家提起投资仲裁，从而维护自身合法权益。在"一带一路"建设进程中，我国企业"走出去"与国外企业"引进来"的规模空前扩大，跨国商事纠纷的产生将不可避免。在《纽约公约》的护佑下，国际商事仲裁因具有中立性、一裁终局性、可执行性和保密性等特点，在"一带一路"国际商事纠纷解决中的作用无疑将更加令人瞩目。因而，正确解释与适用《纽约公约》、及时承认与执

---

[1]　http://www.newyorkconvention.org/contracting-states/list-of-contracting-states.

行外国仲裁裁决，有助于尽快化解国际商事纠纷，提高"一带一路"建设争端解决的效率。

为服务与保障"一带一路"建设，最高人民法院出台一系列重大举措支持国际仲裁事业发展，受到国际上广泛好评。2015年6月16日，最高人民法院发布《关于人民法院为"一带一路"建设提供司法服务和保障的若干意见》，该意见明确指出："要正确理解和适用《承认及执行外国仲裁裁决公约》，依法及时承认和执行与'一带一路'建设相关的外国商事海事仲裁裁决……要探索完善撤销、不予执行我国涉外、涉港澳台仲裁裁决以及拒绝承认和执行外国仲裁裁决的司法审查程序制度，统一司法尺度，支持仲裁发展。"随后，最高人民法院颁布的《关于人民法院进一步深化多元化纠纷解决机制改革的意见》（法发〔2016〕14号）、《关于为自由贸易试验区建设提供司法保障的意见》（法发〔2016〕34号）也先后表示支持仲裁制度改革、支持仲裁机构的创新发展，"提升我国纠纷解决机制的国际竞争力和公信力"。

## 一、仲裁地法对仲裁程序及仲裁规则的作用

根据国际私法理论中"场所支配行为"的原则，在某个国家进行的诉讼，必须适用法院地国的程序法。该原则推广适用于国际商事仲裁，则要求仲裁行为也应受仲裁地法律的支配，仲裁程序至少不应违反仲裁地法律的强制性规定。换而言之，仲裁地点作为确定仲裁裁决国籍的基本依据，仲裁的法律效力来源于仲裁地的法律。马恩（F. A. Mann）的论述为，仲裁庭作出的任何决定，如果不与一个特定国家的法律体系相联系，就没有法律上的拘束力，因为任何人所享有的权利或权力，都是由一国的国内法赋予的，更为确切地说，传统上来源于法院地国的法律，在涉及仲裁的情况下则来源于仲裁地国的法律。①美国哥伦比亚大学施密特（Hans Smit）教授认为，仲裁不能存在于特定的法律制度之外，包括仲裁协议、支配仲裁程序的规则和仲裁裁决

---

① 陈治东. 国际商事仲裁法［M］. 北京：法律出版社，1998：206；郭寿康，赵秀文. 国际经济贸易仲裁法［M］. 北京：中国法制出版社，1999：299.

本身的效力，均来源于特定国家的国内法。这里所说的特定国家的国内法即指仲裁地法。[①]

在仲裁地法适用方式上，如果当事人约定了仲裁地点与仲裁规则，仲裁地的程序法对仲裁程序具有强制适用与补充适用的效力。

仲裁地法的强制性规定对仲裁程序具有直接适用的效力。当事人可以选择仲裁程序所适用的法律，但仲裁地法的强制性规定却可以直接适用于相关的仲裁程序，而效力上超越当事人的选择。例如，1998年德国《民事诉讼法典》第1042条第1款、第2款规定："各当事人应平等对待并给予每一方充分陈述案件的机会；律师不得被排斥充当授权代理人。"国际商品贸易协会仲裁实践中，有的协会仲裁规则规定通常不允许私人执业的律师代理案件，也不允许律师作为顾问或仲裁员参与仲裁程序。但当仲裁地点在德国时，即使当事人约定适用其他国家的仲裁法，仲裁庭的仲裁活动也不得违反德国《民事诉讼法典》的该两项强制性规定，律师作为代理人的资格不得被剥夺。

适用于一个具体的国际商事仲裁事项的规则体系既包括仲裁地法，也包括仲裁规则。仲裁地法与仲裁规则是两个不同概念。仲裁地法是规范如何进行仲裁的法律规范的总称，具体表现为一国的仲裁法及其他涉及仲裁的法律规范。而仲裁规则是指仲裁机构、有关组织和团体、仲裁协议的当事人约定的或仲裁庭决定的关于如何进行仲裁所遵循的程序规则。二者的联系一般表现为：仲裁地法是本国仲裁机构制定仲裁规则的依据，仲裁规则是在本国仲裁立法的宗旨下制定。值得注意的是，仲裁地法与仲裁规则的不同适用方式往往导致研究者对他们各自实践作用的错觉。仲裁规则在适用特点方面具有约定性、直接性、外在性的特征，一般不会为人所忽略。但仲裁地法则不同，其适用具有潜在性、间接性、非直接意思自治性（实际上，当事人选择了仲裁地点等于间接对仲裁地法的适用行使了意思自治）等特征，这些特征的存在，极易使人对其实践适用产生误读。国际商事仲裁实践中，仲裁地法是仲裁程序无法回避的法律，无论当事人是否对此作出了选择，也无论当事

---

① 沈木珠.海商法比较研究［M］.北京：中国政法大学出版社，1998：180.

人或者仲裁庭是否对该法的适用具有清醒的主观认知。①

在最高人民法院审理的申请承认和执行外国仲裁裁决中，很好地印证了上述理论。2011年9月28日，联合轧花埃及棉出口公司（Unite Company for Ginning and Cotton Export）（以下简称埃及棉公司）作为卖方与无锡市天然绿色纤维科技有限公司（以下简称天然绿纤公司）作为买方签订了棉花销售合同，合同文本均为亚历山大棉花出口商协会（以下简称出口商协会）的标准合同格式，且在出口商协会进行了登记。合同中载明："本协议受亚历山大棉花出口商协会1994年第211号部令以及1994年的第507号部令管辖。如就本协议出现任何争议，将在亚历山大市进行仲裁解决。"同时该合同备注中载明："2011/2012季埃及棉出口销售条款是本合约不可分割的组成部分。"而上述2011/2012季埃及棉出口销售条款中也载明："如买卖双方间就合约产生争议，可提请出口商协会进行仲裁。"出口商协会内部规定（1994年第507号部令）包含仲裁提起、仲裁庭组成、二级仲裁等仲裁规则性条款。其中，与仲裁争议相关的为第95条至第104条条款。上述条款中第96条规定："仲裁员可自行决定在一级仲裁或申诉中适用的仲裁规则。"第100条规定："一级仲裁委员会由三名仲裁员组成。三名仲裁员由协会总裁随机从管理委员会的成员中选定，但选定应排除利益相关方。"

争议发生后，应埃及棉公司的申请，出口商协会组成仲裁庭就上述合同争议作出裁决，并以电子邮件方式发送给天然绿纤公司。后埃及棉公司向无锡市中级人民法院申请承认及执行上述仲裁裁决。天然绿纤公司抗辩认为，埃及棉公司与天然绿纤公司之间对仲裁庭的组成和仲裁程序没有约定，因此涉案仲裁依法应适用仲裁地所在国法律即埃及《民事与商事仲裁法》的规定，而涉案仲裁中有多项程序违反了埃及《民事与商事仲裁法》的强制性规定，应根据《纽约公约》第5条第1款（J）项不予承认和执行。埃及棉公司则认为，双方合同中的仲裁条款已明确约定适用出口商协会的内部规则，无须适用埃及《民事与商事仲裁法》，出口商协会的内部规则已经明确仲裁员可自行决定适用的仲裁规则，因此涉案仲裁程序并无不当。

---

① 李娜. 埃及仲裁裁决承认与执行实践对仲裁程序法律适用规则与"一带一路"法律风险防范的启示［J］. 法律适用·司法案例，2018（12）.

最高人民法院审理认为：涉案仲裁条款约定了出口商协会的内部规则为仲裁规则，但该仲裁规则只规定了仲裁员的选定、仲裁费用的支付及申诉程序等，并未规定其他具体的仲裁程序。出口商协会的内部规则虽然规定仲裁员可自行决定在一级仲裁或申诉中适用的仲裁规则，但仲裁庭并未实际适用或者援引其他可资利用的仲裁规则。在这样的情形下，有关仲裁程序的其他问题，只要属于没有在当事人选定的仲裁规则涵盖范围内的事项，均不应违反仲裁地法律的规定。关于仲裁庭未向天然绿纤公司送达申请书和证据材料以及未就仲裁裁决中天然绿纤公司的名称错误进行书面补正问题，均涉及埃及《民事与商事仲裁法》的适用。根据埃及《民事与商事仲裁法》的相关规定，在天然绿纤公司没有提交相反证据的情况下，可以初步推定仲裁庭以邮件附件的形式向天然绿纤公司送达了仲裁申请书。鉴于本案合同签订及履行的实际情况，当事人全称及简称的使用不当不足以造成权利义务指向的混淆，仲裁庭也作出了补正。本案不存在《纽约公约》第5条第1款（J）项规定的情形，涉案仲裁裁决应予以承认与执行。

## 二、仲裁裁决国籍认定的新趋势

我国在加入《纽约公约》时作出了"互惠保留"，中华人民共和国只在互惠的基础上对在另一缔约国领土内作出的仲裁裁决的承认和执行适用该公约。但是，由于我国《民事诉讼法》及《仲裁法》的规定，长期以来，我国一直以仲裁机构所在地来判断仲裁裁决的国籍属性，人民法院只能通过识别作出仲裁裁决的机构所属国是否是《纽约公约》缔约国，判断是否对该裁决的承认与执行适用《纽约公约》。这一实践明显与《纽约公约》第1条规定的裁决作出地标准（仲裁地标准）相悖，也与国际商事仲裁的通行实践不符。

在"一带一路"倡议的大背景下，我国大部分法院在判断《纽约公约》的适用范围时已逐渐放弃仲裁机构所在地标准，转而采用《纽约公约》第1条规定的裁决地标准；最高人民法院通过复函形式明确，人民法院应采用仲裁地标准而不是仲裁机构所在地标准来确定一项外国仲裁裁决的国籍属性，这表明中国法院在仲裁司法审查方面取得明显进步。当然，值得注意的是，目前仍有个别中级法院对《纽约公约》适用范围的理解存有偏差，这需要最高人民法院采取措施及时予以纠正。[1]

### 三、仲裁规则的趋利选举

中国企业可以考虑利用各种不同的国际仲裁程序机制，根据实施项目的具体情况，分别制定不同的仲裁预案。对此，中国企业可进一步考虑在亚洲本地选择适合中外双方的中立国家作为仲裁地，以确保仲裁程序如期、高效地进行，并确保裁决以各种可能的方式在尽可能多的国家得到承认与执行。

中国企业与当事国政府之间的投资纠纷可依据中国签订的双边投资协定中所设定的争端解决机制来解决。目前，中国所签订的双边投资协定中，大约97%规定有前置条件的强制性国际仲裁。换而言之，如果中国企业的投资因沿线当事国政府的不当行为遭受损失，在满足中国与当事国的双边投资协定所设置的仲裁启动条件下，中国企业即可直接依照合适的仲裁规则针对该当事国政府提起仲裁，无须征得两国政府事先同意，也无须再与当事国政府另行达成书面仲裁协议。此等赋予投资者行使强制启动仲裁的权利，其内在机理在于，两国各自作为投资东道国，都相互保护对方国家投资者的相关权益，尊重对方国家投资者将投资纠纷提交国际仲裁庭在第三国进行仲裁的意愿。其余约3%的中国双边投资协定下的争议解决机制则属于需要两国政府协商同意方可启动仲裁的情形。中国企业与某一具体当事国政府关于投资争议所适用的仲裁启动机制，应以具体双边投资协定中的规定为准。由此可见，针对中国企业在"一带一路"沿线国家可能出现的投资争议，有关方面应充分理解并有效运用中国双边投资协定中的强制仲裁机制，及时启动国际仲裁程序，以减少当事国政府拖延纠纷解决带来的相关损失。此种仲裁启动机制，与一般国际商事仲裁的启动机制差别甚大，值得中国政府及中国企业从"一带一路"项目纠纷解决的战略高度予以重视。[2]

---

① 刘敬东，王路路."一带一路"倡议下我国对外国仲裁裁决承认与执行的实证研究［J］.法律适用，2018（5）.

② 葛黄斌.国际仲裁与"一带一路"项目纠纷解决的战略思考［J］.中国法律，2015（6）.

### 四、临时仲裁制度的构建

依据是否常设专门的仲裁机构，可以将商事仲裁划分为两类：机构仲裁和临时仲裁。临时仲裁与机构仲裁不同，临时仲裁是为了解决某一特定纠纷，由争议当事人约定临时组成仲裁庭进行仲裁。与机构仲裁相比，临时仲裁的历史更为久远，是近代商事仲裁制度的起源。虽然在临时仲裁的基础上产生了更具组织性的机构仲裁，但临时仲裁仍有其自身的优势和存在的必要性。在国际商事纠纷尤其是海事争议中，大多数的海事仲裁案件是通过临时仲裁进行解决的，其效力被世界各国广泛承认。环顾全球，几乎所有商事制度高度发达的国际仲裁机构或国家都规定了临时仲裁制度。临时仲裁的仲裁规则，可以由当事人自行设计，也可以由当事人约定选择现有的仲裁规则。联合国国际贸易法委员会的仲裁规则被广泛适用于临时仲裁，其对仲裁的程序事项作了系统、严密的规定，能够消除仲裁过程中的不确定因素，充分发挥临时仲裁的优势。这套规则不仅适用于临时仲裁，甚至一些常设仲裁机构也允许当事人进行选择。由于临时仲裁中当事人指定的仲裁员往往是争议领域的权威法律专家，在相当程度上保证了仲裁结果的客观、公正，并易于被争议双方所接受。由此可见，有可供选择的临时仲裁程序与专业的仲裁员，不仅可以充分保障临时仲裁当事人的意思自治，还能够确保仲裁过程与裁决结果的可预期性和稳定性。

对我国临时仲裁制度的反思应当从国际和国内两个规则层面把握：国际规则层面，《纽约公约》规定，公约中的"裁决"一词指机构仲裁和临时仲裁所作出的裁决。作为《纽约公约》的缔约国，我国在加入时仅对互惠保留和商事保留作出声明，因此对于公约中的临时仲裁制度我国是予以承认的。

国内规则层面，我国现行《仲裁法》并不承认临时仲裁制度。《仲裁法》第十六条和第十八条规定，仲裁协议中应当约定仲裁委员会，否则仲裁协议无效。诚然，临时仲裁由仲裁庭组成，在仲裁协议中无法约定仲裁委员会，故我国国内法对临时仲裁持否定态度。[①]因此造成在国际商事仲裁裁决的承认与执行时，国外所作出的仲裁与我国作出的仲裁不对等。国外的临时仲

---

① 李昌超，陈磊.论我国临时仲裁制度之构建［J］.湖北经济学院学报，2014，12（1）.

裁裁决依据《纽约公约》可以在我国承认与执行，但我国所作出的仲裁裁决却因违反仲裁裁决地法而无效。这种尴尬的局面对我国的民商事主体是不公平的，并且不利于我国对《纽约公约》的遵守和履行。[①]

根据我国《仲裁法》第十六条、第十八条的规定，仲裁协议中必须包括选定的仲裁委员会，不约定特定仲裁委员会的仲裁协议无效。也就是说我国国内法不承认临时仲裁，这也是《自贸区仲裁规则》未规定临时仲裁的原因。然而在国际法层面，依据《纽约公约》，我国有义务承认并执行国外的临时仲裁。这导致根据仲裁裁决地法合法有效的国外临时仲裁裁决可以依据《纽约公约》在中国得到承认和执行，而中国内地作出的临时仲裁裁决却由于仲裁裁决地法的原因无论在中国内地还是境外均属于无效裁决。中国在建设国际仲裁中心的竞赛中先天处于弱势地位，大量希望使用临时仲裁方式解决纠纷的当事人，在选择仲裁地时必然会绕开中国。

临时仲裁作为一种被广泛采用、国际通行的仲裁方式，是我国国际仲裁中心建设中不可或缺的重要组成部分。在客观条件尚不成熟，不宜通过修改仲裁法的方式在全国范围内实施的情况下，可以充分利用上海自贸区"试验田"的优势，由全国人民代表大会常务委员会授权，暂停仲裁法相关条款在上海自贸区的适用，同时修改《中国（上海）自由贸易试验区仲裁规则》，纳入临时仲裁制度。通过临时仲裁制度在上海自贸区的试运行，一方面补齐制度短板，助力国际仲裁中心建设，为"一带一路"倡议提供法律保障；另一方面待制度运行成熟后，可以适时对《仲裁法》作出修改，完善我国的商事仲裁制度。[②]

---

① 王佳宜.“一带一路”战略下国际商事仲裁制度的构建［J］.人民论坛，2016（5）.
② 孙龑.“一带一路”战略与上海国际仲裁中心的制度完善［N］.人民法院报，2017-03-29.

# 仲裁裁决在中国境内执行问题的
# 法律新趋势

李志强

　　"一带一路"倡议很可能大幅推动中国企业对外投资，对这些企业及其"一带一路"投资中的交易伙伴来说，如何在中华人民共和国（中国）执行外国仲裁裁决将成为几为重要问题。

　　1986年12月2日，中国加入《承认及执行外国仲裁裁决公约》（以下简称《纽约公约》）。1987年4月10日，中国最高人民法院（最高法）发布了《最高人民法院关于执行我国加入的〈承认及执行外国仲裁裁决公约〉的通知》（最高法通知），说明依据《纽约公约》执行外国仲裁裁决的相关问题。2017年12月26日，最高人民法院公布了《关于仲裁司法审查案件报核问题的有关规定》（法释〔2017〕21号）（以下简称《报核问题规定》）和《关于审理仲裁司法审查案件若干问题的规定》（法释〔2017〕22号）（以下简称《司法审查规定》），以上两规定是最高人民法院自2006年颁布实施《关于适用〈中华人民共和国仲裁法〉若干问题的解释》（法释〔2006〕7号）（以下简称《2006年仲裁法司法解释》）以来再一次以规范性文件形式颁布的关于仲裁法适用及仲裁司法审查规定的司法解释。

　　2018年2月23日，最高人民法院发布了关于执行问题的三个司法解释。其中，《最高人民法院关于人民法院办理仲裁裁决执行案件若干问题的规定》（以下简称《裁决执行规定》），与之前发布的关于审理仲裁司法审查案件的报核和若干问题的规定，连同仲裁法及其司法解释，共同描绘了我国关于仲裁裁决撤销与不予执行的规制图景。正如最高人民法院在发布会上所说，仲裁因自身所具有的充分体现当事人的意思自治、灵活便捷、一裁终局等诸多特性，成为兼具契约性、自治性、民间性和准司法性的一种重要的纠纷化解方式。最高人民法院密集发布相关司法解释，体现了对仲裁的司法监督与支持。

本文选取三个规定中涉及仲裁裁决承认与执行的实体与程序问题，简单分析讨论这三个新的司法解释和规定所折射的司法新方向。

## 一、恪守《纽约公约》裁决执行义务营造自贸试验区优质法治环境

2005年9月23日，黄金置地公司与西门子公司通过招标方式签订了一份货物供应合同，约定西门子公司应于2006年2月15日之前将设备运至工地，如发生争议须提交新加坡国际仲裁中心进行仲裁解决。双方在合同履行中发生争议。黄金置地公司在新加坡国际仲裁中心提起仲裁，要求解除合同、停止支付货款。西门子公司在仲裁程序中提出反请求，要求支付全部货款、利息并赔偿其他损失。2011年11月，新加坡国际仲裁中心作出裁决，驳回黄金置地公司的仲裁请求，支持西门子公司的仲裁反请求。黄金置地公司支付了部分款项，尚欠仲裁裁决项下未付款及利息合计5133872.3元人民币。西门子公司依据《纽约公约》，向上海市第一中级人民法院请求承认和执行新加坡国际仲裁中心作出的仲裁裁决。黄金置地公司抗辩认为，应不予承认和执行该仲裁裁决，理由为：双方当事人均为中国法人，合同履行地也在国内，故案涉民事关系不具有涉外因素，双方约定将争议提交外国仲裁机构仲裁的协议无效，若承认和执行案涉裁决将有违中国的公共政策。

上海市第一中级人民法院经逐级报告至最高人民法院并获答复后，认为根据《纽约公约》的规定，裁定承认和执行涉案仲裁裁决。综观本案合同所涉的主体、履行特征等方面的实际情况，根据《最高人民法院关于适用〈中华人民共和国涉外民事关系法律适用法〉若干问题的解释（一）》第一条第五项的规定，可以认定系争合同关系为涉外民事法律关系，具体理由为：一是西门子公司与黄金置地公司虽然都是中国法人，但注册地均在上海自贸试验区区域内，且其性质均为外商独资企业，与其境外投资者关联密切。二是本案合同的履行特征具有涉外因素，案涉设备系先从中国境外运至自贸试验区内进行保税监管，再根据合同履行需要适时办理清关完税手续、从区内流

转到区外，至此货物进口手续方才完成，故合同标的物的流转过程也具有一定的国际货物买卖特征。故案涉仲裁条款有效。且仲裁裁决内容也没有与中国公共政策抵触之处，因此承认与执行该仲裁裁决不违反中国的公共政策。同时，该裁定还指出，黄金置地公司实际参与全部仲裁程序，主张仲裁条款有效，并在仲裁裁决作出后部分履行了裁决确定的义务。在此情况下，其又以仲裁条款无效为由，主张拒绝承认与执行涉案仲裁裁决的申请，不符合禁止反言、诚实信用和公平合理等公认的法律原则，故对其主张不予支持。

自贸试验区是中国推进"一带一路"建设的基础平台、重要节点和战略支撑。接轨国际通行做法，支持自贸试验区发展、健全国际仲裁以及其他非诉讼纠纷解决机制，有助于增强中国法治的国际公信力和影响力。本案裁定在自贸试验区推进投资贸易便利的改革背景下，对自贸试验区内外商独资企业之间的合同纠纷，在涉外因素的认定方面给予必要重视，确认仲裁条款有效，并明确"禁止反言"，践行了《纽约公约》"有利于裁决执行"的理念，体现了中国恪守国际条约义务的基本立场。同时，该案由点及面推动了自贸试验区内企业选择境外仲裁的突破性改革，是自贸试验区可复制可推广司法经验的一宗成功范例。2017年1月，最高人民法院发布《关于为自由贸易试验区建设提供司法保障的意见》。该意见规定，自贸试验区内注册的外商独资企业相互之间约定将商事争议提交域外仲裁的，不应仅以其争议不具有涉外因素为由认定相关仲裁协议无效；并规定一方或者双方均为在自贸试验区内注册的外商投资企业，约定将商事争议提交域外仲裁，一方当事人将争议提交域外仲裁，在相关裁决作出后又主张仲裁协议无效，或者另一方当事人在仲裁程序中未对仲裁协议效力提出异议，在相关裁决作出后又以不具有涉外因素为由主张仲裁协议无效的，人民法院不予支持。这有助于构建更加稳定和可预期的"一带一路"法治化营商环境。

## 二、创设案外人申请不予执行制度

《裁决执行规定》第九条、第十八条参照法院判决的第三人撤销之诉，设置了第三人申请不予执行仲裁裁决的制度。

广东省珠海市中级人民法院首创了案外人申请不予执行仲裁裁决的制

度，明确了如下救济程序：由案外人在案件执行过程中提出执行异议，执行局经审查认为仲裁裁决可能存在错误的，将执行异议提交审判委员会讨论；审委会讨论后认为裁决违反社会公众利益、有必要启动审查机制的，由立案庭决定立案，交由民四庭负责审查；民四庭经审查认为仲裁裁决错误的，裁定不予执行仲裁裁决。创设该制度的依据是《民事诉讼法》第二百三十七条第三款"人民法院认定执行该裁决违背社会公共利益的，裁定不予执行"的规定，但从程序的启动与衔接、不予执行的标准以及裁定的处理上，突破性地进行了明确。

江苏高院在（2014）苏民终字第203号案中，也相似地类推适用《仲裁法》第五十八条第三款及《民事诉讼法》第二百三十七条第三款的规定，依职权对仲裁裁决进行司法审查，并以该裁决违背社会公众利益而"不予认定其效力"。

案外人申请不予执行制度是最高人民法院为杜绝虚假仲裁现象作出的创新规定，但也存在一定的弊端。

首先，我国《仲裁法》和《民事诉讼法》规定申请撤销和不予执行的主体只能是"当事人"。上述规定与我国现行法律相冲突。

其次，该规定没有对有权申请不予执行的案外人主体范围作出限定，对案外人申请不予执行的条件的规定也过于原则和宽泛，在实践中缺乏可操作性，可能造成与仲裁案件无关的人滥用权利，拖延执行程序，造成司法和仲裁效率下降，影响法院和仲裁的公信力。

最后，根据既判力理论，既判力具有相对性，即使存在生效的裁判文书，也不影响第三人另行起诉，并按照实体法的规定维护自身权益，并不一定要通过否定生效裁判文书效力的方式。另外，从民事诉讼的实践经验来看，第三人撤销之诉的效果并不理想。

不可否认的是，在实践中存在虚假仲裁案件造成案外人利益受损的情况，该现象也确实需要法院进行司法监督以保护利害关系人，我国《刑法》对于虚假诉讼和仲裁也作出了相应规定。上述司法解释作出后，还应加强对既判力等相关理论的认识，跟进和完善配套制度，在实践中进一步对申请不予执行的主体身份甄别和相应条件予以明确。该制度能否有效打击虚假仲裁，还留待时间的检验。

## 三、统一不予执行案件的审查标准

《裁决执行规定》对于不予执行仲裁裁决的法定事由的规定，其细化程度已超过《仲裁法解释》和其他相关规定。我们认为，虽然不予执行与撤销均为对仲裁裁决的司法审查，且两者事由相同，但侧重点应当有所不同。撤销仲裁裁决是对仲裁裁决以及仲裁程序公正性的审查，法院可以全面审查，也可以形式审查。但不予执行仲裁裁决是处理被执行人的执行异议，其目的在于避免执行错误，应当更倾向于保障执行程序的进行，故审查也应仅限于"轻度"的形式审查。

无论如何，撤销仲裁裁决的司法机关是仲裁机构所在地人民法院，而不予执行的司法机关则可能是全国任何一个地方的人民法院。进行详尽规定，对于统一不予执行案件的审查标准大有裨益。

其中，有些条文符合国际通行的理念。例如，第十四条第三款规定了异议放弃制度：适用的仲裁程序或仲裁规则经特别提示，当事人知道或者应当知道法定仲裁程序或选择的仲裁规则未被遵守，但仍然参加或者继续参加仲裁程序且未提出异议，在仲裁裁决作出之后以违反法定程序为由申请不予执行仲裁裁决的，人民法院不予支持。

《裁决执行规定》（征求意见稿）中原无该项规定，在征求意见时，有机构提出，放弃异议既是国际商事仲裁的通行做法，也是诚实信用原则的要求，能够促进当事人及时行使程序权利，建议增加放弃异议的条文。这一意见在最终发布的司法解释中被采纳。

最高人民法院在新闻发布会中强调，放弃异议有适用前提，即"要求对程序规则违反的情形必须要跟当事人做特别的提示"。要求仲裁庭在庭审结束时，均应询问当事人对于已经进行的仲裁程序是否有异议。

## 四、规定撤销与不予执行的衔接

根据《仲裁法》的规定，我国对于国内仲裁裁决采取申请撤销与不予执行两救济程序双轨并行的制度，且二者的法定事由基本相同，在实践中导致了被执行人滥用司法程序阻碍执行、重复审查造成司法资源浪费等不良后果。

2017年5月4日，吉林省延边朝鲜族自治州中级人民法院就审理了一起撤裁申请被驳回后又申请不予执行仲裁裁决的案件。2015年8月26日，延边仲裁委员会受理了恒升公司与宏丰公司建筑工程合同纠纷一案。2017年1月4日，就恒升公司与宏丰公司建筑工程合同纠纷一案，延边仲裁委员会作出（2015）延仲字第1055号裁决。宏丰公司不服，向延边中院申请撤销上述裁决。2017年3月20日，延边中院（民事审判二庭）作出（2017）吉24民特4号民事裁定书，驳回了宏丰公司的撤销申请。之后，在执行程序中，宏丰公司以"仲裁委的裁决，剥夺了当事人诉权。仲裁庭没有依法送达开庭通知书，因客观原因不能参加庭审要求延期审理不予支持，对变更的仲裁请求没有给予法定答辩期，属于程序违法"为由，要求裁定不予执行延边仲裁委员会（2015）延仲字第1055号裁决。

延边中院审查认定，本案生效法律文书作出的机关（仲裁庭）没有按照有关规定送达开庭通知书，宏丰公司法定代表人远在外地以正当理由要求延期开庭没有得到允许。宏丰公司没有正常参加开庭，不能当庭对证据进行质证、认证，丧失了有关证据的抗辩权，达到足以影响仲裁结果的公正的程度。宏丰公司提出不予执行仲裁裁决的理由成立，本院予以支持。

撤销仲裁裁决与不予执行仲裁裁决之间的关系如何以及当事人申请撤销仲裁裁决被人民法院裁定驳回后，其还能否再向人民法院申请不予执行该仲裁裁决，以及当受理撤裁申请的法院与执行法院不一致时，对撤裁/不予执行事由认定出现完全不同结论应如何处理等问题一直是实务中的难点。《裁决执行规定》试图对两种程序的衔接予以明确，以此简化仲裁司法审查的流程。综合第十条、第二十条，规则如下：二者并行的情况下，撤销案件优先审查。被执行人撤回撤销仲裁裁决申请的，视为一并撤回不予执行申请。

不予执行应遵循一次性申请原则，有新证据除外。申请不予执行不得与已被驳回的撤销事由相同。

上述规定体现了最高人民法院在现有双轨制的基础上，消弭两种程序冲突或重复的努力，客观上有利于当事人及案外人多一次救济机会。但长久来看，仲裁司法审查的统一还是需要立法层面的改革。

此外，《裁决执行规定》还有几个方面值得一提：明确仲裁调解书作为不予执行的范围（第一条）；明确裁决执行内容不明的处理方法（第三条至第五条）；明确不予执行裁定的终局性及其例外（第二十二条、第五条）。

## 五、扩大报核制度的适用范围

对于仲裁司法审查案件外的涉及仲裁协议效力认定的民事诉讼案件，如不服一审民事裁定而提起上诉的案件也需适用报核制度。与仲裁司法审查案件不同，有些法院受理的民事诉讼案件中也涉及仲裁协议效力的认定，如果对人民法院因涉及仲裁协议效力而作出的不予受理、驳回起诉、管辖权异议的裁定不服，当事人可以依法提起上诉，《报核问题规定》第七条对这类上诉案件也明确规定应按照涉外与非涉外案件分别适用不同的报核制度，但是《报核问题规定》没有明确非涉外（港澳台）案件是否需要根据《报核问题规定》第三条适用"当事人跨省级行政区域"和"社会公共利益"例外规定，但我们认为非涉外民事诉讼案件原则上还是应按照第三条适用例外情况的"三级法院"报核制度。

《报核问题规定》对涉外（港澳台）和非涉外（港澳台）仲裁司法审查案件均规定了高级或最高人民法院的上报审核制度，对统一仲裁司法审查案件的裁量标准、尊重当事人的仲裁意愿、避免仲裁协议或裁决被随意否定、维护国内外仲裁的终局性和权威性起到了积极作用。

## 六、明确规定了仲裁司法审查案件的涉外因素确认原则

以往的司法解释，包括《民事诉讼法》对涉外仲裁司法审查案件的认定很多还按照仲裁机构是否是涉外仲裁机构的标准来认定。然而实际上，仲裁机构是否涉外并不一定是案件涉外的必然保证。最高院〔2012〕民四他字第2号复函中曾有一案，当事人在《贸易协议》中订立了仲裁条款，约定有关争议事项可提交国际商会在北京仲裁。最高院认为订立《贸易协议》的双方当事人均为中国法人，标的物在中国，协议也在中国订立和履行，无涉外民事关系的构成要素，该协议不属于涉外合同。由于仲裁管辖权系法律授予的权力，而我国法律没有规定当事人可以将不具有涉外因素的争议交由境外仲裁

机构或者在我国境外临时仲裁，故案件当事人约定将有关争议提交国际商会仲裁没有法律依据，此案不应属于涉外案件。

《司法审查规定》此次统一明确，仲裁协议或者仲裁裁决具有《最高人民法院关于适用〈中华人民共和国涉外民事关系法律适用法〉若干问题的解释（一）》第一条规定情形的，为涉外仲裁协议或者涉外仲裁裁决，即按照相关民事法律关系的主体、客体、法律事实、标的物等方面是否具有涉外因素来认定民事法律关系是否涉外。另外，同相关民事诉讼法律规范原则一致，《司法审查规定》规定申请确认涉及香港特别行政区、澳门特别行政区、台湾地区仲裁协议效力的案件，申请执行或者撤销我国内地仲裁机构作出的涉及香港特别行政区、澳门特别行政区、台湾地区仲裁裁决的案件，参照适用涉外仲裁司法审查案件的规定审查。

## 七、确认涉外仲裁协议效力法律适用的三层次原则

《2006年仲裁法司法解释》第十六条确立的确认涉外仲裁协议效力适用法律的原则是当事人约定法律、仲裁地法律、法院地法律的三层次原则；而2011年实施的《涉外民事法律关系法律适用法》第十八条对此作了补充，即当事人没有约定法律适用的，既可以适用仲裁地法律，也可以适用仲裁机构所在地法律。《司法审查规定》在坚持上述三层次法律适用原则的基础上，对一些问题作了进一步确认和补充：

（1）必须明确选择仲裁协议适用法律。当事人协议选择确认涉外仲裁协议效力适用的法律，应当作出明确的意思表示，仅约定合同适用的法律，不能作为确认合同中仲裁条款效力适用的法律。

（2）优先适用效力有效的仲裁机构所在地或仲裁地法律。当事人没有选择适用的法律，适用仲裁机构所在地的法律与适用仲裁地的法律将对仲裁协议的效力作出不同认定的，人民法院应当适用确认仲裁协议有效的法律。

（3）可以通过仲裁规则确定仲裁机构或仲裁地。仲裁协议未约定仲裁机构和仲裁地，但根据仲裁协议约定适用的仲裁规则可以确定仲裁机构或者仲裁地的，应当认定其为《涉外民事关系法律适用法》第十八条中规定的仲裁机构或者仲裁地。

## 八、依据《纽约公约》审查外国裁决的仲裁协议效力适用法律

人民法院适用《纽约公约》审查当事人申请承认和执行外国仲裁裁决案件时，被申请人以仲裁协议无效为由提出抗辩的，人民法院应当依照该公约第五条第一款项的规定，确定确认仲裁协议效力应当适用的法律。即根据对裁决当事人适用的法律认定当事人行为能力，进而认定仲裁协议的效力；或根据双方当事人选择适用的法律，当事人没有选择的，根据作出裁决（仲裁地）的国家的法律，认定仲裁协议的效力。与确认仲裁协议效力适用法律规定不同，《纽约公约》规定的适用法律不包括法院地法律，因为外国裁决已经作出，都应该具有裁决作出地。

就该点，比较有借鉴意义的案例是现代株式会社向浙江省宁波市中级人民法院申请承认和执行新加坡国际仲裁中心（SIAC）2015年第004号仲裁裁决一案。2012年7月13日，现代株式会社与浙江企赢能源化工有限公司签订《买卖协议》一份，约定企赢公司向现代株式会社购买散装印度尼西亚动力煤（混合）55916公吨左右，单价57美元/公吨，卸货港为宁德，船舶到达卸货港锚地的时间不得迟于2012年7月16日，双方之间发生的与协议有关的任何争议应根据《新加坡国际经济与贸易仲裁中心仲裁法及指南》由指定的三名仲裁员依照上述规则予以最终解决，仲裁地为新加坡。

上述协议签订后，现代株式会社按约履行全部义务并于2012年7月14日将55922公吨煤炭交付至卸货港，企赢公司卸载并接收了上述所有煤炭。后企赢公司未按约支付全部货款，现代株式会社多次催讨后，企赢公司尚欠货款1467553.30美元。根据《买卖协议》中的仲裁条款，现代株式会社于2014年1月23日向SIAC提起仲裁申请，SIAC受理该案后根据《新加坡国际仲裁中心仲裁规则》（以下简称SIAC规则）的规定，按《买卖协议》中约定的地址及邮箱适当向企赢公司履行送达、通知等义务，企赢公司并未提出异议也未按要求参加仲裁。2015年9月18日，现代格罗唯视株式会社向浙江省宁波市中级人民法院申请承认和执行SIAC 2015年第004号仲裁裁决。

法院经审查认为，本案属当事人申请承认外国仲裁裁决案件，由于本案所涉仲裁裁决系由SIAC在新加坡境内作出，而我国与新加坡均是《纽约公约》的成员国，故应适用《中华人民共和国民事诉讼法》和《纽约公约》的

相关规定进行审查。现代格罗唯视株式会社提交的004号仲裁裁决书、《买卖协议》等已办理公证认证手续，形式上符合《纽约公约》第四条的规定，且法院在审查企赢公司是否得到指定仲裁员和进行仲裁程序的适当通知、当事人约定的仲裁条款是否无效、仲裁程序和仲裁庭组成是否违反当事人约定和SIAC规则几点争议之后，判定004号裁决不具有《纽约公约》第五条规定的不予承认和执行的情形，也不违反我国加入该公约时所作出的保留性声明条款，故对该裁决予以承认。

### 九、明确规定人民法院执行内地仲裁机构裁决应按照非涉外裁决和涉外裁决分别适用《民事诉讼法》的不同规定，不再区分国内仲裁机构和涉外仲裁机构

《司法审查规定》第十七条调整了《民事诉讼法》第二百七十四条的适用范围，明确规定人民法院对申请执行我国内地仲裁机构作出的涉外仲裁裁决案件的审查适用《民事诉讼法》第二百七十四条的规定，而不仅限于涉外仲裁机构作出的裁决。该规定适应了我国仲裁机构的发展趋势，目前国内仲裁机构，包括最早设立在中国国际贸易促进委员会内的中国国际经济贸易仲裁委员会和中国海事仲裁委员会，均没有规定其仅受理涉外或国内案件，各仲裁机构受案范围上并没有区分，已不存在单纯的国内仲裁机构或涉外仲裁机构的划分。《司法审查规定》第十七条统一了《仲裁法》实施以来的各法律规定关于涉外仲裁规定的不同之处，便于实践中实施。

### 十、重申上诉权保证

《司法审查规定》第二十条规定，人民法院在仲裁司法审查案件中作出的裁定，除不予受理、驳回申请、管辖权异议的裁定外，一经送达即发生法律效力。当事人申请复议、提出上诉或者申请再审的，人民法院不予受理，但法律和司法解释另有规定的除外。该规定完全符合《民事诉讼法》第一百五十四条关于民事裁定的规定内容。

最高人民法院在短短几个月接连出台三部司法解释，仲裁界一片沸腾。

20年前，《仲裁法》刚刚颁布，从《2006年仲裁法司法解释》颁布以来，经历了《民事诉讼法》2007年和2012年两次修订，以及最高人民法院2015年《关于适用〈民事诉讼法〉的解释》的修订出台，仲裁司法审查的程序和标准不断发生变化，此次针对一些新情况作出规定和创新调整，以适应仲裁事业日益发展的国内外形势的需要，最高人民法院连续作出三个新的司法解释和规定，给境内仲裁案件及相关案件重要的新的法律指引，很值得研究。

# 论海事赔偿责任限制与保险制度的
# 冲突与平衡

朱光忠　　奚冬冬

## 一、冲突的缘由——天然的价值取向差异

海事赔偿责任限制是指在发生重大海损事故时，作为责任人的船舶所有人、经营人、承租人和保险人等，根据法律规定，将自己的赔偿责任限制在一定范围内的法律制度。《中华人民共和国海商法》（以下简称《海商法》）充分吸收了《1976年海事赔偿责任限制公约》（LLMC）的相关内容，专章规定了海事赔偿责任限制的相关制度。2000年实施的《中华人民共和国海事诉讼特别程序法》（以下简称《海诉法》）又详细规定了海事赔偿责任限制基金的设立程序，为权利人行使这项权利提供了程序上的保障。[①]根据海事赔偿责任限制制度，一般将责任人可以提出责任限制抗辩的海事请求称为限制性债权，责任人对此类债权可以主张限制自己的赔偿责任，也可以就此申请设立责任限制基金，将责任人不可以提出责任限制抗辩的海事请求称为非限制性债权，责任人对此类债权不能主张限制自己的赔偿责任，也不能就此申请设立责任限制基金。因此，从整个海事赔偿责任限制制度的出发点来看，该制度建立的目的主要是降低船舶所有人、经营人的经营风险，从而鼓励航运。

减轻航运责任的另一项古老发明，就是海上保险。在航运服务提供人开始一段行程之前，几乎毫无例外地向保险公司投保责任险等，将可能存在的货运风险与责任分散到其他主体。一旦真的发生海损事故或者其他保险范围

---

[①]　邬先江. 船舶承租人海事赔偿责任限制权利初探——兼评 "The CMA Djakarta" 轮案 [J]. 河北法学，2005（4）.

内的事项，航运服务提供人不至于因此而受到毁灭性的打击。海上保险虽然提高了单次航运服务的成本，但对于整个航运行业是至关重要的。同时，海上保险制度还兼顾了保障因船舶运输经营而可能致害第三方的权益，即第三方（如货主、被撞船舶）可因为船舶运输中的损害，直接向保险公司主张权利。可以说相较于海事赔偿责任限制制度，海上保险制度运用的场景更加广泛，频率更高。

因此，在大多数情形下，船方、受损方及保险人三方法律关系中存在海事赔偿责任限制与船舶保险责任两种责任。船方在向请求人赔付之后，可向责任保险人请求补偿自己所付赔款；同时船方还享有申请海事赔偿责任限制的权利。在实践运用中，两种制度存在着交叉，由于背后所代表的利益追求并不完全一致，经常会发生利益冲突的情况。

## 二、保险制度与海事赔偿责任限制冲突的表现形式

### （一）免赔额在海事赔偿责任限制基金中扣除的争议

免赔额（franchise），是保险合同约定的保险人对保险标的损失不负赔偿责任的金额限度，其形成的历史由来已久。[①]作为保险行业一直沿用的重要协商条款，免赔额制度将投保人支付的保费与保险人所承担的保险责任按需分配：让船舶所有人自保一部分，以加大免赔额来降低保费。免赔额的约定与否、约定的比例高低，是保险人和船舶所有人协商的结果，是船舶所有人综合考量承保风险以及营运成本后作出的自治选择。[②]当免赔额制度遇到同样悠久又特殊的海事赔偿责任制度时，制度设立时的价值冲突必然体现。

案例一：A公司向C保险人为其所属的货轮投保一切险。后该货轮与B公司商船发生碰撞，A公司需向B公司承担500万元赔款。A公司向法院申请了总额为200万元的海事赔偿责任限制基金。于是C保险公司先行向B公司支付了

---

① 傅廷中.海商法论［M］.北京：法律出版社，2007.

② 周燨.从保险免赔额在海事赔偿责任限制中的适用透析《海商法》的公平观［J］.航海，2018（2）.

200万元。A公司与C保险人的保险条款约定了免赔条款，每次保险事故绝对免赔额为10%。现C主张其对外先行赔付的200万元基金中应当扣除10%免赔额，其实际只需赔付180万元，其多付的20万元本应由A公司自行承担，现要求A公司返还。A公司则认为，其设立赔偿责任限制基金已经帮助保险公司减少了大量的赔付义务，保险公司主张免赔额不能成立。

这个案例的实质问题：当保险公司在先行支付了责任限制基金后，免赔额部分是从原赔偿金额中扣除还是从责任限制基金中扣除？

### （二）代位求偿权与海事赔偿责任限制差额的责任承担

保险中的代位求偿制度是保险公司在支付保险赔偿后，向侵权第三人追回损失的重要权利。代位求偿一般以被保险人向保险公司出具权益转让书的形式来实现。对代位求偿的及时、适当使用，可以使被保险人能够免予向他人追索的行动和时间负担，快速取得赔偿，投身于业务经营。但在海事赔偿责任限制与代位求偿并存的情况下，保险公司可能存在无法全额向第三人追索的风险。

案例二：2012年11月30日，"Cosmo Glory"号货轮装载着951吨的化学品丙酮从韩国丽水抵达大连新港。当收货人委托检验人员对所装货物进行验货时，发现该船共有10个舱室均因装载了丙酮而受到不同程度的污染。经确认，此次案件中122吨丙酮受到严重污染，货损率达到27.45%。丙酮发生货损的原因为船舶的货舱或卸货相关管线受到污染所致，根据货主与保险公司之间保单载明的承保条款（一切险），保险公司将承担大约48万美元的赔偿责任。因Cosmo Glory的货仓及管线不符合装载丙酮条件而致货物受损，保险公司向承运人行使代位求偿。此时，Cosmo Glory号货轮以海事赔偿限制为抗辩，保险公司从理论上最多能索赔310870美元，这与保险公司支付给被保险人的48万美元相差将近17万美元，这中间的差额该如何处理？

### （三）海上保险责任与海事赔偿责任限制的界限

当被保险人享受海事赔偿责任限制后，向保险人主张保险理赔时，应当正确理解海事赔偿责任限制与海上保险责任的关系。海事赔偿责任限制制度刺激并保障海上保险业务的发展，但两者为独立的责任制度，各自责任的范围内容及认定标准皆不同。是否享受海事赔偿责任限制，其范围由法律直接规定；是否需要向被保险人承担赔偿责任，则是以双方保险合同约定为限。被保险人享受海事赔偿责任限制后计算相应的保险金额时，应严格区分限制性权利的项目与保险合同约定的保险责任项目，只有属于保险责任范围的保险金额，保险人才有义务赔付。

案例三：仁科海运公司与中银保险公司签订了《沿海内河船舶保险合同》，由中银保险公司承保原告所有的"仁科1"轮。在保险期限内，"仁科1"轮触碰中石化罗泾油库（以下简称罗泾油库）码头，"仁科1"轮和码头均受损。法院作出判决，仁科海运公司就触碰罗泾油库码头需承担的损害赔偿责任包括码头修复费用、受损输油臂修复、清障费、看护费及设标费用及其他费用，合计为27220887.19元。因享受海事赔偿责任限制，仁科海运公司实际赔付金额为2300万元，而中银保险公司于该案诉讼过程中已先行代替仁科海运公司支付罗泾油库损失赔偿金2100万元。后仁科海运公司向中银保险公司主张权利，认为清障费、看护费及设标费用等限制性债权项目均属于保险责任范围。故除已支付的2100万元，中银保险公司还应支付船舶触碰责任险保险赔偿金200万元及各项诉讼费用。此时，中银保险公司是否应当赔偿？

## 三、保险制度与海事赔偿责任限制冲突的平衡

### （一）精准把握海事赔偿责任限制宗旨是平衡权益的基础

公共政策或者法理制度的评价，着眼点不仅应放在个案的利益或不利益，而且要关注利益的分配或者剥夺的程序是否公平合理。海事赔偿责任限制早期的目的鼓励航运的社会公共政策，受到了航运业界和航运参与者的广泛认同和拥护，进而被各航运国家以立法的形式予以确认。鼓励航运，是设立海事赔偿责任限制为航运服务的根本宗旨。[①]而公平则是指以利益均衡为标

---

① 邹先江，陈海波.海事赔偿责任限制制度的法理基础及其历史嬗变［J］.浙江社会科学，2010
（11）.

准，确定各方民事权利和民事责任的要求。以公平的程序实现立法的宗旨，即使在个案上有出入，但会保持整个制度的权威性和正当性。保险事故的发生，大都不是责任人或者航运服务提供者的本意。要求作为雇主的船舶所有人对船长或船员的疏忽或过失造成的损失承担无限赔偿责任，未免过于苛刻，容易在个案中呈现出不公正的利益分配。

因此，法律赋予了赔偿责任人主张海事赔偿责任限制的权利，该权利及于保险人。《海商法》第二百零六条规定："被保险人依照本章规定可以限制赔偿责任的，对该海事赔偿请求承担责任的保险人，有权依照本章规定享受相同的赔偿责任限制。"当责任人未提出海事赔偿责任限制主张时，法律明确赋予了保险人可自行提出主张海事赔偿责任限制的抗辩。这种法律赋予的可预见自己营运风险，进而承担确定的、有限的赔偿责任的权利，任何保险人都会积极行使，据理力争。因此，前述案例一中关于责任人已经通过积极设立限制基金，起到了为保险人减损的义务，如果其不设立限制基金，保险人对外赔付的金额将远远高于限制基金金额的观点，有违法律规定的精神和航运实践的内在价值。[①]

该案中，保险人先行支付了限制基金金额，并不意味着其对外赔付的最终金额就是基金的数额。除了对责任限制抗辩理由的审查外，保险人与被保险人的约定，即在保单中反映的双方权利义务的约定也是处理双方对外赔付以及内部实际承担金额的重要依据。该案既然在保单中约定了免赔额，保险人则有权依据双方的约定，在先行支付的基金金额中扣除该笔免赔额部分，而该部分应由被保险人自行承担。

### （二）保险人在核保过程应尽到严格核实义务，否则将自行承担不利后果

根据目前保险行业的精算业务能力，承保费用只会匹配到相适应的承包风险及赔偿金额，保险在预先设计保险费用及条款中均可以达到平衡。但在实际操作中，如果核保人员不能够对保险标的可能发生的风险进行充分的了解和评估，保险公司的计算模式便存在失衡。

---

① 周烽. 从保险免赔额在海事赔偿责任限制中的适用透析《海商法》的公平观［J］. 航海，2018（2）.

在案例二中，保险公司已经核保并支付的金额要高于最终从侵权人处获得的利益。限于篇幅，本文仅提示，上述结果系核保人员对船舶总吨位状况的不了解所导致。保险公司为避免在保险事故发生后在法律上处于不利的地位，便于自己能够及时、适当行使代位求偿权，化解经营过程中的风险，在承保时必须充分考虑影响保险成本的因素。海上保险的成本受很多因素影响，这可以解释为该类保险业务的级别评定一直是基于个人的判断和经验而非任何统一的费率表，这将决定是否为申请投保的海上货物提供保障保险，如果决定承保，则需要确定以何种费率承保，这些决定通常会基于货物的性质、货物的包装、航程和承运船舶、投保的危险、被保险人的损失记录等。

### （三）正确处理海上保险责任与海事赔偿责任限制的关系

我国《海商法》第十一章在规定海事赔偿责任限制制度的同时，列明了限制性债权与非限制性债权的范围。所谓"限制性债权"，即有关责任主体根据海事索赔责任限制的法律可进行责任限制的海事债权。

在我国境内水域从事合法运营和作业航行的船舶，包括海船、内河船和其他可视为船舶的水上移动或漂浮的装置，均适用《沿海内河船舶保险条款》（以下称为保险合同）。保险合同由中国人民保险公司制定并为保险市场上的船舶保险条款提供参照，各保险公司在保证保险基本条款不变的前提下，与保险人协商一致后达成具体的保险合同。《海商法》中保险责任范围以约定优先，保险合同中均明确约定承保的碰撞、触碰责任范围。一般可表述为"保险船舶中可航水域碰撞其他船舶或触碰码头、港口设施、设标，致使上述物体发生的直接损失和费用，包括被碰船舶上所载货物的直接损失，依法应当由被保险人承担的赔偿责任"，同时合同又会以条款的方式排除清理航道费的赔偿责任，规定承保范围不包括间接损失和费用。如被保险船舶触碰某船厂的船台滑道，在船台滑道修复工程所发生的各种费用，包括勘察、设计、材料与施工、监理以及各种工程审批、质量验收与监督管理等费用被认定为直接损失属于保险责任，而船厂为调整生产增加的投入费用则被判为间接损失，保险公司不予赔付。[①]

---

① 张阳，张亮.海事赔偿责任限制在船舶保险责任中的适用［J］.上海保险，2017（9）.

综上所述，某些实际损失的发生，如案例三中的航道清理费、看护费与设标费系间接损失，虽然属于海事赔偿责任限制中的限制债权，但三者均不属于保险责任范围。被保险的侵权行为给罗泾油库造成的实际损失是2700万元，虽然依据海事赔偿责任限制仅实际赔付2300万元。但在被保险人实际支付的款项中，属于保险责任范围者系船壳险保险赔偿金、船舶碰触责任险保险赔偿金等金额的合计并未达到2300万元。因此，保险人有权在保险合同的约定中，仅仅承担其保险责任范围内的责任。

## 四、结语

航运服务不但需要巨额的投资，而且承担着独特而巨大的风险，一旦发生海难事故，遭受的损失很有可能远超过船舶本身价值。法律不强人所难，如果航运服务提供者提供了相对于其他运输方式都廉价的服务，在收取有限的运费的情况下却需要承担无限赔偿责任，势必始终将航运服务提供者置于破产与毁灭的巨大不安之中。海事赔偿责任限制制度以及保险制度的任务就是要防范和减少这种海上风险。海事赔偿责任限制制度与保险制度同时又各自代表了不同的阵营，只有这两种制度和谐地作用、服务于航运服务提供者，在保护索赔者与鼓励贸易之间形成一个精致的、微妙的平衡，才能更加有利于航运事业的发展。

# 律师服务中国企业海外合规经营研究

李志强　游　广

随着经济全球化的不断深入，跨国公司走向全球公司，诚信合规经营成为全球公司的首要责任。中国企业走向世界，要想在已经建立起相关标准和秩序的全球商业环境中获得一席之地，需要按照全球公司的标准和要求来运营，才有可能生存和发展。因此，中国企业在全球化的过程中必须遵守本国以及经营所在国的法律法规。

2017年5月，习近平总书记在主持中央深改组会议时，审议通过《关于规范企业海外经营行为的若干意见》，提出规范企业海外经营行为，加强企业海外经营行为合规制度建设。

2017年12月，国家发展改革委、商务部等五部门发布了《民营企业境外投资经营行为规范》，与此同时，发展改革委也在会同国资委共同起草《国有企业境外投资经营行为的规范》。

2018年11月2日，国资委发布了《关于印发〈中央企业合规管理指引（试行）〉的通知》（国资发法规〔2018〕106号），提出国资委履行出资人职责的国家出资企业应当强化海外投资经营的合规管理。

随着国家政府机关的高度重视以及中国企业"走出去"步伐的加快，不断爆出中国企业遭受调查的问题，诸如FCPA（《美国海外反腐败法》）调查、337调查（美国国际贸易委员会不公平调查）等，通过域外管辖、长臂管辖原则发起对国内企业的调查，应对这些调查不仅需要就事论事来处理，更需要未雨绸缪地做好企业的海外合规经营。为保障中国企业在海外的合规经营，我国律师在保证法律服务质量的同时，还应当高度重视企业合规经营的重要性，在借鉴国内外公司强化合规经营经验的基础上，尊重投资东道国的政策及风俗，构建多层次的争端纠纷解决方案，从而为中国企业的海外经营保驾护航。

## 一、中国企业海外合规经营的现状

我国企业赴海外投融资的历史最早可以追溯到20世纪80年代中期。1979年，北京市友谊商业服务有限公司与日本东京丸—株式会社在日本合资兴建了京合股份有限公司，这是我国开办的第一家海外合资企业，标志着我国海外投资的起步。①近年来，在"一带一路"倡议下，中国企业"走出去"的规模不断扩大，境外企业已近3万家，境外企业资产总额超过3万亿美元，中国企业赴海外投融资的脚步已经遍布"一带一路"沿线各国。随着投融资规模的不断发展，中国企业海外经营缺乏合规性的弊端也暴露无遗。

据媒体报道，从1997年开始，在中国航油新加坡公司出任总裁的陈久霖涉嫌主导公司进行石油衍生性商品操作，结果导致公司蒙受5.5亿美元的巨额亏损，却未依法对外揭露这项信息，还把部分股权卖给淡马锡等。2006年3月，新加坡初等法院对中航油前总裁陈久霖作出判决，对其判刑4年零3个月，同时罚款33万新加坡元。陈久霖所涉及的罪名包括发布虚假业绩、违背上市公司董事职责、没有向交易所披露巨额亏损、欺骗德国银行和进行局内人交易。

据商务部网站发布的消息，2005年4月20日北京矿冶研究总院与中国有色矿业集团在赞比亚共同投资设立的BGRIMM炸药公司发生特大爆炸事故，造成46人死亡，另有3人在医院治疗。

2016年3月，美国商务部对中兴通讯实行出口限制，禁止国内元器件供应商向其出口元器件、软件、设备等技术产品，原因是中兴通讯涉嫌违反美国对伊朗等国的出口管制政策。2017年3月，中兴通讯宣布与美国商务部达成和解，同意支付合计8.92亿美元的罚款，另有3亿美元罚金被暂缓，是否支付取决于未来7年中兴通讯对协议的遵守等情况。2018年4月16日，美国商务部宣布，因中国通信设备制造商中兴通讯股份有限公司未履行2017年3月与美国商务部达成的和解协议中的部分条款，美国商务部决定，禁止任何美国公司向中兴通讯出售零部件、商品、软件和技术。该禁令即日生效，期限为7年，至2025年3月13日为止。

---

① 张亚军，彭剑波.我国企业境外投资的现状、法律风险及对策［J］.法制与经济，2016（1）.

除以上案件之外，中国企业在海外投资、经营过程中，还存在较多不成功的案例。其中，2005年中海油以185亿美元全现金方式竞购美国优尼科"失败案"、2008年中铝以195亿美元收购矿业巨头力拓18%股权"毁约案"和2009年一笔缴纳157亿美元昂贵学费的"平安—富通案"较富典型性和代表性。追析以上案例失败的原因，固然有诸多因素，但较为直接和致命的因素就在于缺乏有效且高质量的律师服务。

## 二、中国企业海外合规经营的困境

据统计，中国企业赴海外投融资，在能源、矿产和基础设施领域，失败案例高达70%，而在海外经营的过程中，当权利受到侵害时，大部分中国企业往往吃"哑巴亏"，不了解投资东道国的法律和相关国际法规定，不懂得如何维权，甚至不太愿意维权。多数中国企业对海外市场不了解，对海外投资项目缺乏规范的法律管理，不注重风险防范，不注重合规经营，这些问题都给中国企业海外经营带来许多困难，甚至惨重损失。具体地说，中国企业海外合规经营的困境，或者说，中国企业海外经营面临的法律风险具体如下。

### （一）缺乏对东道国法律制度和政策的了解

中国企业在"走出去"的道路上，一路探索，积累了不少宝贵的经验，但是也接受了不少教训，这主要是由于中国企业的法律意识淡薄，同时又缺少对投资东道国相应法律及政策的了解，导致企业在海外经营过程中屡遭坎坷。除此之外，投资东道国复杂的法律环境和政策环境也是中国企业海外合规经营的重大挑战之一。就东盟国家而言，东盟国家的法律制度由于受历史等因素的影响，各国的投资法律制度不尽相同。东盟各国的经济发展水平不均衡，以及民族和文化的差异，所以政策环境也较为复杂。

除了法律规定外，一些政策性的因素也不容忽视。但我国企业在海外经营过程中也没有足够重视这一因素。比如，在东道国进行项目建设时不注重环境保护，不了解当地的民族文化及风俗习惯。在海外基础设施建设的过程中，这些看似较小的问题，往往能给项目的建设带来巨大的影响，甚至使项目搁浅，给投资企业带来难以预计的损失。

### （二）东道国投资政策缺乏长期的稳定性

中国企业海外合规经营的另一个重要挑战便是部分东道国投资政策缺乏长期的稳定性。以俄罗斯为例，俄罗斯的投资政策往往具有多变性，经常会单边修改政策，致使在俄罗斯的外国企业不能把握政策变动方向而遭受经济损失。一直以来，投资政策受到政治因素的影响较大。政治环境不稳定被外国投资者视为在俄罗斯投资的最大风险来源，乌克兰局势，俄罗斯与欧洲、美国的关系变化都可能影响俄罗斯的经济局势变动，进而产生很大的投资收益波动。2009年以前，俄罗斯的阿穆尔州鼓励中国企业在其所辖区域内进行木材加工投资，但是之后，中国企业在该领域的投资有所下降，原因在于当地一些官员指出存在盗伐林木问题，建议禁止向境外出口木材。这种投资政策变化有可能给中国企业带来较大损失。

### （三）中国企业海外经营缺乏合规意识

一些中国企业由于在国内进行工程建设时形成了诟病，在海外经营时，也不进行规范化的法律运作，靠权力，靠关系，同时抱着部分东道国的法律相对落后和不健全的侥幸心理，往往给项目的正常施工和运营埋下了很多法律隐患。还有的企业在签署了合同或项目建设备忘录后，不及时建设，或者在期限过后，没有再与投资东道国政府签订合同，致使项目搁浅。

此外，不同项目的投资、经营根据不同的融资模式，所涉及的合同文本是不一致的，但是，不管采用什么样的融资方式，一定要及时签订合同，同时尽责调查该类项目的合同在当地政府的执行问题。以中国企业在东盟国家进行基础设施建设为例，东盟国家市场潜力巨大，投资机会众多，但是，东盟国家多为发展中国家，投资的环境相对复杂，投资市场管理还不规范，政府监管存在漏洞。然而，基础设施建设是一个内容众多、主体众多的投资项目，中国企业在东盟进行基础设施建设时，除了要与当地政府或代表政府的机构加强合作外，还要与许多东盟国家的企业进行合作。当地企业的实力、背景以及商业信誉需要中国企业在与其进行合作前，完成充分的调查，然而中国企业往往忽视这一点。不仅东盟国家的企业，甚至政府都可能存在信用风险，有一些政府为了招商引资，或是缓解政府负债危机，对外公示一些极具投资吸引力的虚假信息。不少中国企业不进行深入的调查了解，又缺乏相应的法律意识，对合同的签订未作合理分析，对合同中的法律缺陷和模糊约定不去追问和矫正，这些企业的行为，常常难以维护自己的利益。

### （四）环保风险

中国企业在海外经营必然会触及东道国的环境问题，不同的投资东道国，环境保护力度也大相径庭，但殊途同归的是，东道国对于海外资本的环保标准设定都较为严格。中国企业在海外经营，承担的环境责任和相应的环境风险也日益增加。企业若环保意识淡薄，不履行环境社会责任，一方面易与东道国产生环境纠纷，给企业自身带来直接的经济风险，另一方面有损于我国的环境形象。

此外，中国企业在海外经营的过程中，缺乏对东道国的环境法的深层次的研究，欠缺环保意识，除了会对项目的正常进行造成影响，还有可能面临东道国政府的诉讼，甚至承担刑事责任。部分东道国，如菲律宾、老挝、马来西亚、泰国的环境法规里面便存在关于承担环境责任而予以监禁的规定。

### （五）劳工风险

随着中国企业"走出去"的态势愈演愈烈，海外用工已经成为中国企业海外合规经营的重要指标之一，"一带一路"沿线国家大多数是劳务输出大国，而且本国产业中劳动密集型产业占多数，所以各个国家在劳动法方面的规定比较详细，主要在劳动合同（包括签订与终止）、劳动报酬，假期、工作时间等方面规定详尽。以东盟国家为例，东盟国家在面对外籍劳务人员的问题上，为了保护本国的就业市场，提高本国人员的就业率，对外劳的限制比较严格，除了有对外来人员技术和管理能力方面的要求外，有的国家还实行外劳人员配额制。除了配额限制，东盟许多国家对本国的外来人员进入标准也有限制，对外籍人员大多是要求具有专业技能或者管理人员，对普通劳动者的进入要求极为苛刻。另外，对外劳人员的健康程度也有一些要求，不过大部分是要求没有传染性疾病。

此外，关于中国企业海外经营的劳工风险还涉及中国籍海外任职员工劳动争议问题，我国现行有效的劳动法在制定之初的目的是保护劳动者的合法权益，其中内容大量涉及的是国内劳动用工的问题，但是随着经济发展局势和法律更新之间的落差变大，现行法律、政策并未涉及中国籍员工在海外子公司工作争议的处理办法，这就导致发生争议后法院只能生搬硬套国内现行劳动法律，但明显该类员工劳动关系发生在海外，导致适用法律与事实不符，甚至国内外同时存在两个截然不同的判决结果，法院、企业处于两难局面。[①]

## 三、律师服务助力中国企业海外合规经营

在当今全球融合加剧的背景下，中国企业赴海外投融资的浪潮势不可当。虽然在这个过程中中国企业将会面临各种各样的法律风险，但是高质量且高效的律师服务必然能够为其保驾护航。面对诸多的法律风险以及企业海外经营的困境，中国律师应当秉承"打铁尚需自身硬"的理念，在总结和推广强化责任合规经营的成功经验基础上，协助公司积极构建和健全内部的合规体系，同时加强合规风险预警和控制机制的完善。

### （一）警醒企业高度重视合规经营

中国企业在海外经营，首先要认识到合规经营的重要性。以英美为首的西方国家对于外资企业的合规经营均设定了较为严格的标准，例如，美国海外反腐败法和英国反贿赂法等打击海外腐败的法规规定，中国在英美等国上市的公司，英美等国公司在中国设立的子公司、代表处及其雇员，甚至通过英美银行转账的中国企业，如有腐败行为都应当受其管辖。

国外跨国公司早期对外投资往往不承担社会和环境责任，甚至在跨国公司发展的初期，一些国家还允许跨国公司在国外承接项目时通过中介进行商业贿赂。但是随着经济全球化潮流的不断推动，国际组织以及各个国家都按照全球最高标准来规定外资企业在本国的经营行为。因此，在高举"一带一路"倡议的当下，"走出去"的对外投资企业特别应当加强对合规经营重要

---

① 段少清.中国"走出去"企业海外中国籍员工用工风险分析［J］.中小企业管理与科技（中旬刊），2017（3）.

性的认识。在中国企业未能提高警惕之时，中国律师也应当及时警醒中国企业高度重视合规经营。国外跨国公司以及我国企业的经验表明，各个公司高度重视企业全面责任和合规体系建设对于企业强化合规是必要条件。当然，中国企业在"走出去"以及在东道国经营的过程中，中国律师也应当协助中国企业积极践行中国政府制定的海外企业合规管理指引等法律法规设定的义务，不断地强化和完善公司内部合规治理体系。

### （二）借鉴国内外公司强化合规经营的经验

要保障中国企业在海外的经营达到合规标准，中国律师也要积极借鉴国内外公司强化合规经营的经验。除了西门子等国际著名跨国公司已经积累了丰富的合规经营的经验，我国一大批企业在对外投资和经营的过程中也积累了许多成功的经验。因此，我们不仅要借鉴国际跨国公司的合规经验，也要借鉴中国企业在海外合规经营的成功经验。

中交股份公司下属一家子公司被世界银行认定在海外项目中有商业腐败行为而被停止接受该类项目。此后，该公司认真总结经验教训，建立了海外业务合规管理办法等9项制度以及配套操作流程指引，从而满足了世界银行等国际组织的合规要求。

2010年11月至2011年2月，中国海洋石油总公司在中国海油全系统全面开展合规运营、廉洁从业专项效能监察，重点检查所属单位在依法合规运营方面、管理人员在廉洁从业方面存在的问题。[①]从专题教育到专项检查，公司积极践行东道国制定的合规经营标准。中交股份和中海油等公司的经验表明，中国企业在海外经营完全可以实现合规经营，满足东道国设定的严格标准。

### （三）重视法律服务质量，协助企业做好项目尽职调查

中国企业在海外的投资、经营是一项复杂的工程，会涉及投资目的地国的许多法律，如《投资法》《劳动法》《环境法》《税法》《公司法》等，尤其是，为了维护本国的经济发展和利益，一些法律中设置了一些限制性或禁止性规定，如股份的持有比例、外籍员工的配额限制等，这些都要求中国

---

① 王志乐.中国跨国公司需要强化合规经营［J］.亚太经济，2012（4）.

律师在企业投资前以及经营过程中有充分的了解。由于部分东道国法律环境相对复杂，法律及政策变动较大，加之语言方面的阻碍，我国律师应当仔细研读东道国法律法规，时刻关注东道国政策变化，在企业的每个项目中做好全面的尽职调查，为企业提供有效的法律支持。

### （四）尊重东道国的法律、文化与民族风俗

在协助企业海外投资、经营过程中，中国律师也要充分尊重当地的法律，进行规范化的法律运作，从海外投资项目的落实，到实际操作，再到运营管理，都需要遵守当地的法律法规、政府的规章制度。还要了解当地的文化传统及民族风俗，避免触及当地民族与宗教的问题，以免引起当地民众的动乱，给项目运行的进度和正常的经营管理带来阻碍。

同时，在中国企业海外经营的过程中，中国律师也应当协助企业积极带动当地经济的发展，促进当地就业，注重当地生态环境的保护与经济的可持续发展。首先，中国企业海外经营及海外投资过程中将不可避免地涉及土地征收与搬迁的问题。对于失去土地和家园的当地居民来说，就业以及如何保障基本生活就成为一个很现实的问题。这除了当地政府给予保障外，我国企业在进行海外投资、经营时可以考虑雇用当地劳工，同时保障劳工权益，解决当地民众的就业问题。这不仅可以树立良好的企业形象，而且可以给企业带来长远的利益，同时可以促进当地经济的发展。其次，在海外投资前要做好环境影响评估，避免对当地的自然生态环境造成破坏。执行严格的环保标准，在工程设计和选址方面要充分考虑当地的自然地理与人文环境，在项目的建设过程中要注意环保材料的选用，以及工程和建筑工人生活垃圾的处理，保障当地社会、经济与环境的可持续发展。

### （五）构建多层次的争端解决方案

中国企业在海外经营过程中，必然涉及项目投资合同的签订。在合同条款的磋商过程中，中国律师必须明确争端解决方式和法律依据，这不仅可以保护我国企业的权益，而且能够保障海外投资项目的有序进行。在明确争端解决方案时，中国律师也要运用新的思维与理念，将国际上先进的争端解决方式纳入合同文本中，同时构建多层次的争端解决方案。首先，要明确各种

争端解决方式的利弊与适用条件。其次，在合同的签署过程中要注意以下几个问题：合同中应指出其适用的法律；争议的解决上明确由一种争议解决方式进入另一个争议解决阶段的时间限制，即冷静期；明确仲裁地点。

明确各个争端解决机制的运用，在争议发生前就能够预见到各种争端解决方式可能带来的后果，有助于我国企业更好地解决海外投资中的争端问题。发展和构建多元化的争端解决机制将使我国企业与国际市场接轨，也是我国企业融入经济全球化的必然选择。

# E-Arbitration Practice in China

李志强　李屹民

Along with the rapid development of Internet technology, an efficient and inexpensive new arbitration method has been put on the agenda. This is online arbitration. Online arbitration is a new form of Alternative Dispute Resolution (ADR). In today's world, the rapid development and wide application of telecommunications means promote the growing popularity of e-commerce, which lays a material foundation for online arbitration.

Compared with traditional arbitration, online arbitration refers to arbitration in which all arbitration procedures or main procedures rely on network technology, including commercial arbitration, and administrative arbitration. Compared with traditional arbitration, online arbitration has the following characteristics and advantages：（1）Online arbitration is conducted by means of the Internet, and the Internet has no specific space and location restrictions, which weakens the concept of national borders. The parties concerned to the dispute, the arbitrators or the arbitral tribunal may be located in different countries and communicate with each other through the network to participate in an arbitration case procedure. （2）Compared with traditional arbitration, one of the important features of online arbitration is the change of means of information transmission. Various documents and evidences related to arbitration between the parties can be transmitted instantaneously by e-mail； the parties can participate in the trial at their respective locations through specific software and related facilities, which is free from space constraints and greatly facilitates the procedure. （3）The important advantage of online arbitration is that it saves money. The parties use the network to conduct arbitration, and the cost of resolving disputes is very low, which can save the time and expenses of the parties, especially in international commercial arbitration. (4) Online arbitration is conducive to strengthening the promotion of arbitration. In addition to conducting arbitration procedures, the institutions and organizations that provide online arbitration services may also use the online platform to provide relevant arbitration information and arbitration materials, actively promote online arbitration, and enable more people to understand online arbitration and promote the development of online arbitration.

Online arbitration has developed rapidly recently. At present, more than 20 websites have established online dispute resolution mechanisms, among which the main online arbitration websites are: eresolution.ca, cybersettle.com, squaretrade. com and webdispute.com. Take eresolution for example, eresolution is one of four organizations that ICANN has delegated to resolve domain name disputes. It provides settlement and arbitration services for e-commerce disputes from the fall of 2000 and all services will be conducted online. Eresolution clarifies that it requires neutral and fair handling of each case; provides dispute resolution methods that Internet consumers and businesses are willing to accept; resolve disputes quickly and effectively; and encourage trust in e-commerce. To achieve these goals, eresolution selected a number of independent and impartial arbitrators from around the world with the help of disfutes.org (a non-profit organization in Massachusetts, USA ), all of which are trademarks, well-known international experts in the field of intellectual property and IT law.

"To use network arbitration to solve network dispute, " commented by person from China Guangzhou Arbitration Commission. It is the first in China to build a network arbitration platform to achieve one-click arbitration. Data is transferred from the trading platform and directly sent to the arbitration cloud platform. All arbitration procedures, from admission, acceptance, award and delivery, are conducted online.

Zhang put the money on an online loan platform for investment. At the beginning, the borrower introduced by the online loan platform repaid on schedule. Unexpectedly, after three months, the borrower disappeared together with

Zhang's investment of 30000 RMB. With help of the network arbitration platform, Zhang entered the basic information of himself and the other party, and applied for the withdrawal of the transaction data of both parties to complete the arbitration application. Two weeks later, Zhang received an arbitral award from the online arbitration platform. Soon, the borrower who had been in a state of loss of contact took to contact Zhang and paid back the money. Shopping online can cost only a few minutes. But an online shopping dispute can take dozens of days or even months to resolve. With the increasing number of network disputes, the traditional dispute resolution model cannot fully meet the requirements of the times.

In May 2018, the first online arbitration electronic award in China was issued, marking the realization of electronic transmission from arbitration acceptance, evidence submission, constitution and awards, solving the problems of complex paper submission and low efficiency. It is a key step in judicial innovation.

The China International Economic and Trade Arbitration Commission has its own online arbitration system and has established online arbitration rules to make detailed regulations on electronic evidence, electronic signatures, online hearing and online mediation.

Online dispute resolution in India is in its infancy stage and it is gaining prominence day by day. With the enactment of Information Technology Act, 2000 in India, e-commerce and e-governance have been given a formal and legal recognition in India. Even the traditional arbitration law of India has been reformulated and now India has Arbitration and Conciliation Act, 1996 in place that is satisfying the harmonized standards of UNCITRAL Model. With a rapid growth of e-commerce in India, the number of disputes related to online transactions is on the rise. The existing dispute redressal mechanisms are falling short of the business growth and customer expectations. Conventional redressal systems require presence of the parties, and are not in synch with modern online platforms. The Department of Consumer Affairs, Government of India has taken note of this and has planned to roll out an Online Consumer Dispute Resolution platform that follows the best practices emerging in the global e-Commerce arena.

As the key driver of the new industrial revolution, Artificial Intelligence has a profound impact on the world economy, social progress and people's daily life. World Artificial Intelligent Conference 2018 was held in Shanghai China from September 17-19, 2018. Themed on A New Era Empowered by Artificial Intelligence, this conference is featuring globalization, sophistication, specialization and marketization. It will be a platform for ideas to converge and partnerships to blossom, where the world's most influential Artificial Intelligence scientists, entrepreneurs and government officials will get together to deliver speeches and engage in high-level dialogues on leading Artificial Intelligence technologies and trends as well as focuses of the Artificial Intelligence industry On this platform, the most prominent figures will share their thoughts, and the most cutting-edge technologies, products, applications and ideas will be presented, and some Chinese solutions combined with world wisdom will emerge, targeting some challenges shared by the entire humanity.

Artificial Intelligence was introduced into the judicial system recently. Intelligent Auxiliary Case Handling System for Criminal Cases was tested online on June 3, 2017. This system embeds new technologies such as big data and artificial intelligence into the criminal case handling system and assists the case-handling personnel in reviewing and testing the evidence. After the learning of artificial intelligence has accumulated to a certain extent, the Artificial Intelligence can automatically identify materials, thus greatly reducing the workload of the judges. Moreover, the notes left by judges are good suggestions for reference. So, the work efficiency is greatly improved.

With the help of the Internet and big data, the application of artificial intelligence in future international arbitration cannot be underestimated. In the process of filing, constitution, cross-examination, debate, awards, etc., thus work can be carried out more efficiently with the aid of artificial intelligence. The search of laws and regulations and the writing of the awards can be intelligently pushed for reference. What more far-reaching and meaningful, I think, are a same or similar artificial intelligence auxiliary platform can be established by international arbitration institutions for the realization of an more intelligent unified arbitration globally.

Although several online arbitration websites have been established, online arbitration has many problems in both substantive and procedural law. First of all, it is the formal element of online arbitration - the digital form - can be regarded as written. Most countries' arbitration laws and related international treaties and international legal documents require arbitration agreements to be reached in writing. For example, Article 2, paragraph 2 and Article 4, paragraph 1 of the *Convention on the Recognition and Enforcement of Foreign Arbitral Awards*, which was established in New York in 1958 (hereinafter referred to as the New York Convention), stipulates that an arbitration agreement must be in writing. Article 5, paragraph 1 of the *UK Arbitration Act* of 1996 states the provisions of this Code apply to the case where the arbitration agreement is in writing; the provisions of this Code are only valid for the written agreement reached by the parties on any matter. Item 6 Provides that the written or written form referred to in this series includes any other means of recording. Articles 1443 and 1449 of the new *French Code of Civil ProcedureLaw*in 1997 stipulate that both the arbitration clause and the arbitration agreement shall be in writing. Article 1031, paragraphs 1 to 5 of the *German Civil Procedure Law* of 1998 also stipulates that the arbitration agreement must be in writing. The traditional arbitration law requires that the arbitration agreement be written in writing, which is undoubtedly limited by the social and historical conditions, especially the level of scientific and technological development at that time. With the development and application of computer technology, the Internet and the rapid rise of e-commerce, people's activity space has been extended from physical space to cyberspace. The development of commerce and trade has shifted from the traditional paper form to the paperless digital form. The message has gradually become an important carrier of information. Therefore, it is necessary to reconsider the form of the arbitration agreement based on the development of social and historical conditions, especially the level of scientific and technological development.

Secondly, the electronic signature of online arbitration is valid or not. Signature refers to the act of signing, stamping or drawing a handwritten document by the actor in the document. Traditional signatures have three main functions: one is to indicate identity. Because traditional handwritten signatures, stamps, and draws are unique and difficult to forge, such signatures can link signed documents to specific natural person, legal person, or other organizations to indicate the true identity of the signatory. The second is to express consent. Traditional signatures are often placed after the content of the document, indicating that the signatory has read the document and agree with the matters contained in the document. From this perspective, the signing act itself is a sign of meaning. The third is to be responsible. The signature can serve as evidence that the signatory is responsible for the correctness and completeness of the content of the document. According to Article 2 of the *United Nations Model Law on Electronic Signatures*, electronic signatures are data that exist in electronic form, attached to data messages or logically associated with data messages, and can be used to identify message signers, and indicate that the signatories endorse the content contained in the data message. From the current point of view, electronic signatures are fully capable of achieving the legal function of signing and should be given the same legal effect as traditional signatures.

Thirdly, how to determine the arbitration place on the Internet? The arbitration place largely determines the procedural law applicable to the arbitration and the relevant courts of jurisdiction. Therefore, in traditional arbitration, the importance of the place of arbitration is mainly reflected in the following three aspects: First, when the parties have not agreed on the arbitral procedure law or the agreement is unclear, the law of the place of arbitration becomes a supplement to the law of arbitration, and must not violate the mandatory norms of the law of arbitration; second, the courts of the arbitral state can effectively control and support the arbitration process, and have the exclusive jurisdiction to revoke the arbitral award; third, in order to guarantee the smooth implementation of the arbitral award, the arbitral award must be determined based on the place of arbitration, thus applying the *New York Convention*. Although online arbitration has many advantages such as fastness, economy and convenience, it also brings about a problem that cannot be connected with traditional arbitration theory, that is, the vacuum problem of arbitration. In order to solve the vacuum phenomenon of this arbitration place, scholars have proposed many different methods for determining the place of online arbitration, such as the location of the arbitrator, the location of the server, the owner of the website or the location of the controller, etc., but these theories are each has its own defects. In this regard, in order to facilitate the determination of the arbitration place of online arbitration, the following principles and theories can be introduced: （1）Thearbitration place is determined according to the principle of party autonomy. The parties may agree to assume that a certain place is the place of arbitration in the arbitration agreement. This location does not have to be the specific physical location where the arbitration takes place, but rather the effect of the law giving the parties the right to choose the place of arbitration. Of course, although the parties can choose the right choice, the choice should be within the scope of the place closely related to the case, such as the location of the permanent arbitration institution, the arbitrator or the residence or home of the party, and the commencement of the arbitration. The determination of the place of arbitration according to this principle can also be found in the current legal norms. （2）Determine the place of arbitration according to the closest contact principle. When the parties do not intend to determine the place of arbitration, the arbitral tribunal shall determine an arbitration place according to the principle of the case. This place of arbitration must be closely linked to the case in order to better resolve the dispute. According to Article 20 of the *United Nations Model Law on International Commercial Arbitration*, if such an agreement is not reached, the place of arbitration shall be determined by the arbitral tribunal and shall take into consideration of the circumstances of the case, including the convenience of the parties. It is not difficult to see from the legislation that these two principles are at different levels of application. In one case, the meaning of the parties should be maximized. First, the principle of party autonomy should be applied. If the parties cannot reach a consensus or if they do not assume an arbitration place for other reasons, then the principle of the closest connection can be applied and the arbitration tribunal should appoint an arbitration place.

As far as China's arbitration legislation is concerned, it should be said that it basically conforms to the general international practice of arbitration and the general principles of international commercial arbitration, such as the principle of party autonomy and the fair and independent resolution of disputes, all of which are reflected in the current arbitration legislation. However, compared with the international commercial arbitration legislation represented by the 1985 *Model Law on International Commercial Arbitration* formulated by the United Nations Commission on International Trade Law, there are many shortcomings in terms of systematic design and its specific provisions. It still needs further improvement. First, in line with the principle of respecting the autonomy of the parties, the arbitration law should give the parties or the arbitral tribunal the freedom to agree or decide on thearbitral proceedings, thus providing a clear legal basis and guarantee for the conduct of the online arbitration procedure. The proposal can refer to Article 19 of the *Model Law on International Commercial Arbitration* in 1985, which stipulates that the parties may freely agree on the procedures followed by the arbitral tribunal on the premise of not violating the arbitration law. When the parties have not agreed upon, the arbitral tribunal has the right to proceed with the arbitral proceedings in the manner it deems appropriate. The rights of the arbitral tribunal include determining the admissibility, relevance, materiality and importance of the evidence. Second, amend Article 269 of Civil Procedure Law of the People's Republic of China from the foreign arbitration organization awards to awards rendered by organization located overseas to in line with the general legislation and practice of international commercial arbitration. That is, the arbitration place in the legal sense as the standard for determining the nationality of the arbitral award, avoiding the problem that the arbitration place cannot be determined in online arbitration, and also conforms to the New York Provisions for the recognition and enforcement of foreign arbitral awards in the Convention. Third, the effectiveness of emergency arbitrations shall be recognized. China does not protect the more flexible, fast and economical emergency arbitrations that are generally recognized internationally. This is not only contrary to the principle of autonomy but also hinder the development of online arbitration in China. Because many online service providers engaged in online arbitration business are not strictly regarded as arbitration institutions.Ifthe parties resolve disputes through the website of non-arbitration institutions in China, the award may not be recognized and enforced. In addition, compared with the arbitration services provided by the permanent arbitration institutions, the online arbitration service provided by the online self-employment arbitration service is more flexible and quicker. It can usually be under guard of the network e-commerce self-discipline to promote online arbitral awards. Fourth, try to establish an arbitration mechanism for online arbitration. There are great differences in the form of online arbitration and traditional arbitration, and their requirements for arbitration procedures shall be different. Establishing a mechanism that is completely suitable for online arbitration has a positive significance for the smooth conduct of online arbitration and the further improvement of the effectiveness of arbitration. Currently, the World Intellectual Property Organization (WIPO) is ready to adopt an online arbitration mechanism. The organization plans to set up an online arbitration agency within its Arbitration and Mediation Center to resolve Internet domain name cybersquatting disputes,

as well as other intellectual property-related e-commerce disputes, such as online license trading. The parties choose to arbitrate procedures to resolve their disputes by visiting the online arbitration website under the World Intellectual Property Organization (provided that the parties have signed online arbitration clauses in advance or after the dispute has occurred) and filled out confidential electronic data through data network exchange tools. The application materials will be exchanged between the parties through the Internet and provided to the arbitrator. During the arbitration process, the parties and arbitrators can communicate through the

Internet, and online trials can be realized in the future.

At present, China's online arbitration system is still immature, and many scholars and arbitration institutions have begun to carry out research on related fields. On April 1, 2017, the Shanghai Arbitration Commission officially opens an online platform, marking a substantial step in the development of arbitration information in the Shanghai Arbitration Commission. The online platform is characterized by the elimination of the pre-registration steps required by the online filing platform of similar institutions. The parties can log in directly to the system for filing operations without having to complete the cumbersome user registration, and at the same time, corresponding operations are provided for different types of cases and different parties. In order to meet the actual needs of some parties with insufficient experience, the online filing platform also provides attachments such as arbitration application templates for the parties to download.

Although China has begun to explore the establishment of an international online arbitration mechanism, it is necessary to continue to conduct in-depth research and practice from the point of view of legislation in the establishment of a mechanism suitable for online arbitration in China. The following aspects can be explored and improved: First, the establishment of arbitration institutions. An arbitration alliance is formed by all enterprises, and an arbitration committee is set up to create a civil and commercial dispute arbitration website and establish a real-time arbitration platform. The arbitrators are selected from network experts and legal experts to establish a book of arbitrators for the parties to choose. Second, the establishment of procedure mode of arbitration. First of all, through the online case management system, the arbitral procedure is fully networked, and the document can be transferred and exchanged between the parties, arbitrators, and case managers, etc. The arbitral proceedings are carried out through the network in the form of data information. The case participants must actually participate in the online arbitration process with the username and password assigned by the network system. Different participants have different access rights to the case information, and the arbitrator can use the assigned password and user name to check the application， answer， the progress of the case and write the award through the system.

This is my preliminary introduction and discussion of issues related to online arbitration， thank you very much for your attention.

（此文是环太平洋律师协会副主席、一级律师、仲裁员李志强律师在2018年11月5日在泰国首都曼谷举行的环太平洋律师协会和泰国仲裁院举行的亚太仲裁区域会议上的主题报告）

# 立法研究与建议篇

# 全面推进资产证券化
# 助力实体经济发展

佘　力

实体经济是我国保持经济平稳运行、不断提升国际竞争力的基石。经过近年来的快速发展，资产证券化已成为我国资本市场的重要工具，全市场发行规模已超过5万亿元，有力地促进了实体经济发展，在落实国家产业政策、服务供给侧结构性改革等方面也发挥了重要作用。

## 一、顺应实体经济需求，企业ABS市场高速发展

作为市场的重要组成部分，企业资产支持证券自2005年首单产品推出以来，累计发行规模已超过2.5万亿元，基础资产范围涵盖了应收账款、融资租赁、基础设施收费、CMBS和REITs等多个大类。企业资产支持证券的快速发展一方面得益于整个债券市场的稳步增长；另一方面也因实体企业持有大量现金流相对稳定的资产，在我国经济结构调整的大背景下，需要通过证券化市场进行盘活。

## 二、全面服务国家战略，助力实体经济发展

因此，服务实体经济，仍是企业资产证券化市场发展的根本使命。从市场发展的实践来看，我国企业资产证券化在助力实体经济发展上，主要有以下三个方面。

### （一）发挥资产信用优势，拓宽实体企业直接融资渠道

当前，服务实体企业融资仍是企业资产证券化市场的主要功能，企业

资产支持证券在这个方面也在发挥其独特的优势。相比于传统的股债融资方式，资产证券化使得部分主体信用达不到资本市场门槛的实体企业，能够以资产信用为基础，通过与企业的风险隔离和信用增进安排，获得高于自身主体信用的评级，从而进入资本市场，融资渠道拓宽的同时也降低了融资成本。近年发行数据统计，企业资产证券化发行主体中，民营企业规模占比超过60%，其中相当一部分是中小微企业，占比明显高于传统信用类债券及信贷资产证券化，企业资产支持证券正成为部分非国有性质企业融资的重要渠道，在解决中小企业融资难、融资贵问题上发挥了独特作用。也因此，企业资产证券化市场的发展对于支持和服务实体企业其实更具有实际意义。

### （二）盘活存量、降杠杆，落实国家战略

当前，整个实体经济相对而言仍处于快速扩张阶段，实体企业尤其是国有企业，资产负债率较高，具有盘活存量资产、降杠杆需求。此外，在政府和社会资本合作（PPP）、住房租赁市场的发展过程中，也存在盘活存量资产的需求。企业资产证券化通过产品创新，在贯彻落实国家政策方面发挥了重要作用。以企业应收账款为例，2018年上海证券交易所应收账款类ABS发行量已达1800亿元，同比增幅235%，发行主体主要为大型国有企业、中央企业，贯彻落实了国家"三去一降一补"方针政策，有力地支持了国有企业"去杠杆"。

### （三）创新发展，服务实体经济转型升级

近年来，随着资产证券化市场广度和深度的逐步扩展，其多样性、分散性的独特优势也进一步发挥，在融合金融科技、提高效率的同时，使更多创新企业、产业上下游的企业和中小企业通过资产证券化形成了新的业务模式，带动了企业、产业的整合升级。以"蚂蚁""京东"发行的供应链资产证券化产品为例，依托其大数据风控体系和互联网支付结算系统，形成了物流、资金、信息的三流合一的风控能力，将供应链金融从"一对多"扩展到"多对多"的2.0模式，产品风险进一步分散的同时，也服务了中小供应商，带动了整个产业链的良性发展。

后续，随着实体企业业态多样化、资产类型多元化、业务领域的差异性

发展，企业资产证券化市场也必将进一步多元和创新，触及和支持传统银行信贷无法覆盖的商业运行活动领域。在支持重点领域、助力普惠金融方面发挥越来越重要的作用，成为服务实体经济的有效工具。

## 三、资产证券化市场发展展望

近年来，在中国证监会的统一部署下，企业资产证券化的相关制度规则不断完善，监管也已全面加强。但随着市场的快速发展，相关法律制度供给不足、二级市场建设相对落后等问题也日渐凸显。基于发展中存在的问题，可以从以下三个方面探索，进一步推动企业资产证券化市场的健康发展。

第一，完善资产证券化市场制度建设。从长远来看，建立统一的资产证券化法律法规体系是必然趋势，结合《证券法》修改，将资产支持证券纳入统筹规制，明确资产支持证券的法律定位，过渡阶段可研究出台《资产证券化业务管理条例》。推进出台司法解释，夯实真实出售和破产隔离的法律基础。

第二，研究推出公募REITs。推进REITs规则研究及项目试点，从住房租赁、基础设施等国家重点支持领域入手，在核心地区推动先试先行，与之配套，同步推进税收中性安排。

第三，加强二级市场建设。推动银行机构全面参与企业资产证券化市场，引入社保等长期稳定资金，不断提高二级市场透明度与标准化程度，完善二级市场交易结算机制。

市场的发展离不开各机构、各位同仁的努力，资产证券化市场的发展机会来之不易，希望上海证券交易所在服务实体经济、助力产业发展中能发挥更为积极的作用，让我们携手共进，推动资产证券化市场在稳中求进中持续健康发展。

# 从维生素C案看美国法院对外国法解释效力的认定

韩逸畴　司　文

## 一、维生素C案案情回顾

2005年，美国动物科学产品股份有限公司等美国进口商向纽约东区联邦法院提起集团诉讼，宣称华北制药及河北维尔康药业有限公司等企业向美国出口营养药品时，协议对维生素C采取固定价格和数量，违反了美国《谢尔曼法》第一条。中国被告主张驳回起诉，声称固定价格和数量是中国法强制性要求，构成免责事由。中国商务部提交了法庭之友的书面申述，支持该动议，但地区法院驳回被告起诉以及申请简易判决的动议，进行陪审团审理。2013年，陪审团发现中国法并未强制被告协议定价，纽约东区法院判决中国企业败诉，判决其支付将近1.5亿美元（约10亿元人民币）的损害赔偿金，并禁止被告继续从事违反《谢尔曼法》的行为。案件上诉到第二巡回上诉法院。2016年9月20日，美国联邦第二巡回上诉法院推翻美国纽约东区联邦法院的判决。随后，案件上诉至美国最高法院。2018年4月24日，进行口头辩论。2018年6月14日，经九位大法官全体一致同意，推翻第二巡回法院的判决，将案件发回重审。

## 二、案件争议焦点与美国最高法院裁判要点

本案的特别之处在于，中华人民共和国商务部（以下简称商务部）作为法庭之友提交了一份非当事人的书面陈述，以支持中国卖方的动议。在该陈述中，商务部说明其是中国有权管理对外贸易的最高行政机关，中国医药保

健品进出口商会受商务部直接及积极监督，有权管理维生素C的出口，美国买方所声称的限制贸易的共谋事实上是中国政府所要求的监管定价机制。中国国际商会和六位行政法教授也提交书面意见。本案的争议焦点在于，联邦法院是否受到外国政府对本国法的说明的约束，即外国政府对本国法的说明是否具有"决定性"的效力。

一审阶段，地区法院认为，中国商务部对本国法的解释并非决定性的（conclusive）。商务部声称本案争议的垄断实则是中国政府强制性的价格管理体制，但原告反驳称，商务部并没有举证哪一部法律或行政法规有如此规定。原告提交了一份中国医药保健品进出口商会的通告，该文件中提到，制造商可以达成自我监管协议，以此自主控制出口的数量和速率而不受政府干预。原告还出具专家证言，指出法律并未强制要求制造商作出此种行为。地区法院根据原告提交的证据，认为商务部的声明并非具有决定性拘束力，法院决定继续对中国法是否强制要求固定价格进行审理，中国被告申请简易判决，商务部提交了另外一份声明，重申立场，被告也提交了专家证言，证明商务部对自己发布的规则的解释具有决定性权重。美国原告指出中国2001年12月11日加入世界贸易组织的承诺中已经放开了对维生素C出口的限制。

二审阶段，联邦第二巡回法院认为，当外国政府出庭并提交了本国法内容和解释的官方声明，联邦法院应当尊重（bound to defer）外国政府对本国法的解释，无论该解释是否合理。在只审查了商务部的声明和其中引用的内容之后，法院认为商务部的解释是合理的，并以此推翻了地区法院的判决。

案件上诉至美国联邦最高法院。法院认为，联邦法院根据《联邦民事诉讼规则》第44.1条，外国政府对本国法的意见应当得到充分尊重，但是其效力并非决定性的，法院并不受此约束。法院提出以下几点意见。

首先，第44.1条认为外国法是法律，在查明外国法问题上，法院并不受到当事人提交证据的约束，而是可以考虑任何相关的资源，因此第二巡回法院仅仅依据中国商务部的声明来判断中国法是否强制要求固定价格的做法欠妥。

其次，第44.1条和其他规则并没有规定联邦法院如何衡量外国政府提交的对其法律的观点，本着国际礼让的精神，法院认为，鉴于世界各国法律制度众多，差异较大，外国政府提供其本国法的说明的背景情况千差万别，对外国政府就其本国法律作出声明不宜采取"一刀切"的做法。因此，法院应综合考虑各种因素：这些陈述的清晰性、全面性及是否有证据支持；其上下文及宗旨；外国法律制度的透明程度；提供陈述的部门或官员的职责与授权；该陈述与外国政府之间立场的一致性。

本案中，商务部承认其授权设立的中国医药保健品进出口商会有权对维生素C的出口数量与价格进行管制，然而，中国企业未能证明有任何中国的成文法律或法规明确规定维生素C的出口企业必须统一定价，并且商务部的书面陈述与中国政府对世界贸易组织作出的声明，以及中国医药保健品进出口商会的文件内容互相矛盾。在这种情况下，美国联邦最高法院认为，商务部对中国法律解释的陈述只能给予一定的尊重，却没有决定性的效力。

## 三、本案对我国的启示

随着国家综合国力的大幅提升，我国企业"走出去"已成为常态，它们在海外被诉的情况也并不鲜见。例如，我国产品长期以来频繁遭遇反倾销、反补贴等贸易救济调查。为避免被当地企业提起反倾销、反补贴诉讼，我国某些企业制定一些基本原则甚至限量保价的措施以防范这些法律风险。但这种做法容易被认定为实行价格垄断而遭到起诉。维生素C案就是适例。

在本案中，商务部破天荒向美国法院递交法庭之友书状，力挺我国企业。这是我国政府部门破天荒第一次这样介入美国的诉讼程序。二审审理后，有专家将之称为"空前绝后"的胜诉。在美国最高院审理阶段，商务部、中国国际商会均于2018年4月4日向美国联邦最高法院递交了法庭之友书状，阐释立场。应松年、马怀德、姜明安、余安、杨建顺、李洪雷六名顶级中国行政法学者组成豪华阵容，向美国联邦最高法院联名递交了法庭之友书状。其核心观点认为，在中国法律解释制度下，立法者有权解释立法。这一原则得到中国司法实践的认可，也特别适用于商务部对其2002年通知的情况及本案的情形。

该案的焦点是商务部作出的解释在美国是否有拘束力的问题。这本质上是关于法院对外国法的解释是适用外国法所属国的规则，还是适用法院地的规则的问题。在本案中，美国法院作为解释的主体，采用法院地法的解释规则，且解释的方法，不限于外国政府提交的对本国法的说明，还要综合考虑所有可利用的资源，且不限于原被告提出的证据。这也提醒我国在司法实践过程中，应当关注外国法的解释及解释的效力问题，而不仅仅将注意力放在外国法查明的合法途径上。通过本案，美国联邦最高法院确立"外国政府关于其本国法的声明没有决定力"的观点。

美国联邦最高法院在判决书中还指出，如何对中国法律进行正确解释不是最高法院在本案中审查的问题，其对此并无特定立场。而巡回上诉法院原先认定商务部声明具有拘束力，从而没有考虑到地区法院指出的声明本身存在的问题，也没有考虑地区法院对证据认定的其他问题，但重新审理时，美国联邦最高法院认为应就这些问题对商务部声明效力的影响进行审查。因此，在重新审理的过程中，我国当事人应当尤其关注最高法院提出的影响外国法解释效力的综合考虑因素，积极采取应对措施。

# 上市公司股份回购制度修法建言

## ——结合《中华人民共和国公司法修正案》草案（征求意见稿）

李志强　游　广

为深入贯彻党的十九大精神，认真落实习近平总书记关于加强资本市场基础制度建设，加快补足制度短板，健全金融法治一系列重要指示要求，切实增强股份回购制度在服务国有企业改革、深化金融改革、提高上市公司质量、保护上市公司与投资者的合法权益、促进资本市场稳定健康发展中的重要作用，中国证监会会同财政部、人民银行、国资委、银保监会等有关部门，研究起草了《中华人民共和国公司法修正案》草案，提出了修改《公司法》第一百四十二条股份回购有关规定的建议，目前修法正在进行中。

## 一、股份回购制度修改内容

2018年9月，中国证券监督管理委员会公布《中华人民共和国公司法修正案》草案（征求意见稿）及其说明，向社会各界征求修改意见。根据《中华人民共和国公司法修正案》草案（征求意见稿），将第一百四十二条第一款修改为：公司有下列情形之一的，可以收购本公司股份：

（一）减少公司注册资本；

（二）与持有本公司股份的其他公司合并；

（三）用于员工持股计划或者股权激励；

（四）股东因对股东大会作出的公司合并、分立决议持异议，要求公司收购其股份的；

（五）上市公司为配合可转换公司债券、认股权证的发行，用于股权转

换的;

（六）上市公司为维护公司信用及股东权益所必需的;

（七）法律、行政法规规定的其他情形。

公司因前款第（一）项、第（二）项规定的情形收购本公司股份的,应当经股东大会决议。公司因前款第（三）项、第（五）项、第（六）项规定的情形收购本公司股份的,可以依照公司章程的规定或者股东大会的授权,经董事会三分之二以上董事出席,并经全体董事过半数同意,收购不超过本公司已发行股份总额百分之十的股份。

公司依照第一款规定收购本公司股份后,属于第（一）项情形的,应当自收购之日起十日内注销;属于第（二）项、第（四）项情形的,应当在六个月内转让或者注销;属于第（二）项、第（五）项、第（六）项情形的,可以转让、注销或者将股份以库存方式持有,以库存方式持有的,持有期限不得超过三年。

公司不得接受本公司的股票作为质押权的标的。

中国证券监督管理委员会在修正案草案中始终坚持问题导向,通过专项修改《公司法》股份回购有关条款,为股份回购提供了必要的法律依据,重点解决了以下问题。

一是增加股份回购情形。（1）用于员工持股计划;（2）上市公司为配合可转换公司债券、认股权证的发行用于股权转换的;（3）上市公司为维护公司信用及股东权益所必需的;（4）法律、行政法规规定的其他情形。

二是完善实施股份回购的决策程序。明确公司实施员工持股计划或者股权激励,上市公司配合可转债、认股权证发行用于股权转换,以及为维护公司信用及股东权益等情形实施股份回购的,可以依照公司章程的规定或者股东大会的授权,经董事会三分之二以上董事出席,并经全体董事过半数同意,收购不超过已发行股份总额百分之十的股份。

三是建立库存股制度。明确公司因实施员工持股计划或者股权激励,上市公司配合可转债、认股权证发行用于股权转换以及为维护公司信用及股东权益回购本公司股份后,可以转让、注销或者将股份以库存方式持有。同时,为限制公司长期持有库存股,影响市场的股份供应量,明确规定以库存方式持有的,持有期限不得超过三年。对于公司持有本公司股份,境外成熟市场均不允许其享有表决权或者参与利润分配。考虑到现行《公司法》第一百零三条、第一百六十六条已分别规定公司持有的本公司股份没有表决权、不得分配利润。建立库存股制度后，适用上述规定即可，不必再作重复。

## 二、股份回购制度修改的重大意义

本次修正案草案虽然仅通过专项的形式修改了《公司法》股份回购制度，但是这一制度完善所产生的积极影响却是不可忽视的。总体而言，这种积极影响将主要表现在以下三个方面。

一是通过股份回购制度的完善提升上市公司回购股份的积极性。现行《公司法》所规定的股份回购制度，存在程序烦琐，而且涉及面较窄的劣势，上市公司在回购股份的时候经常受到多方面的限制，这必然会极大地降低上市公司回购股份的积极性。比如，目前员工持股计划在上市公司的操作中颇为盛行，但囿于相关规定，上市公司无法将回购的股份用于员工持股计划，而往往采用资管计划的方式来实施，由于存在杠杆，不仅风险高，操作起来也不方便。

二是通过股份回购制度的完善会提振投资者的信心。无论是为了减少注册资本，还是奖励职工等，上市公司回购股份都会带来增量资金的进场，对于稳定股价是有好处的，也能进一步提升投资者的信心。特别是，在股份回购制度得到完善之后，如果A股上市公司的股份回购能实现常态化，这一效应将更加突出。事实上，从境外市场的案例看，在市场遭遇到异常波动时，上市公司的股份回购，在提振投资者信心的同时，也能成为股市的稳定器。

三是通过股份回购制度的完善惠及整个A股市场。从欧美等西方国家成熟市场的经验可看出，股份回购的常态化，不仅能够提升投资者的信心，而且还能够惠及整个资本市场。简而言之，通过回购股份，可以强化大股东对上市公司的控制；可以将现金"返还"给市场，增强市场流动性；同时以减少注册资本的回购形式还可提升上市公司的投资价值，优化资本结构。总体而言，股份回购的常态化将产生一系列的利多效应。

### 三、完善后股份回购制度的操作路径

根据《中华人民共和国公司法修正案》草案（征求意见稿）及其说明对公司股份回购制度的规定，如要真正落实股份回购制度对整个A股市场的重大积极影响，不妨从以下具体操作路径出发。

#### （一）确保公司最高权力机构对股份回购决策的权力，灵活变通股东表决比例

当前，为确保公司股份回购的公正性，许多国家对股份回购规定了相应的程序，股份回购的决策程序更是重中之重。关于股份回购的决定程序，欧盟、意大利、卢森堡等均有由股东会决定或批准的规定；而美国、比利时、法国等国家规定由董事会决定，但董事负有相应的报告义务。

本次《中华人民共和国公司法修正案》草案（征求意见稿），某种程度上是这两种制度的结合。该草案提出，公司依据"用于员工持股计划或者股权激励""上市公司为配合可转换公司债券、认股权证的发行，用于股权转换""上市公司为维护公司信用及股东权益所必需"的三类事由，可以"依照公司章程的规定或者股东大会的授权，经董事会三分之二以上董事出席，并经全体董事过半数同意，收购不超过本公司已发行股份总额百分之十的股份"；同时，若公司是为了减资、合并而回购股份，则必须按照股东大会程序进行表决。

修正案草案中关于股份回购决策制度的这一规定是一个具有灵活性也是一个未来股份回购决策制度较为理想的方式。但是，基于我国目前证券市场的基本情况，仍然应当明确股东大会决议程序的重要性。首先，由于股份回购是公司经营中的重大事项，可能影响到股东、债权人及公司的营运状况，而产生股份回购的部分因素，如"股权激励""股权转换"等，往往具有一定的专业性。原本公司的董事、高管乃至大股东等具有较强信息优势的主体可能就对这类股份回购有较深的了解程度，现在又能够通过其可以操控的授权、章程等方式获得对此类股份回购完全自主决策的权力，中小股东的意见完全可能被排除在外，一定程度上会损害公司中小股东的权利。其次，公司回购自己股份的资金来源于可分配利润，而盈余的

分配权力属于股东大会，将股份回购的决策权赋予股东大会可与现存的法规体系保持一致。

与此同时，股份回购机制需要保持强而有力的效率和灵活性。面临瞬息万变的市场态势，如果股份回购制度通过股东大会表决效率低下，陷入"互相扯皮"的境地，则该机制抵御风险的功能也将失灵。可以考虑采取双层表决机制。首先，在公司的大股东中应当采取绝对多数通过的机制，因为大股东与公司利益联系最为紧密，股份回购这一重大经营决策对其造成的影响也较大，公司的大股东之间应当首先达成高度一致；其次，在公司的中小股东中，可以设计一个较低的通过表决比例，这仅仅是为了股份回购受到绝大多数中小股东反对，仍然因为大股东的一意孤行而实施，进而造成公司内部不稳定的情况。

### （二）强化独立董事在股份回购决策中的作用，增强监事参与机制

中国证监会在《关于在上市公司建立独立董事制度的指导意见》中指出："上市公司独立董事是指不在上市公司担任除董事外的其他职务，并与其所受聘的上市公司及其主要股东不存在可能妨碍其进行独立客观判断关系的董事。"现在，为了保障公司股份回购制度决策的效率，草案已经提出部分情形下，由董事会作出决定。因此，董事会内部应当尽量保障决策的独立自主。当前，许多公司董事会已经深受公司大股东的影响，独立董事在这一背景下的作用就显得尤其可贵。可以考虑通过相关规定，赋予独立董事在决策股份回购时更大的表决权，允许其采取必要的手段，包括但不限于通过第三方机构评估来决定是否支持股份回购。同时，还可以要求上市公司股份回购之前，必须提交由独立董事出具的意见书，独立阐述其对本次股份回购的意见。如果股份回购之后被发现违法、违规等情况，出具反对意见书的独立董事应当享有责任豁免的保护。此外，还可以进一步加强监事全程参与、全程监督股份回购实施的过程。

### （三）进一步通过制度规定明确股份回购操作流程

修正案草案仅仅提及了股份回购的决策程序。当前有关股份回购方式的规定太过笼统，实际可操作性不强。国外市场上股份回购的方式主要有公开

市场回购、要约回购、转让出售权回购、协议回购和交换要约，其中，在市场上公开进行回购是大多数公司采取的主要方式。我国《证券法》和相关的规范性文件也对股份回购的方式作出了规定，例如，《上市公司章程指引》规定了公司在进行股份回购时可以采用在市场上公开交易、要约方式或是经证监会同意的其他方式；《证券法》则规定了要约回购、通过与相关股东协议回购以及其他合法的方式。从以上规定可以看出，我国现行法律仅对股份回购的方式作了原则性规定，没有根据不同的回购方式具体规定其回购程序，以及每种方式的详细实施步骤，因此在实践中缺乏可操作性。

因此，股份回购的整个流程仍需进一步规范。应当按照董事会决议、股东大会决议、递交材料、部门审批、公示公告、付诸执行这几个基本先后环节进行细化规范。可以由中国证监会等部门联合制定相应规则，细化公司股份回购的报批流程、报批材料、报批期限等具体细节问题，在草案框架内明确办理规范。同时，区分设定要约收购、公开市场回购、协议回购适用的情形、限制和条件。

## 四、境外股份回购制度的借鉴

股份回购制度起源于美国，从20世纪70年代开始在立法上不断完善。各国关于股份回购制度的立法都经历了从无到有，对股份回购制度的态度也从谨慎到逐渐宽松。目前，世界上关于股份回购制度存在两种立法模式：一种模式是美国模式，该种模式在原则上并不限制股份回购，而法律仅规定了不得股份回购的例外情形；另一种模式是德国模式，一般而言，法律禁止公司回购自己的股份，仅在法律规定的事由出现时才可以回购股份。值得一提的是日本从最初的绝对禁止到逐步放宽再到原则许可，其发展变革对其他国家和地区而言更具有借鉴意义。修正案草案的公布使我国股份回购制度更进一步，但不可否认的是，与西方发达国家成熟的资本市场相比，我国的股份回购制度尚待更深入的研究和发展。

因此，关注借鉴境外市场关于股份回购制度的研究，必然会助力我国股份回购制度的完善。

### （一）原则许可、例外禁止模式

股份回购制度中"原则许可、例外禁止模式"以美国为代表，原则上允许公司回购自己的股份，只要法律或者章程没有明文禁止，公司在出于善意、不损害债权人、不违反股东平等原则的情形下，可以回购自己的股份。美国自从 20 世纪 70 年代以后一直奉行此原则，大多数州规定允许公司以资本买回自己的股份。1984 年修改后的《标准公司法》规定，重新取得自有股份是公司进行分配活动的一种形式。

这种模式并非放任公司肆意回购，而主要从资金来源、违法回购行为的规制、回购股份的保有和处理以及信息披露等方面加以限制，重视公司取得自有股份对资产状况的影响，通过对资金来源等多方面的限制来保护公司资本。美国模式因有较大的灵活性而在一定程度上适应和满足了公司自由经营的需要，同时也维护了债权人的利益和交易秩序，这与美国成熟发达的判例法和证券立法不无关系。

### （二）原则禁止、例外许可模式

股份回购制度中"原则禁止、例外许可模式"以德国为代表。根据《德国股份公司法》第 56 条的规定，股份有限公司不得认购自有股份，子公司也不得认购其母公司的股份。第 71 条又规定，公司在以下几种例外情况下可以认购自己股票：一是为了使公司避免遭受严重的、迫在眉睫的损失，可以回购自己股票以资应对；二是提供给公司员工或公司关联企业员工持股；三是对外部股东或持异议的少数股东可以请求公司回购其股份，返还其出资；四是金融机构为履行其受托代购义务而取得股份时；五是根据股东大会减资决议而回购股份进行注销；六是企业将自有股份抵押时被当作取得自有股份；七是基于股东大会的决议而取得股份时。

可见，德国模式以股东、债权人利益为本位，对股份回购持谨慎态度，原则上禁止公司进行股份回购，并采用列举的方式对例外情形进行了规定，同时也对回购资金的来源进行了限制，对信息披露也作出了更高的要求。

### （三）日本股份回购制度现状

日本经历了一个较为特殊的过渡模式，即从原则禁止到逐步放宽再到原则允许。所以，日本法律对股份回购的态度一方面接近美国的相关规定，不仅不断增加回购事由的种类，而且直接删除了对回购数量的限制性规定。此外还规定，回购的股份可以不限期限和目的作为库存股存在。另一方面，日本又加强信息披露和违法回购的立法力度，健全对股份回购的监管机制。

通过对境外成熟资本市场的股份回购制度的借鉴研究，我们可以学习美国、德国以及日本等国的成熟经验，加强自身相关法律制度建设，完善股份回购的流程，松紧结合进行立法，在适当拓宽该制度使用领域、简化流程的同时强化监管、增加股份回购过程和内容的透明度，使股份回购制度的有利方面得到发挥，不利方面得到遏制。

## 五、完善后股份回购制度施行过程中的问题及其应对

修正案草案的公布无疑给如今渐显低迷的资本市场注入了新鲜的活力，切实可行的修改意见也具备可行的操作空间，但是借鉴发达资本市场股份回购制度的成熟经验，不难发现，即使完善以后的股份回购制度对于我国现有资本市场确实存在很大的进步，但在将来的具体施行过程中依然会存在许多问题，也需要我们作出相应的应对。

### （一）警惕、预防库存股自身制度风险

本次草案创新性地引入了库存股制度。但是，库存股制度存在的一些弊病仍需警惕。

第一，要防范以此影响债权人利益。一个资不抵债的上市公司，若再度举债从市场回购股票并予以库藏，无疑将公司债权人利益置于更为危险境地。此次修正案草案取消了回购资金来源于税后利润的原有规定，但没有对回购资金来源设置相应限制，似应再斟酌。

第二，应当对库存股的资金来源作出严格限制。美国纽约州和特拉华州规定为公司盈余公积和资本公积，且不得在资不抵债时回购；我国台湾地区

规定，公司回购总金额不得超过留存收益、发行股份溢价及已实现资本公积的总和。当前，我国回购资金的规定有失公允。《公司法》将公司为奖励员工而回购股份的资金限制为公司税后利润，对其他几种情况下的股份回购的财源未作规定，这有失偏颇。公司资本不仅限于货币资本，还有公司享有的债权。如果公司负的债务先于享有的债权到期，就算只允许用税后利润回购股份仍然有可能导致公司不能清偿债务进而导致债权人利益受损。借鉴他们的做法，可规定A股市场上市公司可将未分配利润及资本公积金用于回购，且净资产为负、资不抵债的企业不得回购。

第三，防范市场操纵。此次修正案草案增加了"上市公司为维护公司信用及股东权益所必需的"回购情形，但是这一情形也待明确定义，比如，包括公司股价持续下跌、跌破每股净资产，或市盈率远低于同行业上市公司等情形；禁止上市公司火上浇油式回购，在股价持续暴涨、泡沫滋生时，则应禁止回购。

第四，对回购价格和回购数量应有明确规定。目前，A股上市公司回购有"不能以当日涨停板回购"等规定，从执行情况看，还难以遏制市场操纵。参考成熟市场的做法，不妨将A股上市公司回购价格区间调整为董事会决议当日收盘价的一定期间，每日回购量不得超过前四周每日交易均量的25%，且不得高于拟回购总量的五分之一，回购报价不得高于最新成交价。

第五，还须防范内幕交易及定向利益输送。如我国台湾地区规定，公司回购股份时，其关系企业或董事、监察人、经理人本人及其配偶、未成年子女或利用他人名义所持股份，不得减持。现行沪深交易所上市公司回购股份业务指引允许上市公司董监高及实控人等在回购期间减持，只需履行报告披露义务，显然容易引发内幕交易、定向利益输送，且很难查处。因此，应统一规定上市公司董监高、大股东等内部人在上市公司回购期间不得减持。

### （二）明确回购后股份的法律地位

在库存股机制正常运作并有效防止侵权事态发生的基础上，我们还应当保障合法合规回购后股份的正当权益。回购后的股份处于何种法律地位？我国《公司法》只是对购回的股份能否行使表决权作了规定，所以法律规定还不够完善。结合我国实际，在对待购回股份的法律地位上，可采取"休止说"，即允许公司取得股东权，同时对共益权和自益权的行使分别作出规定。首先，共益权一般包括召集临时会议请求权、表决权、查询会议记录权、出席股东大会会议权等。为了避免公司管理者滥用共益权侵犯其他股东的利益，应规定公司基于自己的股份可以行使除表决权、召集临时会议请求权之外的共益权。其次，也应对自益权作具体划分。

### （三）违法回购的法律责任需要明确

回购股份对公司而言利益不菲，加之公司追求利益最大化的本质，公司时有违法回购行为的发生。这时对于违法回购之股份应如何处理？公司法对此没有规定。现代公司的一个显著特征是公司所有权与控制权的分离。由于股东掌握信息的不对称性和普遍不具有经营管理方面的知识、经验和专长，因此他们对公司经营管理的事务缺乏判断能力和决策能力。这也就使股东大会没有能力也没有必要处理公司具体的个别事务。但是在当前草案和我国公司实际运作中董事会权能坐大的背景下，真正决定回购股份的董事应当承担何种责任，法律规定却尚未明确。因此，可继续作出规定，原则上违法回购自身股份，若仅造成公司自身损失的，作出回购决议的董事应当对公司承担赔偿责任。若回购同时造成第三人损失，作出回购决议的董事应当与公司一起都对其承担连带赔偿责任。

### （四）强化问责机制，突出监管部门职能

没有问责机制的法律自然会失去强制力，最终成为一纸空文。股份回购的主体是上市公司，但实际上却是上市公司的董事、高级管理人员在运作，因此他们可能会出于自身利益的考量而损害其他股东、债权人的利益。更何况目前我国的法律对于他们违法回购的行为没有规定详细的问责条款，只是在《公司法》中原则性地规定了公司董事、高级管理人员对公司负有勤勉和注意义务，在执行公司职务时因违法违规给公司造成损失的，应承担赔偿责任。因此，为了防止公司管理层违规操作、操纵股价、进行内幕交易，可在法律层面明确问责机制，构建完善的责任体系。根据法学的一般理论可以包括民事责任、刑事责任和行政责任，违法回购的责任主体则包括董事、高级管理人员、控股股东、实际控制人等。

需要指出的是，要形成融资功能完备、基础制度扎实、市场监管有效、投资者合法权益得到有效保护的多层次资本市场体系，必须强化中国证监会的监管。中国证监会要对内幕交易、操纵市场、传播和披露虚假信息、金融中介违规操作等行为实施更严厉的打击；对互联网金融市场、新三板市场、私募股权基金市场等监管薄弱、违法违规频发的市场，加大执法力度。另外，在推进基础性制度建设、新股发行常态化、投资者保护、市场主体合规稳健发展等方面进一步加强监管力量，不断提高资本市场服务实体经济和社会发展的能力，在法制不断完善的过程中继续保持执法定力，牢记使命，恪尽职守，保持行政处罚依法全面从严的压倒性态势，有效保护投资者合法权益。

### （五）完善信息披露制度，扩大回购信息公示范围

在证券市场上，股份回购信息内容及其披露，应当有利于分析评价股份回购功能的全方位发挥，有利于分析评价股份回购优越性是否体现、股份回购弊端是否避免。通过对股份回购信息及其披露现状的研究，可以客观评价股份回购的优越性和存在的弊端。随着证券市场上集中竞价回购的增加，进一步研究和规范股份回购信息内容及其披露，对债权人利益的保护，防止滋生内幕交易和市场操纵行为等现象的发生，具有重要意义。

股份回购制度不仅关系到上市公司的股权结构，还与上市公司的股东、债权人的利益息息相关，甚至还能直接影响到我国证券市场的波动。因此规范信息披露制度，可以使股份回购透明化，减少信息的不对称性，避免内幕交易和操纵市场的行为。目前我国《公司法》《证券法》没有就股份回购的具体信息披露作出专门规定，只有中国证监会出台的《上市公司回购社会公众股份管理办法试行）》和《关于上市公司以集中竞价交易方式回购股份的补充规定》中对上市公司通过集中竞价的方式进行减资这一情形下的信息披露和监管制度作出规制，对于《公司法》规定的另外三项事由以及股东协议回购的方式进行的股份回购没有具体规定。

我国应该完善股份回购的信息披露制度，在股东大会通过股份回购决议后，将决议内容公开，同时规定在该决议内容公开之前，知情人或关系人不得买卖公司的股份。一般而言，如果在公司回购其股份前，公开了具体的

回购事项（如回购事项、回购方式等），可能会造成股价上涨，阻碍公司股份回购的实现，因此，各国一般要求当股份回购实施成功后，董事会应当公开回购的股份数量比例、票面额、回购价格、具体取得的时期等。具体而言，可从以下几个方面进行完善：对协议回购的信息披露作出具体要求，明确公司与股东私下达成回购协议后在法定时间内必须予以公告，而且自公告时期，一定时间内其他股东享有请求公司以同样的价格回购其股份的权利；股份回购完成后除了公开股份回购决议外，还要公开股份回购的具体完成情况，公司股权、资产负债变动情况等。

因此，建议中国证监会加强对股份回购的具体细节进行披露的有效监管。例如，在上市公司董事会作出回购股份的决议后公告董事会决议及股份回购的预案，管理层应对有关股份回购的情况进行适时披露，在公司以要约收购的方式收购自己股份时把要约收购的目的、价格、预定收购的股份数、收购的期间等事儿登载在报纸上进行公告等，对信息披露制度进行有效规范。

# 论上市公司治理的法律规制与利益平衡

## ——从《上市公司治理准则》看公司治理新方向

李志强　　张博文

## 一、前言

2018年6月15日，中国证监会发布关于就修订《上市公司治理准则》公开征求意见的通知，意见反馈截止时间为7月14日。同时，中国证监会公布了《上市公司治理准则》（征求意见稿）、《〈上市公司治理准则〉（征求意见稿）修订说明》（以下简称《说明》）。10月15日，中国证监会第29号公告正式颁布《上市公司治理准则》（正式稿，以下简称《新准则》）。自此，2002年1月由中国证监会与国家经贸委联合发布的《上市公司治理准则》的规制方式与规制模式宣告结束。这也标志着在上市公司治理方面，中国已走入新的时代。而本文则着眼于《新准则》与《说明》，通过对于二者规制模式与利益平衡方式的考察，分析在此背景下上市公司治理的新方向。

## 二、上市公司治理中的主要利益矛盾

### （一）股权与公司决策的冲突

实践中，"一股独大"的现象较为常见。所谓"一股独大"，便是在上市公司股本结构中，某个股东能够绝对控制公司运作。一般来说，"一股独大"有两层含义：一种是市场广泛熟悉，也是目前普遍持有异议的，即上市公司某股东占据51%以上，甚至70%、80%的股份，从而处于绝对控股地位。

另一种是市场忽略但却广泛存在的，即上市公司某股东持有30%，甚至20%、10%的股份，处于相对控股地位。无须讳言，绝对控股下的"一股独大"确实容易产生许多弊端，如大股东随意侵占小股东利益、完全控制公司经营等。但相对集中下的"一股独大"却是普遍存在的，对于保证公司正常运行有着积极意义。

"一股独大"的要害是"一股独霸"，其已成为阻碍我国上市公司治理结构完善的主要原因之一。在"一股独大"这种情况下，根据资本多数决的原则，在股东大会上中小股东的意志往往被控股股东的意志所吸收和征服，影响了中小股东参与公司管理的积极性，股东大会演变成"控股股东会"，甚至出现"一人股东大会"的尴尬现象。加上控股股东和实际控制人滥用资本多数决原则，通过操纵股东大会实现其不正当利益或直接侵害上市公司和中小股东利益。资本多数决原则规定了股东所拥有的表决权（无表决权股东除外）与其所持有的股份数成正比。这样，持有公司多数股份的股东就在公司处于支配地位，包括他对股东大会作出决议的影响力，他所推荐的候选人容易当选等。所谓"多数股份支配"，并不必然需要超过半数的股份。有时，持有股份不足半数，几个股东共同进行控制或者一个股东拥有相当多数的股份，也能对公司进行控制。因此，大股东便利用持股比例优势，限制中小股东的经营管理权，将其意志上升为公司的意志，从而损害了中小股东的权益。

因此，在现实治理中，急切地需要促使或引导企业从中小股东的角度建立较为完善的法人治理结构，从而实现公司"资本决"与"人数决"的双重决策目标，为企业在法治经济社会营造一个更合理的平台。

### （二）"三会一层"运作不规范

"三会一层"是指股东大会、董事会、监事会和高级管理层，这四个主体是公司的主要治理与运作机构。而"三会一层"能否各司其职、能否依规行权是一项重要的标志。从此角度看，主要存在的问题有以下三个方面。

1. "三会一层"职能交叉与混乱。实践中，不少上市公司的董事长代行总经理部分职权，董事长作为董事会成员而参加总经理工作会议，干预公司日常的生产经营，这与总经理职权中"主持公司的生产经营管理工作，组织实施董事会决议"的职能重合。还有的公司董事会的职权超出了《公司法》赋予的范围，如规定董事会可以在"授权范围内对公司经营方针和投资计划"进行调整，此项为股东大会职权，不能通过授权交由董事会行使。不少监事会未实际履职，对公司财务、重大事项未进行实质性检查；有的监事会甚至未对季报进行审核并发表书面意见；监事会存在形同虚设的问题。

2. 董事会议事规则、监事会议事规则与公司章程部分内容不一致。部分上市公司董事会议事规则与公司章程对同一事项的规定前后不一致。例如，部分上市公司董事会议事规则规定"董事会定期会议每年至少召开四次"，但是公司章程却规定"董事会每年至少召开两次会议"。部分上市公司监事会议事规则与公司章程的规定不一致，个别上市公司甚至尚未制订监事会议事规则。

3. 议事资料保存不规范。实践中不少上市公司的议事资料过于简单，不但在内容上无法符合老准则的相关规定，甚至形式上存在着不符合一般备案要求的情况。例如，未记录与会人员的发言要点，未有与会人员、记录人的签字，有的公司还以事后会议纪要代替会议记录；形式上缺少会议议案、会议记录、会议表决票、会议决议、法律意见书、决议公告等。

### （三）上市公司信息披露管理混乱

在资本市场的运作中，不少上市公司信息披露制度不规范，极易导致存在披露违规行为。所谓的上市公司信息披露违规则是指上市公司在信息披露的过程中，违反相关的法律、法规，编制和对外提供虚假信息，隐瞒或推迟披露重要事实的信息披露行为。按表现形式分，可以分成虚假陈述和延迟披露两种类型。

部分上市公司信息披露事务管理制度缺少必备内容，例如，没有确定公司信息披露的具体标准，没有明确内幕信息知情人的范围和保密责任，没有制定对外发布信息的申请、审核、发布流程和未公开信息的保密措施，没有对涉及子公司的信息披露事务管理和报告制度进行规定等。部分向大股东、实际控制人提供的各种未公开信息未及时报送有关信息知情人员，且未进行尽职管理，导致市场中投资主体对于投资对象产生不信任，降低对于企业的投资忠诚度，使撤资与抛售常态化。这种处理问题的方式反过来更加剧了市场的恐慌，极易导致更大规模的抛售，形成恶性循环。此种情况不仅导致了该上市主体在资本市场运作中处于被动，同时极易影响同类型及其同产业的其他上市主体，对于整个市场产生了极差的影响。

从更深层次上来看，信息披露混乱的根本原因在于上市主体在资本运作过程中的追求企业利益倾向与广大投资的追求收益倾向之间的张力。上市主体为避免上述撤资抑或抛售等不利于企业市值的情况出现，对相关信息进行延迟披露或不予披露，类似行为便加剧了该种隐性张力，使其与广大投资者之间的信息沟通更加困难，无形中使张力变成了现实的金融风险。

## 三、《新准则》的强化规制

### （一）强化中小股东的权益保护

《新准则》第三条规定："上市公司治理应当健全、有效、透明，强化内部和外部的监督制衡，保障股东的合法权利并确保其得到公平对待，尊重利益相关者的基本权益，切实提升企业整体价值。"本条中确立了公司治理的基本框架，即"健全、有效、透明，强化内部和外部的监督制衡"，在此基础上确立了保障股东权益的"公平对待"原则。同时，第八条规定："在上市公司治理中，应当依法保障股东权利，注重保护中小股东合法权益。"本条原则性地规定了要保护中小股东的相关权利。第十条规定："上市公司应当积极回报股东，在公司章程中明确利润分配办法尤其是现金分红政策。上市公司应当披露现金分红政策制定及执行情况，具备条件而不进行现金分红的，应当充分披露原因。"本条间接地从利益分配与信息披露角度，保护了中小股东的知情权与获利权。第十五条规定："股东大会应当设置会场，以现场会议与网络投票相结合的方式召开。现场会议时间、地点的选择应当便于股东参会。上市公司应当保证股东大会会议合法、有效，为股东参加会议提供便利。股东大会应当给予每个提案合理的讨论时间。股东可以本人投票或者依法委托他人投票，两者具有同等法律效力。"第十七条规定："董事、监事的选举，应当充分反映中小股东意见。股东大会在董事、监事选举中应当积极推行累积投票制。"二者从股东参与角度，规定了投票方式与投票效力，也可视其为保护中小股东行使股东权利的条款。

上述条款，相比2002年的《上市公司治理准则》，无疑更加细化，从不同的角度对中小股东的权利进行保护，也结合类似网络投票之社会热点进行重点规制。此种进路，从监管的角度对于大股东与中小股东之间的利益平衡进行规制，表明对于公司利益的平衡已倾向于中小股东，减小了股东之间及其所代表的相关资本之间的张力。

### （二）多重角度强化公司运作

1. 控股股东、实际控制人及其关联方的约束。《说明》中强调了"加强对控股股东、实际控制人及其关联方的约束"。《新准则》中第六章第一节，通过对控股股东及其关联方的行为进行规制来倒逼其尽到诚信勤勉之义务。例如，第六十三条的诚信义务，强调控股股东、实际控制人应在诚信义务的框架下，保护公司的合法权益，不得滥用其控制地位谋取非法利益；第六十四条、第六十五条分别从人事任免以及公司重大决策的角度对控股股东、实际控制人及其关联方进行约束；而第六十六条规定了"承诺规则"，即上述主体所做承诺必须事前尽到义务，对相关承诺内容进行审慎核查等。对于上述主体行为的规定，从公司运作规制角度来说，无疑最为直接。通过上文的论述可知，在资本市场以及上市公司的实际运作过程当中，"人治"的效用无疑最为核心，公司的运作便是人的运作，因此对于人进行直接规制便是最为直接的一道保护上市公司本身的"屏障"，也是保护其正常运作的最后一道屏障。

在规制人的基础上，《新准则》第六章第二节与第三节分别对保证上市公司独立性与关联交易进行了约定。毋庸置疑，只有确保了人的"稳定"与"尽职"，才能够谈及上市公司其本身的独立性与相关运作中的关联交易。从"人"到"事"，思路明确清晰。例如，第六十九条提到"上市公司人员应当独立于控股股东……控股股东高级管理人员兼任上市公司董事、监事的，应当保证有足够的时间和精力承担上市公司的工作"。此种规制进路便是从"人"出发，直指最后规制目标的"事"，即上市公司对于上述主体的独立性。

2. 引入其他主体与强化组织职能。《说明》中列举了"增加机构投资者参与公司治理有关规定""重视中介机构在公司治理中的积极作用"以及"强化董事会审计委员会的职责"。对应到《新准则》中，主要为以下三个方面。

一是借鉴 OECD《公司治理原则》2015 年修订的经验，新增第七章，鼓励机构投资者参与公司治理，依法行使股东权利，并对外公开参与公司治理情况及其效果。即《新准则》第七十八条至第八十条的规定，主要涵盖了社会保障基金、企业年金、保险资金、公募基金的管理机构和国家金融监督管理机构依法监管的其他投资主体等机构投资者参与公司治理的相关规定。引入机构投资者参与公司治理，不但拓宽了运作主体的范围，又可以引入新的主体进行利益制衡，从此角度上来说，更有利于保护中小股东以及上市公司本身的利益。

二是从多年的实际经验出发，对原有的上市公司之第三方专业服务机构进行规制与约束。强调"证券公司、律师事务所、会计师事务所等中介机构在提供专业服务时，积极关注上市公司治理状况"。《新准则》第八十一条便对上述内容进行了直接规定。第三方专业服务机构作为独立于上市公司与监管部门的参与方，既参与了上市公司的日常运作，又独立于上市公司的董监高、实际控制人以及监管部门对上市公司本身进行服务。因此，上述机构能在上市公司与监管部门中间形成有效的"缓冲带"，可从各个专业的角度，对上市公司治理中存在的主要问题进行修正，同时也能对存在的漏洞在监管部门进行监管前进行及时的弥补。因此，此种规制方式，能够在考虑到公司实际运作与公权力监管的张力中，寻求有效的平衡，形成"自治"与"共治"的统一。

三是强化董事会审计委员会的职责，即在老准则的基础上，更倾向于强化审计的作用，意通过审计的内部监督，形成对上述主体的有效制衡，使各方利益能够得到有效的表达与体现。例如，第三十九条列明了审计委员会的主要职能，通过列举的手段，直接强化了审委会的权责，并且明确提到了"监督及评估公司的内部控制"，这无疑为传统的公司治理打下一针"强心剂"，使审委会作为公司权力机关，重新参与上市公司的日常运作过程中，加强了各方利益博弈的制衡。

### （三）信息披露的强化

信息披露一直是上市公司运作与治理的难点与痛点，实践中不少上市公司的衰落之起始都或多或少地与信息披露相牵连。作为此次《新准则》的亮点之一便是对于上市公司的信息披露进行强化，构建了公司治理（ESG）信息披露的基本框架。第九十六条规定："上市公司应当依照有关规定披露公司治理相关信息，定期分析公司治理状况，制定改进公司治理的计划和措施并认真落实。"此次直接把上市公司运作信息作为披露事项进行披露，无疑将公司日常治理运作与《公司法》和《证券法》的相关内容进行联动并进行细化，结合《上市公司信息披露管理办法》，对公司运作进行强化监控。

## 四、结语

上市公司的治理始终是一项基于法律框架下各方智慧共同发挥作用的事项。而其中万变不离其宗的是，上市公司的治理根本是为了全体股东的利益，是如何在现有的框架下实现股东利益的最大化，让公司的效益、价值获得最佳体现。《新准则》在借鉴资本市场及相关上市公司运作的长期经验之基础上，回应了类似于"中小股东权益保护"的社会热点。同时，价值取向上更加缩紧，更加强调对于上市公司运作的规范与监管。这种规制进路，也表明以证监会为核心的金融监管机构在加强上市审核的基础上，进一步加强已上市公司管理，使治理良好的上市公司进一步发展，形成"良币驱逐劣币"的常态。

# 长三角开发联动一体化与律师实务

李志强　邱泽龙

## 一、长三角区域经济一体化概述

长三角区域合作起源于20世纪80年代，迄今为止经历了规划协调、要素合作和机制对接三个发展阶段。目前，长三角是中国区域一体化起步早、基础好、程度高的地区，合作内容由经济合作向经济、社会、环境等多领域拓展。

就长三角区域经济一体化的经验而言，主要体现为以下五点：一是国家层面积极推动，为长三角区域经济一体化的有序推进奠定基础；二是先易后难，先从推动旅游一体化和基础设施一体化做起；三是由政府主导向以市场为主体的一体化转变，不断推进要素市场和产品市场的一体化；四是逐步拓展一体化的领域，从以经济合作为重心向多领域全面协同方向推进；五是逐步完善区域协调体制机制，推进长三角区域经济一体化向深层次发展。

进入新时期，国内外发展的形势和环境发生新变化，对长三角区域经济一体化发展提出了新要求。在经济转向高质量发展阶段，长三角要深化一体化发展来提高资源配置效率，要释放经济增长的新动能；适应新一轮科技革命的孕育诞生，长三角要率先实现创新发展、转型升级；要积极落实国家重大战略，强化长三角区域经济一体化发展，打造引领"一带一路"和长江经济带战略的重要引擎和枢纽平台；在全球化和信息化的背景下，长三角还要加快对外开放，加快推进世界城市群建设。

同时，落实和建设国家重大战略项目是长三角各地区的重大使命，也是发展的共同机遇。这进一步要求长三角各地区通过共建国家战略项目推动一体化发展进入新阶段。

## 二、长三角区域经济一体化发展所面临的问题

作为全国发展基础最好、整体竞争实力最强的地区之一，长江三角洲的发展一直以来都备受瞩目。在目前经济全球化深入发展、地区竞争日益激烈的形势下，营造良好的营商环境已成为发展当地经济、提供社会就业的重要外部条件。因此，制定并完善统一的政策标准、不断提升法律服务水平、营造良好法制环境，才能进一步增强长三角地区对投资者的吸引力，在更大范围内促进资源整合，加快推进长三角区域经济一体化进程。

目前，长三角区域经济一体化发展面临以下问题。

### （一）长三角地区政策法规不具有统一性与连贯性，不利于经济一体化发展

由于长三角各城市间经济发展水准、居民生活质量、地域文化背景、现代服务业发展不平衡等多种因素，长三角各地方立法在框架上与目的上存在较大差异，使现实中法规、规章的跨区域横向适用上产生一定的张力。同时，各个地区的地方立法在纵向上易受地方性政策的影响，很难保持一致性。

由上述地方性法规立法横向与纵向上存在的相关问题所衍生出的有如下三个方面的问题。

一是设立区域性贸易壁垒。即本地区在商品流通领域设立相关的保护条款，间接地排斥其他地区企业所生产的产品在本地区的流通。同时，反向上，限制本地区企业进行异地投资、技术异地转移等，直接造成了在长三角区域一体化中的区域分割。

二是以补贴、返惠等为由，在国家统一政策框架下倾向于本地区企业，实施现实意义上的不正当区域竞争。同时，在跨区域纠纷的异地办案抑或异地执行中，偏袒当地企业，形成了地方保护主义下的经济分割。

三是以所谓政策优势、优惠政策等为由，实施长三角框架下的区域恶性竞争。此种进路尤其表现在招商引资领域。各个地区的政府，为了促进本地区的经济发展，在以投资拉动经济模式下，实施招商引资的恶性竞争。尤其在PPP领域，同质化严重。各个经济区域中，缺乏自身明确定位与自身特色，

各种高新技术园区层出不穷，此种以政策拉动的经济发展，由于缺乏市场参与，只能在短时间内凭借政策红利实现爆发式增长，缺乏持续发展的动力。一旦政策有所变化或者产业结构调整，此种进路会导致资本大范围的转移，最终使本地区经济无法继续增长，最终成为被淘汰的同质化产业抑或同构产能。

这里需要说明的是，产业同构是长三角一直都走不出的误区，无论是过去的16个城市中12个城市上电信、11个城市造汽车、8个城市搞石化，还是现在各个城市都在发展的高新技术园区、创意产业园、物流园区、中央商务区，在食品饮料、纺织、印刷、塑料、办公机械设备等产业方面，长三角地区的江苏、浙江、上海三地的同构率竟高达80%以上。据测算，上海与江苏的产业结构相似系数是0.82，上海与浙江的相似系数为0.76，而江苏与浙江的相似系数则高达0.97。①

### （二）长三角地区行政管理不一致，不利于形成区域经济同城化效应

各地在市场准入、审批条件以及行政效能、服务水平等方面均存在差异和差距。我国现行的法律框架下，各地区政府在地方性立法方面拥有着较高的自主权，尤其在中央统一框架下的操作层面的法律配套规制规则，均交由地方政府来进行规定。此种模式导致各个地区在行政操作层面存在极大的差异。以金融业为例，以上海为代表的长三角金融业较为发达的地区，其由于长期实践与管理，已形成较为成熟的规制模式，各种金融业的细分市场都有着较为细化的规制规则。同时，又由于此类地区的地缘优势，中央级的监管机构往往坐落于这些地区，间接上也推动了这些地区规制模式的发展。相反，对于那些在长三角框架下经济较为不发达的地区，缺乏相应的监管与准入体制，同时由于其地区发展体量的问题，相关的管理部门在行政效能上往往更低，同样的审批项目要花更多的时间，间接上降低了服务水平。这里也要强调的是，越小的区域，政府服务的"人合性"越强，地方政府在细节的把控上更不具有统一性。

---

① 翁志伟，张永庆.长三角区域经济发展现状及趋势研究［J］.当代经济，2016（1）.

### （三）长三角地区人才流动不合理，人才资源需要优化配置

阻碍长三角区域经济一体化发展的核心问题便是人才流动问题。长三角地区人才流动呈现的特点是，知识型人才向大城市流动，单向流动，回流到地县级市则较少。单向人才流动，优势的人力资源无法带动地县级市的一体化发展。

以律师行业为例，截至2017年12月31日，上海共拥有职业律师20791名，其中集中于资本市场的非诉律师为4000~5000名。[1]相邻的江苏省职业律师总数为21816人，浙江省职业律师总数为20222人[2]，但这两省服务于金融业与相关投资市场的职业律师总人数不足上海的二分之一。由此反映的是，人才的专业化缺失，同质化较为严重。

地区与区域的发展，归根到底是人的发展。而人的发展尤其是人才的流动，直接影响到一个地区抑或区域能否保持高增长的持续发展。在长三角区域中，上海由于其地缘优势与政治优势无疑成为本区域的核心。不仅仅本区域的人才较为集中地单向流动，全国的人才也向以其为代表的一线城市单向流动。此种流动所导致的问题便是，没有足够抑或匹配的人才参与到其他区域的发展中去。尤其是地县级的小型区域，往往陷入了"人才荒"的窘境。由"人才荒"所产生的缺乏内在动力的区域发展，又加剧了"人才荒"的形成与扩大，因此形成恶性循环。本节前两个问题便是由人才这个核心所衍生出的问题，即各个区域为了本地区的发展而被迫制定的恶性竞争策略与政策红利模式。

## 三、制定一体化政策法规，构建平等、统一、规范的营商制度体系

正如上述所提到的，我国现行经济体制框架下，各个地方政府拥有较为可观的经济资源，并且拥有与之配套的行政力量与管制手段。而经济一体化

---

① 数据来源：东方律师网，http://www.lawyers.org.cn/。

② 数据来源：江苏律师网，http://www.jsls.org/，浙江省律师综合管理平台，http://lsgl.zjsft.gov.cn/zjlawyermanager/view/home/Home/index/index.do。

的过程是政府让渡资源于市场、还权于企业的过程。因此，在这个过程中，政府起着主导作用，而市场则是一体化的根本动力，法治是一体化的保障。①

### （一）政策的价值取向

好的政策法规可以使投资者有合理的预期，更好地规范自身的经营行为，能够合理评估投资经营风险，营造公平有序的市场竞争环境。上述地方壁垒与地域保护所产生的原因，在于各级行政机关所采取的价值观始终着眼于其管辖的区域。此种进路无可厚非，符合地方政府职责，但如果各级行政机关能够着眼于长三角区域经济一体化进程，那么便可以将本级抑或本地区的政策红利与中央所倡导的长三角区域经济一体化进程的政策红利相吻合，从而获得更大的红利。

### （二）政策的利益一致化

在共同与共通发展的价值取向的基础上，实现政策的利益的一致化。限于经济发展水平不同，长三角地区在产业布局、政策制定、惠民措施等方面均存在一定的差异。建议三省一市联手制定统一政策，营造区域经济发展无差异的政策环境。因此，在制定过程中，应对三省一市进行深入调研，制定既能符合各地实际情况又能统一推广适用的规则。

一是设立长三角区域经济一体化立法及政策研究办公室，由各省市派驻代表，联合制定《长三角区域经济一体化实施纲要》，进一步明确长三角区域的投资环境、政策措施，制定包括投资、购房、教育、医疗、民生在内的各项制度规则。

二是加快制定能覆盖知识产权各领域的综合性区域法规，加强对知识产权的促进与激励、保护与管理，加快形成符合长三角各地实际的强有力的知识产权保护体系。

三是制定《长三角区域经济一体化诚信建设条例》。诚信建设是营商环境建设的重要内容。长三角应通过制度建设，明确各地政府及各类主体在诚信建设中的责任，加强信用监管，强化对守信者的鼓励和对失信者的惩戒，

---

① 翁志伟，张永庆．长三角区域经济发展现状及趋势研究［J］．当代经济，2016（1）．

构建统一的标准化的信用体系和行为规范。

四是统一司法标准，营造良好司法环境。建议联合制定发布长三角区域司法审判白皮书、指导案例、法律法规实施细则及有关法律问题的解答，营造公开、透明、无差异化的司法环境，破除地方保护壁垒。

### （三）政策红利下的律师实务跟进

律师只有不断提升自身的硬实力才能更好地为长三角开发联动一体化发展服务。在这整个过程当中律师要努力提升自身的硬实力，不能仅仅停留在自己努力学好法律的原有思维定式当中。在长三角开发联动一体化的整个过程当中出现的不只是法律问题，律师自身还要学习经济、医学、数学、土木工程、电子信息、软件编辑等各个方面的知识。在接受法律案件的过程中，例如，城乡一体化建设的问题中，作为律师，首先，要解读法律政策，明确在城乡一体化建设当中群众、开发商、政府、施工人员各有什么样的权利和义务，明确各自的责任才能在处理日后发生的案件当中找到适合的突破口。其次，律师需要了解一些医学知识，为处理工伤等案件给予当事人更加专业的解答。最后，律师还需要了解数学和土木工程方面的知识，以便处理一些工程的分包问题。况且，城乡一体化建设只是长三角开发联动一体化所涉及的一方面的问题。因此，律师只有不断加强自身的硬实力才能更好地为长三角开发联动一体化服务。

## 四、充分释放各类市场主体活力，打造高效统一便捷的政务环境

一是统一市场主体的准入标准。打造长三角地区政府一体化公共服务平台，通过设立统一平台、统一办理要求等。同时，各区域打破地区、行业的限制，统一外资准入标准。对企业登记涉及的出资、住所、经营范围等实行多要素放宽，放松对市场主体准入的管制。

二是统一政府行政管理标准。规范长三角各地的行政审批行为，理顺行政审批流程，建立统一的行政审批受理、审核、监督制度，加强对行政审批制度改革调整事项的后续监管。

三是将三省一市地区现有好的做法进行复制。在市场准入及手续办理方面，如不见面审批、最多跑一次、全网通办、全市通办、全域共享等都可以成为标准。建议对于各地好的政策措施归类汇总，在综合考虑地区经济、文化等差异因素的基础上，求同存异。对于能够在长三角统一适用的制度、方式进行大力推广。①

## 五、制定统一的相对宽松的人才政策，鼓励人才的互动流动

在一个区域内，人才分布适应产业结构和社会服务的需要，人才能够高效率地根据需要流动，对于减少全社会综合成本，推动社会经济发展，意义重大。

总体来看，长三角地区在人才资源分布上存在不平衡问题。以法律服务人才为例，长三角区域经济一体化发展离不开良好的法律服务环境。近年来，上海大力发展的金融业、现代服务业、先进制造业，不断深化文化体制改革、混合所有制改革，在产业结构不断优化升级中，律师在政府产业政策的制定、市场定位、产业结构的优化调整、市场监管、企业法律风险防范等领域发挥着至关重要的作用。促进高端法律服务人才在区域间互动流通，能够助力各区域经济的发展。但是，解决人才资源不平衡问题，不能依靠简单的各地区人才政策竞争。各地区应当尊重人才规律，以产业发展和社会服务需要为基础，协调制定统一的、允许人才无障碍流动的人才政策。从户籍、购房、政府补贴、医疗、教育等方面允许人才资源的互动流动，实现人才资源优势互补。

## 六、发挥律师职能，不断提升长三角区域法律服务水平

长三角区域经济一体化是一项复杂的社会系统工程。律师作为法律服务工作重要的组成部分，在一体化进程中，可以在社会经济的所有重要方面，发挥法律设计咨询作用，比如，参与地方立法、混合所有制改革、扩大对外

---

① 纪晓岚.长江三角洲区域发展战略研究［M］.上海：华东理工大学出版社，2006：236.

开放、精准扶贫、防范系统性金融风险、生态保护等。

长三角区域经济一体化的发展离不开广大律师的参与，需要更多跨区域、综合性、高质量的法律服务。为此，建议建立长三角律师行业区域性互动交流合作机制，鼓励各县市律师主动融入和服务长三角区域经济一体化发展进程。

同时，还建议建立长三角区域律师公共法律服务平台，为投资者提供包括政策咨询、法律帮助、知识产权保护、争端解决在内的一体化服务。一方面帮助各级政府制定配套的地方法规、规章、条例、纲要；另一方面为企业防范各类风险，形成律师在营商活动中的价值认同。

除此之外，监督法律的实施也是律师在长三角开发联动一体化过程中的神圣使命。立法是前提，而监督法律的实施则是整个法治过程当中尤为重要的一环。对于法律的监督包括政府自身的监督，也包括人民群众的监督。而律师作为熟知法律的一个特殊群体，在对法律的监督方面有着极其重要的使命。在长三角开发联动一体化的过程中，为防止出现突发状况，确保这一战略的顺利实施，必然会出台一系列的法律法规和办法条例。但是法律本身有滞后性的特点，在实际操作中出现的各式各样的问题就需要我们提出反馈、进行监督。法律具有稳定性，但是实施法律的执法人员具有不稳定性和不确定性。在巨大利益的驱动下知法犯法、徇私舞弊等违法行为就会层出不穷。假如让其肆意妄为，不理不睬，那么长三角开发联动一体化这一重大战略就将会从内部瓦解。地方保护严重等问题相继出现，这将从根本上违背长三角区域经济一体化战略的初衷。而律师本就是贴近基层，服务于广大的人民群众，能够更快、更直接、更深刻地感受到当中的问题。所以，作为律师，在长三角开发联动一体化中一定要实事求是，勇于直面不公正的地方，对现行法规进行有效监督，向相关执法部门提出建议。长三角区域经济一体化战略带给我们的不仅仅是机遇，更多的还有挑战。所以，我们要提高能动意识，利用专业知识，让长三角区域经济一体化战略为人民带来更多的实惠。

# 媒体报道篇

# 中国企业赴菲律宾投融资法律研讨会在沪举行

证券时报网（2018-01-15）

由上海上市公司协会、上海股权投资协会、上海国际服务贸易行业协会、上海政法学院和外滩金融创新试验区法律研究中心共同举办的中国企业赴菲律宾融资法律研讨会在沪举行。

司法部原部长和中华全国律师协会首任会长邹瑜在致辞中指出，日益走进世界舞台中心的中国一定能将吸收包容各国优秀法治文明成果的中华法系带给世界，为全球治理提供中国智慧和中国方案，日益完备的中国特色社会主义法律体系一定能为实现中华民族伟大复兴的中国梦发挥十分重要的引领导航作用，日益奋发进取的新时代中国法律人一定能在党的领导下施展聪明才智，贡献出无愧于新时代的新作为。

全国人大常委会副秘书长李飞在致辞中指出，菲律宾是中国友好近邻，也是共建"一带一路"的重要伙伴。坚持睦邻友好合作、实现合作共赢是发展中菲关系的正确道路，是习近平主席为中非发展友好关系指明的方向。要密切立法机构、地方政府、文化、青年、旅游、人员往来等领域交流合作。

研讨会上，环太平洋律师协会候任主席、菲律宾著名律师白培坤、上海国际仲裁中心副秘书长王唯骏等业内人士分别就中国企业在菲律宾投融资法律问题、跨境仲裁最新实践和中企东盟海外投融资法律风险防范作主题报告。

由中国专业律师机构联合东盟十国专业律师机构发起设立的东盟律师服务联盟也在研讨会上宣布成立。

# "中国企业赴巴西投融资法律研讨会" 29日在沪举行

证券时报网（2018-03-29）

2018年3月29日，中国企业海外投融资系列法律研讨会的第八站——中国企业赴巴西投融资法律研讨会在上海举行。

全国人大宪法和法律委员会主任李飞说，我国《宪法》将"推进构建人类命运共同体"写入序言，中国和巴西是东西半球最大的发展中国家，双方应该扩大相互投资，发挥金融引擎作用，稳步推进一批符合双方发展需要、更好造福两国人民的战略性合作项目。

研讨会上，巴西著名法律专家加里亚迪、环太平洋律师协会副主席李志强、上海国际仲裁中心副秘书长王唯骏分别围绕中国企业赴巴西投融资法律实务、中企巴西投融资法律风险防范和"一带一路"倡议下国际商事仲裁的最新动态发表演讲。

近百位来自巴西、中国的企业家、金融家和法学法律工作者出席研讨会。5年来，"一带一路"倡议影响巨大，中国企业"走出去"方兴未艾。加强中企海外投融资活动法律风险防范迫在眉睫。

《证券时报》记者获悉，研讨会上还举行了中国企业海外投融资法律研究系列丛书之二《中国企业赴日本、马来西亚投融资法律研究》首发式和"一带一路"法律研究与服务中心秘鲁站、智利站和印度尼西亚站启动仪式。

本次研讨会由上海上市公司协会、上海股权投资协会、上海国际服务贸易行业协会、上海政法学院和金茂凯德律师事务所共同主办。

# 国际法学院师生参加中国企业
# 赴巴西投资法律研讨会

上海政法学院官网（2018-03-29）

2018年3月29日下午，中国企业赴巴西投资法律研讨会于上海市茂名南路锦江小礼堂隆重召开。本次研讨会由上海上市公司协会、上海股权投资协会、上海国际服务贸易行业协会、上海政法学院和金茂凯德律师事务所共同主办。

研讨会上，首先举行了中国企业海外投融资法律研究系列丛书之二《中国企业赴日本、马来西亚投融资法律研究》首发式和"一带一路"法律研究与服务中心秘鲁站、智利站和印度尼西亚站的揭牌仪式。之后，主讲人巴西著名法律专家加里亚迪、张军等，金茂凯德律师事务所创始合伙人兼环太平洋律师协会副主席李志强、上海国际仲裁中心副秘书长王唯骏分别围绕中国企业赴巴西投融资法律实务、中企巴西投融资法律风险防范和"一带一路"倡议下国际商事仲裁的最新动态发表演讲。近百位来自巴西、中国的企业家、金融家和法学法律工作者参加了本次研讨会。

我校国际法学院张亚楠老师带领学生们参加了此次研讨会，会议期间积极地与演讲者进行了互动和交流。通过此次研讨会，同学们认识到"一带一路"倡议的重要影响，中国企业"走出去"在海外市场可能面临的投融资方面的法律风险，以及可以采取的不同层面的措施。同学们纷纷表示，参加此次会议受益匪浅，今后还要积极参加这样的研讨会，以提高自己对国家热点问题的关注度和相关法律问题的学习研究能力。

# 中国企业赴俄罗斯投融资财税法律研讨会在沪举行

证券时报网（2018-07-17）

2018年7月17日，由上海上市公司协会、安永华明会计师事务所和金茂凯德律师事务所共同主办的中国企业赴俄罗斯投融资财税法律研讨会在沪举行。

全国人大宪法和法律委员会主任李飞发表讲话。研讨会上，安永（中国）企业咨询有限公司企业海外投资税务中心主管合伙人吕晨、企业海外投资业务部俄罗斯地区经理刘鹏飞、环太平洋律师协会副主席李志强一级律师分别就中国企业在俄罗斯投融资所涉的财税和法律问题作主题报告，近百名中央和地方上市公司高管和金融家及法律专家出席研讨会。

研讨会上举行了著名法学家、上海市人民政府原参事室主任李昌道教授主编的《外滩金融创新试验区法律研究》（2018年版）首发式和"一带一路"法律研究与服务中心俄罗斯站、法国站和智利站揭牌仪式。

本次研讨会是"一带一路"倡议提出以来，中国企业海外投融资系列研讨会的第九站，研讨会的成果《内地企业赴港澳台投融资法律研究》和《中国企业赴日本、马来西亚投融资法律研究》等已经陆续由中国金融出版社出版发行，助力一批企业开展海外投融资活动。

# 中国企业赴俄罗斯投融资财税法律研讨会在上海举行

中俄头条（2018-07-18）

　　2018年7月17日，由上海上市公司协会、安永华明会计师事务所和金茂凯德律师事务所共同主办的中国企业赴俄罗斯投融资财税法律研讨会在上海举行。

　　全国人大宪法和法律委员会主任李飞发表讲话。研讨会上，安永（中国）企业咨询有限公司企业海外投资税务中心主管合伙人吕晨、企业海外投资业务部俄罗斯地区经理刘鹏飞、环太平洋律师协会副主席李志强一级律师分别就中国企业在俄罗斯投融资所涉的财税和法律问题作主题报告，近百名中央和地方上市公司高管和金融家及法律专家出席研讨会。

　　研讨会上举行了著名法学家、上海市人民政府原参事室主任李昌道教授主编的《外滩金融创新试验区法律研究》（2018年版）首发式和"一带一路"法律研究与服务中心俄罗斯站、法国站和智利站揭牌仪式。

# 交流互鉴法治文明
# 传递讲好中国故事

## ——金茂凯德律师美国、巴西、智利三国行纪实

### 金茂凯德官网

秋天是收获的季节，秋天也是法治文明交流互鉴的黄金季节。

2018年9月20日至28日，应国际著名律师组织环太平洋律师协会和巴拿马著名律师机构Lopez，Lopez & Associates Offices的邀请，金茂凯德律师事务所创始合伙人李志强一级律师等4名上海律师组成代表团踏上北美、中美和南美的交流之旅。

## 诠释"一带一路"法治内涵　助力中美贸易摩擦化解

2018年9月20日，环太平洋律师协会北美区域会议在时隔10年后再次汇聚各国精英律师聚首洛杉矶，聚焦全球经济法律前沿课题。

环太平洋律师协会前主席、美国著名律师Gerry Libby和环太平洋律师协会多名官员，美国理事Jeff Snyder、项目协调人José Cochingyan、北美区域协调人Michael Chu、国际贸易委员会主任Jesse Goldman、会员委员会副主任Corey Norton、网站副主任Varya Simpson、争议解决和仲裁委员会主任Robert Rhoda等著名商业律师和美国西南法学院教授Robert E. Lutz、日本Taisuke Kimoto律师、印度Neerav Merchant律师、世界知名游戏公司NEXON美国总法律顾问Drew Boortz、美国知名软件公司Laserfiche总法律顾问Wylie Strout、富事高咨询有限公司常务董事、资深会计师周正颖等近百名来自美国、中国、加拿大、日本、印度、斯里兰卡、菲律宾等国家的著名商业律师及企业高管出席本次论坛。

开幕式上，履新环太平洋律师协会副主席6个月的李志强律师开门见山，祝贺洛杉矶自承办2008年环太平洋律师协会年会后时隔10年再一次举办聚焦国际经济法律前沿话题的北美区域性会议，作为世界第一大经济体和最发达的国家，加强美国和北美地区律师与环太平洋律师协会各成员的交流与合作意义深远。作为来自中国最大城市上海的一名执业近30年的律师，李志强诚邀与会嘉宾2020年相聚上海，分享环太平洋律师协会第二次来华举办年度盛会的中国盛宴。开幕式上播放了介绍上海的精彩视频。

在外国投资论坛的演讲中，李志强对"一带一路"倡议及中国投融资情况与在座的国际嘉宾进行了交流并表示，"和平合作、开放包容、互学互鉴、互利共赢"的丝路精神成为人类共有的历史财富，"一带一路"倡议就是秉承这一精神与原则提出的新时代重要倡议。通过加强相关国家间的全方位多层面交流合作，充分发掘与发挥各国的发展潜力与比较优势，彼此形成了互利共赢的区域利益共同体、命运共同体和责任共同体。中美贸易摩擦应当通过友好协商化解分歧，求得共赢。李志强律师的英文演讲博得与会嘉宾的热烈掌声。

自2016年以来，李志强先后在环太平洋律师协会布鲁塞尔高峰论坛、2017年环太平洋律师协会伦敦区域会议和2018年北美区域会议三次有影响的国际律师论坛上从中国律师的视角诠释"一带一路"法治内涵，通过面对面的真诚交流，数百名与会者通过聆听中国同行的分析研判，对中国首倡的"一带一路"倡议有了直接的感性认识，有的从误解、不理解到理解和认同这一写入联合国法律文件的中国方案，加深了中外律师合作共赢助力人类命运共同体和打造国际法律服务共同体的共识。

中美贸易摩擦牵动世界的神经，在美国律师云集的洛杉矶主场，中国律师坦诚直面美国同行，朋友有不同意见不足为奇，只有挚友才是诤友，法律界人士以法释法，协商化解分歧才是求得最大公约数的一剂良方。

自2016年2月18日成立"一带一路"法律研究与服务中心以来，已在五大洲设立56个海外站点，以法会友，以法结友，以法聚友，中国律师以文化自信将中国法律带出国门，和各国法律专业人士交流互鉴法治文明成果，结交各国律师朋友精准研究各国投融资等商务法律，架设国际法律服务的基础设施，为中国企业"走出去"提供一站式服务。各国商业律师通过与中国律师的交流交往，交心交融，对新时代中国特色社会主义法治思想有了新的认知。

国之交在于民相亲，中国律师作为新时代建设者，是国际法治文化交往、法治文明交流互鉴的天然使者和民间大使，是参与共商、共建、共享的新型国际法原则的实践者和贡献者。

## 民间外交助力营商环境改善　律师交往助推新一轮开放潮

2018年9月26日，在美丽的中美洲交通要塞巴拿马，金茂凯德律师与巴拿马商务部高级官员高级商务顾问Abad Goon、投资推广署高级官员Marlon Herrera和Margarita Antadillas见面，巴方官员乐见"一带一路"法律研究与服务中心巴拿马站成立，祝贺金茂凯德律师事务所与巴拿马著名律师机构Lopez，Lopez & Associates Offices建立友好合作关系。他们都表示，将如期到中国上海参加2018年11月举行的首届中国国际进口博览会，将派出高规格商务代表团带来巴拿马的优质食品出口订单。

在著名的望花船闸，巴拿马内阁成员及海事部部长Jorge Barakat的特别助理Yaritza Romero女士和海事部港口及航运辅助工业司司长Guimara Junon女士在与李志强一行4人见面时，称赞中巴建交后两国各领域合作正在不断推进，巴拿马已在上海市设立总领馆，希望两国律师加强更紧密合作，推动更多双方经贸往来。中国律师介绍中国营商环境的优化和改善情况，以自身法律实践告诉巴拿马政府官员和法律同行，中国仍然是外资投资的绝佳热土，外资在中国投资的合法权益是有充分法律保障的。

中国和巴拿马2017年6月建立外交关系，2018年7月，上海市委书记李强访问巴拿马，上海和巴拿马城建立友好城市合作关系。

此次"一带一路"法律研究与服务中心巴拿马站暨金茂凯德律师事务所巴拿马城代表处成立是中巴建交和上海与巴拿马城结成友好城市后中巴两国两市律师合作的首例。金茂凯德的合作伙伴律师机构是热爱中国的法律之友，其创办人之父卡洛斯·洛佩斯·格瓦拉是巴拿马原外交部长、驻美国谈判特使，并参与完成托里霍斯—卡特修约的全过程，也是巴中友好协会的创始成员，曾数次访华。中国律师携手巴拿马法律世家，共同谱写中巴友谊的法律新篇章。

## 讲好中国故事、上海故事　传递合作共赢正能量

2018年9月28日，在南美名城圣地亚哥，李志强等中国律师以一个个真实的案例讲述外国仲裁在中国之行的最新趋势和实例，从"一带一路"实践到自贸区案例，从中国参与解决国际投资贸易争议的故事到律师参与立法、司法和执法的专业服务，中国律师、上海律师的真情解读增强了国际律师对中国法治文明进步的认同。

2018年6月14日，上海市司法局、上海市发展和改革委员会、上海市经济和信息化委员会、上海市商务委员会、上海市教育委员会、上海市人民政府外事办公室、上海市国有资产监督管理委员会及上海市人民政府法制办公室联合印发《上海市发展涉外法律服务业实施意见》（以下简称《意见》）。《意见》指出，到2020年，要建立上海全方位、多层次的涉外法律服务平台，健全涉外法律服务业制度和机制，培养一批高素质的涉外法律服务人才，全面打响符合上海实际、体现上海特色的涉外法律服务品牌，充分发挥涉外法律服务在法治长三角建设中的积极作用，形成与上海改革发展建设相匹配的涉外法律服务业新格局。这是改革开放40年来，上海出台的第一份由8个委办局联合发文强势推动涉外法律服务的规范性文件，在业内外引起强烈反响。

金茂凯德代表团作为出席本次环太平洋律师协会洛杉矶北美区域会议和圣地亚哥南美区域会议最大的亚洲国别代表团，积极响应《意见》精神，与各国律师切磋服务技能并交流"一带一路"法律服务与研究心得，大力助推环太平洋律师协会2020年在中国上海举办一届精彩难忘的年度盛会。

有道是百闻不如一见，中国法治文明的进步有目共睹，中国对外开放的历史成就全球瞩目，中国未来的发展前景无限光明。

在民族复兴伟业的征途上，中国律师、上海律师继续砥砺前行！

# 一次难忘的中国行

## ——环太平洋律师协会候任主席弗朗西斯·沙勿略京沪之旅

### 金茂凯德官网

2018年12月16日至12月19日，环太平洋律师协会候任主席弗朗西斯·沙勿略展开了难忘的中国行，先后访问上海和北京，翻开了国际著名律师组织与泱泱律师大国友谊合作之旅的新篇章。

### 魔都处处是美景，浦江两岸尽朝晖

2018年12月16日正午，申城阳光灿烂，张开热情的臂膀迎接一位从狮城飞来的客人，新加坡著名律师和国际仲裁员、环太平洋律师协会候任主席及国际御准仲裁员协会2020年主席、新加坡立杰律师事务所资深合伙人弗朗西斯·沙勿略。两位年轻的环太平洋律师协会"80后"和"90后"会员欧龙、陈说在浦东国际机场迎来了这位头发卷曲、精干睿智的国际法律大咖。

上海变化日新月异。立体便捷的城市交通、高楼林立的自贸区、绿意葱葱的城区风貌、好客阳光的上海人给这位流淌着中华血脉的龙的传人留下无法抹去的清新记忆。在46年前中国总理周恩来和美国时任总统尼克松曾经签署震惊世界的《中美联合公报》所在地锦江饭店，来自上海市文化旅游局的处长陈平告诉客人，新组建的文旅局凸显"四大品牌"，致力于更开放、更有文化地欢迎四海宾朋。在独具夜上海风情的锦庐餐厅，菜品和餐具中西合璧，沙勿略主席由衷地赞叹精致地道的上海菜色香味俱佳，堪称一绝。在浦江游船上，上海的"项链"和母亲河两岸，华灯璀璨，游人如织，经典耐看的外滩建筑群和鳞次栉比的陆家嘴金融城交相辉映，如流淌的音乐在黄浦江上奏响新时代华章。东方明珠旁的上海国际会议中心在四周灯光的映衬下格外引人注目,这是见证无数重量级大事的会议之都,"环太平洋律师协会2020年年会在这里召开一定很有味道",沙勿略主席不禁自言自语,并提出在江上驻足留影,"咔嚓咔嚓",一张张精彩瞬间记录了上海之夜的美好时光。浦江之夜,寒风阵阵,但客人兴致高涨,流连忘返。

12月17日,沙勿略主席的上海行程安排得满满的。一大早8点半,他特意来到他所在的新加坡律师事务所上海代表处落户的上海"心脏、窗口和名片"的黄浦区,拜访区长巢克俭。巢克俭区长表示,上海法治化和国际化的营商环境逐年提升,最具国际影响力的国际大都市中心城区迫切需要一批国际律师,更欢迎引荐一批国际知名企业落户发展。沙勿略主席与陪同的李志强律师在驱车前往上海市律师协会的路上不时交谈,"上海的成就真不简单、上海的发展真不容易",上海1843年开埠至今不过一百多年、吃改革饭、走开放路的"东方巴黎"真可以与任何一座卓越全球城市媲美。

在2万多名上海律师的娘家,上海市律师协会,沙勿略主席热情邀请俞卫峰会长和忻峰秘书长等组团参加2019年4月在新加坡举行的第29届环太平洋律师协会年会,并就加强两地律师业合作、环太平洋律师协会与上海市律师协会交流等深入交换意见。

在驰名中外的上海国际仲裁中心,马屹副主任兼秘书长热情接待了沙勿略主席一行,客人建议多方参与共同推进上海国际法律服务和商事的国际仲裁服务的发展。马屹主任表示,在上海加快建设"五个中心"、打响"四大品牌"和全面建成全球卓越城市的进程中,上海国际仲裁中心作为立足上海的国际商事争议解决服务机构,欢迎世界知名仲裁机构、律师事务所和相关行业协会入驻上海共同提升上海的法律服务。

12月17日下午,一场中国企业海外投融资第十次系列法律研讨会(新加坡专场)在沪举行。全国人大宪法和法律委员会主任委员李飞在视频致辞中说,中国和新加坡同在亚洲大陆,新加坡是东盟的重要成员,也是2018年东盟的轮值主席国。中国和新加坡自1990年建交以来,在经贸往来、"一带一路"建设和法治文明交流互鉴等多个方面取得了可喜的成绩。

上海市政协副主席徐逸波在致辞中指出,2018年是"一带一路"倡议提出五周年,也是改革开放四十周年。上海是"一带一路"建设的桥头堡,上海以改革闻名，以开放著称。上海是中国律师业的发祥地，百年律师公会1912年曾在上海诞生。令人高兴的是，国际著名律师组织——环太平洋律师协会将于2020年4月在上海举办年度盛会，这是上海1843年开埠以来首次举办国际主要律师组织的年度盛会，将极大地推动上海法治建设和中外律师交流合作，助力"一带一路"建设和构建人类命运共同体的伟大事业。

研讨会上举行了"一带一路"法律研究与服务中心瑞典站、挪威站、捷克站和首家长三角律师协作联盟启幕仪式及《中国企业赴菲律宾、越南和韩国投融资法律研究》一书首发式。菲律宾在华发行熊猫债券、中国人寿登陆A股市场、东航物流实施混改、青岛海尔首家发行D股、上海建工发行可续期公司债、合肥中院裁定掀开资产证券化基础资产独立新突破等案例入选2018年金融市场经典案例。沙勿略主席参加了揭牌、赠书和颁奖等相关活动并就新加坡投资法作专业分享。

著名金融专家张宁、上海市商务委员会副主任申卫华、上海市司法局副局长罗培新、黄浦政协副主席黄玮及秘书长俞明、上海市国有资产监督管理委员会法规处处长钟可慰、上海市金融工作局机构处处长吕惠、黄浦区司法局局长刘辉及原局长潘鹰芳、上海上市公司协会秘书长助理钱宇辰及来自中央和上海市相关知名国企、民企和外企高管和金融界、法学法律界专家及环太平洋律师协会和上海市律师协会会员等近百人出席研讨会。

## 京城满眼是盛景，长城脚下有乾坤

2018年12月17日晚6时，沙勿略主席搭飞抵中国首都北京，开启了他平生首次中国帝都之旅。

12月18日一大早，沙勿略主席来到位于中央商务区的北京仲裁委员会，北仲副秘书长、资深仲裁人陈福勇委任同事在上班时间前接待这位国际仲裁大咖。

上午9时前，沙勿略主席一行来到青蓝大厦内的中华全国律师协会，开启了他称为此行十分期待的会面。协会秘书长韩秀桃十分关心此次双边会谈，作出细致周到的安排。协会会长、王俊峰、副秘书长夏露和国际部主任蓝红等领导与沙勿略主席足足会谈一个多小时。王俊峰会长向客人介绍了中国律师发展状况，强调世界的发展离不开中国的参与，"一带一路"倡议为中国及亚太地区的律师及法律合作带来了无限商机和挑战。王会长还对环太平洋律师协会搭建平台提升中国律师影响力表示赞许。沙勿略主席对王会长的欢迎表示感谢。他表示，随着中国经济的发展，中国律师应更多参与地区与国际律师组织的活动，向国际舞台展示中国法治建设的成果，扩大国际社会对"一带一路"倡议的深入了解。环太平洋律师协会副主席李志强律师、中国理事姜俊禄律师、扩充理事史欣悦律师、APEC委员会副主席王正志律师等中国的多位代表陪同参加会见。

会见后，沙勿略主席一行拜会了司法部，司法部国际合作局副局长尹雪梅、律师工作局副局长黄文军等在司法部会议厅同环太平洋律师协会候任主席亲切交谈。会谈一开场，沙勿略主席表示，中国在国际政治和经济的影响力众所周知，举足轻重，中国在国际舞台上正在发挥着越来越重要的作用，在中国首倡的"一带一路"和构建人类命运共同体的伟大实践中，离不开法治的保障和软实力。他以自己为例，指出新加坡在地理上是小国，但新加坡政府十分重视培育法律人在国际舞台发声，2019年4月他将接任环太平洋律师协会主席，2020年将担任国际御准仲裁员协会主席，都离不开新加坡政府的鼎力支持。环太平洋律师协会作为当今世界最具影响力的两大国际律师组织，拥有70多名成员国律师，每个国家的重要城市都希望举办每年的年度盛会，都希望在家门口向国际社会彰显其国家的法治软实力。环太平洋律师协会中亚洲律师一直起到引领和不可替代的作用，中国在亚洲，是世界大国，又是律师大国，中国应当而且有能力和实力在其中发挥更加重要的影响力。一个日益强盛的中国律师业和仲裁业将助力中国在世界发挥更大的作用。

近一个小时的会谈充实而温暖，司法部两局领导一直目送沙勿略主席上车，"中国司法部的官员真热情，真友善"，窗外天寒地冻，沙勿略主席心中却十分温暖，他对中国法治的日益进步充满期待。

位于和平门的全聚德总店是2007年4月环太平洋律师协会北京年会举办午餐会的场所，沙勿略主席表示，当年的北京年会成功精彩，不少环太平洋律师协会资深会员和代表正是参加了北京年会后加入环太平洋律师协会，中国是不少国际法律人起航远行的出发地。

18日下午2时许，沙勿略主席来到全国人大宪法和法律委员会，拜见李飞主任，当沙勿略主席得知当天上午纪念改革开放40周年大会上，新加坡之父李光耀和其他9位国际友人荣获中国改革友谊奖章时，他显得颇为激动。他代表环太平洋律师协会由衷地感谢中国权威立法和法律专家、时任全国人大常委会副秘书长李飞和著名法学家李昌道教授等法律贤达，上海市司法局、上海市律师协会、上海市旅游局、上海国际仲裁中心、上海政法学院和北京、上海等地数10家顶尖律师机构对环太平洋律师协会2020年上海年会申办的全力支持。

## 东方明珠显神韵，不尽长江滚滚来

中国改革开放40年来，立法和法治建设成就斐然，中国企业"走出去"的过程中，中国法律和中国律师也在"走出去"。

早在2018年1月15日，环太平洋律师协会时任候任主席、菲律宾著名律师白培坤在拜会上海市司法局党委书记、局长陆卫东等领导和专家时，就对上海一流的营商环境和法治环境发出赞叹。白培坤主席正在酝酿牵线菲律宾证券交易所与上海证券交易所开展合作。2018年11月在上海举办的首届中国国际进口博览会取得巨大成功，进博会上，上海市司法局和上海市律师协会组建了阵容强大的法律顾问团和志愿团，受到中外参展商和嘉宾的高度肯定。

2017年11月12日，在英国伦敦金融城举行的环太平洋律师协会2017年理事会会议上，与会全体理事全票同意环太平洋律师协会第30届年会花落中国上海，这是对中国法治事业成就和律师业进步的极大认同，是对上海建设卓越全球城市和提升营商环境的满满信心，更是对中国致力于构建人类命运共同体的法治点赞。在2018年11月4日泰国清迈举行的环太平洋律师协会2018年理事会会议上，与会理事高度评价中国司法部等多部委制定的发展涉外法律服务业的重要文件和上海市司法局等8委办出台的《关于发展涉外法律服务业的意见》。2019年新年伊始，上海市司法局等8委办又出台《上海市法律服务"一带一路"建设行动方案》，明确支持以环太平洋律师协会年会等为代表的境内外律师交流平台，促进境内外律师通过相应的平台加强交流，进一步拓宽中国律师在涉外法律服务上的交流渠道。积极鼓励上海律师参与国际组织治理活动，提升治理能力，树立中国律师的国际形象。

在环太平洋律师协会历史上，高宗泽、冯秀梅、钱奕、张宏久、陈子若等一个又一个响亮的中国法律人名字镌刻在70多名成员国律师的心中。热爱祖国、敬畏法律、阳光正气、乐于奉献的中国法律人与一切爱好和平和崇尚法治的国际法律人必将给世界带来基于规则的全球治理法治化和经济全球化的强大正能量。人们有充分的理由确信，进入中国特色社会主义新时代的中国在共产党的领导下，中外法治文明交流互鉴和中外法律人交往互学将大有可为，也必将大有作为。

中国古长城是世界七大奇观，不到长城非好汉，长城脚下有乾坤。沙勿略主席2018年12月18日下午登上了八达岭长城，健步如飞，不时惊叹。

中国之行短暂而充实，温馨而难忘；会老友，结新朋，友谊友情，地久天长。

2010年举世瞩目的中国上海世界博览会举办前有一句家喻户晓的广告语，"中国如有一份幸运，世界将添一片异彩"。

法治是上海核心竞争力的重要标志，法治国家、法治政府和法治社会都离不开专业优质的法律服务和律师服务业，法治文明的弘扬和法治文化的传承都离不开中外法治交流互鉴和中外律师业交流交融。

期待常来常往，期许合作共赢，期盼成功精彩！

# 后 记

　　中国的和平崛起和发展离不开成熟发达的金融市场，改革开放40年来，我国金融市场发展迅速，包括外滩金融创新试验区在内的上海国际金融中心建设已经成为国家战略。

　　《外滩金融创新试验区法律研究》（2019年版）一书点评2018年金融市场经典案例，在互联网金融、金融控股与创新金融、企业融资与投资贸易、并购重组与争端解决、"一带一路"研究等多领域理论联系实际，提出了不少真知灼见，还对中央和地方相关立法进行了颇有价值的研究和建言，其中多篇中外文论著宣传和传播了中国法律制度和法律文化。

　　本书在编撰过程中承蒙全国人大宪法和法律委员会主任委员李飞百忙中作序，中共上海市委常委、上海市人民政府常务副市长周波及上海市政协副主席周汉民和徐逸波担任总指导，中国佛教协会副会长觉醒题写书名，上海市司法局局长陆卫东担任总策划，一批著名的金融家、法学家和企业家担任本书指导，忻峰、朱立新、刘辉担任本书策划。本书的编委由外滩金融创新试验区法律研究中心、两岸投资金融法律研究中心、港澳投资金融法律研究中心和"一带一路"法律研究与服务中心的研究员和知名金融家、企业家和法律专家担任，环太平洋律师协会副主席、著名律师李志强等担任撰稿人。中国金融出版社贾真编辑对本书的出版给予了细致的指导，在此一并致谢！

　　由于金融市场发展很快，本书的总结也是阶段性的。书中疏漏不当之处还请领导、专家和同仁批评指正。

李昌道

2018年12月24日

# Postscript

China's peaceful rise and development are inseparable from mature and developed financial markets. In the past 40 years of reform and opening up, China's financial market has developed rapidly. The construction of Shanghai International Financial Center including the Bund Financial Innovation Pilot Zone has become a national strategy.

*The Legal Research on the Bund Financial Innovation Pilot Zone* (2019 edition) reviews 2018 financial market classics in Internet finance, financial holding and innovative finance, corporate finance and investment trade, mergers and acquisitions and dispute resolution, and the Belt and Road study. When multi-domain theory is linked to practice, many insights have been put forward, and valuable research and suggestions have been made on relevant central and local legislation. Many Chinese and foreign languages have publicized and disseminated the Chinese legal system and legal culture.

In the process of compilation, Li Fei, director of the Constitution and Law Committee of the National People's Congress, wrote the preface in spite of his quite busy work. Zhou Bo, member of the Standing Committee of the Shanghai Municipal Committee of the Communist Party of China, and deputy mayor of the Shanghai Municipal People's Government, Zhou Hanmin and Xu Yibo, vice chairman of the Shanghai CPPCC, served as general director. Jue Xing, the vice president of the Chinese Buddhist Association wrote the title of the book. Lu Weidong, the director of the Shanghai Bureau of Justice, served as the chief planner. A group of well-known financiers, jurists and entrepreneurs served as consultants for the book. Xin Feng, Zhu Lixin and Liu Hui served as planners. The editorial board of this book is composed by the Bund Financial Innovation Pilot

Zone Law Research Center, the Cross-Strait Investment Finance Law Research Center, the Hong Kong and Macao Investment Finance Law Research Center, and the research fellows of the Belt and Road Legal Research and Service Center and well-known financiers, entrepreneurs and legal experts. Jack Li, Vice President of the Inter-Pacific Bar Association and the famous lawyer, served as the writer of this book. China Financial Publishing House Editor Jia Zhen gave meticulous guidance for the publication of this book, and I would like to extend my thanks as well!

Due to the rapid development of the financial market, the summary of this book is only that of the present. Thank leaders, experts and colleagues for your criticism and correction, if any, in advance.

Li Changdao

December 24, 2018